沸腾
新十年

移动互联网丛林里的勇敢穿越者

林军 胡喆 著

上

电子工业出版社
Publishing House of Electronics Industry
北京·BEIJING

图书在版编目（CIP）数据

沸腾新十年：移动互联网丛林里的勇敢穿越者. 上 / 林军，胡喆著. —北京：电子工业出版社，2021.9

ISBN 978-7-121-41687-3

Ⅰ.①沸… Ⅱ.①林… ②胡… Ⅲ.①网络公司－企业管理－经济史－中国 Ⅳ.①F279.244.4

中国版本图书馆CIP数据核字（2021）第152248号

责任编辑：张春雨　　　　　　　　　　特约编辑：田学清
印　　刷：天津千鹤文化传播有限公司
装　　订：天津千鹤文化传播有限公司
出版发行：电子工业出版社
　　　　　北京市海淀区万寿路173信箱　　　　邮编：100036
开　　本：880×1230　　1/32　　印张：15.25　　字数：439.2千字
版　　次：2021年9月第1版
印　　次：2021年9月第1次印刷
定　　价：89.00元

　　凡所购买电子工业出版社图书有缺损问题，请向购买书店调换。若书店售缺，请与本社发行部联系，联系及邮购电话：（010）88254888，88258888。

　　质量投诉请发邮件至zlts@phei.com.cn，盗版侵权举报请发邮件至dbqq@phei.com.cn。

　　本书咨询联系方式：（010）51260888-819，faq@phei.com.cn。

推荐序一

互联网从 1969 年的 ARPANET（阿帕网）开始，到现在走过了半个多世纪，其发展历程可以分为几个阶段。

第一阶段即前 20 年，互联网以其无连接分组网技术成为美国国防部的实验网和美国国家科学基金会的网络，支撑了学术科研应用，主要业务是以电子邮件的形式进行的数据传输。我国在这一阶段仅仅是旁观者。

第二阶段即第二个 20 年，20 世纪 90 年代初，WWW（万维网）出现，将互联网推向商业应用。首先出现门户网站，然后出现电商平台、搜索引擎和社交网络。在这一阶段，互联网主要以面向消费的应用为主，广告成为主要商业模式，这是互联网普及最快的阶段。我国在 1994 年全功能接入互联网，这一阶段对中国互联网来说是从学习到思考并寻求发展的时期。新浪、阿里、百度、腾讯等，从效仿雅虎、亚马逊、谷歌、脸书等模式开始。但世纪之交的网络泡沫给刚起步的中国互联网带来了一次大浪淘沙，引发年轻的中国互联网企业开始思考。2003 年的"非典"是互联网成为我国大众平台的转折点，2008年的金融危机推动了宽带基础设施的建设。在这一阶段，中国互联网在磨难中成长，我国迅速发展为网络大国。

第三阶段可从 2010 年算起，到现在已经走过 10 余年，随着全球

4G 商用及 5G 技术的到来，移动互联网成为这一阶段的新动能。云计算、大数据、物联网、区块链、人工智能等技术的兴起，赋予这一阶段智能化特征。这一阶段的互联网到目前仍然以面向消费的应用为主，但与前一阶段不同的是，这一阶段涌现出了更多具有中国特色的新业态和新模式，并开始渗透到政务与产业应用中。对于中国互联网而言，这是我国网络治理逐渐完善的阶段，也是从跟随到创新发展的阶段。移动支付、共享出行、社交电商、智能搜索、短视频等创意，超越了国外同行，在我国得到广泛应用并走出国门。中国互联网及相关服务业迅速发展，2019 年规模以上企业营业收入超过 1.2 万亿元，我国企业在 2020 年全球上市互联网企业市值排行榜前 10 名中占据一半席位。

2020 年突如其来的新型冠状病毒肺炎疫情，使人们对网上生活和网上工作从被动接受到主动适应，互联网应用逆势增长，极大地推动了云网协同，为互联网企业进入智慧城市与产业服务提供了广阔的空间。不过工业互联网虽然前景广阔，但对互联网企业来说，现在仍难以得心应手。客户个性化、应用碎片化、标准多样化、超宽带低时延、高安全可靠性、长回报周期等，抬高了企业进入的门槛，企业在消费互联网阶段熟悉的"补贴聚人气""圈地挣流量"的商业模式无法复制。工业互联网是互联网的下半场，呼唤技术创新与机制创新，互联网企业需要与所服务的行业合作，才能打开局面。2020 年更为严峻的是中国互联网业务的海外发展遭遇不公正的打压，国际环境发生变化。国内互联网行业的个别不规范行为，损害了企业发展赖以生存的环境，一些新技术的滥用侵犯了用户的权益。这些现象虽然不是主流，但如果任其发展，行业将偏离健康轨道。互联网需要坚持经济效益与社会效益统一，依法治网是为了获得更好的发展，中国互联网需要变革，以适应国际环境的变化和国内新发展格局的要求。总之，2020 年是中国互联网认真思考的一年，也是中国互联网持续发展的关键点和再出发的新起点。

从 2021 年开始的新 10 年，究竟是第三阶段的持续还是新阶段的开始？目前看还有不确定性。但 2021 年是我国"十四五"开局之年，"十四五"也是我国准确把握新发展阶段、深入贯彻新发展理念、加快构建新发展格局、推动高质量发展的关键时期。发展工业互联网，加大 5G 网络和千兆光网的建设力度，丰富应用场景，将为互联网发展开拓更大的市场。"十四五"期间，我国将进一步加快数字化发展，打造数字经济新优势，协同推进数字产业化和产业数字化的转型，加快数字社会的建设步伐，提高数字政府的建设水平，营造良好的数字生态，建设数字中国，这也是互联网企业应勇于承担的使命。

如何面对未来的发展机遇与挑战？互联网界有一句名言：我们不预测未来，我们创造未来！温故而知新将有助于创造未来。本书是作者在 2009 年出版的《沸腾十五年：中国互联网 1995～2009》的姐妹篇。本书以编年史的方式记录了 10 余年来对中国互联网产业发展有影响的"网人"和"网事"，回顾了中国互联网与社会同步发展的脚印，共同勾勒出中国互联网发展的全景图。本书的写作风格是将往事以故事的形式展现，一个故事带出另一个故事，充满鲜活的案例、生动的写照，心路历程、产业传奇似曾相识，引发共鸣，引人入胜，可读性强。从中我们可以看到，成功的背后有艰难的抉择、机会的把握、创新的坚守、跌倒后的重来和人心的凝聚。失败的教训则更为深刻——方向的迷茫、市场的误判、文化的分歧、行为的失范和团队的不和。本书见微知著、以事寓理，读者可从中感悟出行业发展的哲理。中国互联网的发展看似一帆风顺，实则是在纠错中进行的，行业创新与监管探索相伴而行。得益于"积极利用、科学发展、依法管理、确保安全"的方针，中国互联网总体上发展得健康、有序。

凡是过往，皆为序章，总结过去是为了笃定前行。互联网是一项属于奋斗者的事业，总是后浪推前浪，青出于蓝而胜于蓝，希望本书能鞭策互联网先行者永不停步，激励产业后来者更好地把握趋势，赢得未来。对行业管理者来说，深入了解行业可以更好地把握大势，精准监管与服务。本书的出版正值《习近平关于网络强国论述摘编》出版和全国组织学习之际，本书的案例有助于读者对习近平网络强国战略思想的学习和理解。在习近平网络强国战略思想的指引下，中国互联网之路会越走越好，过去的 10 年波澜壮阔，未来的 10 年将更激情澎湃。

是为序。

中国工程院院士、中国互联网协会理事长
邬贺铨

推荐序二

沸腾年代的创业者群像

25 年前夏季的一天，一通长途电话穿越大半个中国，从哈尔滨打到我在重庆的办公室。电话那边是素昧平生的一位年轻人。他告诉我，自己是哈尔滨工业大学计算机专业将于翌年毕业的学生，也是《电脑报》的读者，希望毕业后加入《电脑报》编辑团队。

我立即在电话里表示欢迎。当时，《电脑报》刚创立四年，影响已经很大，但一直处于缺人的状态。团队成员主要来自重庆重点高校，如果多一些外地名校毕业生加入，对提升团队的思想活跃度，无疑会产生很大帮助。

1997 年年初，还在读大四的这位年轻人，成为《电脑报》编辑部的一员。这年年底，《电脑报》开设了网络版，这位年轻人又成为这块新园地的负责人。

眼前中国互联网的繁荣景象，彼时尚不存在——新浪、搜狐、网易"三大门户"初创；而后来名震中国的"互联网三巨头"——百度、阿里巴巴、腾讯（BAT），还酝酿于创业者的头脑之中。

中国互联网那时正起于"青蘋之末"。

12年后，这位年轻人写下第一部中国互联网史《沸腾十五年》。由于影响广泛，他被冠上"中国资深互联网观察家"的头衔。他笔下记录的中国网事，已经可以用"沸腾"来简单概括。

今天，中国互联网史的续编《沸腾新十年》来到了读者面前。不难猜想，新书作者之一林军，就是25年前在松花江畔打出电话的那位年轻人。新书分上、下两册，分别名为《沸腾新十年（上）移动互联网丛林里的勇敢穿越者》《沸腾新十年（下）移动互联网丛林里的勇敢穿越者》，为方便我们以《沸腾新十年》代之，并热情推荐读者上、下两册连续阅读。

《沸腾新十年》的另一位作者胡喆，也曾是林军和我的同事。2001年春天，即将于华中师范大学中文专业毕业的他，在校园里无意看到成果展中有上届校友在《电脑报》的身影。"电脑迷"胡喆当即决定，追随这位校友。

到编辑部的第一天，胡喆在一间简陋的办公室里见到不修边幅、看不出年龄的林军。他不会想到，他们未来会共同撰写《沸腾新十年》。

这位兄长兼同事的历史情结，后来给胡喆留下极深的印象。在北京，他看见林军对那些豪华新酒店毫无兴趣，专挑魏公村早已老旧的燕山大饭店，理由只是，这里发生过、隐藏着无数中关村的传奇故事。林军对这些故事如数家珍。

两位年轻人是幸运的。作为记者，他们见证了沸腾年代里的中国互联网发展历程；作为创业者，在波澜壮阔的互联网创业大潮中，他们是弄潮儿。

林军曾任IT第一中文网站天极网的总编辑，创办了科技媒体——雷锋网。胡喆曾参与UC浏览器和百度早期的工作。在中国互联网界，他们都是"年轻的老革命"。

他们一直在时代潮流之中,本身就是潮流的一部分。

因为有这样的经历,所以在采访和写作中,对《沸腾新十年》书中同时代的创业者(有的与作者年龄相仿,有的更年轻),他们感同身受、同振共鸣。笔触所至,也就更细致、更真实,深刻摹写出了时代精神与创业者的群体形象。

《沸腾十五年》与《沸腾新十年》,作为中国互联网史的重要著作,是中国科技史的一部分。而投身科技史写作这项艰苦工作,既与两位作者的学问修养与兴趣爱好相关,也与《电脑报》的传统有关。

科技史是科技事业与科技产业发展的重要记录。以史为鉴,以史明志,这在社会科学和自然科学的研究与应用领域中,同样都是共识与经典之言。

科技史钩沉浩如烟海的史料,梳理科技发展的脉络与源流,分析科技事件发生的背景与逻辑,描述与评价科技人物在历史长河中的作用与影响。

一部优秀的科技史著作,常常能启示后来人,激励人们投入甚至献身科技。

由于认识到科技史的重要作用,因此《电脑报》当年的编辑部研究科技史的氛围浓厚。那时,对美国前沿科技发展历史与最新动态的研究、追踪,是大家的重要工作之一。激励过雷军一代年轻创业者的《硅谷之火》等个人计算机发展史著作,同样成为林军、胡喆等反复阅读与研习的重要资料。编辑们对计算机和互联网发展中的史料细节甚至熟悉到这样的程度:当一个人对硅谷某一小地名的英文拼写发生错误时,另一个人会立刻发现并纠正。因为,大家都知道那里发生过的大事。

有这种理念与氛围，《电脑报》创办初期就在国内独家开设了"电脑史话"版面。当时，国内对计算机发展史的研究与写作有些滞后。为数不多的文献与著作也很少涉及计算机普及大潮中读者最关心的个人计算机发展史。针对当时的情况，《电脑报》决定主要记叙计算机发展的当代史，聚焦个人计算机发展史。"电脑史话"刊出了《PC机十年》《PC机的第二个十年》《软件辉煌》《电脑病毒面面观》《WPS之谜》等连载文章。这些文章主要由《电脑报》的编辑撰写，大家用了很多笔名。这些文章生动介绍了读者最感兴趣的个人计算机发展史，不但让比尔·盖茨这样的国外创业者广为人知，也让当时很少得到深度报道的中国年轻创业者（如求伯君等人）的形象，在中国读者中鲜活起来。

从1995年开始，《电脑报》又开设了"电脑时空"栏目，主要由我和IDG中国负责人熊晓鸽先生，每月一次在国内外某个地方面谈或通过越洋电话连线，实时报道全球计算机发展中的热点事件和焦点人物。这些报道特别强调现场感，感染力十足。"电脑时空"涉及的话题非常广泛，互联网发展的最新动态越来越在这些话题中占据重要地位。

今天发生的一切，终将成为历史。《电脑报》的编辑们有这样的共识，因此他们认真记录当代史。

"电脑史话"和"电脑时空"中的文章新颖鲜活，与时代同脉搏，因而非常受欢迎。其影响之大，甚至出乎编辑们的预料。多年之后，已经成为互联网行业领军人物的许多老读者，仍然能回忆起曾经读过的文章，回忆起所受到的启发与激励。

科技史写作与报道带来的这种作用与影响，无疑也使林军、胡喆受到鼓舞，感受到一种责任，吸引他们投身于对科技史的研究与写作中。林军回忆，他正是因为看了《PC机十年》和《PC机的第二个十年》等连载文章而决意来《电脑报》的。当时，他在哈尔滨工业大学的学生中有一定的名气，是学校团干部、党员。而哈尔滨工业大学计算机系直追清华大学，当时在全国计算机专业中排名第二，毕业生的选择很多，他完全可以选择留校。但林军最后选择《电脑报》，很大程度上是因为"电脑史话"和"电脑时空"那些文章对他的吸引。他从小喜欢历史，大学读了计算机专业，又有校园刊物主编的经历，综合这些，他认为《电脑报》是自己最好的选择。在这里，身处个人计算机与互联网发展的潮流之巅，浸淫于科技史学习与研究的氛围与传统之中，对他科技史写作的路径形成起到了重要作用。后来，他主动提出去《电脑报》北京新闻中心，也是希望利用北京的史料资源，进一步构筑实现自己科技史写作人生愿景的基础。

于是，有了《沸腾十五年》与《沸腾新十年》的问世。

科技史的写作，可以沿着科技、事件、人物等维度组织和展开史料。无论是侧重某个维度，还是多维度并重，只要作者忠诚于历史，忠诚于读者，都可能创作出优秀的作品。

作为《沸腾十五年》的续编，《沸腾新十年》承袭了前者的历史记叙方法：记录当代史，不过多着墨于中国互联网的技术发展线索，专注于描写产业发展中的重要事件与人物；以编年史的形式，铺陈开十年间(实际上是2007—2020年的14年)中国互联网发展的壮丽画卷，创业者的群像在这一长卷中鲜明生动，熠熠生辉。

如果说《沸腾新十年》比《沸腾十五年》有什么进步，那就是视野更加开阔，所观察和记录的受到互联网深刻影响的行业，由四大类扩展为十大类。这也是中国互联网巨大进步的直接反映。在互联网已经水银泻地般渗透进我们的生活和工作的今天，历史记录者力求全景式展现这一影响。

而两本书一脉相承的，是对历史事件和人物细致且逼真的描写。在写作中，两位作者念念不忘的一个术语，是"颗粒度"。文字作品的"颗粒度"，如同影像作品中的分辨率，是作品质量的重要标准。但分辨率可以通过设备和技术手段来提升，而"颗粒度"只能靠作者自己辛勤的工作，在采访与记录中一点一滴努力追寻细节，多方求证核实事实，精心固化成文字。在科技史写作中，对"颗粒度"的追求，不是容易的事，但他们主动挑战了自我。

《沸腾新十年》的作者用这样的写作态度，为读者展现出中国互联网创业者真实的群像，这些创业者一个个在书中栩栩如生，让人仿佛能感受到他们的呼吸，触及他们的脉搏，共同体验他们命运起伏中的失败与成功。

前面谈到，两位作者是中国互联网界的老兵，他们本身就是潮流的一部分。这不但使他们能与创业者感同身受，还能让他们在认知上有独到之处。

《沸腾新十年》的作者与其所记录的创业者们在同一舞台上，背景天幕是中国的崛起，是中国经济的迅猛发展，是中国互联网不可逆转地成为世界重要力量。

在这样的时代背景下，本书里的中国互联网创业者们，创造了历史奇迹。

2008 年，中国网民达 2.98 亿人，首次超过美国跃居世界第一；仅仅一年，到 2009 年年底，中国网民达 3.84 亿人，超过美国和日本的总和，其中手机网民达 2.33 亿人，占 60.7%；到 2020 年年底，中国网民增长至 9.89 亿人，占全球的五分之一，其中手机网民达 9.86 亿人，占 99.7%。

剧增的网民数量、巨大的市场规模，为创业者提供了无比丰厚、前所未有的创业沃土。他们的创业激情得以点燃，他们的无穷创意得以实现，《沸腾新十年》则记录下了他们的精彩人生与故事。

在《沸腾新十年》记录的历史阶段中，中国互联网在学习全球先进经验和商业模式的基础上，也悄悄开启了自己的创新历程。中国互联网的创业者们已经不再只是学习外国的商业模式，而是根据自己对新技术的追踪与理解，根据自己对国内外市场需求的分析，创新出自己独到的互联网商业模式，创建了无数新业态互联网公司。

中国互联网的创业者们不但迅速开拓了国内一个个新市场，还勇敢且坚韧地一步一步走向广阔的全球疆域。在《沸腾新十年》的这一阶段，中国的电子商务、中国的共享服务、中国的快递物流、中国的网络游戏、中国的网络文学、中国的社交工具、中国的短视频平台……无数中国的互联网应用与服务，越来越广泛地进入世界市场。新闻报道中也开始出现"XX 的 XX"，前面的"XX"，是外国国家的名字，后面的"XX"，是中国的一项有人气的互联网应用。学习中国的互联网商业模式，已经在全球悄然开始。

当某个大国一口气封禁中国的几十种 App 时，当互联网发源地、当今的互联网强国竟然要动用国家行政力量来应对中国互联网公司的市场行为时，其潜台词是，中国互联网的创新力量已经成长壮大，中国正在由互联网大国走向互联网强国。

《沸腾新十年》有幸记录下这样的历史，中国互联网的创业者们已经创下惊世伟业。

而我们为这样沧海桑田般的巨大变迁心潮难平，对艰苦卓绝奋斗的创业者们肃然起敬。

历史永不停息。

当读者读完《沸腾新十年》时，中国互联网史新的一页实际上已经徐徐翻开。本书读者和书中的创业者一起，正在迎接中国互联网风云激荡但又注定辉煌的明天。

笔者坚信，在本书读者中，一定会涌现出许多新的互联网创业者，他们会和前辈创业者一起，创造更加辉煌的未来。

《沸腾新十年》中记录过一位创业者——清华大学学子王江，他行动严谨，内心狂野。能体现其内心的，是他最喜欢的一句英文歌词。我也喜欢这句歌词，尤其是后半句——Seas would rise when I gave the word（当我一声令下，海洋应声而起）。

今天的中国互联网创业者们，可以有也应该有这样的抱负与气概。

陈宗周

《电脑报》创始人及前社长

目　录

2007—2009　大幕拉启 / 001

引子 / 001

91 助手开局 / 003

搞不清什么是"100K"的熊俊卖了 91 助手 / 003

威锋网玩大了 iPhone"越狱" / 007

iOS 在中国的另一颗硕果 / 009

最早的苹果开发社区 / 010

陈昊芝找到刘冠群 / 010

把东西做出来是第一需求 / 012

泛苹果生态与广泛的创新 / 013

与苹果有关的科技博客热 / 013

知乎，以及早期试水者们 / 015

航班管家总结出自己的场景方法论 / 018

那些安卓的开发者 / 021

早期开发安卓的中国大牛们 / 021

触宝捧回首个安卓大奖 / 024

还是出身微软，杨永智的早期 App 工场 / 028

雷军和黄章在安卓手机上结缘 / 030

创新工场与安卓生态的燎原之势 / 032

创新工场来了 / 032

点心和豌豆荚陆续出现 / 034

应用商店的机会来了 / 036

CM 的中国门徒 / 039

"大神"潘爱民 / 040

潘爱民开发 VisionOS 和盛大创新院的短暂辉煌 / 040

盛大资本发力,墨迹天气成明星 / 045

那些在 2009 年失意的超级牛人 / 047

张一鸣的流离和王兴的坚持 / 047

王小川和曹国伟的坚韧 / 049

王坚的潦倒与雷军的失落 / 051

2010 变局也是开局之年 / 053

引子 / 053

千团大战与王兴的后发先至 / 055

彼岸 Groupon,此岸千团大战 / 055

拉手网的绚烂与窝窝团的横扫千军 / 059

王兴、王慧文带美团崛起 / 065

百度和阿里的团购布局 / 069

百度的登顶与汤和松"巨杉理论"的提出 / 069

聚划算是阿里对团购的答案 / 071

王兴九顾茅庐寻阿干 / 076

腾讯把团购和电商一锅乱炖 / 077

腾讯携手 Groupon 做高朋,但不尽如人意 / 077

卜广齐携易迅 PK 京东,林宁接手 QQ 团购 / 080

移动互联网的未来进行时 / 084

戴志康卖掉 Discuz!,团购"喂饱"周鸿祎 / 084

腾讯投资 iTools / 085

前智能手机时代的隐形巨人斯凯 / 087

王坚说服马云做阿里云 OS / 088

阿里云 OS 与王坚的平台梦 / 088

MIUI 和点心 OS 的"准操作系统"路径选择 / 093

百度客户端:落日余晖被当作朝霞满天 / 099

谷歌跌倒,百度客户端"吃饱" / 099

百度影音与快播的明争暗斗 / 101

3Q 大战：PC 互联网的戾气和移动互联网的未来 / 104

腾讯受辱和 PC 互联网时代戾气的大爆发 / 104

可牛入局背后的大佬恩怨与"二选一"超级"核弹" / 109

明胜暗伤的 360 与因祸得福的腾讯未来 / 117

2011 移动互联网的新基建 / 118

引子 / 118

手游的早春时节 / 120

360 和网秦的上市炒红了"3·15" / 120

人人游戏和上海晨炎 / 121

《捕鱼达人》开辟了一个新时代 / 123

iOS 平台成为移植重点 / 126

新浪微博：中国移动互联网的"面壁者" / 128

微博伟业的开端 / 128

陈彤在新浪的最后一座丰碑 / 130

先天不足的腾讯微博与马化腾的三心二意 / 132

微信和米聊：移动社交来了 / 136

米聊先发，但微信在语音上反转局面 / 136

TalkBox 失败，微信突进至陌生人社交 / 142

陌生人社交"三板斧"击败米聊 / 145

"古惑仔"唐岩与陌生人社交的兴盛 / 147

陌生人社交天空里的奇思妙想 / 147

唐岩认为，匹配效率决定一切 / 151

陌陌神器进入用户心中 / 155

"互联网手机"时代来了 / 160

刷机开路的小米 / 160

看懂小米模式的周鸿祎找上华为 / 163

更多的创新开始出现 / 167

林志玲开启性感的 LBS 时代 / 167

不起眼的 WiFi 万能钥匙 / 170

蚂蜂窝带火旅游分享 UGC / 173

今夜酒店特价的邓天卓愿赌服输 / 178
视频网站的上市年和其中的暗与黑 / 180
优酷、土豆的合并 / 180
古永锵的三处阴影 / 182
被刺激的爱奇艺开启整合模式 / 185
对上了暗号的 B 站 / 188

2012　新供给爆了 / 189

引子 / 189
开启天命之旅 / 190
张一鸣、王兴和程维的 2012 年开局 / 190
搜索圈的陈华做红了唱吧 / 194
曾经有个虹软系 / 199
快的与滴滴的诞生 / 201
陈伟星开局快的，李治国搬回吕传伟 / 201
大雪天，滴滴订单过千 / 208
安卓爆了，手游火了 / 211
安卓 10 倍速出货，手游月流水千万 / 211
《我叫 MT》重新定义卡牌游戏 / 215
触控"捕鱼"蒸蒸日上，人人游戏遭遇危机 / 218
微信霸主地位的巩固 / 221
后浪微信是怎么赶超前浪人人网的 / 221
中国的 Instagram 没有梦 / 223
真·自媒体时代的到来与推荐引擎的出生 / 230
公众号重塑自媒体，微博二次草根化 / 230
今日头条的起步 / 234
3B 大战 / 237
360 "奇袭"百度 / 237
王梦秋预测 360 天花板，百度提出"狼性文化" / 243
早期的快手 / 244
王小川是搜狗的守护神 / 245
张朝阳想当 360 的大股东 / 245

王小川抗主行险搬兵，SOSO 全盘注入搜狗 / 247

"A" "T" 两强转身 / 248

2013　买到一个未来 / 252

引子 / 252

BAT 的投资哲学 / 254

蒋凡把友盟卖给阿里，李开复满脸阴云 / 254

张鸿平视角下的 BAT 投资策略 / 257

外封导购站，内汰小商户，阿里重掌流量源头 / 258

收高德并 UC，阿里买到安全感 / 263

许诺永不更名，收高德一挫百度 / 263

拿下"非卖品"，收 UC 二挫百度 / 266

19 亿美元，应用市场江湖水也深 / 270

借阿里巧抬身价，胡泽民顶价卖 91 / 270

豌豆荚：做一家像谷歌一样伟大的公司 / 277

腾讯砸出应用宝 / 280

BAT 联手"截杀"周鸿祎 / 282

"反 360 同盟"的建立 / 282

百度和腾讯围绕安全的自我升级 / 285

出海，到一个没有 360 的天下去 / 287

猎豹和中国移动互联网的出海梦 / 287

百度错失出海机会，一点资讯、今日头条聚焦推荐引擎 / 295

今日头条做对的两件事和张利东的到来 / 302

互联网金融的早期战事 / 305

重量级选手宜信 / 305

51 信用卡和随手记，都是互联网金融的天启 / 308

金融工具类掀起创业潮 / 312

余额宝与微信支付并起 / 316

现象级产品余额宝 / 316

微信支付的诞生 / 318

2014 　从 BAT 鏖战到"A""T"争霸 / 322

引子 / 322

滴滴、微信联手，红包"偷袭珍珠港" / 323

　　微信红包奇袭支付宝 / 323

　　腾讯与滴滴联盟 / 327

本地生活的升维战争 / 333

　　闪惠成为美团和大众点评之间的变量 / 333

　　微影时代、格瓦拉和猫眼 / 337

美团、饿了么、百度鏖战外卖 / 344

　　王慧文拜访张旭豪 / 344

　　沈鹏和张旭豪抢人 / 347

　　王莆中带百度外卖出场 / 349

　　达达诞生 / 350

刘强东接手腾讯电商 / 352

　　今夜酒店特价卖了 / 352

　　突袭失败，腾讯决定把电商交给京东 / 353

　　京东错失关键风口，海淘电商开始起势 / 358

狂热的社交创新 / 361

　　猎豹和陌陌先后上市，兴趣社交出现风口 / 361

　　更火爆的匿名社交 / 362

　　脉脉为何独存 / 367

　　校园社交与"羊城三杰" / 370

短视频的狂风暴雨 / 374

　　绝望的微视，美拍、Musical.ly 和秒拍的增长 / 374

　　运气站在快手这边 / 379

　　今日头条的版权危机 / 382

　　一点资讯的短暂辉煌 / 384

直播登场，游戏先行 / 385

　　早期的 A 站、B 站 / 385

　　直播兴起，虎牙、斗鱼火热 / 387

2015　合并大年 / 392

引子 / 392

滴滴、快的合并与优步大战 / 393

滴滴与快的：打则惊天动地，合则恩爱到底 / 393

优步强势入华，PK 滴滴、快的 / 397

滴滴启动顺风车，共享经济真的来了 / 400

携程与去哪儿的先战后和 / 406

梁建章 vs 庄辰超，两代神童之间的竞合 / 406

谌振宇带去哪儿领先移动业务，携程急追 / 408

携程强势整合行业，庄辰超向商务部投诉"垄断" / 411

梁建章棋高一着，拿下去哪儿 / 416

外卖终局 / 418

百度 O2O 退却的三大原因 / 418

美团与阿里裂痕渐深，王兴和李彦宏开谈 / 419

美团与大众点评合并 / 422

同城配送走向大一统 / 424

58 同城与赶集网合并，催生二手车电商 / 427

倔强的杨浩涌是怎么被姚劲波说服的 / 427

杨浩涌入场，二手车电商"三国杀" / 431

李斌、李想和他们的出行江湖 / 436

李斌和李想为什么做不成新车电商 / 436

闻伟和林明军绕道做新车电商 / 438

造车新势力出发：蔚来、理想、威马和奇点 / 441

何小鹏是一位顶级产品经理 / 446

与众不同的乐视造车 / 448

神奇的 A 股和疯狂的"贾跃亭"们 / 450

刘姝威没有拦住贾跃亭，但 A 股做到了 / 450

冯鑫照猫画虎陷困境 / 451

周鸿祎与 A 股的爱恨纠葛 / 454

电商领域的新势力 / 456

微店、有赞和微盟间微妙的故事 / 456

导购站全面转向电商 / 463

2007—2009 / 大幕拉启

引子

这是一本讲述中国移动互联网产业从 0 到 1 再到国民支柱产业的科技史作品。

在讲述这段波澜壮阔的产业历史前，我们需要先回答一个哲学命题——中国移动互联网产业是从哪儿来的。换言之，在 2010 年整个中国移动互联网产业开局之前，是哪些人及哪些力量以什么样的姿态成为先行者的。

这些先行者里最多的一个身份是"果粉"。2007 年 1 月，iPhone 正式上线并迅速风靡全球，威锋网随之诞生，媒体人张亮创办了苹果主题的科技博客 Apple4us。2008 年，苹果发布 App Store，中国由此有了李亮、杨武、冯华君、李森和等苹果开发者。同年 3 月，刘冠群建立了苹果开发者社区 CocoaChina。也是这一年，网龙将熊俊及其产品收编后推出的 91 助手成为当时一款现象级产品。

总有一些人有强大的号召力和突出的社会型人格，他们在组织和分享过程中收获快感，进而加速了外部生态的发展。如果说 iOS 领域的张亮和刘冠群是这样的推动者，那么吴宏就是安卓领域的重要节点式人物。

2008 年，谷歌召开 I/O 大会，安卓系统成为另一个全球移动互联网的重要高地。因为更开放、有更强的移植性（这也是为何有不少早期安卓开发者使用 Java），安卓开发者如雨后春笋般冒出，他们中大多数都聚集在吴宏创建的"天朝安卓开发者"群组里。

这些开发者的部分项目直到今天仍有生命力，如墨迹天气、触宝输入法、海豚浏览器等。这类精品 App（应用程序）的出现，是中国移动创新从点到面的变化中的一个个里程碑。

因为安卓的近水楼台及谷歌退出中国内地市场的契机，诸多谷歌中国的精英成为中国移动互联网的早期参与者。比如，小米的林斌和洪锋、拼多多的黄峥、友盟的蒋凡、快手的宿华、豌豆荚的王俊煜、兰亭集势的郭去疾、出门问问的李志飞……不太为人知的还有为 360 提供搜索顾问服务的张栋、被 360 买进的 MediaV 创始人胡宁、小红书和滴滴体系化的干将郐小虎、知乎的李大海，以及从 B 站转去小红书的刘炀。其中，名气最大的当数创办创新工场的李开复和汪华。

微软亚洲研究院（以下简称微软亚研）则成为除谷歌外中国移动互联网的又一超级"人才票仓"。安卓上第一个成名的开发者史岩及第一个开始做 App 矩阵的杨永智、刘铁锋都来自微软亚研，他们的主管黄江吉则参与了小米的早期创业，是小米最早的 5 个联合创始人之一。触宝则是另一个从微软亚研出来的团队创业的典范。

参与中国移动互联网产业大潮的还有诸多从无线互联网延续而来的创业者们，其中有墨迹天气的金犁和天天动听的黄晓杰这样的纯开发者，也有王江和俞永福这样有商业能力的行业老兵。

盛大作为个人电脑（Personal Computer，PC）互联网时代的王者，也成为中国移动互联网产业的重要推动者，这在很大程度上是因为同样富有远见但对技术驱动世界更有底层认知的陈大年。仿照普林斯顿高等研究院，陈大年创办了盛大创新院。虽然它之后因为盛大业务滑坡而半途而废，但其面向下一代计算的愿景，影响了中国未来的操作系统、云计算、电子阅读等。后来，陈大年创办了"WiFi万能钥匙"这样的大型工具公司。

PC互联网时代的超级挑战者们也在中国移动互联网大潮崛起前开始完成自己的转身，其中最引人注目的是雷军和王兴。"天将降大任于是人也，必先苦其心志，劳其筋骨"这话真是说得太对了。从王兴到雷军再到王坚等一众中国移动互联网界栋梁，在2009年前后，观内对自身成就强烈不满，视外对外部环境感到焦灼、煎熬但又充满拼搏的冲动。这样的一个复杂状态催生了一个从虚心学习和参考借鉴国外创新产品与模式，到中国式创新大行其道，勇敢者穿越BAT（百度、阿里和腾讯）丛林的大时代。

如果要给他们统一画个像，那么他们都是技术信仰者，都是面向未来思考问题并有较强执行力的创新者。

下面是他们的故事。

91助手开局

搞不清什么是"100K"的熊俊卖了91助手

2009年国庆节过后，91助手创始人熊俊赶往北京，因为刚创办创新工场的李开复想见他一面。

谷歌前高管李开复彼时已经是万众瞩目的意见领袖、微博"大V"，而熊俊只是一个远离北上广的"小镇青年"，仅凭91助手这个"独门兵器"行走江湖。如果没有移动互联网，他们可能永远不会有交集。

熊俊多少有些诚惶诚恐。他买了一身西装作为见面时的"礼服"，后来这身行头受到了李开复温和的调侃："搞互联网的怎么穿这个啊？"

两人的话题是，李开复希望熊俊从网龙出来，抛开91助手的成功与包袱，加入创新工场再做一个新项目，参与到移动互联网的创业大潮里来。他指出了网龙的混乱，直接说："你在那里做不了什么了。"

熊俊的回答显得有些烦躁甚至抵触，他说："我把所有的精力都留在了91助手。在移动互联网上能做什么，我在网龙已经想过一遍，并且都在进行尝试了。让我重新创业再做一个项目，我真不知道要做什么。我做不到。"

熊俊当时还有一个想法就是回厦门，创新工场则希望他的团队都来北京。李开复犹豫一番后，给熊俊介绍了一个人——刚从北京回到厦门的蔡文胜。

在此期间，盛大资本也去敲过熊俊的门，熊俊一直不置可否。时任盛大资本投资总监的吴峰打听到李开复、蔡文胜也在找熊俊，于是把熊俊"忽悠"到上海见陈天桥的胞弟、技术奇才陈大年。陈大年懂技术，因而与熊俊相谈甚欢。他对熊俊说："不论其他人怎么出价，盛大都出双倍。"但熊俊还是拒绝了。

熊俊在厦门与蔡文胜见了几次面，但没有具体聊创业，蔡文胜只是带着熊俊在厦门游览。一次，熊俊要返回福州，准备买火车票，蔡文胜说："不用，开我的车。"熊俊拿着车钥匙一出门，发现蔡文胜让他开回去的是一辆豪华跑车。

既然对方如此有诚意，熊俊便在2010年4月正式从网龙离职，从福州回到厦门创办了同步推。同步推初始估值为投后1000万元，创新工场和蔡文胜各出了 200 万元（其中蔡文胜出 150 万元现金，用域名和流量抵冲 50 万元），各占 20% 的股份。同步推后来卖给了一家台湾上市公司，创新工场和蔡文胜理论上获得了 100 倍的回报。

不过，比起 91 无线以 19 亿美元的价格卖给百度，这些回报还是小巫见大巫。对此熊俊并不后悔，尽管他当初只收了 10 万元。

熊俊从小爱好计算机，虽然没有读此专业，但他学得很不错。毕业后，熊俊在厦门一家叫凌越资讯的台湾公司任职，当了一个手下有 10 来个人的小主管，颇有时间发展自己的个人兴趣。于是，他买了一部第一代 iPhone，成为中国最早的苹果尝鲜者之一。

和很多早期玩 iPhone 的人一样，熊俊觉得这款手机虽然硬件强大，但使用起来并不方便。它不支持复制 / 粘贴、拍摄视频，也不能更改铃声、壁纸，还不能换电池、插存储卡，手机里的照片和备忘录等也没法复制到电脑中。

强大但不好用，成为熊俊为 iPhone 开发管理套件的初衷。他为了尝试解决这些问题，陆陆续续写了几个小软件，最后把这些软件打包，命名为 "iPhone PC Suite" 放到了网上。随着软件包不断更新，这个软件包达到了 20 万次的下载量，这对于当时 iPhone 的市场存量来说，已是一个很大的数字。

如果 iPhone PC Suite（也就是后来的 91 助手）仅仅满足于手机管理，那它可能早就消失了。它之所以有强大的生命力，是因为它成为当时 iPhone 用户获取新 App 的主要渠道。它也因此成了第一款第三方应用市场类的应用。

推动 iPhone PC Suite 向 91 助手跨越的是网龙。

网龙是一家位于福州的上市公司，主打方向是网络游戏。对熊俊投资的动议来自网龙创始人刘德建。在网龙的路演过程中，他发现，在当时极为 "高大上" 的投资人群中，用 iPhone 已经蔚然成风，他因此感到了机会的存在。

此时，在海外软件市场上斩获颇丰的万兴软件也在找熊俊。但它没有网龙积极，而且厦门到福州，在距离上也比厦门到深圳（万兴软件所在地）要近。于是，熊俊先来到网龙所在的福州。

来到网龙后，熊俊就被气派的"851大楼"唬住了。他没想到办公楼里还能有游泳池、保龄球馆、高尔夫球厅及人造沙滩。参观完一圈后，熊俊见到了时任网龙CTO（首席技术官），也是后来91无线联席CEO（首席执行官）的陈宏展。

陈宏展对熊俊说，希望买下他的软件，用100K（10万元）。

那时候熊俊不明白"100K"是多少，也没好意思追问。陈宏展见他无动于衷，就继续说，希望熊俊能来网龙工作，一起建设成立不久的无线事业部。

熊俊问工资有多少，陈宏展说，一个月15K。

涉及工资的事，熊俊才不得不问"15K"是多少，然后知道了是1.5万元。那么，iPhone PC Suite的收购价就是10万元。那时候熊俊刚毕业3年，工资不高，从一家台湾私企加入上市公司对他来说诱惑很大。于是，他很快就答应了下来，并于2007年年底开始在网龙工作。

从单兵作战到团队协作，iPhone PC Suite完成了一次进化。熊俊向本书作者回忆：当时iPhone PC Suite工具属性很强，能帮用户复制文件、备份资料，但还不能整合音乐或铃声，用户需要通过iPhone PC Suite才能安装第三方音乐或铃声，用户体验还不够完整。于是团队想到，这个软件应该像大型购物中心一样，可以满足用户购物、餐饮和娱乐的所有需求。

加入网龙后不久，熊俊带领团队开发出iPhone PC Suite 2.0，集合了铃声、壁纸、常见应用、电子书，功能上基本成为苹果App Store、iTunes、Book Store的集合体。后来，这一工具进化出了91助手。

一个要交代的背景是，2008年苹果宣布推出iPhone软件开发工具包（Software Development Kit，SDK），允许第三方开发者为iPhone开发App。这是App Store的肇始，也是导致苹果生态最终崛起的根本原因。它的生态概念影响了此后中国移动互联网十余年的发展。

威锋网玩大了 iPhone "越狱"

App Store 越繁荣,"越狱"[1] 的需求也就越强劲。那时,国内部分用户的版权保护和付费意识淡薄,"越狱"意味着可以使用大量免费的破解版应用。此外,当时 App Store 需要绑定海外信用卡,用起来也不方便,且那时还没有第三方应用市场。因此,早期不少用户就靠"越狱"获取 App。

"越狱"成了一场特殊人群的狂欢——早期的 iPhone 拥有者大都有深厚的技术背景,发现自己搞不定,就自发形成了互联网社群。最早、最权威的 iPhone 社群莫过于威锋网,人们在这里交换 iPhone 的使用心得,重点是分享"越狱"资源。

必须说明的是,无论是 iPhone PC Suite 还是后来的 91 助手,都不是严格意义上的"越狱"工具。虽然 91 助手上经常有人发布"越狱"教程,也经常有大量的破解版应用分发,但是其本身并不能直接用来"越狱"。真正把"越狱"玩大的还是威锋网。

威锋网是 iOS 早期生态里必须提到的一个存在。2007 年 1 月,乔布斯首次对外公布 iPhone 的第二天,杨彬和彭源的威锋网便成立了。

今天,威锋网的域名是 feng.com,但最开始彭源注册的域名是 weiphone.com。这是国内最早的苹果手机论坛,也是苹果文化扩散的主要渠道。

杨彬和彭源两人一个在富士康工作——富士康也是苹果最大、最重要的加工生产商,另一个则在 TCL 工作——在 21 世纪第一个 10 年里,TCL 是国产手机最重要的玩家之一。两人因为工作的关系接触到 iPhone,并由此创业,一切顺理成章。

虽然抢占了先机,但威锋网的开局不算顺利,没有如外界想象的那样立刻吸引大量用户,反而一度生存艰难。在最初的几个月里,网站同时在线人数也就几十人——主要原因是当时 500 美元一部的

---

1 "越狱"在这里指的是获取 iOS 的 Root 权限,破解限制用户存储读写权限的操作。

iPhone 对国内用户来说确实太贵了。

2007 年 9 月，苹果宣布 iPhone 降价，8GB 版本从 599 美元降到 399 美元，停售 4GB 版本，降幅达到 1/3。这带来了一波新用户，威锋网的流量也借此有了一波增长，并接到了广告，开始有了收入。杨彭二人在广西等地招募了 10 多个兼职人员，让他们第一时间翻译海外关于 iPhone 的各种报道和教程，发布到威锋网上，形成信息优势。在当时优质玩机内容极度稀缺的中文互联网上，威锋网成为国家一些苹果玩家心目中的"圣地"。

威锋网的价值在于，它几乎是唯一可以从 PC 互联网用户中准确筛选出 iOS 用户的地方。当时的威锋网几乎囊括了国内的"越狱"原创软件。也就是说，威锋网并不是一个简单的社区网站，它运作着原创软件，推动了"越狱"生态、应用商店和应用推广等多种商业模式，几乎是无所不包。

反观 91 助手，虽然不从事"越狱"，但 iPhone PC Suite 上大多数资源都是破解版。随着 iPhone 的用户群体逐渐扩大而兴起的分发生态逐渐形成，iPhone PC Suite 成了重要的分发渠道。通过收集破解版应用，它俨然成为国内的"苹果应用商店"，在苹果封闭的系统上建立了一个特殊区域。

当时，iPhone 的经销商也帮了 91 助手很大的忙。2009 年 10 月，iPhone 才正式与联通合作进入中国内地市场，在这之前，购买 iPhone 的用户大多离不开经销商渠道（一直到 2014 年，某些有价格优势的经销商渠道还很流行）。当时，91 助手的地推人员会主动接触经销商，为他们提供 91 助手的安装软件，软件里有批量安装功能。因为"越狱"软件确实有一定的使用门槛，所以很多用户购买时会要求商家帮忙设置新机，这成了极好的推广渠道。

从某种意义上说，网龙买下 91 助手并把它商业化，有一定的正面意义。虽然网龙在中国的互联网江湖中地位并不显赫，但如果没有它团队化的支持，91 助手可能不会诞生，或是诞生了却受制于熊俊的个人精力和资源，不会发展得那么快，也就赶不上历史的爆发期。

2009 年是 91 助手"随意收割早期用户"的时期，许多国内 iPhone 用户都是其拥趸。它成为苹果移动生态之树在中国结出的一颗硕果。

iOS 在中国的另一颗硕果

如果说 91 助手是苹果移动生态之树在中国结出的一颗硕果，那么另一颗硕果则是第三方输入法。

苹果早期是不支持第三方输入法的，这一问题要等到 2014 年 iOS 8 的推出才正式解决。但当时很多用户习惯了功能手机上的九宫格输入，很不适应 iPhone 原生输入法中的全键盘，而且 3.5 英寸的屏幕对用户来说确实有点小。而要使用第三方输入法，必须"越狱"。

iPhone 上最早得到广泛认可的第三方中文输入法，当数 WeFIT。不过，WeFIT 并非最早的第三方中文输入法，比它更早的是李亮和杨武写的 iCosta。不过，李亮和杨武两人在写出 iCosta 后又开始做了一个叫 RockPlayer 的 App。当时在 iPhone 上只能播放 MP4，而李亮和杨武希望做一款可以播放各种格式文件的第三方播放器，这是一个在今天看来也颇有难度的产品。

WeFIT 的开发者是冯华君，他曾在百度和苹果工作，并于 2006 年开发了 Mac 平台的中文输入法 FIT，大获成功。2008 年，冯华君顺势和另一位合伙人，也就是他在华南理工大学的师兄吴晓丹一同成立了顺科软件公司，并于 2008 年 2 月推出了 iPhone 的第三方中文输入法 WeFIT。WeFIT 支持拼音、五笔、双拼、笔画等各种输入法，在词组联想、词频调整、模糊拼音上的体验很好，它在很长一段时间都被认为是 iPhone 上最成功的第三方中文输入法。WeFIT 的前三代产品都与威锋网深度绑定，这也是其能够胜出的重要原因。

由于苹果迟迟不放开对第三方输入法的支持，WeFIT 无法上架正版渠道。2011 年，冯华君在 App Store 上推出了一款类似备忘录的收费应用——FIT 写字板。在应用内可以用 SDK 的方式调用 WeFIT 输入，这样用户可以先在写字板中输入文字，再复制到聊天框、短信、邮件里，以"绕道迂回"的方式实现不用"越狱"就能使用第三方输入法。即使如此麻烦而且收费，FIT 写字板在发布后也曾登上 App Store 分类排行榜的第一名。由此可见，用户对好用的第三方输入法的需求有多迫切，这背后是 PC 输入、按键输入和虚拟键盘输入三种形态转换间细微的需求变化的被满足。

让人唏嘘的是，天妒英才，冯华君因鼻咽癌于 2012 年病逝。

最早的苹果开发社区

陈昊芝找到刘冠群

2009 年下半年，从爱卡汽车网离职的陈昊芝基本上是这样一个状态：一方面已经感到移动互联网存在的巨大的潜力，另一方面还没有找到切入这个领域最好的机会——这在当时是许多"能人"所处的状态。

如果用现在流行的创业语言来说，陈昊芝当时还没有找到可切入的"痛点"。就在这时候，他发现了一个叫 CocoaChina 的开发者社区。严格地说，它当时只是一个论坛，一个由个人爱好者维护的小论坛。

但让陈昊芝感到很有意思的是，这个论坛面向移动 iOS 设备的开发，当时在国内是比较前沿的。另外，作为中国最早的一批个人站长之一，这里有他熟悉的社区气氛。于是，他像一个老资格网虫常做的那样，给站长发了一封站内信，要求见面，后者马上就同意了。

陈昊芝在北京酒仙桥的办公室很有意思。这里首先给人的印象，是一个苹果"死忠粉"的大本营——价值最高的陈设是一台1984年产的苹果Macintosh（麦金塔），这部采用8MHz摩托罗拉MC68000处理器、128KB内存和9英寸CRT显示屏的机器尚能运转；除此之外，还包含如PowerBook G4的十余台历代苹果知名款型。

但是，这里并没有任何乔布斯的画像。相反，整个楼层的里里外外都挂着陈昊芝和一位年龄相仿的男性的各种合影。后者脸型圆润，神色间颇似演员范伟，他就是CocoaChina的创始人刘冠群，英文名Gary。

陈昊芝自认是一个很难相处、个性强势、缺乏耐心的领导者。因此，他曾经给自己的合作伙伴做了这样的分析："我缺乏耐心，所以我的合伙人最好足够认真和专注，而Gary是；他最好能再和气一点，是个胖子，而Gary也是。所以Gary对我来说，就是完美的伙伴。乔布斯可以给我们遥远的鼓励和启发，但Gary是搞定事情的那个人。"

刘冠群其实也是圈内"老人"，他是最早和陈一舟一起做人人网（原校内网）的两三个人之一，和创办ChinaRen期间就与陈一舟合作的曾祎安曾搭档组班子；他也是优酷网最早的外部顾问和早期参与者之一。

对刘冠群来说，CocoaChina是他于2008年3月做的个人站，当时的形态只是一个Blog（博客）。想做这个的原因很简单，当时中文网页中可供学习苹果系统开发的资料相当少，于是刘冠群就翻译了很多苹果官网的英文技术文档放到博客上，后来博客升级为论坛。

由于对开发者有核心技术价值，CocoaChina聚集了国内最早的一批移动开发者。他们中的相当一部分人是从开发苹果Macy应用的群体中转过来的。

陈昊芝和刘冠群第一次见面，是在北京SOHO现代城的一间咖啡厅里。这两个人被他们的早期投资人——当时的北极光创投合伙人姜皓天，戏称为"触控双胖"。其实陈昊芝是"魁梧"，刘冠群才是"圆润"。不仅外形上都很"浑厚"，他俩本质上也是一类人，就是既有"极客范儿"又有商业意识的强人。所不同的是，陈昊芝是外向的那一个，而刘冠群是内敛的那一个。

这样两个精神世界高度相近但又能互补的人一见如故、相谈甚欢。第一次见面的结果就是——陈昊芝说服刘冠群，由自己投入现金，刘冠群以技术入股，两人股份等比，然后刘冠群辞职，全职与陈昊芝合作。他们的新公司起名为触控。

把东西做出来是第一需求

当时行业尚处于发展早期，因此 CocoaChina 上爱好者居多。一开始，大家讨论的多是技术话题和如何解决开发中的具体技术问题，把东西做出来是第一需求。

适逢其时，一位叫"花生"（网名 dr_watson）的开发者把开发游戏 iFighter（一款空战游戏）的数据分享了出来。这个游戏的最好成绩为美国 App Store 游戏类排行榜第二名和总排行榜第三名。这件事帮 CocoaChina 里的开发者找到了方向。刘冠群说："这个例子让我们有了奋斗的目标，大家开始讨论做什么样的产品能赚到钱，如何做市场、做营销。"

刘冠群向本书作者回忆说："我自己做了多年互联网，但是我们的网站的根本目的不是做成一家媒体或者社区，而是提供价值，希望自己能给行业带来不可替代的价值。社区首先是一个方面，因为它能够凝聚知识；但知识积累到一定程度还是不够用的。所以我们从社区起步，尝试了各种新模式，包括休闲游戏、发行推广、引擎、运营商支付、广告平台等，一直在给行业提供自己的成果作为标杆。让别人能看到，哦，原来这件事情还可以这样做。"

刘冠群还热心地组织各种线下活动。他回忆说："我们在 2009 年组织了第一届 CocoaChina 开发者大会，来了 200 人。2010 年第二届大会在北京 798 艺术中心举办，就有 400 多名开发者参与了。后来，我们每年都举办开发者大会，2014 年 10 月，在北京国际会议中心召开的大会已经达到几千人的规模。"

这些会议贯穿一个主题，就是 Cocos 引擎的布道。

刘冠群的看法是："单纯的苹果开发者社区已经不足以承载它了，Cocos 引擎确实能把我们这么多年一直做的事、一直以来做出的成就，凝结成一个东西。通过它，我们营造了一个完整的移动开发者生态圈。"

2008 年，阿根廷人里卡多·克萨达（Ricardo Quesada）发布了一款名为 Los Cocos 的引擎，主要用于苹果手机上的游戏开发，这是一款开源软件。

而厦门人王哲以这款引擎为基础，推出了 Cocos2d，并发布在 CocoaChina 论坛上，这同样是一款免费且开源的软件。陈昊芝闻风而来，投资了王哲的团队并实现了控股。触控在此后的数年里一直不断投入大量资金来推动 Cocos2d 迭代。最高峰的时候一年投入资金近亿元，有数百名工程师为之服务。

触控开发了大受欢迎的《捕鱼达人》系列，在之后几年里成为国内最好的手游开发企业，甚至一度超过腾讯游戏的产品。但在陈昊芝内心深处，他认为《捕鱼达人》这样的游戏成为爆款有一定的偶然性。他更相信，Cocos2d 的开源商业模式可以最终获得超过游戏内容开发带来的收入。

泛苹果生态与广泛的创新

与苹果有关的科技博客热

2007—2009 年，国内的苹果生态圈里不仅有 CocoaChina 这样的开发者聚集地，还出现了与苹果公司有关的科技博客——Apple4us，域名是 apple4us.com，明显在向当时很红的 del.icio.us 致敬。

Apple4us 由颇有影响力的商业杂志《环球企业家》的张亮在 2007 年年底创办，主笔胡维是张亮在《环球企业家》时带的实习生，也是一位忠实的"果粉"。负责搭建网站的是 Woody，他当时在搞工业设计。Woody 曾在张亮的博客下面留言，两人因而结识，Woody 还给 Apple4us 设计了那个苹果里加两点当眼睛的 Logo。张亮在《环球企业家》的同事黄继新也被他拉了进来，但就这两三杆枪要做一个科技博客仍然不够。张亮随即想到两个人，一个是自己很多年前就认识、当时正给上海很多大众读物写科技专栏文章的"负二"，另一个是知名博主"飞猪"。

这是一个流行用 Google Group（谷歌论坛）邮件组的时代，后来加入的诸多人等，如 Willow、木遥、李如一（Lawrence Li）、Rio，都齐聚 Apple4us 的 Google Group 邮件组，经常分享有趣的想法。王兴也在这个邮件组里分享他师兄做 Multi-touch（多点触控）的信息。

2009 年夏天的某个晚上，张亮、黄继新和飞猪 3 人在西单的马路牙子上聊天到半夜 1 点多，围绕科技人群的 T 恤碰撞出很多设计思路。于是，一个名为 Da Code 的项目启动了。最初的工作流程和分工如下：3 人定期见面海聊一番，然后飞猪把聊出来的想法做成设计，张亮负责联系生产，黄继新负责客服。后来，为了配合 Da Code 项目，需要做网站，飞猪又找了他的一个朋友帮忙，这个人就是后来创办豌豆荚的王俊煜。

Da Code 当时有个竞争对手 Hello Tee，它也是做针对科技人群的 T 恤设计的，创始人是戴雨森和杨远骋。后来，戴雨森与陈欧联合创办了聚美优品，杨远骋作为联合创始人创办了街旁。

有一档和 Apple4us 关系很深的播客类节目，主持人是李如一，最主要的嘉宾是 Rio，他也是 Apple4us 的投稿人之一。另一位经常出现的嘉宾，就是当年在互联网媒体 ifanr（爱范儿）上写出爆款文《iPhone 可有设计哲学？》的李楠。李楠当时的身份除了是 ifanr 主笔，还是魅族手机负责营销的副总裁。

李如一有一天饭后跟张亮一起坐地铁，提到他有一个很有意思的想法，但他不能说，怕说出来就做不出来了。几个月之后，唐茶诞生——一款在 iOS 设备上提供精品阅读付费服务的产品。它上架的第一本电子书是《失控》。乔布斯逝世后，唐茶也出了唐茶版的《乔布斯传》，影响广泛。

Apple4us 参与者里最早从职场转入创业的不是李如一，而是周源。2008 年夏天，周源与他在杂志《IT 经理世界》的同事杜晨一起创办了一家 SEM（搜索引擎营销）公司 Meta，周源的中学同学、当时在谷歌中国工作的李大海，担任他们的技术顾问（李大海后来加入知乎担任 CTO）。这家公司的起家客户是茅台酒厂，但持续时间不长。2010 年年中，周源与杜晨分手。杜晨转身去了 360，成为 360 公关"天团"的成员之一，在"3Q 大战"中也出力不少。而周源则与妻子一起去了一趟西藏。

知乎，以及早期试水者们

要讲知乎的故事，得先从 2010 年的一件事开始倒叙。2010 年 8 月第一个周六的中午，张亮、黄继新和刚从西藏回来的周源在清华科技园楼下的干锅居吃饭。周源说，自己有可能去一家公司当产品经理。三人聊了很久 Quora［一个问答 SNS（社交网络服务）网站］，越谈越兴奋。饭毕，张亮说："你还是别去当产品经理了，我们仨还是一起做个中国版的 Quora 吧。"张亮和黄继新找到当时自己的老板、现代传播董事长邵忠做天使投资人，并借了现代传播在三里屯 SOHO 的几个工位开张。周源召唤回了他在 Meta 的搭档李申申及王电轻、马骁等旧部（另一位 Meta 的联合创始人白洁稍晚些加入了知乎），李申申在 Meta 旧部的基础上又拉来了杨昆、奚衡、安江泽等形成知乎的早期技术班底。

张亮则鼓动 Apple4us 的两位作者胡维和陈青成为知乎的 4 号员工和 5 号员工。

当时知乎还没有上线，胡维本人又对产品设计有着浓厚的兴趣，所以他在知乎上线前其实扮演的是产品经理的角色。很快，黄海均从网易微博离开，加入了知乎，成为知乎的第一任产品经理。值得一提的是，黄海均是职人社的创始人。

知乎的第二位运营人员成远也是最后一位三里屯知乎成员。成远之前和周源是《IT 经理世界》的同事，周源看中 Quora 的时候就和成远交流了他要做这件事，等产品出来后，周源邀请成远进行测试。成远不仅用到上瘾，还利用自己的媒体背景拉一些"大 V"和对知乎早期有帮助和指导的人（如边江）试用，所以等周源向成远提出邀请时他欣然答应。

按照成远的记忆，他正式被说服是周源和李开复谈好的那天。李开复和周源谈完后，随后去见邵忠，谈知乎的股权架构调整，便于后续风险投资（Venture Capital，VC）机构进入。而周源则找到成远，表示现在知乎已经准备起飞，欢迎其加入。

创办知乎的时候，张亮已经在创新工场做投资经理，但当时知乎不在李开复和汪华制定的投资赛道里，所以他们很明确地和张亮说创新工场不投，这才有知乎种子轮找邵忠投 150 万元由其占股 40% 的故事。但创新工场还是在 2011 年年中投资了知乎，李开复也是知乎最早的超级"大 V"，创新工场连续投资知乎 5 轮，知乎也成为创新工场最重要的标杆项目之一。

邵忠之所以愿意做知乎的超级天使，与其对知乎这个团队的认可有关，与当时微博大热有关，也与当时还在其旗下的沈一鸣团队的风生水起小有关联。

2010 年，沈一鸣团队在网络杂志《良品》的基础上又制作了iPhone 平台的新闻类 App iWeekly（周末画报）。这个项目以精美的制作、大幅的彩照、时尚的文章一炮走红。阮一峰的博客披露：

iWeekly 本来预计 2010 年年底用户达到 10 万人，结果上线第一个月，用户就到了 20 万人，年底的时候冲到了 200 万人。与用户数一起上升的，还有良好的广告收入。

细究起来，iWeekly 并非 iOS 中国市场上最早问世的新闻类 App，这个"第一"的荣誉落在风端出品的南方周末 App 上。

风端也是中国社交网络江湖的重要推动者之一，博客一词被广为人知，与他在《南方周末》上的鼓与呼分不开。喜欢倒腾新事物的风端后来接手了南方周末新媒体业务。

按照风端对本书作者的回忆，南方周末 App 是在 2009 年国庆前提交上线的。与《南方周末》当时在各个社交平台上要么被关停要么被屏蔽不同的是，国庆节还没有过，南方周末 App 的 iOS 版本就上线了，并很快拥有了百万次的下载量。南方周末 App 当时不仅没有花一分钱推广，反而成为南方周末新媒体的创收大户，诸多手机厂商找上门希望能付钱内置"南方周末"App。

另一个抓住 iOS 爆发红利的阅读产品是同在广州的 ZAKER。不同的是，ZAKER 主要吃的是 iPad 的红利。2009 年年底，读览天下的副总经理李森和开始琢磨是否可以做一款集合诸多报刊的阅读产品，这就是 ZAKER 的由来。ZAKER 后来拿到了联想 250 万美元的投资，从读览天下拆分出来独立发展，李森和担任 CEO。

李森和与冯华君交往甚多，ZAKER 团队里也有不少人跟着冯华君一起做支付宝 App 的外包工作。ZAKER 与美国的 Flipboard（红板报）几乎同期，这在当时缺乏原创产品的中国移动互联网领域，是一件很值得骄傲的壮举。

抓住 iOS 爆发红利机会的，还有 1992 年清华大学计算机系毕业的黄扬清。2008 年 9 月，App Store 上线仅两个月，黄扬清创办的 iHandy（汉迪移动互联网）就推出了一款掷硬币的应用，售价 0.99 美元。时至今日，这家公司已先后推出了几百款应用，其中名气最大的是手电筒应用 Super-Bright LED Flashlight。iOS 推出手电筒功能之前，

iHandy 的手电筒应用在全球同类产品下载量排行榜中一直排名第一。

有意思的是，后来成长为 iHandy 宿敌并与其在手电筒这个细分品类上有过一场激战的 Zenjoy（创智优品）的创始人夏锏，也是清华大学毕业的。Zenjoy 发布的第一款产品是一款音乐游戏，一度位列 App Store 日本排行榜第一名。后期它成为一家游戏与变现型工具 App 的开发公司，坚持闷声发大财。

航班管家总结出自己的场景方法论

"航班管家"的创始人王江同样毕业于清华大学。当它仍被称为"航班专家"的时候，王江只是这家公司的天使投资人之一，它真正的创始人是 139 邮箱的联合创始人、王江在清华大学的学长李黎军。李黎军也是中国移动互联网的早期建设者之一。关于李黎军的故事，有兴趣的读者可以阅读本书的前传《沸腾十五年》。

按照李黎军最初的想法，航班专家的定位是采用服务提供商（Service Provider, SP）机制，从运营商那里申请到了"绿色通道"，直接为用户提供付费的增值服务，如订阅航班动态等。但这个业务没有火起来，直到王江把"航班专家"改名为"航班管家"后，其火爆程度才扶摇直上。

手机版航班管家于 2009 年 7 月起步，积累 7 万多个用户（iPhone+Java）就花了近半年的时间。为了进一步扩充用户群体，航班管家在 2010 年推出 Android（安卓）和 Symbian（塞班）版本，年底用户总数一路飙升至近 100 万人，而且只花了十几万元的市场推广费用，靠着口碑传播就乘风而起。到 2011 年年底，航班管家的用户数飙升到 500 万人，之后每年都以 500% 的速度增长。在早期移动创业江湖中，航班管家从一个工具变成了一个品牌。

王江是个内心很狂野的人，他在知乎上告诉别人，自己最喜欢的英文歌词是 "I used to rule the world, seas would rise when I gave the word"（我曾主宰世界，当我一声令下，海洋应声而起）。

他的"连长"这个诨号也显得很草莽，据说典出美剧《兄弟连》里的连长温特斯。按照官方说法，"连长"的意思是时刻提醒自己，不仅要打胜仗，还要带着兄弟们一起回家。

但王江在和本书作者回顾当年往事的时候，却反复强调自己的"运气"。这个运气就是 2009 年年底 iPhone 正式进入中国内地市场。

对于航班管家来说，好用户就是高频乘坐飞机出行的群体。以前，这个群体在哪里、如何捕捉，都是问题。但是 iPhone 的出现，天然筛选出了那些消费能力强劲的群体。

苹果公司和联通也在为没有好应用来推广 iPhone 而发愁，所以它们精选了 6 款应用。王江的航班管家和搜吃搜玩都得以入选，吃到了 iPhone 大推广时代的官方预装红利。

其实，"运气"只是一方面，王江在移动互联网江湖中不管是做项目还是投资（王江是 UC 浏览器和美团的早期投资人）都屡屡得手，真正的原因在于他是一个超级发烧友，一个有发明家气质的极客。

王江自称，在参与航班管家之前，他号称在澳大利亚"养老"，但其实他忙得不亦乐乎。他买了一个 iTouch，还买了初代的安卓手机 HTC G1，反反复复地研究，把应用商店翻了个底儿掉。用他的话说就是："反复玩这些东西，就是为了研究智能手机 +App 对人生活的直接改变和对体验的提升。"说白了，这还是极客思维。

所以王江还没有正式回国的时候，脑子里就有了很多想法，甚至找人将一些想法开发成了 App，放到应用商店里试错。他说："通过这些折腾，我对带传感器的手机产生了一个非常小但肯定比别人超前的认识——智能手机绝对不是简简单单地把浏览器搬到了手机上，把应用从大屏幕搬到了小屏幕上，而是完全不一样的产品。而当时在国内，还有很多大佬认为移动互联网就是 PC 互联网的移植！"

王江反复阐述的概念是：颠覆 PC 互联网，用小屏幕结合智能手机硬件做出大的体验改变，才是移动互联网创业可能找到的机会。

所以，王江提出航班管家要用"方便快捷、实用至上、帮助用户"作为 3 个场景的服务指针——对于买票前后来说，最重要的是买前的检索和比较，买后的关注航班动态，而最能显示出移动互联网创造力的是机场场景。

王江说："用户到机场后怎么服务，这一点恰恰是几个 PC 大平台忽略的。所以你到了机场后，就算拿着笔记本，也解决不了实际问题。我们要解决的是：要投诉航空公司，到哪里找客服？下飞机了想订个酒店怎么办？各种机场设施找不到怎么办？进而从衣食住行全方位，把用户可能遇到的困难和疑问都搞定。但是，要用最简单的方法，不是所有的功能都要开发者自己做，能将功能连接到网络就行。"

王江认为："其实有了智能手机，才能说有了场景。你不拿着手机亲临其境，怎么叫场景呢？所以后来我们做快捷酒店管家，在产品体验方面做了极大的创新。它是非常典型的基于位置的服务（Location Based Services，LBS），打开地图一搜周边酒店，红色的就是满房，绿色的就是有房，一个手机界面里把用户想了解的东西（价格、房源状态）全部展示出来，而且马上就可以解决当下的问题，这才是移动互联网该干的事儿。"

王江甚至反对一种说法，就是必须等移动的软硬件成熟了，才能做移动互联网。他认为移动互联网是一种理念，理念理解到位了，在很差的技术环境里也能做出令人惊艳的产品。

王江给本书作者举了 e 代驾创始人黄斌的例子。当年的北京一天只有不到两万单代驾服务，智能手机很不发达，代驾司机收费高，用不起——这个问题后来滴滴也遇到过。但黄斌不等待，他直接跑到深圳设计了给 e 代驾司机专用的"山寨"手机，里面有一些预装软件，对用户所有的电话呼入、呼出，全部有详细记录，从而实现了对司机的服务流程的监控，包括什么时候到了什么方位、给客户打电话与否、通话时长等，借以实现初步的移动化管理。

王江觉得黄斌的创新意识太了不起了，把他视为发明家。几个月之后，王江和家人在奥林匹克森林公园散步时又遇到黄斌，王江向家人介绍说："这是 e 代驾的发明者。"

那些安卓的开发者

早期开发安卓的中国大牛们

2009 年，TouchChina 的故宫 App 在苹果 App Store 上卖 2.99 美元。这款 App 可以按时间设计游览路线、看图片和历史典故、听语音解说，还能寻找小卖部及厕所。

TouchChina 的创始人沈卓立，不仅是中国本土最早的 iOS 开发者之一，也是中国本土最早的安卓开发者之一。

沈卓立与安卓结缘，是因为他是 Sun Microsystems（这家公司开发了 Java 技术）的推广大使，对 Java 很是熟悉。中国早期的安卓开发者中有一大群人，就是从 Java 开发环境中转过来的。

在从 Java 转过来的开发者中，最有名，也是中国最早的安卓开发者，当数吴宏，江湖人称 Lordhong。吴宏，中学时代成绩优异，曾获保送清华大学名额；1995 年移民美国，2001 年毕业于纽约科技大学，2003 年起专攻移动应用编程。

吴宏因为精通 Java，所以很早转向移动开发，他还帮 Java 技术社区 JavaEye 写了一个客户端。

吴宏也是可考的参加谷歌 I/O 大会的第一批华人之一。2008 年谷歌 I/O 大会前，HTC G1 甚至还没有发布，吴宏就找人帮忙焊了一块支持安卓开发的电路板，写了一段程序在上面跑。吴宏带着这块开发板参加第一届谷歌 I/O 大会，惊艳全场。

谷歌除了开 I/O 大会，每年还会举办"安卓全球开发者大赛"。中国的安卓开发者在谷歌安卓全球开发者大赛中取得好名次的第一人是孙上恩，他获得了娱乐类软件的第四名。孙上恩还基于此项目创办了乐目，一个类似Instagram（照片墙）的图片滤镜社区App。但这款App生不逢时，当时的手机性能支撑不了设计者的诸多想象。2011年，孙上恩加入新浪微博，成为新浪微博"移动优先"的重要推手。

后来成为豌豆荚架构师和轻芒CTO的范怀宇，也是谷歌安卓全球开发者大赛的积极参与者之一。

2009年，清华大学研究生毕业的范怀宇加入网易有道的移动组。当时网易有道的移动组是做塞班开发的，但塞班项目编译太慢，于是在等编译的时候范怀宇自己就把安卓版本给写出来了。网易有道的iOS版本也上线得很早，当时在网易有道、后来与张锐联合创办春雨医生并担任CTO的曾柏毅出面，找到郝培强（江湖人称Tinyfool）做外包，写出了第一个iOS版本。郝培强与后来成为极客邦科技总裁的池建强，被称为"中国iOS开发的双强"。

2009年夏天，吴宏发起了"天朝安卓开发者"群组，这个基于谷歌邮箱的群组几乎聚集了中国安卓早期开发的所有大牛。这些人的开发方向大致分两类，一类是游戏，另一类是工具。

张黄瞩接触安卓，是因为他当时在国际商业机器公司（International Business Machines Corporation，IBM）参与的Apache Harmony项目，被安卓采用为Java库，于是从2007年起，张黄瞩就积极推荐安卓。2008年，张黄瞩加入由克里斯托夫·维蒂格（Christof Wittig）创办的db4objects，一家类似Spotlight的本地搜索引擎公司。2008年，谷歌发布了HTC G1，张黄瞩就在想，有没有可能把db4objects移植到手机上，并就此与安卓开发结缘。

张黄瞩后来和他在浙江大学的同学刘颖、刘剑一起创业，做了手游公司卓享，代表作品是《切水果》。2011年，他们的原创设计类塔防游戏Defender一度位居Android Market（Google Play的前身）畅销榜和下载榜第一名。

张黄瞩在 db4objects 的同事王伟于 2012 年创办了成都卓杭，两家公司有着千丝万缕的联系，张黄瞩也是成都卓杭的发起股东，直到 2019 年才退出。

张黄瞩在 db4objects 的另一位同事、他的浙江大学师弟潘练武，则创办了一家手游公司 FT Games。与张黄瞩同时进入 db4objects、后来担任 db4objects 总经理的罗伟东，也在移动互联网圈子内颇有名声，他后来创办了第三方推送服务的极光推送公司。

2008—2009 年是安卓工具类应用个人开发者的黄金年代。其中一位叫 W 的个人开发者写了一个叫 Advanced Task Killer（进程杀手）的 App，专攻卸载，每月有几十万次的下载量，一天的广告费收入就有 5000 美元。据说它在 2011 年就有 5000 万次的总下载量，在 Android Market 上长期位列应用前十名。

在 McAfee（迈克菲）做开发的汤城和在启明星辰做产品的宋锐等共同推出的安卓系统进程管理工具 Advanced Task Manager（高级任务管理器）也同样一夜爆红，上线两个月后达到百万次下载量。这让两人意识到，安卓早期的最大刚需之一是系统优化。于是两人又做了一系列与清理有关的 App，这个产品矩阵半年内下载总量过千万次。

这个市场最终因为猎豹的"全仓杀入"而变成红海，汤城和宋锐在 2015 年也退出这个市场，转身创办了琥珀天气。

在所有的个人开发者中，最成功的当数微软亚研的史岩，当时几乎所有平台的 Message 软件都是史岩的作品。谷歌中国安卓开发者关系总监赵伊江来北京出差，如果只见一个人，就是史岩。史岩后来去了创新工场，友盟最早的代码版本就是借史岩的 App 测试的。但 App 一"跑"友盟就宕机了，一方面是友盟的早期版本不够稳定，另一方面是史岩的产品用户量实在太大。

触宝捧回首个安卓大奖

微软亚研应该是中国移动互联网过去 10 多年最重要的人才仓库之一。如果说史岩是微软亚研里第一个在安卓上大成的超级开发者，那么触宝就是微软亚研第一个团队集体创业成功的典范。

就在 2007 年 iPhone 在美国发布的时候，在微软工作的王佳梁正好在美国的奥兰多出差。他亲眼看到了美国举国上下为这款手机疯狂的景象，内心深感震撼。王佳梁对微软亚研的同事，即后来与他一起创办触宝并长期担任触宝董事长的张瞰说："看来以后互联网创业的机会，都在手机上了。"

触宝的创始人王佳梁出生于 1979 年，从上海交通大学电子工程系研究生毕业后进入微软亚研的上海工程院工作，走的是"外企精英"的标准路线，毫厘不爽。

但王佳梁骨子里并不安分，大学时代他就参加过很多学生创业活动，很早就认识马云，也经常记录自己的创业想法。有一次，他遇到同在上海的创业者、饿了么的创始人张旭豪，半开玩笑地说："其实我很早就有做外卖的创业想法了，这不是假话。"

王佳梁和张瞰都是技术极客，对新技术和产品很感兴趣。他们反复玩 iPhone 后得到的结论是：输入法特别别扭。输入法对王佳梁来说并不陌生，早在 2003 年，他就和同事在多普达手机上写过输入法。

那时候，iPhone 被诟病最多的就是没有实体键盘（虽然这在今天看来是非常合理的）。当时对于商务人士，全键盘的黑莓如日中天，王佳梁自己用的也是全键盘手机。所以他就想，有没有可能自己做一个输入法，但这个念头并不坚定，因为他觉得输入法是纯工具、小玩意儿。他表示："从创业的角度来讲，感觉不够 Sexy（性感）。"

由于苹果不开放第三方输入法，王佳梁、张瞰、王健、李巧玲等几个创始人就决定先从安卓生态切入。当时他们几个想找 VC 机构投点钱，于是找到了软银。但当软银了解到他们只希望融资 100 万元时，就客客气气地把他们送了出来，说"这点钱付完律师费就不剩下什么了"。

触宝的早期团队为了省钱，只好在上海交通大学的 BBS（论坛）上找学生兼职。据说这些帖子都是英文的，因为他们早期想开发的是英文版本，所以希望找英语好的人。"上船"的有当时还在读大二的任腾，他后来成了触宝的联合创始人之一，并长期担任高管。

当时还有一个小插曲，就是王佳梁和几位同事对创业不太有信心，所以尝试向微软亚研上海团队的上级建议做一个移动输入法，但这个建议被否决了。于是，大家决定自己凑 10 万元创业，公司在 2008 年正式成立，第一个产品叫 TouchPal，意为"触屏伴侣"，至于"触宝"这个中文名字，要到 2010 年才有。

虽然是被 iPhone 激发的想法，但安卓系统的生态更开放，用户增长也很快，所以王佳梁他们很快就决定做英文输入法和一系列基于欧洲文字的输入法。理由也很简单——做英文输入法比做中文的简单，而且市场大得多。

TouchPal 开发出来后，直接进入美国等海外主流市场，而且只做海外业务，成为移动互联网上早期的中国出海应用类产品。

为了行文方便，我们还是称之为触宝。触宝刚发布的时候没有推广渠道，于是王佳梁他们采取了当时个人软件作者最流行的方法——到安卓爱好者论坛发帖子。这些帖子很快带来了 10 万级的流量。然而，作为一款共享软件，输入法显然不能收费很高，所以公司还是入不敷出。几个创始人最初是不拿工资的，第二年改拿每月 6000 元的生活费，主要的收入都拿去给实习生开工资了。10 万元很快就像流水一样消耗完了，触宝陷入了困境。

恰好此时，王佳梁知道了 2009 年的世界移动通信大会（Mobile World Congress，MWC）将在西班牙巴塞罗那举办，于是他有了参展的想法。他们希望能够找到一些智能手机厂商预装自己的输入法，这样可以拿到比共享软件收入多一些的钱。然而，展位和出差的费用很高，王佳梁出不起。在反复查询官网之后，他们发现这次展会还附带一个比赛，只要参赛产品入围总决赛，就可以获得免费机票和展位，于是王佳梁决定参赛。

能够拿到大奖，很重要的一个因素是他们押宝了安卓。当时主流的开发者大多还在塞班平台上，iOS 和安卓的开发者相对较少，但王佳梁看好安卓的开放性——尽管那时候他们连一台安卓真机都没有，只是在模拟器上开发。

王佳梁说，毫不夸张地讲，触宝是当时市场上能找到的最好的安卓输入法。比如，触宝不但支持按键纠错，甚至还支持滑动操作，可以通过滑动来选择字符。这些特性对于当时的安卓用户来说堪称"华丽"。而且，这不是照搬任何传统输入法得来的，因为滑动只有和触屏结合，才能用起来。

在展会上，没有什么品牌号召力的触宝并没有找到预装合作伙伴，王佳梁决定早点收摊，与团队出去逛逛巴塞罗那。这时候主办方打来电话，邀请他们参加当天的晚宴。王佳梁拒绝了，说自己和团队要出去吃点好的。其实这时候主办方是在委婉地邀请他们参加当晚的颁奖典礼，但又不能说破大奖花落谁家，主办方只好含蓄地说："我们的晚宴在西班牙的王宫里，很有特点，你们一定要来一下。"最后，触宝的几位创始人决定兵分两路，王佳梁和李巧玲去赴晚宴，张瓅和王健去吃当地风味。

王佳梁没有想到的是，当晚等着他们的是这届 MWC 的最高奖。而其他参与晚宴的人也没有想到，竟然是一个中国团队得了大奖。

"晚宴现场还是有不少中国人的，中兴、华为那些国内的兄弟一看是一家中国公司上台拿奖，都特别高兴地在下面欢呼、拍照、鼓掌。我当时的感觉，就像是在奥运会上拿了金牌，特别有成就感。"向本书作者讲这段故事的时候，王佳梁的眼睛湿润了。

拿奖的效应是具有轰动性的。第二天，就有 Orange 这样的欧洲运营商巨头跑来询问，而触宝最重要的客户是华为的一位高层，他来展台拿了名片就走了。

回国后，王佳梁很快就接到了华为打来的电话，对方说："我们有一个产品要在美国上线（给美国一个运营商做渠道定制机），是否可以预装你们的输入法？"

来自华为的第一单，很快就打破了触宝的财务窘境，这时候就显示出触宝做英文输入法和其他欧洲文字输入法的决策是非常正确的。因为当时不管是美国 T-Mobile 这样的运营商，还是华为、中兴这样安卓智能手机的厂商，或者是中国台湾的 HTC、日本索尼这样很有影响力的独立手机厂商，都需要一个好用的、基础的英文输入法。这一刻王佳梁感到，当初自己认为"不够 Sexy"的输入法，实则深合安卓早期创业的三大奥义："高频、刚需、工具化"。加上英文输入法是任何一个国家的手机上都拥有的基本输入法，他们无意中打开的是一个极大的市场。

可以想象，如果开发中文输入法，如果不参加 MWC，触宝或许还在国内艰难地寻找破局之路。

意识到参赛是一个名利双收的大好机会后，王佳梁开始继续寻找露脸的机会。这次他们参加的是由高通主办，由高通、启明和法国电信担任评委的一个比赛。最后，这 3 家公司成为触宝的 A 轮投资者。这次融资也为触宝取得了强有力的背书，世界主流运营商和安卓手机纷纷预装了他们的输入法。到了 2011 年，触宝的预装收入就达到了几千万元。这些钱都是按照每个 Copy 几分或几角钱的比例，靠数量积累起来的。

更有意思的是，触宝刚开始做的是纯英文输入法，网站也是全部面向英文用户的，所以很多人以为这是一家外企。还有一些中国用户给他们发邮件，要求支持中文输入，并且"还给我们耐心地解释了拼音和笔画的用法与区别，让我们哭笑不得"。

在强有力的用户需求的助推下，触宝在产品上开始不断演进，进一步实现了中英文无切换混合输入、手写过滤、快速下滑输入符号数字、英文滑行输入等功能，这使得它成为安卓平台上很受欢迎的一个应用。10 年后，它在全球的用户超过 5 亿人。

还是出身微软，杨永智的早期 App 工场

除了触宝，另一个微软亚研团队创业的典范是百纳。

百纳的创始人兼 CEO 叫杨永智，他毕业于华中科技大学，在微软亚研与史岩同期，两人曾经有段时间都向后来的小米联合创始人黄江吉汇报。

杨永智是一位奇人，其行事方式、做事风格都有很强的个性化色彩。他在华中科技大学读书的时候，就已经是一位有影响力的创业者。他本科学习的是机械专业，研究生学习的是管理，虽然都不是计算机专业，但是出于对编程的浓厚兴趣和对互联网即将改变人类生活的信仰，他开始自学计算机编程，并且组建了一个叫联创的编程社团，带着一群同样喜欢编程的同学，混迹于国内外的比赛中，为觅知音。这个团体一直存续，在国内外拿奖无数，也为杨永智创立的百纳输出了很多精英。百纳除了杨永智还有 4 位创始人——曾纳、刘铁锋、余宙和李森，除了曾纳，其他 3 人都出自联创。刘铁锋与杨永智同为华中科技大学 1998 级本科生、2003 级研究生，联创也是刘铁锋与杨永智共同创办的，余宙和李森则是华中科技大学 2004 级本科生，是联创第二代的翘楚。

百纳的第一个 App 是快速卸载类工具 Quick Uninstaller，高峰期每天有 10 万～20 万次下载量；第二个 App 则是电池管理工具 Battery Saver，也取得了很好的成绩。

杨永智的一个厉害之处，在于他是国内最早用 App 工场模式来开发应用的人，或曰"狼群战术"。杨永智告诉本书作者："我第一年创业的时候雇用了 50 多个华科（华中科技大学）的学生，做了 100 个

App，浏览器只是其中之一。当时 Google Market 里每个细分榜单的 Top 10 里，至少有一两个是我们开发出来的。2011—2012 年，这些应用加起来的日活跃用户数量就有 100 万人，最高的时候一天能有好几万美元的广告收入，流量也非常可观。"

这种风格说明杨永智有极好的商业头脑，他更像一个企业家而不是技术极客。这也和杨永智对安卓市场的判断有关。到了 2010 年，摩托罗拉终于有了一款安卓手机销量突破 100 万台，继而三星也有机型销量突破 100 万台大关。杨永智就此判断，将来的移动生态，60% 是安卓的天下，苹果可能有 10%。现在看来，他对苹果和安卓的市场占比的基本判断是对的，不足之处是市场上并没有出现有力的第三方。

但是，杨永智的安卓 App 工场没有一直办下去，后来他还是回归了海豚浏览器的主航道。他说："我们后来融了资，做大的时候投资人说你要专注，所以我就把其他东西砍了。"

在发布 17 个月之后，海豚浏览器在 Android Market 浏览器类中下载量排名第一，覆盖全球 1000 多万个用户，其中有美国第三方应用商店 GetJar 创始人，有谷歌副总裁安迪·鲁宾（Andy Rubin），也有歌后 Lady Gaga。

和早期其他比较"简单"的工具不同，海豚浏览器在一开始就表现出了敏锐的用户洞察力，可以说是早期移动互联网圈"浏览器万能论"的重要佐证。

从一开始，海豚浏览器的团队就把用户设定为网络"小白"而不是资深极客，认为浏览器是帮助"小白"用户进入移动互联网世界的主要入口。所以它尽可能多地集成功能，除了手势和多点触控等特色，它也是最早的支持插件和阅读模式、建立跨平台账号体系的浏览器。它还支持简易信息聚合（Really Simple Syndication，RSS）订阅、微博分享、快速同步书签、收藏和设置等，在不同的设备上都可以快速操作。这些在今天看来仍不过时。

海豚浏览器还是较早的根据全球市场的差异化需求而设置差异化国际策略的出海企业。比如，中文版的海豚浏览器主页显得有些信息饱满，这是因为杨永智认为，中国用户喜欢一次性大量浏览信息；反之，英文版的海豚浏览器就非常简洁，用户界面（User Interface，UI）也采用了扁平化设计，因为美国人对手势控制的使用很频繁，简洁的设计有助于提高用户使用体验。

杨永智所在的微软亚研的那个小组人才辈出，除了杨永智，还出了两个颇有成就的创业者，一个是《小小帝国》的李毅——《小小帝国》游戏的所属公司壳木软件也是最早在海外取得千万元月收入的游戏公司，另一个则是机器人公司擎朗的创始人李通。

雷军和黄章在安卓手机上结缘

杨永智在微软亚研的导师是黄江吉——江湖人称 KK。在黄江吉手下的 6 个月里，杨永智写了一个手机助理 App 及一个基于基站定位的项目。

黄江吉当时在微软亚研的上海工程院带着上百人做微软 Windows Phone 项目，但 2009 年下半年，该项目被微软总部裁撤，黄江吉当时也有些彷徨。杨永智找黄江吉辞行时，黄江吉有些意外，随即真诚地试图挽留杨永智。杨永智后来才听明白，黄江吉不是留他继续待在微软，而是和他讨论有没有一起创业的可能。

黄江吉最终与雷军合作了，成为小米最早的 5 个联合创始人之一。

小米最早的 5 个联合创始人，除了雷军、黎万强和黄江吉，还有林斌和他在谷歌中国工程研究院的同事洪锋，洪锋也是谷歌音乐的技术主管。林斌本来计划和洪锋一起出来做移动互联网上和音乐有关的创业，但被雷军说服一起做了小米。

小米最开始的创始员工主要来自创始人们之前的老同事。范典、李伟星、刘新宇、孙鹏、管颖智一众当年林斌、黄江吉的下属，以及黎万强从金山"捞"来的屈恒、王海洲、李明、秦帆智和刁美玲，共同组成了小米的6～15号员工。

根据腾讯科技的报道，2009年年初的一天，时任UC浏览器董事长的雷军走进谷歌中国位于北京五道口的办公室，迎接他的人是时任谷歌大中华区总裁的李开复。随后，李开复把谷歌中国工程研究院副院长林斌介绍给了雷军。

最初，雷军和林斌只是聊谷歌与UC浏览器的合作，后来他们又开始聊各自对移动互联网和手机产品的看法，从晚上8点聊到凌晨两三点。他们都认为大屏智能手机蕴藏着巨大的商业机会。

2009年，雷军应珠海高新区政府的邀请出席了一个招商引资的活动并发表了演讲。演讲结束后作为听众的黄章拦住了雷军，希望雷军能去他的公司参观，雷军当场问黄章，魅族有多少人，黄章迟疑了一下说有100多人。但雷军第一次到魅族时，整个现场只有15人。给雷军留下深刻印象的是黄章有一间巨大的办公室，但随后黄章把门一拉，雷军才发现自己以为的黄章的办公室其实只是一间洽谈接待室，后面有一间至少是洽谈接待室两倍面积的大办公室，这才是黄章的办公室。

雷军想以投资人的身份成为魅族的董事长，就像他此前在多玩YY、UC浏览器及凡客扮演的角色一样。

为了提高与魅族合作的可能性，雷军还将林斌介绍给黄章，希望黄章能拿出5%的股份吸引林斌加盟。但从底层打拼上来的黄章并不同意，这让魅族与林斌擦肩而过。当时创新工场也在邀请林斌，最开始，创新工场的几次筹备会林斌都出席并积极参与，但几次后他就不再去了。一位创新工场的早期员工认为，当时汪华在创新工场已有清晰的主导意见，同时雷军给予林斌更加优越的合作条件，是林斌没有加入创新工场的原因。

再谈黄章，林斌的插曲并没有影响黄章和雷军的关系，雷军频繁出现在黄章在珠海的办公室里，与黄章讨论手机的各种细节。有传闻称，黄章当时想拉雷军做魅族 CEO，但雷军此时刚离开金山不久，他在金山已经做了 16 年 CEO，给他人做 CEO 这件事对他来说已经成为过去式了。

就在雷军于 2010 年 4 月低调成立小米之后，他还分别于 2010 年 7 月 21 日和 8 月 4 日两次发布微博夸赞黄章和魅族，表示自己很期待魅族即将发布的新机 M9。后来，黄章对之前毫无保留地和雷军交流有些后悔："我连 M9 的 UI 交互文档都发给过他，请他一起探讨。"

雷军喜欢喝冰镇可乐。一位魅族的离职员工说，当年雷军去魅族办公室找黄章的时候，魅族的郭万喜经常要跑去给他们买可乐。每次说起这事，郭万喜都忍不住想哭。

创新工场与安卓生态的燎原之势

创新工场来了

与谷歌中国分支的建立几乎同步，安卓官方与中国开发者的故事也拉开了帷幕。

2005 年年底，田行智曾与安卓操作系统开发者安迪·鲁宾（Andy Rubin）共事，并成为谷歌早期负责全球移动业务的四人组之一。随后，田行智将安卓带入中国，并看着它一步步成长。

田行智负责运营商、手机厂商的业务扩展，同事邸烁则负责技术支持。2007 年，田行智离开谷歌创办游戏公司希佩德，从事海外游戏的开发运营，这家公司于 2010 年被 Zynga 收购。2008 年，邸烁也离开谷歌，创办了北京乐投科技——一家平板电脑系统软件和服务提供商。

另一位和安卓关联甚密的谷歌早期员工是沈思。沈思于 2008 年与她的清华大学学弟钱文杰一同创办了木瓜移动。它最开始是安卓上的游戏社区，现在是数得上号的为中国企业提供海外 App 广告发行服务的平台之一。

这些人从谷歌离开，在一定程度上推动了安卓在中国的"开枝散叶"。

但真正起决定性作用、让整个安卓产生更多可能的，当数李开复、汪华等人的离开。

2009 年 9 月，李开复从谷歌离职并创办创新工场，此举被媒体称为"最热闹的离职"。

最先发布李开复离职消息的是美国媒体人，国内监测外媒报道的媒体翻译并发出这条简讯是在 9 月 4 日一早，而这时候李开复还没有对国内媒体发布消息，所以他一时间显得非常被动。最后，他只得安排与当时在腾讯科技的徐志斌及几家国内媒体进行一次视频沟通。为了表示"已经离开谷歌"，李开复是在清华大学附近的一家茶馆，而不是在谷歌的会议室接受这次采访的。

紧接着，2009 年 9 月 7 日，李开复宣布创新工场成立。他的重要助手、创新工场合伙人之一王肇辉回忆说，创新工场的发布原定于 10 月下旬，突然提前了一个多月，主要是为了"积极沟通，避免媒体对李开复的去向有太多的猜测"。但即便如此，李开复和创新工场还是成为当时最热的话题。

创新工场起点很高，但也不是一开始就有满手好牌的。李开复曾讲过这样一句话："说实话，热闹过后就是门可罗雀，我们 4 个创始人坐在那里大眼瞪小眼，考虑下一步该做些什么。"

创新工场的 4 个创始人分别是李开复、汪华、王肇辉和王晔，前三者都有很强的公众知名度，唯独王晔籍籍无名。

互联网上能搜到很多名为王晔的人，其中之一是涂鸦移动 CEO——一家盈利颇丰的海外休闲游戏公司的创始人，彼王晔正是此王晔。但在 2010 年创办涂鸦移动之前，王晔已是创新工场的产品合伙人。

关于创新工场的早期工作状态，王肇辉向本书作者回忆说："我和张亮（以及黄继新）几个都是过惯了松散日子的媒体人，加入创新工场后几乎是崩溃的。开复极其勤奋，生活很规律，每天早上 5 点半起床，给所有人发邮件，8 点到公司。到了就开会，各种会一直排到晚上 6 点。开复 6 点半回家，但是汪华不回家，汪华拉着大家聊天聊到 8 点半。他非常能聊，这样我们的脑子里会被他灌入各种想法，回去消化消化就要睡觉了。第二天一早又到公司开会。头一年我们的工作量巨大无比……"

王肇辉说的张亮，正是前文提到的 Apple4us 的张亮。他和李开复交往甚密，一度被认为是李开复传记作者的第一候选人。创新工场一创办，张亮就立刻加入了，成为创新工场的投资经理和 7 号员工。

创新工场最早的 7 个人，就是 4 个创始人、李开复的秘书，以及 006 号易可睿和 007 号张亮。

李开复是不折不扣的一号位；王肇辉帮李开复做市场、公关及诸多对外事务；汪华帮李开复设定投资路线，建立起项目投资的逻辑；张亮和随后加入的黄继新根据汪华的天才想法，去市场打捞各种团队加入创新工场；希腊人易可睿负责创新工场在海外的业务，那么王晔做什么呢？

点心和豌豆荚陆续出现

最早的创新工场是一个孵化器，所以最开始加入创新工场的人，都是以员工的形式加入的。创新工场会定期将创新项目广而告之，成员们可以择机参加。王晔相当于创新工场第一年所有项目的 0 号员工，他组建起了所有的项目团队。

说是所有，其实主要集中在点心和豌豆荚这两个项目上（在此之

后，创新工场开始引入职业经理人联合创业的方式来孵化项目）。其中，点心的诞生源于创新工场的重要出资人富士康的需求。当时富士康的重要盟友夏普要做手机，找到富士康代工，但手机还缺 OS（操作系统）。所以富士康找到创新工场，由此组建起点心团队。团队最开始的工程师正是上文提到的"大神"史岩，他此时恰有尝试创业的想法，于是离开微软亚研加入了创新工场。给史岩打下手的有从百度来的彭鹏——彭鹏后来跟着王晔做涂鸦移动，再后来自己做数字货币钱包等产品，江湖人称"中国的 V 神[1]"。

点心是由实际需求催生出来的，从点心拆出来的豌豆荚，则是汪华的安卓生态本土路线的战略产物，这种由战略驱动的产品往往是"道路千万条"，但谁也不知道哪条能通"罗马"。所以，在"真命天子"王俊煜加入之前，豌豆荚着实走了一段弯路。

豌豆荚最早的产品负责人是来自搜狗的韩岭。不过，做豌豆荚的主意是汪华出的，而产品合伙人是王晔，这让韩岭夹在其中无所适从。加上创新工场当时给的薪水在行业内不算很高，所以韩岭提了 3 次离职，每次都以王晔给韩岭加薪、韩岭收回辞呈结束。但韩岭第 4 次提出离职时，王晔答应了。

韩岭离开后，原来的技术负责人周立统管技术和产品，成为豌豆荚内部的第一任领导者。周立与后来成为豌豆荚 CEO 的王俊煜同是广东人，还是中学校友；同是北京大学毕业，周立比王俊煜大三届。不同的是，周立混迹过中国无线互联网江湖，加入创新工场前曾在老虎地图供职，为人处世颇接地气；而王俊煜有"天将降大任"的使命感，心高气傲且略带睥睨视角，而且大学没毕业就进了谷歌中国。本质上，周立和王俊煜其实是两类人。

周立与汪华、王晔的不睦不难想象。当时加入豌豆荚的丁吉昌（知名出海公司大宇无限的创始人）、冯峰（后来回到美国做健康方面的

1　V 神指以太坊创始人维塔利克·布特林（Vitalik Buterin）。

创业）、郑焕德（从腾讯音乐而来，离开豌豆荚后一直在投资圈混迹）、冯昊明也都是人中龙凤，周立带起来有些吃力。于是，创新工场让从硅谷回来的熊宇红负责过一段时间的管理——包括管周立，这可能也是熊宇红对外声称自己是豌豆荚创始人之一的由来。但熊宇红很快从创新工场离开去了拉手网。

应用商店的机会来了

谷歌退出中国内地市场还带来一个机会，那就是很多软件开发者在中国内地无法继续依靠 Google Market，由此产生了本土应用商店这个中国特色的商业模式。创新工场为此也推出了应用汇这个项目，并请来互联网圈"老人"、李开复的老熟人罗川担任 CEO。不过，在当时基于安卓的应用市场赛道里，风头最盛的当数机锋网。

机锋网的创始人谈毅据说来头极大，1978 年出生的他祖籍为江苏省宜兴市，他是唐昭宗时期的光禄大夫、上柱国希文公第 27 代世孙。

谈毅自幼家境良好，父母皆为船舶研究所的系统工程师。因为受到父母的熏陶，他对电子产品及互联网无比热爱，这些经历使得他创立的飞翔鸟、网络游戏运营公司 Square Enix 和机锋网相继取得成功。

2007 年下半年，谈毅为再次创业，决定去美国攻读 MBA（工商管理硕士）。

这一年恰好是初代 iPhone 的发布年，电子爱好者谈毅挤进了洛杉矶苹果旗舰店外拥挤的人群中，感受到了移动互联网的召唤。于是，他开始尝试为 iOS 生态开发软件。不过随后他就觉得这个平台掣肘太多——系统封闭，第三方开发者只能围绕 iPhone 为数不多的几个开放的固件做文章。更重要的是，苹果的操作系统并不向开发者免费提供。这些因素使得当时缺少资金的谈毅陷入了困境。

正是因为早期 iOS 生态不尽如人意，谈毅才决定切入安卓。他对本书作者说："如果说 iPhone 的出现让我树立起目标，那么安卓操作

系统的诞生，则让我找到了实现目标的方式。"

在谈毅看来，安卓未来的发展潜力极大，操作系统 100% 开源，这就意味着开发者不仅可以免费使用安卓操作系统，而且可以在这个对第三方软件完全开放的平台上更加自由地开发程序。

由于开发者不多，谈毅满世界地寻找对安卓操作系统的软件开发感兴趣的程序达人，一起为 Google Market 开发软件。机锋网应运而生，出生地为美国。

谈毅回忆，当初之所以给网站取这个名字，是因为其域名是 gfan.com。首先，当时使用安卓手机的人都或多或少地有谷歌情结，即"G 粉"，也就是 GFan；第二，GFan 谐音"机锋"；第三，机锋网以后的产品，不管是应用还是应用程序接口（Application Programming Interface，API）都会以 G 开头，如 GReader 等。

为了找到合适的创业伙伴，身在美国的谈毅几乎尝试了所有能想到的方法，终于组成了一支开发者团队。随着摩托罗拉、索爱、LG 和三星等公司相继进入安卓阵营，安卓的市场份额急剧飙升。已经有一些积累的谈毅取得了阶段性"小胜"——机锋网于 2008 年开发的客户端软件 Ahome 一度长期位列 Google Market 下载量的前十名。

2009 年，谈毅面临一个关键的选择，要么 MBA 毕业后在美国做一份年薪大概几十万美元的工作，要么回国独立创业。他选择了后者。刚回到北京的时候，谈毅在北京西环广场"蹭"别人的办公室，甚至几个人挤在一间办公室中办公。

谈毅告诉本书作者，他回国是因为，随着新平台的崛起，软件应用渠道变革的机会来了。他强调："我们在 2009 年回国创业之后选择的方向，就是去做应用分发市场，这是机锋网最核心的思路——通过应用的分发，占据这个市场的一个关键点。因为分发平台决定了市场的规模和游戏的成败。"

当然，他首先要解决的是人气问题。当时机锋网之所以成功，其实是因为在网站和论坛上有大量群众喜闻乐见的内容，而且看这些内容还不用花钱。当时的用户没有付费的习惯，移动支付也还没有普及。

谈毅最开始的商业定位就比较准确。他说，安卓操作系统是一个世界性开放平台，"机锋网虽然不是主角，但是我们可以起到'润滑剂'的作用，把终端商、芯片商和数以万计的注册用户联系起来，让开发者不再被埋没，让用户使用手机的体验更好"。

谈毅认为，机锋网要服务多个角色：一是软件开发者，包括第三方个人应用软件和基于安卓平台的游戏软件的开发者；二是厂商，包括手机芯片的开发者，这部分群体的痛点是基于安卓的手机操作系统缺乏差异性，需要第三方来帮助他们实现产品个性化；三是最终用户，用户可以在机锋网论坛讨论购机、玩机心得，下载软件等，也可以分享自己的创造性内容，包括铃声、壁纸甚至是自己的软件设计。

当时，机锋网社区的注册用户有将近 500 万人——不敢说是第一，至少也是安卓硬件及软件分享渠道的前三强。它给开发者提供了下载、推广、下载收费、广告等多种服务方式，开发者在机锋平台上可以统计各种和用户有关的数据，还可以和机锋商城进行更深入的合作，如内置收费。

和苹果有所区别的是，安卓的开放性更强，可玩性也更高。苹果无法选择操作系统，但安卓可以"刷机"，这在当时是很多玩家非常热衷的一点。

2008 年 9 月，世界上第一部安卓手机 HTC G1 发布以后，安卓社群中有人发现，可以通过某种方法获取安卓的最高权限。获取这一权限后，可以结合安卓操作系统开源的特性，对 ROM（手机固件）进行修改和重新安装（刷机）。

机锋网为安卓手机用户提供了当时最全面的安卓 ROM 库和各种安卓"刷机"包，这逐渐形成一种"亚文化"。

CM 的中国门徒

早期的安卓不够成熟，有许多功能从消费者的角度看亟待修改或精简，特别是在 ROM 只有 256MB 的前提下。

此时，美国出现了一支名为 CyanogenMod 的团队，其所编译的 HTC G1 的 ROM 包成为广为流传的神作，于是 CM 成为广大用户对这个团队的简称。

CM 不断推出适配新机型的 ROM 包，谷歌、摩托罗拉、HTC 等大厂的用户，甚至是 T-Mobile 这样的定制渠道机型的用户都能各取所需。CM 因此成为当时全球最大的 ROM 开发和优化团队。

史蒂夫·康迪克（Steve Kondik）是 CM 的创办人。他戴着黑色树脂框眼镜，留着乔布斯式的胡须，一看就非常有"科技范"。他原先是美国匹兹堡一家生物信息创业公司的首席工程师，住在西雅图且曾经到访中国。

CM 的口碑非常好，原因在于该团队与其他团队相比，对各种机型有更深刻的了解与研究。他们对每个功能都进行了再编译和不断优化，使其制作的 ROM 包非常完整和稳定。对于智能手机来说，稳定、好用是口碑传播的一个非常重要的因素。

除了稳定，CM 还不断加入更多有效的功能，如功能设置、FLAC（无损音频压缩编码）音频格式的音乐、多点触控、从 SD 卡（外置存储器）运行程序、压缩缓存、Wi-Fi 无线网络支持、蓝牙、USB 网络分享等。同时，CM 也是第一个使用傻瓜调度器（Brain Fuck Scheduler，BFS）做任务管理器的操作系统。这些也是它领先手机官方 ROM 的地方，非常吸引用户。

CM 作为一个非营利组织，为什么能够在短时间内快速迭代，同时为近百款机型提供支持，是很多开发者和用户不解的地方。

现在看来，内部原因是，CM 将大多数机型都能使用的部分做成公用套件，特殊机型可以在这个套件下进行调整；而外部原因则是，CM 极为开放，凡是遵守通用公共许可证（GNU General Public License，GNU GPL）协议并愿意继续把改进的源码分享给 CM 的，都是其中的一分子，这就使得它能够融汇多方的力量。

对于中国用户来说，国内早期的安卓社区，如有千万会员规模的安卓网（hiapk.com）、由安卓网的陈翀出来创办的 N 多网、由韩远创办的拥有千万级安装量的安智市场（安智网）、由杨波创办的增长较快的木蚂蚁社区等，都是在安卓 ROM 包的驱动下蓬勃发展起来的。

在这些网站的社区中，各种开发者首先建立自己的论坛，然后发布在 CM 的基础上修改的 ROM 包。其中最关键的是，加入中国特有的地域应用特性、UI 美化及流程简化。

可以说，中国早期安卓生态的很大一部分是建立在 CM 的基础上的。最著名的有小米的 MIUI 团队、创新工场的点心团队、占据国内千元机市场的乐蛙 OS 团队等。后来盛大的乐众、腾讯的 TITA 也不断加入这个行列，它们都是 CM 的中国实践者。

"大神"潘爱民

潘爱民开发 VisionOS 和盛大创新院的短暂辉煌

2009 年，有人开始思考是不是可以写一个像安卓那样的移动 OS，这个人就是当时微软亚研系统组的资深研究员潘爱民。

2009 年的一天，经本书出版方博文视点一位资深编辑引荐，许式伟在北京见到了潘爱民。潘爱民的好几本书都是与博文视点合作出版的。

许式伟是个颇有名气的极客，他是 Go 语言的中国领军人物，金山 WPS 的架构师，2009 年年初被陈大年从金山请到盛大创新院。许式伟也是中国个人云存储的开拓者之一，他推动了金山快盘的诞生。

许式伟现身说法并当面邀请潘爱民加入盛大创新院，让后者受到很大的触动。但他并没有马上答应许式伟的邀请，因为他有3个顾虑：自己能在盛大创新院做什么？能不能在盛大创新院发挥所长？盛大创新院确实要找他这样的人吗？

许式伟返回上海后，先后将潘爱民引荐给盛大创新院院长陈大年及常务副院长郭忠祥。为了说服潘爱民加盟，盛大特别邀请潘爱民到盛大创新院上海张江总部做一次讲座，顺便参观访问。

陈大年当面向潘爱民描绘了他对盛大创新院的规划和设想。潘爱民向本书作者表示，陈大年当时描述下一代计算和面向未来创新时的激情打动了他。另一个打动潘爱民的点是，陈大年介绍了盛大的另一位创始人谭群钊与潘爱民认识，谭群钊就希望将盛大的业务与新技术结合的想法，与潘爱民深入交谈，向潘爱民展示了工程化的诸多可能。也就是这次访问打消了潘爱民的顾虑。很快，他在一个周末从微软正式离职，又在紧接着的周一就入职了盛大创新院。

当时的盛大创新院群星璀璨，除了潘爱民和许式伟，还有本书作者当年在《电脑报》的老同事樊一鹏"樊大师"，也有上文提到的郝培强和他的创业伙伴霍炬，有极客余晟，有从硅谷回来的多媒体大牛陆坚博士，有在语音技术方面的专家黄伟和吴义坚，有开源"大神"庄表伟，还有游密的白宁等诸多牛人。

关于盛大创新院，陈天桥、陈大年兄弟最初的设想，是模仿普林斯顿高等研究院及施乐帕洛阿图研究中心的模式，招募一批顶尖高手，给他们充分的研究自由，让他们做出一流成果回馈给公司。

当时盛大创新院招聘信息中的一段话引起了业内诸多关注："我们崇尚基于信任基础的自治文化……每一个创新院的成员都可以选择做自己喜欢的项目，您可以在创新院完成立项和核心团队组建的过程，在院内完成策划、研发、试运营的过程，成熟后则由机构注资并剥离成独立子公司，项目成员获得包括奖金、利润分成、股份期权等回报。"

盛大创新院开局极好，但在具体开展什么项目上，最开始没有定见，只说要做前沿和基础的项目。不过，当时盛大创新院就已经明确，在找人方面，寻找散兵游勇不是主要做法，更希望有人"拿枪带队"投奔。因此，盛大创新院具有某种孵化器色彩。

霍炬回忆说："当时盛大创新院偏爱有创业能力的团队，试图提供一个类似孵化器的环境，帮团队快速发展。和其他大公司内部孵化或者创新不一样，创新院是完全从外部引进团队。这种模式算是介于公司创新部门和加速器之间，之前没人做过。"

然而，项目毕竟需要有人来管理，于是有了"点评会"机制。这个会议定期召开，对内部和外部的项目进行点评，参会者包括固定成员和报名参加的创新院员工，大家都可以畅所欲言。余晟回忆说："如果非要说创新院有什么等级，大概就是把最后的点评机会留给院长陈大年。但他的点评没有咄咄逼人的气势，而多是以温和的方式说出自己的思考，大多数时候都能让大家信服。"

陈大年在新加坡"WiFi万能钥匙"的办公室里接受本书作者的采访时提到，他在盛大期间主要就做了4个产品：第一个是盛大游戏，第二个是起点，第三个是盛大创新院，第四个是"WiFi万能钥匙"。其中，用情最深、心血花得最多的是盛大创新院。技术出身的他本就喜欢讨论本源问题，喜欢和工程师沟通，在负责盛大创新院期间，他事必躬亲，一直盯着各种项目的进展。

盛大创新院常务副院长郭忠祥也是这种温和氛围的养成者。霍炬回忆说："老郭是我见过最善良的人，大部分加入的人都是他亲自谈来的，我相信很多人都是被他的善良和真诚打动，最终选择加入创新院。最后创新院裁员的时候，老郭也是最伤心的人。他后来和我说过，'大部分人都是我一个一个亲自请来的，最后我又不得不一个一个亲自送走了他们'。"

在面向"下一代计算"这个主题上，盛大创新院和微软亚研是趋同的，但在具体实现路径上，两者有着许多不同之处。微软亚研更像一个大学的研究生院，虽然也在做创新，但更重要的指标是发论文；盛大创新院更像一个创业公司，面向业务研发，前后共有 50 多个项目立项，也折腾出很多有意思的创新项目。这对于已经做了 10 多年基础研究的潘爱民来说，无疑是很大的加分项。

潘爱民当时常驻北京，但是他每隔两周就会在上海待几天。在刚进入盛大创新院的前两个月，他更是一直待在上海，所以和院内同事、领导们都很熟悉。

潘爱民和陈大年的直接交流也不少，每隔一两个月，两人都会凑到一起当面交流。交流的内容天马行空，从技术方向、细节、功能，再到合作伙伴选择、资源支持等。以潘爱民的视角来看，陈大年对技术认知颇深，话题交流几乎无障碍。

做一个比肩安卓、超越 WebOS 的移动 OS，也是潘爱民与陈大年多次思维碰撞出来的结果。潘爱民把他在盛大做的这款移动 OS 称为 VisionOS。

当时，盛大铺排的移动互联版图不小，不仅有潘爱民带领的小组做移动 OS，还有后来去了乐视的黄涛在带人做 ROM 编程开发，更有人埋头做硬件设备，包括电子书 Bambook 和盛大手机。

潘爱民一直向本书作者讲述一个观点，那就是在 2015 年之前，都存在赶超安卓做另一个移动 OS 的机会，而最好的时机其实是 2012 年之前。安卓技术并不完善，用户体验、系统流畅方面都与苹果相差甚远，即使是当时很成功的安卓手机 HTC，操作体验也要比苹果差一截。

在潘爱民的"追赶计划"里，第一是提升性能。潘爱民称，同期的盛大 VisionOS，在图形性能、硬件加速等方面，相比安卓有明显的优势。潘爱民还保留了一段 VisionOS 的演示视频：整个手机系统的画面清晰度颇高，应用运行和响应都颇为顺畅。只要移植一下，VisionOS 就可以在盛大手机、三星手机、三星平板上运行。

由于担心未来不可控，他们没有借鉴安卓技术和组件，具体代码由组员编写，架构也比较"薄"。团队从零开始搭建，边招人边做，2010年下半年相当于练手，直到2011年凑到了10个人时，才开始正式按工程化方法进行研发，小组巅峰期有近20个人。

第二是打造应用生态。早年安卓的真正壁垒在于应用生态，潘爱民当时制订的"追赶计划"是支持HTML5应用。

当年还有一个背景事件——应用支持技术Flash和HTML5的"王位争夺战"。Flash和HTML5均是当时最流行的移动游戏、阅读等应用内容的支持技术。从1996年诞生到2010年，矢量动画Flash支持工具一直是制作视频、广告和页游的首选技术。而乔布斯打破了这个局面。苹果想要垄断内容，所以拒绝了被Adobe（奥多比）公司收购的Flash，选择了更加开放的HTML5。2010年开始，Flash逐渐被边缘化；2015年之后，大多数科技公司全面转向HTML5。

潘爱民曾和陈大年聊过Flash和HTML5的技术选择。他的判断是，HTML5会是未来应用生态的主流技术，Flash底层代码积重难返，很难从CPU改到功耗很大的GPU上运行；另外，科技公司肯定不愿受到Adobe的控制。陈大年听完也支持他的观点。

所以，虽然VisionOS同时支持Flash和HTML5，但潘爱民还是更加侧重对HTML5的研究。

不过到了2012年下半年，陈大年找到潘爱民，表示盛大已经无力支持移动OS的研发，潘爱民需要自寻出路。而此时，潘爱民在其微软亚研的老同事张春晖的推动下，与王坚在杭州见面。两人谈了一下午，王坚视潘爱民为知音，当场邀请潘爱民加入阿里云OS。

当时，除阿里外，有意愿且有实力做移动OS的还有一家公司——华为。

2012年夏天，华为的任正非在一个讲话中提到两个"备胎"计划，一个是关于芯片的，另一个就是关于操作系统的。

有意思的是，华为和阿里都意识到潘爱民对自身的重要性。华为也邀请潘爱民到松山湖长谈并提出邀约，但最终因特殊原因潘爱民与华为擦肩而过。最后，2012年年底潘爱民加入了阿里云OS，担任阿里云OS的首席架构师，并带去了许多盛大VisionOS的人。

盛大资本发力，墨迹天气成明星

盛大不仅建立了盛大创新院这样的组织，对包括移动互联网领域在内的下一代计算方向进行创新尝试，还建立起盛大资本，在移动互联网领域重仓投资诸多早期项目。盛大资本由朱海发领衔，国金投资的创始人之一严彬和盛大自己培养出来的吴峰是主干，顾曼旻、庄明浩、崔婧、苏明明、谷承文、李甜等年轻人也崭露头角。这些人后来都成为各大机构的中坚力量。

盛大资本的明星项目有之前提到的机锋网，有后续会提到的虾米音乐、TalkBox和格瓦拉，而至今还有蓬勃生命力的当数"墨迹天气"。

可能每个人的手机里都安装着一个默默工作的墨迹天气。作为日常生活资讯的刚需应用，墨迹天气也是少见的塞班、安卓和iOS这3个生态圈通吃的应用。更准确地说，它是从塞班平台移植过来的。

沈阳人金犁是"80后"，曾经任职于埃森哲。2005年开始，他就在埃森哲的项目里编写移动端应用；后来他去了塞班——那时候是塞班被诺基亚收购的前夜。金犁敏感地察觉到，塞班已经落后了，而他手头的项目要3年后才能面世。他不愿意坐看外面风云潮起，而自己被关在大公司里消磨时光。

金犁强烈地希望自己的产品被千万人认可，强烈地渴望自己的产品具有3G网络时代"实时在线"的特点。他给自己的产品列了这样几个条件：满足大众需求；高频，最好是每天都要用的；不是离线的，而是一个必须联网才能用的产品，因为只有能实时联网的产品才能看到到底有多少人在用，才能了解日活跃用户数量（以下简称日活）和月活跃用户数量（以下简称月活）等数据。

更有趣的细节是，2009年12月30日也就是他26岁生日那天，金犁突然觉得："我得开始了。"

于是第二天晚上，也就是 12 月 31 日，金犁开始在家里写程序，一直写到新年的凌晨 3 点。中间朋友电话不断，有找他唱歌的，有拉他去酒吧的，他都以写程序为由一一回绝了。

金犁告诉本书作者，"墨迹"这个名字，不是磨磨叽叽的谐音。墨，代表中国风；迹，代表痕迹。所以，"墨迹"的初心是想做一款让世界惊艳的、极致的、本土化的产品，满足人们对气象服务的需求，改变人们看天气预报的方式。

墨迹天气的第一个版本基于诺基亚的塞班系统。当时大家对塞班的普遍感受是界面老旧难看，但墨迹天气做出了第一个塞班的双重滑动版本，有动漫效果，跟后来的安卓系统很像。有人惊叹说："一个天气软件居然也能做得那么好看。"

墨迹天气不仅界面好看，而且很节省流量。当时同类的天气应用同步一次需要耗费 10KB，墨迹天气只需要 1～2KB。更重要的是，早期的墨迹天气能同时支持 2000 多个城市，而其他应用覆盖数量最多的是 500 个。所以，墨迹天气很快就火了，靠在几个塞班论坛里发帖子，第一天的下载量就达到了 1000 次。

金犁没有什么广阔的人脉，两个合伙人赵东和孙增斌也只是他的大学同学。因为这个项目是他发起的，所以金犁的股份稍多一些，担任 CEO，每个月给自己开 3000 元工资。他的工作地点就是家，早上起来就写代码，一直写到半夜。

墨迹天气也是一款很早就有商业收入的软件，这主要取决于它稳定庞大的用户基数和较高的打开率，毕竟天气是每个人每天都要关心的资讯。不过商业模式则纯属巧合——金犁为了方便用户，设置了很多围绕天气的"指数"，没想到，这些指数居然成了其他软件看中的"入口"。从这个意义上说，早期的墨迹天气起到了一个导航站的作用——它的第一个重要客户是老虎地图，而在"穿衣指数"里，最具标志性的客户是阿迪达斯。直到现在，指数栏目作为品牌入口，仍然是墨迹天气的基本商业模式之一。

牢牢抓住基本需求、极度重视用户体验、充分考虑到了早期流量费用较贵问题、想办法替用户省钱、漂亮的界面等，都是墨迹天气成功的重要因素。

那些在 2009 年失意的超级牛人

张一鸣的流离和王兴的坚持

2009 年，张一鸣决意离开饭否，转而去房产网站九九房，这是 26 岁的张一鸣从南开大学毕业后的 4 年里准备开启的第 4 段工作经历，每份工作平均也就一年多一点的时间。此时的张一鸣与大部分同龄人相比略显着急，稍显无措，全然没有日后那种长期思考的定力和耐性。

张一鸣向他的老板，也是他的福建龙岩老乡王兴辞行，比张一鸣大 4 岁的王兴于情于理都该挽留张一鸣，但于情于理又不知如何挽留。

于情，王兴给了自己这位小老乡饭否 CTO 的位置，饭否这时候也就 10 来个人，虽然大都是工程师，但一个这样规模的创业团队，有没有 CTO 都可以，更何况和王兴一起创业的还有从百度过来的技术大牛穆荣均。王兴给了了张一鸣足够多的事业空间，本希望留住这个人才。但是架不住九九房本就是酷讯的房产频道（酷讯是张一鸣的第一份工作），又有 SIG（海纳亚洲创投基金）合伙人王琼以 CEO 的位置相邀，张一鸣还是出走了。

于理，与王兴一起创办校内网的亲密战友、后来被美团人亲切称呼为"老王"的王慧文，此时正与另一位校内网的元老赖斌强一起做一家房产垂直网站，王兴想邀请王慧文、赖斌强归队，但一直未果。房产网站的事业虽然不够大，但那时与饭否相比也不算小。后来，王兴曾经鼓动过王慧文和张一鸣的团队合并，未果。再后来，张一鸣创办了字节跳动，王慧文连人带公司卖给了美团——还好当年没有合并，合并才是双输。

比起不断换工作、不断寻找自己新的人生支点的张一鸣，王兴此时的境遇其实更惨。2009 年 7 月，饭否被叫停，而直到这年年底，关于饭否是否可以重新开放的回复依然遥遥无期。也就是说，2009 年的秋天到冬天，王兴都处于一种茫然的状态，从等待饭否重新开张的希望走向失望，然后重燃希望，再度失望。最终，在饭否保持正常运行的同时，王兴在寻求新的机会。美团的联合创始人穆荣均对本书作者说："那时的王兴没有丧失信心，没有怨天尤人，而是一如既往地向前看，大家都能看到他的行动。"2009 年 12 月底，王兴确定做美团。

关于王兴做美团还有一个插曲。王兴要做团购，饭否的天使投资人李竹问王兴："你不是善于做社交吗？"王兴很坚定地回答："团购就是社交化的电商，就是年轻人基于生活服务进行的社交。"当时王兴还有一套"四纵三横"的理论，王兴认为"SNS 的'横'＋电子商务的'纵'"有机会，所以早期美团做团购是有最低成团人数要求的，未达到成团要求时，用户就会通过社交网络拉人，从而形成社交。

今天回望，王兴做团购的选择还是蛮"凶险"的。一位美元基金的投资人感慨，王兴有王者风范，对标 Facebook（脸书）做校内网，对标 Twitter（推特）做饭否，对标 Groupon 做美团，每个项目都是当时最火的，他还一定要干成，而且要干到最火。但这是事后诸葛亮的说法，如果美团未成，王兴会和大多数创业者一样，戴上一个"连败创业者"的帽子。至少在 2009 年，王兴其实比大部分有方向的创业者还要彷徨无助。

王小川和曹国伟的坚韧

2009 年，也是王小川在彷徨失措中，以一种外人难以理解的坚韧忍辱负重重新站起来的一年。因为与王小川从输入法出发先做浏览器再做搜索的意见不统一，张朝阳让王小川不要再主管搜索。"亲儿子"搜狗被抢走，坊间都在传王小川要离开搜狐。

李一男离职后，百度在找 CTO 接班人，首选王小川。王小川以要加入就要全部收购搜狗搜索为条件，婉拒了百度，毅然决然地留了下来，并以日后广为认可的"三级火箭"（输入法—浏览器—搜索）理论来推动自己在搜狗中的实践。2008 年 12 月，搜狗发了第一版浏览器，但没有引起很大的反响。于是整个 2009 年，搜狗浏览器一个版本一个版本地发，一项一项地修正功能，加上与搜狗输入法的联动，浏览器的下载量上升得很快，进而也有了带动搜狗搜索的能力。此时搜狗搜索停滞不前的事实，也让张朝阳意识到，王小川"三级火箭"的打法是有其道理的。

王小川在 2009 年还做出了一个很重要的举动，就是跟着张朝阳去爬雪山。王小川向本书作者回忆，加入张朝阳的登山队有两方面的考虑：一方面是对自己意志品质的锻炼，登顶是其意志力较强的表现；另一方面是借爬山之际与张朝阳沟通，让自己重回"主战场"。意外之喜是王小川在爬雪山期间结识了王滨，与王滨结下了"一起扎帐篷、一起看星星"的友谊。

这位王滨，就是帮新浪移动增值业务赚了很多钱，后来做友宝的王滨。王滨与虞锋、马云关系很好，也深入参与了云锋基金，他帮王小川直接对接了马云和云锋基金，于是有了后来搜狗独立分拆，引进阿里投资的故事。

我们都看到了 2010 年王小川迈出独立分拆的第一步，但没有看到 2009 年王小川的忍辱负重与精心谋划。说到底，我们大多数人无法做到像王小川那样，既有隐忍之心，又有运筹帷幄之能。

正如亚马孙雨林里一只蝴蝶扇动翅膀，两周后会引起得克萨斯州的龙卷风。饭否关停从某种角度来看，就是中国移动互联网过去 10 年里重要的一只蝴蝶，其关停引发的一个引人注目的"蝴蝶效应"，是新浪微博的诞生。

经过长达 10 年的公司内部变迁，汪延及李嵩波等新浪创业元老都已淡出，原 CFO（首席财务官）曹国伟成为这家曾经的中国老牌互联网公司的掌舵人。但 2009 年的新浪可谓四面楚歌，流量被有 QQ 弹窗的腾讯超过，社会影响力被有"跟帖文化"的网易逼近，品牌号召力被搜狐借 2008 年奥运会的势能逐步拉平。

这还不是全部问题。新浪前技术高管程炳皓创办的开心网当时火得一塌糊涂，搜狐在方刚的带领下也有白社会这样的 SNS 产品，新浪自己做的社交产品新浪朋友由于上线晚，在内部就被否决掉了，势能全无。

在此绝境中，曹国伟顶着压力推出了新浪微博，新浪当时帐中正好有陈彤这样知道怎么在政策允许的范围内请"大 V"、管"大 V"的"大神"，以及收编而来的彭少彬团队负责技术和日常执行。因此，将帅同心协力的新浪微博一夜爆红，成为中国移动互联网时代的一款"国民产品"。但回到 2009 年，不论是曹国伟还是陈彤，都有一种"脑袋别在裤腰带上做事"的神经质，不论白天黑夜，都在高度紧张中度过。吃顿饭能接两位数的电话讨论该怎么处理敏感问题的日子，真心不是人过的。

日后成为曹国伟坚定盟友的阿里新任董事长兼 CEO 张勇，2009 年也混得惨兮兮的。2008 年 3 月，张勇以淘宝 COO（首席运营官）兼淘宝商城总经理的身份接管了淘宝商城——也就是今天的天猫。淘宝创始 CEO 孙彤宇和淘宝商城的首任总经理黄若先后离开，留给张勇的是一个 20 多个人的团队，以及四处求告才能有的一些流量支持。某种意义上说，2009 年的"双 11"购物节只是给淘宝商城团队找点事情做的安慰之举。2010 年"双 11"近 10 亿元的销售业绩，才是让淘宝商城翻身的标志性亮点。

王坚的潦倒与雷军的失落

2009 年，阿里门中还有一位潦倒者，那就是王坚。2009 年 2 月，王坚和阿里云的工程师在北京上地一间连暖气和门牌都没有的公寓中，哆嗦着敲下了第一行代码。冬去夏来，工程师还要手动取冰、物理降温。咖啡和茶叶也没有，全靠自带。当然，对于王坚来说，创业条件的艰苦不算什么，内外部的质疑才是最让人痛苦的。砸下重金没听见声响，关键绩效指标（Key Performance Indicator，KPI）考核年年垫底，工程师换了 4 代，最早的核心成员只剩下 20%，员工的辞职信上写着："再干下去，也看不到任何希望。"

阿里内网曾有这么一句话："每年都以为王坚会走，但他就是赖着不走。"曾经的下属吴瀚清也说："王博士摇摇欲坠，就是不坠。"阿里云未成，王坚又搞起云 OS，收购猛犸科技，联姻天宇朗通，与宏碁牵手被安卓阻击后又投魅族、锤子手机。除了手机，他还连续布局汽车、物联网（Internet of Things，IoT）……在今天看来，大家都会觉得阿里云和云 OS 是无比正确的决定，王坚也成为中国民营企业院士第一人，但在当时这些项目几乎无人喝彩，就连参与者也在半信半疑之中。犹如一群人都在夜间行走，只有王坚一人认定：穿过黑夜能看到光明。

2009 年，雷军同样过得不如意。其实在 2007 年，在金山上市答谢会的成都场上，求伯君给雷军敬酒，雷军接过酒杯一饮而尽后摔杯痛哭的场景，震惊众人。这是雷军对金山多年辛苦终得上市，实际所成却与内心期望相差甚远的自我宣泄，也是对自己决意告别金山、重新寻求新舞台的一种宣告。

但真的重新开始后，还是有诸多的不如意让雷军无法摆脱沮丧。

有两段插曲或许能说明问题。一个是雷军帮其投资的 UC 浏览器找 VP（Vice President，泛指高层副总级人物），给当时离开百度的俞军打电话。俞军说自己退休了，推荐了边江；雷军再给边江打电话，边江说自己答应陈天桥去盛大，推荐了李明远；雷军又给李明远打电话，请他加入 UC，但李明远在 UC 的两年最终也难言圆满。后来，百度与阿里竞购 UC 失败，汤和松复盘，认为阿里出"盘外招"是外因，内因是曾经在 UC 工作过的李明远并不热衷于此。

另一个插曲发生在 2009 年 12 月 15 日晚上，过了凌晨，在中关村某酒吧里，雷军告知在座的诸位，今天是自己 40 岁生日。当时在座的有 UC 的俞永福，有当时在可牛、后来加入猎豹的傅盛，有首次公开募股（Initial Public Offering，IPO）专业户李学凌，以及从金山开始就跟随雷军的黎万强。众人起哄，让雷军讲讲 40 岁人生感悟。雷军清了清嗓子，以"千言万语，不知从何说起"这句口头禅开场，表达了要找到适合自己的"长雪道"，顺势而为，以及"人欲即天理，得多分钱"。言语中大有对自己"劳模"人生的回顾感慨，抑或觉得自己 30 岁到 40 岁的这 10 年进步慢了，对来回折腾感到不满足。一句话，还是"人生不如意"。

这一年，与雷军同为 1969 年生人的张小龙也以一种怀才不遇的姿态度过了自己的 40 岁。张小龙和雷军一样，都属于 30 岁前已经成名，但 30 岁到 40 岁不断折腾。所以到 2009 年，也就是他们 40 岁的时候，不免比别人有更多对人生不惑的反思。这也就可以理解，等到来年张小龙看到 kik 这样的机会时，即便遭到总裁办的反对，也会义无反顾地全仓进入。

2010 / 变局也是开局之年

引子

2010 年在中国互联网历史上堪称变局之年，也是整个移动互联网的开局之年。

这一年，腾讯推出 QQ 商城，并在未来的一年里先后入股易迅、好乐买、珂兰钻石等垂直电商企业；淘宝商城第二届"双 11"购物节收入近亿元，淘宝商城（也就是后来的天猫）终于有了单飞的起点；凡客拿到巨额融资，成为第一家没有上市的"独角兽"公司；同年 12 月，当当登陆美国纽约证券交易所（以下简称纽交所），随即就遭到京东在图书领域的价格阻击战。自此，在中国垂直商对客（Business to Consumer，B2C）战场上"井水"开始冒犯"河水"，这一年也最终成为中国垂直 B2C 的"见顶"之年。无他，流量上游都在 BAT 处，其他平台要么"抱大腿",要么全品类。

这一年,易车和搜房先后上市,日后搅乱未来十年江湖的张一鸣和王慧文还在房产垂直门户这个狭小的赛道里折腾,张一鸣的合伙人张利东则在《新京报》服务着广大汽车客户。房产和汽车这两个垂直门户,也是游戏之外为数不多的能在百度上投得起广告的领域。

这一年,因为有超级赚钱的客户端游戏业务的支撑,盛大和搜狐还有很强的存在感,盛大的酷6及搜狐视频都是2010年视频大战的重要参与者,优酷和土豆争先上市也是为了与这些老对手拉开距离。但它们上市后,却发现对手是爱奇艺和腾讯视频,最终优酷与土豆并购重组,再被卖给了阿里,长视频战场又超级俗套地成为BAT的"新玩具"或"后花园"。

这一年,团购席卷了成百上千家公司,史称"千团大战",这是中国互联网历史上的一次全民商战。但大战后人们发现,赢家还是BAT——最多的"银子"流向了百度,百度又在这场商战的尾声收购了糯米网,一条鱼从头吃到尾;腾讯也认定团购和本地生活服务是一种不需要库存、更适合自己的电商类别,于是多管齐下,手忙脚乱;阿里则一手投资美团,另一手做起聚划算,看上去最有实力,但之后聚划算被废,美团倒戈,让阿里"赔了夫人又折兵"。

这一年,BAT以一种略带距离感的姿态看待移动互联网,特别是百度和腾讯。阿里稍微积极一些,在王坚的力挺下,阿里以云OS谋求建立移动互联网时代的底层霸权,同行者还有点心和乐蛙,但最终真正吃到这个红利的是小米的MIUI。

这一年,"热钱"开始潮水般地涌入移动互联网,晨兴资本和启明创投下注小米,IDG资本重仓91无线,红杉资本和经纬创投投资海豚,金沙江创投加持点心——都是千万美元的投资规模。但谁都知道,属于它们的好日子并不在2010年,而是之后的两三年。

这一年,UC和3G门户这两家无线互联网时代的老牌公司都加速了自己的转身。UC重写了自己的浏览器内核,面向新的安卓时代与腾讯、海豚等激战；3G 门户上的对手们则放弃了浏览器战场，在 12月进军手机桌面市场。

过去、现在和未来，就这样交织在 2010 年，纠缠在一起，凌乱但又让人觉得有着千丝万缕的联系，混沌但又让人看到光芒万丈的希望。

这是新时代开启时应有的模样。

千团大战与王兴的后发先至

彼岸 Groupon，此岸千团大战

2010 年的春天，是团购创业者的春天。

满座网是有记载以来中国第一家团购网站，上线时间是 2010 年 1月，这只比美国团购网站鼻祖 Groupon 的发布晚了 14 个月。满座网的创始人叫冯晓海，曾经和陈昊芝、张京秋一起创办过爱卡汽车网，后来因和陈昊芝意见相左而闹得颇不愉快。据冯晓海说，当年创办爱卡汽车网的时候，他就曾经尝试过汽车服务的团购。有趣的是，满座网来自成语"高朋满座"，而此后 Groupon 通过合资方式进入中国市场时，取的名字恰好是"高朋"，可谓是一个小小的巧合。

Groupon 之所以不得已起名为"高朋"，与任春雷关联颇大。任春雷，洛阳人，2006 年《赢在中国》5 强选手。2010 年 3 月，他从中欧国际工商学院的同学处得知了 Groupon 模式，旋即创办团宝网。从创立第一天起，团宝网就注册了域名 groupon.cn，使得正版 Groupon 进入中国市场时反而无名可用。团宝网的业务发展很迅速，率先开通 368 个城市的相关业务，截至 2011 年 8 月，总员工达 2300 人，每天提供超过 2 万个团购选择，是当时国内较具规模的团购网站之一，不过也是团购前 10 名网站里最早"阵亡"的一家。

同样声称受到 Groupon "西风东进"影响、在 2010 年 3 月蹚了团购这趟浑水的，还有福建人林宁。林宁曾先后在广告、媒体等领域掘金，他创办的 F 团上线时间是 3 月 15 日，域名是 ftuan.com。林宁对本书作者说，选择在"消费者权益日"这天上线，是为了突出 F 团的"F"是"放心"一词的拼音首字母。

也就是这一年的 3 月 4 日，日后千团大战的胜出者美团成立并投入运营。由于满座网上线后并没有运营推广，因此如果从真正开始运营推广来看，美团是最早上线运营的本土团购网站。

美团后来对外宣称自己以非实物团购为核心，不过它的第一单团购是梵雅葡萄酒品尝套餐，共卖出了 79 份。

这份原价 100 元、打折后 50 元的套餐包含 4 种不同的酒品：两种干红、一种干白和一种冰酒。美团介绍说，这 4 种葡萄酒可以从来自世界名产地的 20 多种酒品中自由选择，而专业品酒师将详细讲解品酒的相关知识、礼仪等。

就在美团创办的第二天，也就是 2010 年 3 月 5 日，从斯坦福毕业归来的陈欧和戴雨森决意发起一个新的项目——团美。

陈欧，1983 年生人，22 岁选择创办在线游戏平台 GG-Game，此后去斯坦福求学。在陈欧的斯坦福同学之间，流传最广的一种说法是陈欧有某种"赌性"。具体的段子是：当年在斯坦福毕业前夕，中国留学生可以利用自己的美国临时居留身份，最后买一次低价二手车，然后在回国之前高价转手卖掉，赚一笔路费。这个机会虽好，但时间窗口很短，回国行程在即，万一车砸手里卖不出去就亏大了。陈欧是中国留学生里第二个这么干并成功的，前一位是陈一舟的长期合作伙伴刘健。

2009 年 7 月，陈欧在毕业后的第三天便杀回国，拉着戴雨森和刘辉开始他的第二次创业，还是与游戏有关——一家游戏广告平台 Reemake。徐小平投了 100 万元的天使投资，但没有持续太久，大家就发现这个项目行不通，Reemake 被迫转型。

此时，陈欧发现了两个现象：第一，线上化妆品行业没有领头羊企业存在；第二，淘宝这样的平台型电商高速发展，但没有一个可信的、专属的化妆品电商。这是他创立团美的前两个原因。第三个原因接近于调侃——他觉得这个别的男人可能不好意思做的行业，是自己的机会。对这个方向，负责产品的合伙人戴雨森也表示同意，但在具体形式上他们有一些分歧，陈欧认为应该做电商，戴雨森觉得导购社区比较好。

最终，美团的上线让陈欧和戴雨森的认识趋同。戴雨森向本书作者解释，他们都是王兴的粉丝，看到王兴的美团上线后，两人觉得团购这种形式其实比电商和社区都要好，所以以团购为切入点的化妆品电商——团美上线了，这就是聚美优品的前身。团美的取名也很简单，就是把"美团"两个字反过来。

这是一次依靠直觉进行的商业冒险，陈欧用剩余的30万元将代理商的某款化妆品买断，存放在仓库，以限时团购的形式卖出，价格比专卖店低了四成。

团美的实践对整个团购行业都产生了重要的启迪作用，它是第一家也是当时唯一一家进行实物团购的企业。从严格意义上讲，团美不是当时标准模式的团购网站——因为当时大家认为团购的主流模式是本地生活服务的在线化，进而认为主流团购应该是非实物电商。但团美一开始就卖实物，并借鉴了团购行业的经验——不追求过多的库存量单位（Stock Keeping Unit，SKU），集中打爆品、超低价位和社会化营销。

2010年9月，团美更名为聚美优品，这个名字有"聚集美丽、成人之美"的含义，同年，它的销售额达到2000万元。2011年3月，公司成立不到一年，总销售额就突破1.5亿元。此后，聚美优品在保留了一些团购的特征后转型为化妆品B2C网站，正式登上电商舞台。

2010年6月，人人网旗下的糯米网也杀进团购这个大红海里。糯米网出手不凡，首单就创造了15万人购买的纪录。

时任糯米网 CEO 的沈博阳向本书作者回忆说，糯米网入局时美团已经起来了，美团的一次团购草莓活动竟有 1500 人参加。但他认为团购不是价格战，不能仅仅靠低价来吸引消费者，低价只有在超高品质回报的前提下才有意义。为了打响头炮，他四处选品，发现了位于北京五棵松的成龙耀莱国际影城。

成龙耀莱国际影城号称"全国最大影城"，可以容纳 2300 人一起观影，但当时影城所在的购物中心没有招商完成，加上相对偏远的地理位置，使得很多消费者裹足不前。沈博阳就去和影城的老板谈，第一单要打响，一定要高性价比。

当然，沈博阳也没想让影城赔钱做生意。他和影城的人计算过，一张票的分成大概是 15 元，两张就是 30 元，再加点高毛利、低成本的东西，正好能覆盖成本，于是就加了爆米花和可乐。没想到影城的老板很重视，这位老板是做传统生意的，为人豪爽，说再加一个哈根达斯的冰激凌吧。当时市面上这样一个冰激凌就要 30～40 元，所以这单相当于买一个哈根达斯冰激凌，白送两张电影票加爆米花和可乐，简直完美。也就是这份套餐，吸引了 15 万个消费者参加团购，使得糯米网创下了 Groupon 模式的全球纪录。

2010 年 6 月，还出现了专门的聚合类平台——团 800。它是一个专业的团购导航，由 1996 年清华大学计算机系毕业、当时在英特尔中国工作的吴欣然创办，参与创办的还有在人人网和大街网工作过的，也是吴欣然的大学同学、互联网老兵胡琛。团 800 一经推出，就不断收录国内近千家团购网站的每日团购信息，提供团购网站导航及聚合式的团购信息列表，方便用户选择称心的团购活动，节省了逐个访问团购网站的时间。

应该说，团 800 的思路非常清晰，它明确地把自己定义为团购网站和用户之间的中介。特别是当团购网站不断增长、每日全网 SKU 上万后，一个这样的中介平台是很有价值的。在很多团购网站野蛮生长的时候，团 800 已经开始了延伸式服务，如团购点评、团购到期提醒、团购地图、二手转让等，这些都提升了用户的团购体验。从某种意义上讲，团800也因此成为网民团购的入口和重要参考网站，它发布的指标已经取代了Alexa排名，成为团购网站排名的新参照。

不过，由于千团大战的持续时间其实很短，最后主要的团购SKU都集中到了有限的几个大站上，团800的功能也就逐渐弱化，最终它的存在感大大降低。

为什么会有千团大战？总而言之，团购的兴起来源于3个动力。

1. 消费者有需求，谁都愿意买到批发价的商品或服务。
2. 中小商家特别是餐饮企业支付不起竞价排名的费用，58同城、赶集网也不是它们的菜，团购模式正好满足其推广需求。
3. 美国有成功样本，VC想"烧"出中国的Groupon。

与上面3个要素并列的，是2009年诞生的新浪微博和其他微博类产品。微博作为一种新媒介和社交基础设施，与团购共同成长，并且为团购的社会化营销和社交裂变提供了坚实的基础。同样，很多带有社交属性的电商或导购类网站（如美丽说和蘑菇街），以及通过分享实现"独乐乐不如众乐乐"的娱乐类App（如唱吧），都以微博为发家地。微播易创始人徐扬对本书作者说，中国的互联网社会化营销自微博发起，而微博的社会化营销启动则主要来自团购，团购极大地推动了以微博为媒介的社会化营销浪潮，以至于这成了一个专门的品类。

当时建一个团购网站成本很低，4万元就可以买一套标准的团购建站系统，再花几万元招些地推人员，每个品类似乎"只要填满5页内容就能上线"。于是，这样匆匆上马的站点出现了几千个，当然，它们中的绝大多数最后都被几个大玩家给收拢了。

拉手网的绚烂与窝窝团的横扫千军

回到历史的主线上来。自2010年1月满座网上线起，直到当年6月，后来市场上的主要玩家基本都已经入局，如拉手网、窝窝团、24券、糯米网、满座网、团宝网，以及当时还没有露出"王者之相"的美团和大众点评。其中，拉手网的先发优势非常明显，它于2010年3月18日成立，是前期规模最大、风头最盛的团购网站，也是全球首家"团购+Foursquare签到"相结合的团购网站，半年内开通的服务城市超过100座，2010年交易额接近10亿元。

本书作者采访的绝大多数团购亲历者都认为，拉手网是千团大战里出现的第一个行业领导者。无论是资金、创始人的背景和团队，还是规模铺开的速度，拉手网都令竞争者望尘莫及。在最开始的时候，拉手网一家的份额就超过市场上第二到第五名的份额之和，即使在前十名里，拉手网也是一家独大。

拉手网的创始人吴波是清华大学电子工程学士，美国西密歇根大学计算机科学硕士。他是一个典型的连续创业者，在创办拉手网之前，他是焦点网等多家公司的创始人。

吴波的创业道路既有技术聚焦特质又有投机色彩，但是毫无疑问，他创办团购网站至少有两个优势：第一是他有足够的能力和资本方打交道，这让他成为首位拿到美元VC的团购创业者，也让他在起跑阶段抢了先；第二是有了焦点网在各地开设分部的经验，他可以很好地管理重模式和多地域的线下团队，而后者恰好是美团所不具备的。事实上，描述美团企业史的作品《九败一胜》也承认，美团第一年的发展速度并不够快，很大程度上就是因为它以前都是做的"轻模式"，十几个人就搞定一个网站，对线下业务缺乏认知和经验。而团购从本质上说考验的是线下商务拓展（Business Development，BD）的能力，即对线下资源进行渗透的能力。

拉手网的另一个特色是，讲究团购和Foursquare相结合。这种模式的意义在于，鼓励手机用户同他人分享自己当前所在的地理位置等信息，可以说是LBS的先锋，同时兼有Check in（签到）功能。Foursquare是一家以独立方式运营的美国网站，它让用户通过在餐厅、酒吧和其他实体场所签到的方式，与朋友竞争虚拟徽章。如果单说功能，这个网站很单薄，但是其分享属性和让网民追求虚拟获得感的模式，使之获得了迅速发展。

当时互联网上虽然有提供 LBS 的 App 街旁，但还不存在那种你拿出手机一搜索，就出现以手机使用者为中心、按距离远近对商家进行排列的服务。在这种情况下，Foursquare 模式就相当于手动录入的地图搜索引擎，它提供了不完美但非常有效的服务，这和团购"本地生活服务"的实质非常契合。

吴波同样注重移动端。拉手网在开始做团购业务时就已经开发了多款基于 iPhone 和其他移动端的 App，如"拉手离线地图""开心生活""拉手四方"，这对当时尚处于早期的团购服务有着非常重要的导航意义。

另一个拉手网开创的、很有价值也很有争议的模式，就是所谓的"团购 2.0"。

在绝大多数团购网站要靠线下扫街的模式来发展足够多的商家时，拉手网别出心裁地开放了名为"拉手网生活广场"的功能板块，这使得有需求的商户可以通过该板块自助发布团购信息。

当时的拉手网十分火爆，它虽然已于 2010 年 8 月底在北京、上海等多个一线城市推行了一日多团的模式，但仍有众多寻求合作的商家排队等候，所以它干脆采取了让商家主动发布的模式。这一模式的优点是极大地增加了商家资源；缺点是由于缺乏完善的考评机制，容易造成不良商家泛滥。但是对于追求规模的拉手网来说，这显然是一步好棋。

曾担任过拉手网副总裁、亲身参与过这轮营销大战的司新颖（江湖人称老猫）对本书作者谈起，当时拉手网创始人吴波有一段讲话令人印象特别深刻。吴波说："就算我每年只投 1 亿元，每天也要'烧'300 多万元。我算过，这 300 多万元人民币，我自己一张一张地往火里扔，一天都烧不完，所以我得找人来帮我烧才行。"

但是拉手网的辉煌是短暂的，其中很重要的一个原因是，对标网站 Groupon 出了状况，导致拉手网因后续融不到钱而崩盘。

2011 年 11 月 4 日，Groupon 上市，以开盘价计算的市值是 178 亿美元，但是这个辉煌并没有持续多久。其股票很快就跌破发行价，此后市值一直在 20 多亿美元徘徊，虽然没有倒闭，但再也没有恢复活力。

由于 Groupon 股价惊人的不稳定，以及更多质疑声音的出现，将这家公司作为对标对象的中国资本圈对团购公司的热情也变得忽冷忽热，而这种态度又因拉手网的上市失利而被推向极端。

客观说来，当时中国团购领域声势最大的当数拉手网，它也被认为是最有希望上市的网站。然而当拉手网真正走向纳斯达克时，却暴露出模式单一、毛利率过低、资金管理漏洞太多的问题，加上对标的 Groupon 已经光芒褪尽，拉手网不得不停止上市的进程。而这一坏消息又反向摧毁了拉手网的内部信心。随着创始人吴波的出走，拉手网基本已经无路可走。

在拉手网身上，可以看到当时所有行业乱象的缩影。

千团大战是中国互联网历史上第一次动用亿级资金来进行"市场营销轰炸"。当时无论是央视、卫视还是地铁、公交，更不必说作为标配的分众传媒及各家电梯的广告，每天都在轮流播放各家团购网站的广告。这种广告的密集度甚至让一位从业者觉得："其实最后大家都分不清、记不住是谁在做广告了，只记得是团购。所以如果说这些钱'烧'了有什么用，那就是向全国人民把团购这件事给'烧'明白了。"

千团大战中的种种乱象，暴露了创业中不可避免的粗暴、残酷、血腥的一面。

司新颖向本书作者回忆，团购大战中最容易发生纠纷的就是各地分站。当时，很多公司为了证明自己有足够的能力开拓全国市场，有一个"5 页标准"。这个标准的大概意思是，团购网站派一个城市经理去一个新区域拓展业务，只要拉到的商家够填满 5 个页面（每个页面 10～20 个商家），这个城市的业务就可以宣告上线。

这种做法固然可以将业务迅速拓展到新的城市，但盲目追求速度的恶果很多。

第一个恶果是，招来的人良莠不齐。司新颖甚至认为，有一批地方上的"地头蛇"因为熟悉当地商家的情况，也进入了地方分站管理人员的行列。而他们招募的手下，更是三教九流无所不包。

这种人员驳杂的情况除了影响业务的精细化运营，还带来了极大的社会风险。有亲历者回忆说，当时北方一些城市甚至出现了大区经理带着数十人打群架的情况，进而成为治安案件而见诸媒体。打架的高峰期是上午10点左右，因为这是一天里"第一波商家拜访结束"的时间。甲公司和乙公司的人往往在拜访同一个客户的时候相遇，分别离开后立刻在外开打。写到这里，本书作者不禁有一种不是在写本书作者，而是在写《黑道风云二十年》的错觉。

第二个恶果是，很多公司花了大量的钱在地推和广告上，却没有在支持系统上花足够的钱，导致公司的计算机系统非常脆弱。司新颖回忆说，当时几乎每家团购网站的后台都会出现盗刷或账户被攻破的现象，每月损失上百万元。

更激烈的遭遇战发生在"挖人"上。在薪酬方面，猎头们基本都是按照现有工资的两三倍来开价，人员流动性开始急剧增大。极端的时候，出现过糯米网把美团整个大区的人——从城市经理到大区经理——全盘挖走的现象。这种事不但糯米网干过，窝窝团也非常喜欢挖美团的人。美团当时在华东有一个城市经理，适逢母亲生病，窝窝团在北京接了最好的医生飞到华东去给他母亲看病。所以当年"美团将损兵折，一片狼藉，死死地咬住几个核心城市才撑过来"。

窝窝团出色地击败了几乎所有团购小站，对拉手网和美团产生过严重威胁，最终上市但也元气散尽。

窝窝团创始人徐茂栋，山东人，是中国互联网的老江湖之一，在山东本地做超市起家，在创办窝窝团前曾经将SP公司百分通联兜售给澳电讯公司，套现近10亿元。于是，他在2010年买了王赟明、刘传军等创办的窝窝团入场，以此进行扩张。刘传军后来创办了美菜，美团是其股东之一，但美团最终也进入了美菜的市场，与其短兵相接——这个世界不大。

窝窝团一入场就采取了非常激进的市场拓展方式。根据当时的行业估算，窝窝团每月砸向市场的钱大概为 6000 万至 1 亿元，而毛利只有 5%。

"一个三线城市、月薪 3500 元的小市场专员，纠结每月几十万元的市场费用怎么花出去"，这是当年窝窝团的实际情况。据说当时窝窝团市场部的口径是："连钱都不会花，做什么市场？"如果市场费用花不出去，那么市场专员是要被扣绩效的。

凭借疯狂的市场投入和全员"打鸡血"般的冲刺，窝窝团在短期内把团购交易额冲到了行业第一的位置，压制了拉手网和美团，并试图借此冲击 IPO。

然而仅仅到了 2011 年 9 月，窝窝团某广告商的一名媒介经理就在微博上称"窝窝团拖欠近 300 万元的广告费已经一个季度"。为声讨窝窝团欠债不还的行为，该广告商愤然在街头拉起了条幅抗议。

坏消息接踵而来。2011 年国庆节刚过，据窝窝团内部员工透露，大裁员开始了。此次公司裁员涉及员工约 3500 人，比例高达 70%；在国庆长假期间，共有 35 个地方分站被整体撤掉，撤站比例超过 21%，范围覆盖济南、青岛、成都、南京等 10 个销售大区。

此前团 800 发布的 2011 年 8 月团购统计报告显示，窝窝团以 1.71 亿元的销售额位居各团购网站之首，注册用户数量超过 360 万人，日均页面访问量达 600 万人次，并在全国 200 多个城市建立了分站。

"公司内部将 11 月上市设为目标，要求各站都必须盈利。10 月内部要求，二三线城市分站必须以 70 万元销售业绩为红线，11 月则要达到 100 万元。如果不能达标，公司就会再次缩编或撤站。但是这个任务对于三线城市来说根本没有可能完成。"一名窝窝团的员工向《每日经济新闻》表示，公司先向后勤人员开刀，由总部提出裁员人数，再由各站提交裁撤名单。

令人惊讶的是，尽管面对上市这道关，糟糕的财务数字和缺乏说服力的业绩让窝窝团不断碰壁，但是徐茂栋坚持了下来，并且在创下了 4 年 6 次冲击 IPO 的纪录后，窝窝团最终"流血上市"。但即使上市也没有改变窝窝团的服务品质和业绩，它很快泯然于资本市场，并被忘却。

王兴、王慧文带美团崛起

现在大家当然知道，千团大战是线上到线下（Online to Offline，O2O）战争的第一阶段，美团及后来合并的大众点评是整个"O2O 战争"的胜出者。但在早期，美团并不那么突出。

美团虽然是最早一批做团购的网站，但在当时不是显眼的排头兵。有一位互联网老兵这样对本书作者说："熬到最后，怎么都没有想到最终成就了美团。就像没有想到当年的团购网站真正能存活下来，是靠外卖和电影票……"

但是如果从今天往回看，会发现王兴的团队优势和个人优势都非常明显。

王兴好学善思，长期跟踪全球互联网的创新模式，对新模式的敏感度与深度思考能力超过当时大多数创业者；他坚韧、头脑清晰，从校内、饭否、海外一路走来，虽然屡战屡败，但也收获了丰富的实战经验，不盲从，不妄动；王兴的核心团队齐整，人才引进有序，其中核心层多是他清华大学的同学，而且很早就建立了以王兴为核心，以契约精神为链接，以战斗情谊为黏性的文化。

话虽如此，美团第一年的发展并不算顺利。

第一个问题是，从"轻模式"向"重模式"切换的问题。团购模式很美，所谓连接无数有需求的小微商家，为消费者提供又便宜又好用的产品。但是这种连接的过程是痛苦的，必须驱动几百上千个地推人员（或者叫 BD 人员），挨家挨户地拜访、说服、谈判和策划，才能达成。王兴以前从来没有管过这种模式,所以在最开始的时候很被动。这个问题直到后期干嘉伟入局后,才有明显改观。

第二个问题是,启动速度慢。比如,上哪个团购 SKU——俗称"选单",大部分公司的方式是有单就上,美团则要精挑细选。这种精挑细选并没有量化的标准,而是凭感觉、靠经验,所以最开始美团的SKU 增加得很慢。美团的品质管理部门是由郭万怀带领的,她的另一个身份是王兴的中学同学和妻子,这让这个部门的声音一直都不小。当然,还有一个原因是美团当时的价值观是消费者第一,后来李芳接替郭万怀后,品质管理部门依然强势。

第三个问题是,以什么方式扩展全国业务。中间有几个扩展方式的交替,如最开始是做直营,后来发现直营速度慢,开始发展代理商;代理商发展了一段时间,觉得可控性不好,毛利率太低,又开始收购各个小团购公司,往直营反向切换。杨锦方、杨俊和姚俊涛是这一阶段的核心人物。这种扩展方式的探索很花时间,美团做得也很慢。直到王兴下定决心从淘宝买来电商数据,根据电商繁荣度圈了 100 个城市,要求 2011 年一定要全部覆盖,它的扩张速度才渐渐快起来。

第四个问题是,人才难求。尤其是城市经理这样的中层骨干,基本上来一批,留一批,走一批。由于美团名声在外,所以成为各公司的重点挖墙脚对象。当时美团也用了全力来招人,包括招聘网站、各大论坛、高校毕业生、亲友推荐等,无所不用其极。

据美团内部老员工回忆,当时美团对人才提出的指标是:抓两个"率",第一是拜访率,第二是离职率,而且两者又有关联。如果一个员工的拜访率高,就容易出业绩,有成就感,能增加收入,也就更愿意留下来。《九败一胜》中记载,有些地区的离职率在 2013 年降到 4% 左右,这时候美团不说大局已定,也已是前景一片光明了。

忙忙碌碌的第一年很快就过去了。2011 年 3 月 4 日,美团举行了成立一周年新闻发布会,王兴做了一个非常重要的发言,名为《团购是超完美的商业模式》。王兴用"一年时间里美团为用户节省 8.4 亿元"

这个说法，非常巧妙地避免了和主要竞争对手比宏观数字；同时，王兴再度谈到商家推广之难，并得出了大型商家有门户、中小商家有百度、本地小微商家需要美团的"三重金字塔"理论，这个理论是当时所有讲团购的理论中最透彻的一个。

当时，淘宝、百度和美团是有间接竞争关系的（如百度竞价排名和美团本地生活服务的推广）。但王兴一方面强调这些巨头的业务在具体效果上是不如美团的，另一方面又唱诵阿里、百度的伟大，弱化了彼此间的矛盾。相反，对有直接竞争关系的，如大众点评，他强调"人和胜过地利"，很直接地说出了"一年时间里，我们覆盖了53个城市，而之前有地利优势的大众点评，做了7年还是主要集中在七八个城市"。这种对竞争对手的直接评价是非常少见的，但是王兴敢。

这篇讲话很真实地反映了美团第一年的发展状况，如每次团购的平均价格为50元，每个用户每年平均消费6次，总销售额2.3亿元，平均折扣2折，复合增长率71%，消费者综合评价得分4.2分（满分5分），共有700万个消费者体验了美团的服务，交易次数600多万次。

这次发布会上另一个小小的亮点是，美团宣布过期的团购是可以退的，并且给出了精确的数字：美团账上消费者没有花出去的钱有1000多万元。在很多公司都没有重视这笔钱，或是刻意留着这笔钱的情况下，美团主动提出过期退款，所费无多却极得人心。

严格地讲，在当时的头部网站中，这些数据中除了复合增长率，其他指标都不高，这也是美团当时仍不被某些人看好的原因。

然而，如果仔细研究美团这段时间的打法，会发现一些迹象正显示出王兴的控局能力和清醒的头脑。糯米网的创始人沈博阳对本书作者说，千团大战看似花样百出，最后拼的还是团队和管理。

说王兴谨慎，是指他对营销推广的谨慎，对花钱的谨慎。可以说，王兴是当时少数不乱花钱的人。

王兴有社交基因，他是做SNS起家的，懂社交传播，对微博营销有感觉。王兴的统计依据是，美团70%的用户增长来自朋友推荐，也就是口碑。王兴认为，SNS 是口碑传播的最佳途径，所以他坚持以线上渠道为主。这也是为什么王兴给出了拉新补贴 10 元的政策。这笔钱对当时的美团来说不是小钱，但对转化起到了很大作用。

王慧文和王兴当时去请教了高人——阿里前总裁关明生。关明生对他们说："如果你们的广告是打给商家看的，那再好的广告也不如有执行力的线下队伍；如果你们的广告是打给消费者看的，那线上的转化效果超过线下很多，线下广告的打法更多是塑造品牌而不是带来流量。"

《引爆用户增长》一书的作者黄天文给了一个数据。他说，当时研究几大团购网站的独立访客（Unique Visitor，UV）转化率，发现美团的转化率高达 30%，大众点评是 15%，糯米网只有 5%。

王兴非常重视在线营销。最开始，他亲自管市场部，王慧文回归后又请王慧文来管市场部。王慧文接管一段时间后觉得广告投放是一件具体且专业的事，自己不能天天陷入这件事里，需要找一个能够掌控这块业务的人，因此他们找到了当时在亿玛在线的陈敏鸣。从 2011 年 4 月开始，王慧文就一直游说陈敏鸣，直到 8 月陈敏鸣终于被说服，加入美团担任在线营销副总裁。

陈敏鸣身材清瘦，江湖人送别号"大排"。他是资深的 SEM 研究者，也是百度和谷歌官方认证的搜索引擎专家，他的个人博客被诸多 SEM 业内人士当作实战进阶的指导资料。在陈敏鸣的带领下，美团开发了方便、灵活的自动化搜索引擎竞价系统，这让美团的投放事半功倍。

对当时不得不买的百度流量广告，陈敏鸣有一套完整的理论，即将海量词汇分为几大类，逐级优化。在预算充沛时，可以一次尝试十几组词汇的比对效果；在预算紧张时，一次尝试几组，反复比对并筛选出有效词汇，用在页面的标签、标题等方面。他的动作相当于把买来的流量的价值榨干、再榨干，优化、再优化。

美团内部的评价是，陈敏鸣能算清楚账——什么渠道是该买的，什么渠道是不该买的。很多竞争对手就是算不清这笔账。

百度和阿里的团购布局

百度的登顶与汤和松"巨杉理论"的提出

千团大战的盛况引起了 BAT 的注意，不过由于 BAT 此时在产业里的位置不同，优势各异，因此它们对团购的策略也不同。

简单地说，百度的逻辑是"我的是我的，你的其实也是我的，就看我什么时候进场收割，把你的变成我的"；阿里的逻辑是"现在我的是我的，你的是你的，但未来等咱弯道超车成功，那都是我的"；腾讯的逻辑是"我的是我的，你的是你的，你们别抢我的，我围着QQ 成我的一统"。

具体到团购，百度认为团购是垂直赛道的一个门类而已，自己先做这些团购网站的流量生意，等它们做大了，自己再投资控股一两家。

2010 年的百度处于辉煌的时刻。

2010 年年底，意气风发的百度提出了之后 10 年业绩增长 40 倍的目标。但更令百度迷失的是，仅仅在 1 年后（2011 年年底），李彦宏就表示，这个为 10 年设定的 40 倍增长目标在 2011 年内就完成了 29 倍，超出了团队可能做出的最大预期。也正是在 2010—2011 年，百度员工首次迈过万人大关，其中 2011 年一年就增加了 5000 多人。

百度在 2010—2011 年让业界瞠目结舌的成长，在今天看来，有天时、地利、人和三重因素。

"天时"是上文提到的千团大战。因为团购网站的头部玩家拿到很多 VC，大量地"烧钱"，百度成为团购网站投放广告的第一选择；再加上此时兴起的页游厂商疯狂"烧钱"，百度的搜索和导航业务变得极受欢迎。汽车和房产这两个垂直领域也产生了许多大户。一方面，这两个赛道是有钱的业务单元；另一方面，这一年易车和搜房都抢着要在美国股票市场上市，所以也舍得"烧钱"。百度广告红火到什么程度？它的销售部门提前一个季度就完成了全年任务，不再接收新的单子。

好乐买的创始人李树斌也向本书作者表示，2010年之后，因为百度竞价排名的价格飞涨及阿里"双11"的走红，新的垂直电商机会已经很微小了。

"地利"则是北京时间2010年3月23日凌晨3时3分，谷歌宣布其搜索服务由中国内地转至中国香港，谷歌的搜索业务就此退出中国内地市场。谷歌的退出让百度一下子没有了强敌。

更重要的是，谷歌搜索业务撤离后，谷歌中国诸多优秀人才就此加入百度，帮助百度更好地打造产品"凤巢"，这就是"人和"。与其他互联网公司相比，即便在BAT中，百度也是以技术强著称的，百度的技术、阿里的运营和腾讯的产品是被业界称道的。因为有更加浓厚的技术氛围和更加明确的技术品牌定位，百度当时是国内优秀高校学子进互联网公司的第一选择。

百度之所以对团购这么超然，与汤和松和他的"巨杉理论"大有关联。

汤和松于2009年年底加入百度，在百度负责操盘了包括91无线、去哪儿、爱奇艺、PPS、糯米网等在内的一系列在行业内有重大影响的投资并购案例，是中国操盘过亿级美元项目最多的战略并购高手之一；他也经历了竞购UC、高德等一系列百度最终没有签下的投资。可以说，汤和松的百度履历，就是百度在移动互联网的入口前逡巡不前、进去后又千回百转的活历史。

2010年前后，汤和松逐渐形成了自己的移动互联网时代投资方法论。他认为，互联网生意的特点就是高频和低频结合，高频为入口，与低频叠加，最终形成一个堡垒，或称"板块市场"。百度搜索是天然的高频，但具体的搜索方向可能是很低频的（如某种少见的需求），那么就要尽量增加高频和低频之间的耦合度，这种耦合的工具就是百度一度重点提出的"中间页"。

汤和松向本书作者讲述，2010年的某一天，李彦宏对他说，百度要做一棵常青树，要做百年老店。汤和松趁机献计，完整地阐述了他独特的"占据垂类（垂直领域），高中低频业务耦合"的理论。

汤和松用自己和李彦宏都熟悉的美国加州的红杉树来做比喻，他对李彦宏说，真正的常青树要"根深叶茂"，不仅要有强大的根系，还要有粗壮的、遮天蔽日的枝干。百度有搜索业务作为根系，很稳固，但能不能做到枝繁叶茂，现阶段主要是看能不能生长出足够强壮的"主枝"。这就决定了百度要重点打垂直，对视频、旅游、电商、汽车、房产等，先让它们发展，等发展到只剩下三五家公司时，就争取投资这些行业里最大的玩家。如果成功了，别人就难以进犯这块市场。

汤和松甚至很早就预测到，由于移动互联网形成了独立 App 入口、私域流量等格局特征，搜索将来进入垂类拿内容，会越来越困难。所以汤和松主张，为了保持百度的影响范围不缩小，要尽早以资本形态进入尽可能多的垂类，使之可以与百度的主航道鱼水相通，再造生态。

按照这套理论，足以理解百度为什么没有在2010年就投资团购网站，而是直到2013年年底整个团购行业泾渭分明的时候才并购了糯米网。当然，在糯米网和大众点评二选一时错选了糯米网，导致百度失去O2O全局，又是后话了。

回到 BAT 中另外两家对团购的态度。阿里认为，团购与阿里的主业实物电商看上去不是一回事，但本质是一样的。这也是阿里既自己做，又投资美团的原因所在。

腾讯的逻辑还是回到壮大 QQ 上，看能不能与方兴未艾的 QQ 网购业务结合在一起，帮着自己扩大版图。

聚划算是阿里对团购的答案

花开两朵，各表一枝。2010年前后腾讯在团购、本地生活及电商的布局容后再叙，我们先讲述阿里围绕团购浪潮的布局，以及聚划算的故事。

聚划算创始人阎利珉，1980年生人，2002年毕业于四川大学计算机系，2003年在四川大学旁的学府花园和3个合伙人一起开了一家技术服务公司，后来被当时阿里的CTO王涛发现。王涛觉得这家公司不错，又观察了一段时间，于2006年将其收购，吸收进阿里软件公司。之后阿里成立阿里云，阿里软件公司拆分，一部分人去了阿里云，另一部分人回淘宝。阎利珉就带着一个业务部门去了淘宝做旺旺，这是当时阿里PC端唯一的社交产品。

阎利珉向本书作者讲述，执掌旺旺后，自己的野心就"膨胀"了，不满足于只做一个即时通信（Instant Message，IM）软件。因为当时他觉得，旺旺绝不仅仅是一个沟通买卖双方的桥梁。他们当时总想做点新功能，但结果是一旦发新版，在功能上做一些迭代，就会影响到淘宝的大盘。只要产品稍微有点不稳定，功能做得稍微好一点或者差一点，交易曲线就开始波动。

这让时任淘宝总裁的陆兆禧很恼火，再三严令旺旺做好本分。但阎利珉从中看到的商机是，沟通工具或者说社交功能的好与坏，是能影响到电商生意的。阎利珉打比方说，京东就好比高级百货，大牌明码实价，消费者目的明确，静默消费；淘宝是大市集，消费者和"小二"往往会聊聊再买，聊得好不好对买卖影响很大。这让阎利珉得出一个结论：社交和电商会有交集。

对于阎利珉来说，真正的机会出现在2009年以微博为代表的社交网络发展起来之后。这一波势力开启了此后信息碎片化、私域流量走热等的先河，但当时对淘宝的主要冲击是，淘宝集中采购流量再分销给中小商家的模式似乎要被颠覆。淘宝内部出现了寻求电商和社交结合点的声音。

这个探索的过程比较曲折。阎利珉发现，旺旺的功能仅限于打通买卖双方，但是两个陌生的买家之间基本不会有交流。于是，他开始考虑如何让买家间产生互动。这个逻辑可以说相当的天马行空，很难落地，但阎利珉有种模糊的感觉：如果在办公室里有人买到好东西，同事可能会跟风，如果买的人多了，还可以和商家讲价。所以他有个大概的推论——只要找对了人和人之间产生化学反应的条件，成交的数量是呈几何级增长的。

阎利珉认为，这种模糊的感觉表达出来其实就是团购。但是他强调："这个主意是我们自己想出来的，那时候Groupon什么的，我们都还没听说过。"

在一个周五，阎利珉对旺旺的产品经理保义说了这个想法，后者觉得自己帮不上什么忙。于是，阎利珉就自己画了一个简单的页面，又找了两个临时的运营人员，周末加了两天班，用旺旺开放平台里的一个第三方软件做成了聚划算的雏形。紧接着的周一，聚划算就上线了。它有团购最主要的要素——预先放出消息，凑足人数成团，成团后东西特别便宜。

第一天上线的时候聚划算只有3个商品，一共卖了2000多元。当时阎利珉还是挺开心的，"居然还卖出去东西了"。团队心态很好，因为没有压力和KPI，蒙眼狂奔了3个月，最后一看，成绩还不错：一天已经能做到一两百万元的业务。这个完全自下而上推动的项目上线3个月后，日活突破了100万人，引起了陆兆禧和三丰等淘宝高管的注意，于是聚划算在内部得到了高度重视，阎利珉可以大干一场了。

在与当时一些试水实物电商的团购网站一味追求低价、良莠不齐商品对比之后，阎利珉首先要求聚划算团购的东西是要经得起消费者检验的好货。是好货，便宜才有价值，才能引起进一步的口碑传播。所以，聚划算最开始要求商家是三钻以上或皇冠卖家，样品必须先寄到公司。这都是淘宝没有做过的事情。

聚划算还为淘宝贡献了两个词，一个是"买家秀"，另一个是"超级爆款"。"买家秀"的起因是当时的"小二"写不出好的推荐语，于是只好去淘帮派找一些买家贴出来的实拍图和使用感受。这就是我们今天看到的很多商家的详情页面是大块大块的截图的起因。

比"买家秀"更重要的是"超级爆款"这个概念。阎利珉觉得，如果说淘宝、天猫是亿万商品的 Shopping Mall（商场），那么聚划算就是商场门口的特卖花车。它将所有的流量聚集起来，厚积薄发，在某一点释放出来，这样才有极强的穿透性和爆炸性。这是一个"注定要做超级爆款的超级物种"。

阎利珉另一个煞费苦心的安排是开团时间。当时所有的电商曲线都显示，晚上是网购高峰期，是大家休闲购物比较集中的时间，但这只是一种个体行为。阎利珉把团购定义为一种群体性"癫狂"，那开团时间就一定要安排在人群聚集的时间。而对于购物主力"白领"来说，每天第一个聚集的时间是上班时间，因为这时候办公室的人都到齐了，只要有人发现好货，叫一声就可以在人群间直接传播信息。所以聚划算把开团时间定在了上午 10 点，还起了一个 Slogan（口号）叫"逛淘宝，从聚划算开始"。

为了灌输聚划算"上午 10 点开团"的观念，阎利珉甚至找了一家鼠标公司，定做了一款聚划算专用鼠标，它在每天早上 9 点 58 分就会发出"聚划算开团啦"的声音提示。据说，这款鼠标吓到了不少人。

阎利珉越做越顺手，妙招迭出，开创了很多对后来影响很大的模式，如 30 天价格保护、消费纠纷要第三方评估等。但这些限制无法挡住商家的热情，因为出现了某家店铺上聚划算后"一日冲皇冠"的传说，所以大量商家排起长队要参加团购，聚划算也从一日一团不断裂变。

聚划算是从 2010 年 3 月起来的，生活服务类团购网站也是从那个时候起来的，所以三丰就建议阎利珉尽快切入非实物电商。

这期间，阎利珉和王兴有一次交集，因为阎利珉是去美团做尽职调查的一员。王兴和阎利珉谈得很深入，诸如"团购的本质不是团购，是生活服务类的电商"之类的核心理念，他都毫无保留地告诉了阎利珉。这反而加大了阎利珉做生活服务类项目的兴趣。

但是阎利珉并不认为聚划算做非实物电商，就是要和拉手网、美团同质化竞争。他认为，线下地推这类事不是阿里的生态链级别所要做的，阿里的定位就是平台，就是把自己当成"商业地产"，等着别人来入驻。阎利珉最早联系的是口碑网，但口碑网负责人没有意识到聚划算带来的这个机会多么巨大，很不热情。于是，阎利珉就主动去找拉手网的吴波、满座网的冯琳，还有美团的王兴，跟他们谈合作。阎利珉对他们说："你们获取用户的成本那么高，来我们这儿，可以帮你们减少流量费用。"

但是这话没有打动当时还在千团大战中亢奋不已的团购网站经营者们。于是阎利珉觉得，该展示一下聚划算的能力了。阎利珉很快就在聚划算上成立了由子珊负责的生活服务小组，又让三丰在淘宝上开了一个生活服务类目，甚至计划等聚划算的流量进来后，要先推生活服务类目，再推实物商品类目，这让负责实物电商的同事跳脚不已。

虽然确实不想做地推，但为了展示聚划算的能力，阎利珉还是找了很多 BD 合作伙伴，通过他们拿下了一些有示范效应的本地生活服务类项目，如上海欢乐谷。在园区内，消费者可以扫码进场，并享受园区服务和售前、售后服务等，而这些只要从淘宝上买票就行了。这样强推的结果是，聚划算在 3 个月内做了 8 亿元的生活服务类项目，超过同期美团和拉手网的总和。这样一来，合作的网站就多了。

聚划算并非没有内部竞争。在聚划算诞生后的一年时间内，淘宝就有 6 个部门在做团购。理论上旺旺出身的这个团队是离交易比较远的，但依靠阎利珉的出色创造力，这个团队反而把这件事做成了。

除聚划算外，阿里开始筹谋收编团购势力，其中吕广渝和干嘉伟是阿里"中供（中国供应商）铁军"的两位核心人物，他们分别负责考察窝窝团与拉手网。由于这时候美团横插一脚，因此阿里把美团也纳入了考察对象。

据说，当时美团令阿里很满意的一点是，王兴一开始就承诺，美团不做实物电商，只做生活服务类。这句话的背景是，当时不少团购玩家已经开始进入实物电商阶段，虽然用糯米网创始人沈博阳的话说，当时的实物电商充斥着假冒伪劣产品，"99 元可以买的床上四件套，对着光一看比纸还薄"。所以王兴坚持不参与。

这到底是王兴的清醒呢，还是他敏感地意识到，做实物电商必然会冲击阿里的聚划算业务，从而老练世故地避开了这个融资路上的地雷呢？或许两者兼而有之。

王兴九顾茅庐寻阿干

王兴在阿里融资过程中一个最大的收获，是人称"阿干"的干嘉伟。严格说来，在做美团之前，王兴和他的核心创始团队只有做社交的经验，没有线下运营的经验。所以干嘉伟对美团的评价是：美团做事很认真，但是很外行。

王兴和干嘉伟交流过无数次，有确切记载的是 9 次，其中 6 次是王兴和干嘉伟的交流，另外 3 次有红杉资本的人在场。故江湖有"王兴九顾茅庐寻阿干"的美谈。

干嘉伟对美团的一个间接贡献是，他和吴波过从甚密，据说吴波也曾"三顾茅庐请阿干"，但是干嘉伟因为拉手网花钱无度、招摇浪费而不看好它。这一印象导致阿里在考虑到底是投拉手网还是投美团时，最终选择了美团。

干嘉伟为美团带来了地推体系，同期美团也从阿里请来了淘宝客户总监杨涛，杨涛建立起客服等支撑体系。2011 年 1 月，美团上线了有近 300 个座席的客服中心，而杨涛到任后的第一步，就是继续加大呼叫中心服务的投入，更高效地处理用户反馈问题，陆续在客服上投入建设资金上千万元。这个投入比例是其他团购网站所没有的，很多团购网站的客服形同虚设，而美团在认真干这件事。

在杨涛的主持下，美团的客户服务成了招牌。当时，美团的销售人员在与商家谈判时，都会提到它的客服中心，并建议商家到客服中心去看看。很多客户表示看了以后很放心。

2011 年这一年，美团启动了高级别管理者的建设工作，除了干嘉伟和杨涛，前文提到的陈敏鸣，以及郭强都是在这一年加入的。

F 团的林宁向本书作者感慨，美团认真地进行了每个支撑体系的建设，这些体系每样比对手好 10%～20%，日积月累下来，就很可怕了。

前面说了，美团和阿里结缘的很大一个原因是，美团承诺不与聚划算做重合的业务。聚划算是阿里 O2O 布局中非常重要的一枚棋子，它和团美一样，是通过实物电商的方式、披着团购的外衣，形成的一种非常特殊的业务。就这样，阿里一手握着实物电商，一手通过美团进入本地生活服务，同时自己也兼营一部分非实物电商。可以说，这个开局在之后的 O2O 大战中是很有利的。

腾讯把团购和电商一锅乱炖

腾讯携手 Groupon 做高朋，但不尽如人意

比起阿里在 O2O 领域的左右逢源，腾讯在 O2O 领域就显得没那么从容了。

一旦落子，就风雨大作——腾讯直接选择和全球团购鼻祖 Groupon 合作。

2010 年，Groupon 从美国向全球扩张，一年多的时间进入了近 50 个国家的约 600 个城市。由于本地生活服务有着极强的地域属性，纯美国血统的 Groupon 在各国必须有一个对本土情况非常熟悉的合作伙伴。

在中国，Groupon 也打算这么做。在发现自己打算启用的域名 groupon.cn 已经被团宝网注册后，Groupon 不得不和团宝网谈合作，

试图接手这个域名。但是团宝网开价 150 万美元，Groupon 无法接受，所以最后选择与腾讯合资。2011 年 2 月 28 日，高朋网正式宣告成立，域名不是 groupon.cn，而是"高朋"的汉语拼音 gaopeng.com。

在腾讯和 Groupon 之间牵线搭桥的是俄罗斯互联网巨头 Mail.Ru 集团。该集团拥有 Groupon 5% 的股份，而腾讯是该集团的投资者之一；Mail.Ru 于 2010 年 11 月进行 IPO，而从该集团分离出去的互联网投资公司 DST 也是 Groupon 的投资者。

不过，负责和腾讯合作的主要部门并不是 Groupon 的美国总部，而是其德国部门——也是 Groupon 在欧洲的主要运营部门。这让 Groupon 和腾讯的合作一开始就蒙上了一层阴影。在正式发布日前的 2 月 15 日，高朋网站曾经短暂上线，并显示，它当时只有一个服务城市，就是北京。

2 月 16 日，这个网站被紧急下线。一位接近德国 Groupon 的人士告诉媒体，此前一天网站突然上线，是德国 Groupon 的单方面行为，而腾讯方面则随即采取了紧急措施，关闭了该网站在中国的服务器。

虽然这可能仅仅是一次测试乌龙，但暴露了双方的某种不同步。

2011 年 2 月 28 日，第一版高朋网站上线，服务城市包括北京、上海、广州、深圳、成都、杭州、武汉、重庆、天津、南京和苏州 11 市。

高朋网是腾讯、Groupon（和云峰基金）共同出资成立的，但是双方的对接不断暴露出问题。

在新成立的这家公司中，腾讯派驻的 CEO 欧阳云负责整个公司的战略事务，但实际上，公司的具体运营管理均由德国方面把持，北京和上海的负责人分别是马德斯·福尔（Mads Faurhol）和拉斐尔·斯特劳赫（Raphael Strauch）。

Groupon 中国当时对外的拓展计划是招募 1000 名员工，因此每天都有上百人前来面试。它开出了很高的薪水，一个销售部门的经理由于得到德国方面的赏识，得到了每月底薪近 3 万元的丰厚待遇；最基层的销售人员每月底薪也为 2500～3000 元，远远高于行业平均水平。

腾讯方面显然对 Groupon 的急速扩张表示不满，希望有章有法地进入，不要盲目追求速度。但这个意见没有得到 Groupon 方面的积极回应。

在产品风格设计上，腾讯坚持中国化的做法，页面信息要丰富饱满，而 Groupon 希望采用美式风格，简单明快（大家可以想象一下京东商品详情页和亚马逊页面之间的区别）。

Groupon 高层在心态上，有其作为全球首家团购网站的优越感。而腾讯则认为，自己不仅提供了前者在中国落地的各种法律和政策上的便利条件，其 QQ 用户群体也将成为启动市场的动力。

李开复曾在微博上高调评论此事。他认为，Groupon 应该把本地化工作完全交给腾讯："虽然腾讯也没有线下和渠道经验，但总比 Groupon 强。"他认为腾讯还可以利用对 QQ 用户的理解，进行选择性推送。

虽然高朋网于 2 月 28 日已经上线，但直到 3 月 17 日才推出产品。在海外，Groupon 一向采取"一天一团"的运营模式，但国内大多数团购网站当时已经开始采取"一天多团"的运营模式，所以高朋网搞了一个折中的"一日两团"，显得有些不伦不类。它第一次在上海推出的两款产品，首日成交量是 102 单和 60 余单。

此后的日子里，高朋网发展得也不理想，两个季度后，在中国市场堪堪排进前 10 名，业务量比拉手网起码少一个量级。同时，在经历了第一季度的疯狂招人扩张后，高朋网又开始关闭包括唐山在内的 10 个城市的办事处，并裁减约 400 名员工。Groupon 和腾讯的合作陷入僵局。

2011 年 10 月，马化腾少见地接受采访，他说："我们和 Groupon 的合作，双方前期准备可能不太充分，在两家 IT 系统和软硬件系统还没有完全对接的情况下就上业务，这太快了。"同时，他还委婉地暗示 Groupon 对中国互联网行业竞争的残酷性缺乏认知："美国的新创意出来之后，往往有 3 个月到半年的领先期，但中国的企业几乎在同一个晚上就行动起来。在中国市场上，必须具有超人的意志、更多的智慧和更加本土化才能生存，只有创意是远远不够的。"

有意思的是，腾讯在和 Groupon 合作之前，本身就已拥有两个团购平台——QQ 和拍拍的团购频道。

所以糯米网的创始人沈博阳认为，在团购市场已经有所布局的腾讯，能再腾出多大的精力去发展高朋网，本身就值得商榷。

还是如前文所述，腾讯不是单纯做团购，而是希望能用团购业务反哺腾讯的 QQ 客户端、Qzone 和财付通。

卜广齐携易迅 PK 京东，林宁接手 QQ 团购

腾讯在团购上进展有限，在电商上也是如此。

2010 年的腾讯电商同样是一锅乱炖。腾讯电商最开始做的是客对客（Consumer to Consumer，C2C）方向的拍拍，对标淘宝。到了 2010 年，淘宝势大，拍拍已无力追赶，于是腾讯在 2010 年 3 月将 QQ 会员官方店升级为 QQ 商城。腾讯的解释是，商城的消费者定位已不再是 QQ 会员，而是全网用户。因为此时腾讯的 QQ 会员做得还是很成功的，也建立起了一套用户管理体系，腾讯的逻辑是，基于这个会员体系增加更多供给即可。

不能说腾讯这样布局有什么问题，但必须交代的一个背景是，2010 年是 B2C 竞争的关键年份，是垂直 B2C 向全品类 B2C 的跨越之年。这一年，淘宝商城在经过两年的内部扯皮后开始迈出坚实的一步，"双 11"也开始在业界产生影响；凡客推出"V+"计划，并在这一年年底召开站长大会，宣布对外开放；京东上马了自己的平台开放计划（Platform Open Plan，POP）平台，开始自营和开放平台双轮驱动。

有意思的是，这一年，腾讯投资了京东的对手易迅。腾讯也认真调查过京东，但嫌京东贵，刘强东气场太强难以掌控，于是投资了性价比更高的易迅。易迅的另一个加分项，是易迅的创始人卜广齐与当

时腾讯电商业务的负责人顾思斌沟通得很好。卜广齐向本书作者直言，最开始顾思斌是找他讨论电商业务的，一来二去，卜广齐主动提出"就别谈具体业务合作了，要合作就资本合作吧"，两人一拍即合。

卜广齐最开始是拒绝外部投资的。1977年出生的他本是新蛋中国的1号员工，新蛋中国网站的第一行代码也是他写的。新蛋和京东相互走货，所以卜广齐和刘强东有诸多生意往来，也时常聚在一起喝酒。但到了2006年，新蛋的老板台湾人张法俊不想对新蛋中国继续投入了，卜广齐眼看京东发展得很快，就带了一票人出来创业，成立了易迅，易迅的几个联合创始人都是新蛋中国的元老。团队很强，精打细算又熟门熟路，而且只蜗居在上海，所以易迅自负盈亏并每年有分红。但对外部融资，卜广齐并不"感冒"。

2008年后，新蛋看到京东和易迅都起来了，就开始打价格战。新蛋的市场份额增长得很快，让京东有段时间感觉很难受。但新蛋要上市，于是收缩中国市场，在2010年前后不打价格战了。这让京东有了喘息之机，融到了最重要的一笔投资，这才有了之后的一骑绝尘。

卜广齐这个时候才意识到资本的力量。但作为当时这个品类的第三（前面有京东和新蛋），他可以选择的资本不多。在腾讯敲门之前，富士康的飞虎网曾经与卜广齐走得很近，只是飞虎网希望控股，加上郭台铭的风格让卜广齐难以接受，于是没有谈成。飞虎网请了同是台湾人，也是中国IT业老江湖的前微软中国区总经理杜家滨负责操盘，但很快不了了之。杜家滨也曾经在新蛋短暂待过一段时间，还是那句话，这个世界不大。

在易迅之后，2011年后腾讯还投资了几家垂直电商公司，有鞋类的好乐买、钻石类的珂兰钻石等，这些都是配合腾讯自己的电商计划而投资的。腾讯电商与淘宝不同，也与京东的POP平台不同，均属于垂类特许经营模式。从首批独立垂类运营方来看，有易迅、好乐买、珂兰钻石、1号店、凡客旗下的"V+"及化妆品网站天天网。通俗地讲，就是一类商品只由与它合作的一个子平台来卖。这样既避免广泛撒网、大而不精，也避免出现一直没有得到很好解决的假货、劣货泛滥问题。

简单地说，2010年的腾讯电商和腾讯团购业务属于极度混沌的状态。兼顾过去，腾讯希望与QQ会员业务完美打通；面对现在，这一年垂直电商和团购都是热钱涌动的行业，腾讯还是希望业务本身能站住，就算不能成为第一，也要有存在感；面向未来，腾讯希望只做连接和社交，采取开放平台战略，开放资源与第三方共建非核心业务。

对应地，腾讯在2011年1月对团购业务做了重新定位，正式宣布定位于团购开放平台。腾讯电商也在2011年开始推广开放平台QQ团购。

QQ团购并不自建销售团队，而是通过开放API接入其他团购网站或服务商来开展团购业务。截至2011年6月，QQ团购已经接入了100多个合作伙伴，但大部分不是头部玩家。较有影响力的有58同城和F团，其中F团在接入后不久就能够获得2000万元的月交易流水。2012年，腾讯先投资后收购了林宁的F团，并将QQ团购业务打包交给林宁。

马化腾选择林宁的一个原因，或许是林宁坚持做有品质的团购，而此前的QQ团购和高朋网都曾因为管理比较薄弱而被爆出消费纠纷，让腾讯大损颜面。

林宁在和本书作者复盘时提到，尽管当时团购网站多、优质商家缺少，出现了平台和商户关系的倒错，但这种情况不会持续太久。好的团购网站要发展，必须用监督商家的方式促使其提升品质，并让商家和消费者在谈判桌前保持平等的地位。

林宁在F团第一个下手的行业是婚纱摄影。这个行业陷阱很多，最大的一个问题是，消费者在团购网站上付款后，团购网站就将款项交给影楼，这时影楼掌握了绝对主动权。由于团购网站并不限制团购人数，影楼"钻空子"将消费者的服务时间无限期拖延或降低服务质量。

为此，林宁设计了一种新的结算机制，核心集中在两种费用的结算模式：一种是 F 团将收取商家保证金来控制商家的服务质量，另一种是等到消费者消费评估后才与商家结算。

同时，F 团还在 2012 年第一季度将用户评论、用户体验加入商家控制中，优化并细分行业标准，使团购网站成为真正意义上的甲方。这些铁腕措施让马化腾对林宁的控局能力有了深刻的印象。

2012 年 6 月，F 团和高朋网宣布两家正式合并。合并后，双方重组为一家新的聚焦本地生活服务的电子商务公司，即网罗天下。而腾讯、Groupon 和云峰基金等原有股东作为战略投资者参与到新公司的成立过程中，并相继成为新公司的股东。从林宁被任命为 CEO 可以看出，新公司由原来的 F 团人马主导。

这中间值得略提一笔的是 24 券。这个首家尝试"24 小时拼团成功才下单"的公司的规模和 GMV 曾经一度排在拉手网、美团之后，位于行业前三，融资额也超过 5000 万美元。在投资方马来西亚成功集团及 24 券的创始人矛盾尖锐化后，一度传出会由高朋网作为"接盘侠"。24 券 CEO 杜一楠也证实，其考虑的出售方的确包括高朋网在内，但由于正式并购只有在所有签字方都同意的情况下才能进行，管理团队无法绕过老股东进行任何形式的并购或整编。最后，24 券卖身腾讯的计划未成，草草收场。除了杜一楠，24 券还有一位叫彭雷的联合创始人。2012 年，彭雷创办客如云，这是一家为餐饮企业提供软件即服务（Software-as-a-Service，SaaS）解决方案的公司。彭雷向本书作者表示，他之所以创办客如云，是因为他认为 O2O 行业不应该只有团购这样一种从线上到线下营销的模式，还应该有一家公司从商家的视角出发推动整个行业的基础设施数字化。有意思的是，与彭雷一起创办客如云的合伙人正是当时投资 24 券的成功集团的投资人。2020 年春，客如云被阿里本地生活全资收购，阿里本地生活形成了以"到家—饿了么、到店—口碑网、商家数字化—客如云"三驾马车驱动的体系结构，彭雷也就此担任阿里本地生活的副总裁。

移动互联网的未来进行时

戴志康卖掉 Discuz!，团购"喂饱"周鸿祎

在 2010 年腾讯的收购中还必须提及的是，2010 年 8 月 23 日，腾讯和号称"中国最大的社区软件平台及服务提供商"康盛创想联合宣布，双方已达成收购协议，康盛创想成为腾讯的全资子公司。

康盛创想的核心产品是戴志康设计开发的自动生成社区的软件 Discuz!。2005 年，Discuz! 成为社区软件领域的老大。虽然腾讯对这家公司的收购金额不高，但此举被认为是战略级的。

这件事情，康盛创想的天使投资人周鸿祎看得很清楚。他说："康盛创想最终决定与腾讯合作，主要是看中了后者对其产品的帮助。比如，两者结合后，用户就可以直接用已有的 QQ 号登录各类中小论坛，不需要一遍遍地重新注册。对于用户来说，这不仅是一种使用体验的改进，也更容易形成一种社区氛围。你发的帖子，你的朋友立马就可以看到；别人回复你的内容，你也可以很方便地查看。对于中小站点的站长们来说，QQ 庞大的用户群也能为其带来相当可观的流量和用户活跃度。"

因此，腾讯全资收购康盛创想，意味着腾讯瞬时拥有了大量论坛资源。如果这些论坛实现了通行证打通，腾讯就相当于立刻拥有了"百度贴吧"，不同点仅仅是不同的贴吧拥有不同的域名而已。这其实也反映了腾讯和百度在中小站点方面的争夺。腾讯的做法是通过收购康盛创想、打通账号、提升服务来笼络，而百度的做法则是通过广告联盟来"输血"。

比较有趣的是，戴志康到了腾讯后却做了一件和他的技术形象很不符合的事情——QQ 美食。这个产品可以看作腾讯版本的"大众点评"，它可以搜索各城市的美食店并点评，也可以看到其他网友的点评，还可以提供地址、电话、电子地图等信息。但这个项目没

有做起来，后来在 2013 年变成了腾讯微生活。腾讯微生活也试图凭借腾讯的强社交关系优势，通过会员卡在用户和商家之间建立社交关系，然后在打通本地化电商上做增量。腾讯微生活里的公司可在微信上建立客户关系管理（Customer Relationship Management，CRM）服务系统，进而建立会员体系，进行精准营销。这可以看作微信的一种变现尝试。

除了 BAT，当时还有一家公司也是团购的受益者，那就是 360。在千团大战中，360 虽然没有像百度那样赚得盆满钵满，但也跟着"吃肉喝汤"。按照时任 360 投资部总监王翌的回忆，周鸿祎认真探讨过投资一家团购网站的事情，首选是美团。

多说一句，2010 年的周鸿祎对移动互联网并不看好。这一年，李开复曾经上过央视《对话》节目，录完节目回来以后，李开复大为不爽。原因是，当时另一位嘉宾周鸿祎对他非常不客气，在节目里直接指责李开复利用自己的影响力，给公众抛出一个不存在的概念。很多年后，周鸿祎回忆起此事，表示当时自己想表达的是：移动互联网更多是"未来进行时"，成为主流需要时间，需要经过发展才能追上传统互联网的脚步。

腾讯本身靠运营商业务起家，在创立之初的很长时间里，最大的一块收入来自 QQ 注册的付费服务。马化腾也在 2011 年 GMIC（全球移动互联网大会）的讲话中称，腾讯早在七八年前就迈入了移动互联网的阵营。这应该就是指 QQ 在 2003 年年底就推出了自己的移动 QQ 版本。

腾讯投资 iTools

腾讯还投资了 iTools。iTools 的两位创始人封林毅与贡海星都曾任职于腾讯。封林毅是早期 QQ 的创造者，贡海星也是腾讯创始股东之一。

两位创始人继承了腾讯对产品细节的关注。第一版的 iTools 非常小巧，只有 600 多 KB。熊俊一开始编写 91 助手时用的是 .net 语言，效率很低，而编写 iTools 用的是 C++，运行速度快、体验好。iTools 打出的口号是"完全绿色的轻量级苹果管理软件"。

关于 iTools 的由来，一个经封林毅本人证实的版本是，封林毅之所以要做 iTools，是因为其妻子使用"91 助手"导致 iPhone 3GS 成了"白苹果"[1]。封林毅一怒之下，决意自己写个手机助手。

相比苹果官方的 iTunes，iTools 在操作上也更符合 Windows 用户的习惯。这个特点让 iTools 一问世就得到诸多认可，省去了很多"教育"成本。

iTools 的快速发展还有一个原因——它提供给系统降级的服务。所谓降级，就是比如已经升级到 iOS 5 的系统，再恢复到 iOS 4。但苹果官方是不允许 iOS 降级的。

由于新系统可能给旧手机带来负担，导致运行变慢，而且新系统从正式发布到可以被"越狱"有一段空白时间，所以很多用户既希望尝试新系统，也希望能在不需要时能"悔棋"，退回原状态。

iTools 通过签名散列（Signature HaSH blobs，SHSH）的方式，可以实现 iOS 的任意切换。SHSH 是手机唯一的签名证书，iPhone 由此判定手机和系统版本。利用苹果处理器上的硬件漏洞，iTools 可以帮助用户备份旧系统的 SHSH，在苹果关闭对旧系统的验证后实现系统降级。

由于简单易用且具有强大的降级功能，iTools 在一些论坛和 QQ 群发布后，用户增长很快，发布半年后就有了 100 多万个用户。

腾讯也有自己的 QQServer，也想过自己做 QPhone，甚至与华为等厂商谈得很深入，但最终没成。腾讯没有选择自己做一套与安卓并行的手机操作系统，还有一层考虑是和运营商的关系。当时国内的运

1　白苹果指 iOS 设备出现软硬件故障，卡在启动画面的现象。

营商先后开始做自己的手机操作系统，并捆绑相关软件。腾讯起家靠的是运营商，此时运营商业务虽然不是大头，但也占有相当的比例。

前智能手机时代的隐形巨人斯凯

于 2010 年年底奔赴美国上市的斯凯，也与腾讯有着无比紧密的合作。

2010 年冬天，顶着"中国移动互联网第一股"帽子的斯凯递交了赴美 IPO 招股书。招股书披露的东西很特别——截至 2010 年 9 月 30 日，该平台上有 4.789 亿个手机用户，累计下载量 36 亿次，人们称其为"'山寨'App Store 之王"。而这时候 iPhone 在中国的绝对数量可能不到 500 万台，安卓手机的出货量也应该刚过千万台。

这个平台上的近 5 亿台手机，都不是标准意义上的智能手机。

这一切，是由一家被称为"隐形公司"的斯凯与 MTK（联发科）平台持久的合作造成的，是前智能手机的产物。MTK 的低价和标准化，使得 99% 的"山寨"手机使用了这一方案，而斯凯则掌握了在绝大多数"山寨"手机上预装应用的控制权，因此它被视为"山寨"非智能手机"看不见的 App Store"。

宋涛是这个"隐形帝国"的王者。他于 2000 年毕业于天津大学应用数学系，曾就职于东方通信股份有限公司，是终端产业链的主要负责人之一。他于 2005 年创办斯凯。

在大众尚不知 iPhone 和安卓为何物的 2005 年，宋涛就想到了统一手机应用开发平台，将几百元的"山寨"手机和国产手机改造成能安装第三方应用的"智能手机"。

在斯凯推出"中间件"[1]之前，碎片化的非智能手机应用开发者面对的是极为复杂的适配问题。而斯凯的"中间件"平台 MiniJ 是在 MTK 方案原有的基础上支持软件开发的平台，原有的内容提供商（Content Provider, CP）可以将自己的应用放到"中间件"平台上，

1　中间件是介于应用系统和系统软件之间的一类软件，这里只是借用这个术语来表意。

而"中间件"平台一般会内置到手机中。斯凯推行的"应用免费安装，终端用户先体验后付费"模式，更是造就了一个斯凯、MTK 手机芯片制造商、手机制造商和 CP 多赢的局面。

斯凯模式能跑起来，一个关键点是绑定了 QQ。

对于当时的功能手机用户来说，手机里可以没有淘宝也可以没有搜索，但必须有 QQ。如果当时的功能手机用户只能装一个软件，90% 的选择是 QQ。所以这些杂牌功能手机厂商要卖得出去，就得适配 QQ，但腾讯很难有这么多精力和时间应付这些庞杂的需求，于是斯凯就出现了。腾讯对接斯凯，斯凯对接硬件厂商和其他应用，帮助 QQ 做适配，同时调通其他应用，让它们不至于相互打架。可以想见，如果没有 QQ 这个"大杀器"，斯凯模式根本跑不通。

不仅是"山寨"手机厂商，OPPO 也在 2010 年前后推出了一款能挂两个 QQ 的手机。这款翻盖手机售价约 1400 元，取得了非常好的销量。一机挂两个 QQ，意味着可以同时升级两个 QQ 的等级，这在当时也很吸引 QQ 粉丝。

对于腾讯来说，只要是能给 QQ 带量、让 QQ 活跃的事情，腾讯都愿意做——一切以 QQ 为核心。2009 年左右是 91 助手随意收割早期用户的时期，几乎九成的国内 iPhone 用户都是其拥趸。2009 年下半年，腾讯甚至选择用 91 助手来优先发布最新 iOS 版本的移动 QQ。

王坚说服马云做阿里云 OS

阿里云 OS 与王坚的平台梦

王坚在阿里内部说服马云做阿里云 OS，主要靠"平台概念"这 4 个字。

为了推行阿里在移动领域的平台战略，王坚和很多业内巨头交流，有人曾对王坚称："在我看来，你们（阿里）这么大的公司，不要只想做 Killer App（杀手级应用）。如果你们能把第三方应用放进你们的平台，那这个平台就是你们的 Killer App。"

高人们的意思是，阿里靠一两款杀手级应用是靠不住的，应该有开放平台接入更多的第三方应用。但客观说来，王坚当时坚持做阿里云 OS，还有深层次的对"独立"和"安全"的考量。

王坚认为，在智能手机时代，用户每天通过手机上传和下载的数据是功能手机的几何级倍数，这使得任何一家互联网公司都不会放弃在手机端对用户数据的挖掘和积累。他认为在未来的"云管端"时代，手机操作系统将成为无可替代的"管道"而存在。

从表面上看，当时安卓系统的安全和支付问题在国内颇受诟病，这使得阿里不得不考虑操作系统的独立性问题。但从深层次讲，长期服务于微软的王坚的竞争者告诉他，"中间件"做大到一定程度后，会受到它所依附的系统平台方的威胁，平台方是不会眼见一个第三方"中间件"力量无穷大而坐视不管的。

当然，做云 OS 和云计算还不完全是一码事。对后者，王坚力主的云计算业务能在阿里内上马并得到马云的力挺，很大程度上是因为王坚帮马云算清楚了阿里到达足够体量所需的算力和对存储端的投入。但云 OS 不然，移动互联网虽然是看得见的趋势，但它何时真正成为"大浪"，前浪是否会被后浪"拍死"，都不可知，这让云 OS 得到的支持一直不够强。直到与宏碁分手的 2012 年下半年，马云才再度力挺云 OS，可惜大势已去，时已晚矣。

但云计算的势能一直存在，移动互联网的大方向也没有什么争议，于是王坚决定以云 OS 的名义做操作系统业务。

尽管戴着云 OS 的帽子，但当时阿里云已经消耗了大量的人力和物力，王坚要做阿里云 OS，并没有多余的人手，所以王坚推动了对猛犸科技的收购。同时，王坚说服了他在微软亚研的学生，也是他与东北大学联合培养的博士生、曾在世界机器人比赛中拿过冠军的张春晖，加入阿里云 OS 团队并担任带头人。张春晖向本书作者表示，他第一天喜滋滋地来阿里报到，就被王坚要求去猛犸科技，这是一个诡异的安排。一方面，猛犸科技虽然被阿里全资收购，但它仍然是独立的体外公司，有自己的发展规划和技术路线，刨除技术水平的高低，其为阿里云 OS 做贡献的意愿可想而知；另一方面，张春晖虽然被王坚钦点为阿里云 OS 的负责人，但他的职位是猛犸科技 CTO，向猛犸科技的 CEO 祝铭明（后来创办了机器人公司 Rokid）汇报，他要招人、做事情都得经过祝铭明的同意，虽然不能说处处受限，但也确实无法施展拳脚。

外界对猛犸科技团队的价值有不同的说法。斯凯的多名技术高管都认为猛犸科技的东西太低级，甚至感慨阿里其实应该收购斯凯，但以斯凯当时与腾讯捆绑在一起的态势来看，这无疑是痴人说梦。比起同行相轻，另一种观点是猛犸科技团队的技术还凑合，但离真正能工业化还有距离，"后来费了多少工夫才修补到能用的程度"。一位跟着张春晖从微软亚研加入阿里云 OS 团队的技术大牛，则对猛犸科技团队在阿里云 OS 里负责虚拟机技术的说法不置可否。

这还不是问题的全部，阿里云上马之时几乎没有什么同行竞争，而阿里云 OS 上马之时强敌环伺，最直接的竞争对手就是小米。

各位读者会问，小米不是基于安卓做 MIUI 吗？两者路径完全不同，为什么小米会是阿里云 OS 的直接竞争对手？从长期来看，阿里和小米都认定智能手机时代数据是关键，这是当时对移动互联网认知水平最高的两家公司对对方的提防；而从短期来看，阿里和小米在人才上有很强的竞争关系。当时有两个人才仓库，一个是微软亚研，代表人物是阿里的张春晖和小米的黄江吉，另一个是摩托罗拉中国的手机部门。2010 年下半年，摩托罗拉中国的手机部门正在裁员，阿里由此捞了一批 Linux 开发工程师；而小米正是从摩托罗拉中国的手机部门里请来了负责手机业务的合伙人周光平（周光平当时离开摩托罗拉去戴尔不到一年）。在周光平之前，小米花了很大力气邀请比周光平更为资深的钱晨加入，几乎临门一脚，到了钱晨和林斌坐下来面对面谈分工和权益的地步，但因为各种巧合双方擦肩而过。

阿里云 OS 团队也认真讨论过自己做手机的事情，还找了摩托罗拉在上海的设计公司，也认真看过当时最大的应用商店 91 助手。恰逢当时网龙把 91 无线拆出来准备单独融资，IDG 资本和经纬创投正在进行尽职调查，而此时熊俊离开网龙自行创办同步推，让经纬创投有些犹豫。阿里很快给出了 3000 万美元的投后价格，并提出全资收购 91 无线。这个时候恰巧搜狐请当时 91 无线的 CFO 胡泽民一干人去南非看世界杯，胡泽民多少有些担心阿里放自己鸽子，专门给阿里的合伙人之一谢世煌打了电话，得到谢世煌一定会投的肯定答复后，才乐滋滋地去南非看球。但等看完球回来，胡泽民等来的消息是阿里不投了。3 年后，阿里和百度竞购 91 无线，最后关头 91 无线选择了百度，与这段阿里放鸽子的往事略有关联。

最终还是王坚一锤定音：不做手机，而是谋求与手机厂商合作，让他们用阿里云 OS。不做手机，自然也不做应用商店，这主要是因为手机厂商当时主要的盈利手段就是出厂前的预装，如果阿里做了应用商店，手机厂商可以选择的空间就会少很多。

但 2010 年下半年，安卓已经起来了，一部分动作快的手机厂商选择与安卓合作，而另一部分动作略慢的手机厂商则在观望，谁的系统也不看。阿里云 OS 可以争取的手机厂商其实不多，它后来预装大量白牌手机，是不得已的手段，这也是为什么在当时国产手机渠道的第一品牌天宇朗通出现后，马云和王坚都大喜过望，认为这是"天作之合"。

天宇朗通的荣秀丽之前选择和 Windows Phone 合作。有意思的是，荣秀丽当年与 Windows Phone 的合作伙伴，正是当时在微软亚研、后来加入小米的黄江吉一干人。因为合作没有达到预期，双方的关系并不融洽，本着"对手的对手就是朋友"的原则，荣秀丽和王坚走到了一起。

阿里也想过投资天宇朗通，以使双方的合作关系更紧密一些。根据阿里资本前董事总经理张鸿平的描述，他加入阿里资本后执行的第一个案子就是投资天宇朗通。但随着天宇朗通在与阿里云OS合作发布"大黄蜂"等两款产品两个月后重回安卓阵营，双方一拍两散。

天宇朗通当时的销售能力很强，是国产手机渠道的第一大势力，但为了更好地卖手机，荣秀丽向王坚提出一个条件：用阿里云OS可以，但能不能兼容安卓？

此时没有选择的王坚只能点头，这也成为王坚的反对者攻击他最多的地方。

就这样，阿里云OS虽然想做一个独立的操作系统，但它并不独立。它主要面临两个问题：第一个问题是，怎么和大生态兼容，用主流安卓生态的应用；第二个问题是，还要结合阿里云当时的云服务概念。所以，阿里云OS的目标为使用云端的应用＋兼容安卓生态。这在3G网络刚开始普及的2010年，是何其不易啊！

就当时的国内环境而言，HTML5和WebOS的概念比较新潮，加上阿里云又是搞云计算的，所以就加了"云服务"的概念，开机先登录云端。不过由于HTML5通过浏览器引擎跑的性能比原生应用差太远，所以阿里云就做了虚拟机。

对这样多少有些别扭的设计，阿里的解释是，同一款手机，在使用阿里云OS的同时，也可以将安卓系统当成副系统使用。也就是说，这款手机能用安卓的应用，还能用安卓没有的功能——如专属的虚拟助理和专属的在线支付处理器等。当然不得不说，阿里云OS绑定了诸多阿里的应用，这和其他厂商系统借助操作系统打开预装市场似乎没有什么不同。

但是，这种折中而且古怪的设计最后导致的结果是，这既不是一款出色的安卓手机，也不是一款出色的非安卓手机。特别是所谓的独立云应用，完全不能形成差异化优势，更像概念产品。

这也解释了为什么阿里云 OS 最大的创举是把安卓的核心——谷歌的 Dalvik 虚拟机，替换成了阿里云自己的虚拟机。这个虚拟机能够运行为 Dalvik 编写的程序。这也是基于阿里云 OS 的硬件被发烧友刷上安卓 2.2 后，依旧能够流畅运行的原因所在。

2011 年 7 月 28 日，阿里云在北京召开新闻发布会，正式推出阿里云 OS，同时联手天宇朗通发布首款基于阿里云 OS 的智能手机天语 K-Touch W700。该手机采用 NVIDIA Tegra 2 硬件平台，这标志着阿里云 OS 正式出场。

但从 2010 年 4 月到 2011 年 7 月的这 15 个月时间里，因为不断地折中、不断地调整、不断地迁就、不断地腾挪、不断地委曲求全、不断地变化、不断地扯皮、不断地内耗，最后出来的其实是一个各方都不满意、纯粹为了发布会而生的产品。也就在这个发布会后不到两个月的时间里，因为"大黄蜂"销售惨淡，天宇朗通宣布基于安卓推出后续手机。对此，雷军还在新浪微博上转发了这条天宇朗通"弃暗投明"的微博。至此，阿里云 OS 与天宇朗通的合作告一段落，又有了来年（2012 年）与宏碁的合作和与谷歌的口水仗，这是后话。

MIUI 和点心 OS 的"准操作系统"路径选择

我们回过头来讲当时中国国内的安卓生态。

安卓本身是开源的，而且最开始的时候，其系统的优化比苹果差远了。所以早期无论是谷歌自研的手机还是 HTC、摩托罗拉等第三方开发的安卓手机，系统本身的易用性和功能开发都有很大的不足。

用户最大的痛点是，很少有专门为中国市场优化的安卓系统。当时市场上的安卓手机是在没有和中国用户的需求、中国移动互联网市场的特点深度结合的情况下推出的，各方面的体验都不尽如人意。

围绕如何解决用户的这些需求，大致分成两派。一派希望基于安卓带来的灵感，重新自研一个基础操作系统，如阿里做的阿里云 OS 和盛大潘爱民推动做的 VisionOS。

另一派则认为重写操作系统意义不大，因为安卓本身就是开源的，只要用户能够用上更漂亮、更好用的系统就行。这一派中做"重"的出现了 MIUI，做"轻"的最后延伸出了桌面这种应用形态——我们可以将其理解为给安卓套上一个更好的壳并预装一套基础应用"全家桶"。

小米的选择源于雷军当年在金山的经历。雷军认为，在互联网时代做操作系统属于逆潮流而动。在他的推动下，2010 年 8 月 16 日 MIUI 上线。它以周为单位更新版本，并广开言路让用户深度参与。

MIUI 一开始是基于 AOSP（Android 开源项目）来做的。负责 MIUI 开发工作的主要是孙鹏、李伟星和刘新宇。其中，孙鹏负责技术方向及 AOSP 与上层对接的工作，李伟星负责桌面，刘新宇负责联系人等应用。

MIUI 当时是一周一个版本。在孙鹏看来，这个开发节奏虽然快，但更可控，所以反而更简单。如果半年一排期，则一定会有问题，因为预测不准，但是一周的量是很容易预测的。对应地，在开发上就是尽量干最重要的活，不重要的往后拖。

孙鹏这几个人本身就是目标用户，而安卓可以改的东西太多了。他们最早还是从联系人着手，当时还没有微信，重点就是打电话、发短信这些基础服务，后来才是一些 App，如日历、天气等。而做拍照功能是很晚的事，因为拍照的优先级并不高，当时人们用手机拍的照片很差，拍完之后也没有社交需求。孙鹏在去小米之前，在微软做的反而是一款以拍照为主的社交手机，拍完之后发到 Facebook 上。

MIUI 进入了刷机这个市场，刷机市场的参与者都是个人，团队很少，他们就是改改这个，改改那个。像小米这种成体系的、从底层往 UI 去改的，根本就没有。

后来，小米又搞了一个利益分配的机制——你帮我刷，我一台给你补贴多少钱。当时全年的投入也就 100 多万元，通过广告就能赚回来。孙鹏他们搞了一个这样的社区，有人帮着做 ROM，有人帮着刷机，大家都有钱赚，其乐融融。

小米在优化 MIUI 的同时，也注重带来颠覆性的体验。

比如，当时整个安卓桌面的动画帧数一般是 30 帧，但 MIUI 优化到了 60 帧，这使得用户感觉操作系统变快了，有一种"指尖在屏幕上如丝般滑动的触感"。又如，优化产品流程，让发短信从原本的 5 个动作完成变成只需要 2 个步骤就能完成……这些都让用户觉得用了 MIUI 后有很大的效率提升。再如，原生安卓的另一个短板是界面难看，尤其和苹果 iOS 这种极度重视设计感的系统没法比，显得粗糙、低档。所以，MIUI 花了很大力气优化桌面主题，甚至把可编程理念融合了进去。这些功能为小米找到了大批的拥趸。

对 MIUI 和 CM 的关系，一种说法是：在"看得见的地方"，小米都进行了深度定制，如锁屏、桌面、通知、音乐、相机、图库、设置等，并增加了丰富的主题支持、方便的网盘、强大的在线系统更新，以及本地和在线备份等；而在"看不见的地方"，也就是一般用户接触不到的内核层面，MIUI 还是充分利用了 CM 的核心。

MIUI 的这些做法让它在当时赢得了众多发烧友的喜爱，也为小米日后的手机发布奠定了良好的基础。

点心则先后经历了重度和轻度两个阶段。

点心的诞生，和创新工场创始人李开复与夏普交往多年关系颇大。一方面，李开复很早就认识夏普的一位副总裁，认识的时间要追溯到苹果当年推出第一款不成功的 PDA（掌上电脑）产品"牛顿"的时候；另一方面也非常重要，就是郭台铭对夏普有很强的影响力，他也向夏普推荐了李开复。

还有一个现实原因是，夏普也看到，其安卓手机进入中国市场的困难之一的确是缺乏一个"相对低价、容易使用、适合年轻人、娱乐性强且汉化得好、符合中国人使用习惯"的智能手机系统。所以双方一拍即合，尽管在双方达成协议时，点心 OS 其实还没有开发完成。

所以，点心一开始是因为有夏普的订单才产生的。恰逢此时，创新工场也开始从纯自己内部孵化向投资机构演进，于是为点心找一个合适的 CEO 就成了关键。那时创新工场有个很好的习惯，就是每周六请外部的大咖来做讲座。有一次，张亮推荐了当时的百度移动搜索负责人、在华为工作多年的张磊，而张磊引起了李开复的高度关注。

2010 年春节后，张磊成为创新工场引入的第一个外部 CEO，负责点心的战略、技术和核心团队管理。

点心的另一个关键性人物是游敏丽，她是腾讯手机 QQ 的核心人物。一件非常戏剧性的事情是，李开复为了挖游敏丽，借参加一个高层次 IT 峰会的机会去了深圳，并和游敏丽约好在会议举办地五洲宾馆的大堂见面。没想到，李开复一到大堂就遇到了马化腾，后者并不知道李开复是为了挖自己的手下干将而来的，还和他热情地打招呼。这下，心里"有鬼"的李开复十分尴尬，只好选择在大堂一个很隐蔽的地方和游敏丽沟通，还要时刻警惕马化腾突然杀回来，导致场面尴尬。

不久之后，游敏丽来到北京，和创新工场创始团队的其他人见面，并敲定了加盟这件事。当然，最后马化腾还是恍然大悟，很不高兴地给李开复发了一条"请开复老师手下留情"的短信，成为著名的段子。不久之后，马化腾选择成为创新工场的有限合伙人（Limited Partner，LP），加入的条件中就有一条——创新工场不能再挖腾讯的人。

不久，在戴尔工作多年、负责市场的黄庄和在天极网工作多年、负责商务拓展的张伟华也加入点心，这个团队一时间被誉为移动互联网的"黄金组合"。

点心的技术团队也同样豪华。前文提到的史岩、彭鹏等人虽然离开，但由崔海斌、梁泉和张延东组成的技术班底同样堪称"梦之队"。崔海斌是资深的安卓开发者，梁泉精通手机底层驱动，而张延东来自百度，是公认的数据大牛。

应该说，点心的定位比较独特，其特点也比较突出。它虽然基于安卓系统，但是与原生安卓及其他基于安卓的定制操作系统相比，点心对操作系统的底层进行了深入的优化。这些优化主要是为了兼容中低端市场，让中低端的 1GHz 以下处理器的智能手机也能够具有较高的运行效率和更快的速度。

而在系统的中间层，点心有自己的 UI 架构和 SDK；在应用层还预留了云服务的空间。

此外，从某种意义上说，点心 OS 在当时创新工场的布局中，被认为要起到一个特别重要的旗舰作用，它在很大程度上要成为搭载创新工场其他安卓应用的"航母"。

点心最初的发展势头和融资情况还是不错的。和夏普确定了合作后，夏普就推出了搭载点心 OS 1.0 版本系统的两款手机，获得了超过 20 万个用户，点心也因此很快拿到了金沙江创投的 A 轮千万美元融资。这在当时是同类创业公司拿到的最大的一笔投资之一，之所以说"之一"，是因为当时小米的融资额也超过千万美元。这一年的移动互联网投资领域，嗅觉灵敏的 VC 们闻风而来。

有了投资，张磊开始在媒体上放言希望点心能成为国产手机的安卓。

但这个愿景很快落空了，原因也不太复杂——点心的整体实力有限，因此愿意与点心从底层捆绑合作的大厂很少。而由于安卓市场的巨大潜力，大型手机公司如华为、小米都选择或逐渐选择自己深度定制操作系统。那么，点心就只能和当时一些第三方设计机构合作，这些机构主要为中小厂商提供包括系统在内的整机方案。而在这个赛道上，上海的设计公司、深圳的"山寨"手机产业链都在快速进入，类似乐蛙这样的对手层出不穷。乐蛙由赵力、袁潜龙这两位圈内"老人"在 2011 年 4 月创办，定位是为千元机提供 ROM 解决方案。比起点心，乐蛙的行业积累更深厚，定位更准也更坚决。2012 年年中，腾讯投资了乐蛙。

就这样，在整个手机供应链的上端和中下端都没有找到一个自己专属环节的点心 OS，就变成了可有可无的产物。

另外，对于当时的刷机市场来说，点心 OS 的口碑也不太好。其中颇多人抱怨的就是搭载了太多创新工场自产的 App，这无可非议，但确实落人话柄。

纵观点心 OS 的历史，除了夏普和海尔这两个名气虽大但基本不是智能手机圈内核心公司的合作伙伴，它很少得到重量级手机厂商的预装。点心一直缺乏核心的合作伙伴来提升自己的市场份额和品牌溢价，这在某种程度上和创新工场的品牌势能不够高也有关系。

张磊是一个干脆利落、很有主意的人。当点心 OS 开发到 3.0 版本后，他意识到点心可能无缘大厂，也不可能自建手机公司，于是迅速从底层跳到应用层，开始开发点心桌面、点心省电等非操作系统级的产品。其中比较漂亮的一笔是从蔡文胜手里买来由蔡文胜投资、由苏光升创办的安卓优化大师，这个外来的产品后来反而成为点心被百度收购时的核心资产之一。所以，虽然点心没有成就一番伟业，但是就应用层来说，当时点心系的这些产品还是很受用户青睐的。它一度拥有过亿人的用户规模，覆盖全球 200 多个国家。

另外，点心内部谈不上和睦。张磊为人比较严厉，内部人评价其"有军事化管理的风格"，加之他也是技术出身，所以和另一位腾讯背景的产品负责人游敏丽难免有冲撞，直到游敏丽最终黯然离去。而另一位联合创始人黄庄由于负责市场推广，因此与张磊的矛盾不算突出。但至少，这个团队已不是人们当初期许的"黄金组合"。

2012 年年底，点心最终被百度收归旗下，张磊也一并回归百度，成为百度安全的负责人，安卓优化大师变成了百度手机卫士。

张磊认为，点心需要一个多、快、轻、成本低的产品线，因此点心 OS 中的核心应用（如打电话、发短信等）全部被拆解，相继推出点心桌面、点心省电、点心通讯录、点心盒同步、点心闹钟等产品。点心这么做的目的很明确：把原来的手机操作系统变成两个层次，一个是底下的支撑层，另一个是上面的应用层。

事实上，最后的结果证明，百度收购点心的核心价值其实就是点心的应用层产品，而并非和操作系统有关的部分。

关于手机操作系统，"核高基"项目的相关负责人也找过李彦宏，提出为国家有偿做一个类似安卓的系统。李彦宏问当时百度的技术大牛齐玉杰，但齐玉杰回答说做不了，之后齐玉杰与张鹤一同创办了多盟，于是这件事不了了之。

百度客户端：落日余晖被当作朝霞满天

谷歌跌倒，百度客户端"吃饱"

2010年，百度对待移动互联网并没有全线压上的姿态。这怪不得百度，2010年百度局面大好，一方面谷歌退出中国内地市场后的战场需要去收割，另一方面百度在客户端领域同样发现草肥水美。

2010年春，腾讯数字多媒体中心前产品副总监吴涛加入百度，百度谨慎地给了他副总监的头衔。吴涛接任的是客户端软件业务部总监王啸（也是百度早期"七剑客"之一）的工作。他在到岗后，发现这里的状况非常惨淡，没有任何旗舰级的产品，只有百度工具栏、百度Hi、千千静听、掌上百度等产品，而且几天后千千静听又被划到了音乐事业部，唯一有移动属性的业务——掌上百度，被划到了移动产品部。于是，他手头就剩下百度工具栏和百度Hi了，而且百度Hi最后也是一个无疾而终的产品。

长期以来忽视对客户端的建设，是百度的战略重心所决定的。以搜索为核心的百度是Web万能论者，"框计算"的设想更是把一切都集成到了网页端。

不过，在当时实权派人物王湛的推动下，吴涛还是加入了百度"核心产品委员会"。当时的委员会成员包括李彦宏、王梦秋、王湛、孙云丰、李健、褚达晨、汤和松、吴涛，共8个人。这8个人决策整个百度是否要做产品及如何做产品。

在非常有限的选择里，吴涛决定重点先优化百度工具栏的体验和产品价值，提升留存率。

百度工具栏的口碑一直不好，这类产品对用户来说是非刚需的。虽然它每天新增安装量上百万次，但大部分都是通过各种不太光明的手段（如捆绑安装）来实现的，所以卸载率也很高。加之360安全卫士将百度工具栏作为重点封杀对象，每天会提醒用户清除，所以百度在这个业务上很被动。吴涛坦言，由于360在安全方面的储备远大于百度，所以百度只有一招：加大给渠道的分成比例，刺激新增量，让安装速度超过被用户卸载的速度。

但这种靠钱保量的策略，对产品经理来说是一种侮辱。吴涛和当时负责百度工具栏的产品经理张少宇仔细聊了聊，决定用Chrome浏览器的思路，把原本需要安装的百度工具栏做成IE浏览器的一个插件，于是就有了Baidu Inside这款产品。

这个插件通过渠道的客户端软件下载到本地，IE浏览器会提示用户是否使用百度进行搜索，这与Chrome浏览器提醒用户选择搜索引擎的方式类似。这个策略非常有效，百度工具栏的留存率迅速提升，当月搜索收入环比增长70%以上。

但是360安全卫士立刻闻风杀到，采用的策略是直接删除Baidu Inside，根本不给用户提示。因为360安全卫士深入系统安全层，所以百度的工程师们束手无策。当时百度客户端部门没有懂安全和杀毒的人。

为了保住这款产品，百度只能向金山求助，这侧面促成了后来反360同盟的形成。

吴涛经过再三考虑，决定找金山毒霸合作开发安全技术。出于"对手的对手就是朋友"的原则，金山安全定制了安全模块对 Baidu Inside 进行防护，同时定制了百度卫士这款产品推荐用户安装，保护用户设置的百度搜索和 hao123 首页不被篡改。

百度客户端部门发现，在新增用户中，60% 以上的用户来自 QVOD（快播）、酷狗等流媒体软件，以及各类软件下载渠道。这些公司大多和周鸿祎有种种联系，特别是当时红极一时的快播，既是百度工具栏的主要安装来源，也是 360 安全卫士的主要安装来源。

百度影音与快播的明争暗斗

快播的起家主要靠个人电影站站长产业链。

当时中国有成千上万个个人电影站。建站的操作很简单，先找一个建站系统如 MaxCMS 或光线，有了它们，一个老手直接使用现成的建站模板，只需几小时即能建成一个电影站。快速建站的秘密就在这些建站系统里，它们不是只帮站长搭一个"空壳"，而是自带大量影视资源（内容多以链接、种子的形态存在）。

仅有链接和种子的站不能在线播放，只是一个资源库。快播的聪明之处就在于，它免费向站长提供快播服务器的安装程序。安装完后，站长就可以直接把视频发布到网站上，用户再通过快播客户端播放。这样，快播就通过提供免费的流媒体服务器和对等网络（Peer to Peer，P2P）技术，让站长能够用很少的带宽实现视频播放。同时，对于用户来说，使用快播也能方便地找到大量资源。最为巧妙的是，快播本身并不存储这些资源，但这只是使它暂时规避了法律风险（最终王欣还是入狱了）。

当时国内最大的电影站建站系统 MaxCMS，早期就跟快播结成了紧密联盟。任何一个站长只要使用 MaxCMS 建电影站，默认勾选的都是用快播流媒体点播系统作为播放解决方案。在这种情况下，坊间已有数千家网站使用了快播的技术，每日使用人次达到几百万，总次数上亿。

由于建站系统是免费的，流媒体技术也是免费的，P2P 消耗的带宽又非常小，所以个人电影站的运营成本极低，但营收高达每年 1000 万～2000 万元。这个收入是怎么来的呢？主要就是靠嵌入各种广告联盟提供的广告。投入产出的优势带来了巨大的下载量，使得在线影视成了软件增加下载量的重要来源。

从百度的角度来看，是否增加一个影音业务并不重要，重要的是，当时百度拥有国内最大的广告联盟——百度联盟，同时需要海量的新增用户来使用百度客户端。在这种情况下，效仿快播做一个类似的工具就很自然了。当然，官方的理由是"为了让用户新增渠道安全度提升，也为了有效打击对手"。

在核心产品委员会的支持下，相关人员当时专门在李彦宏的大会议室里开了一个汇报会，各位委员一致通过马上开始做百度影音。

百度一出手，快播立刻很被动。首先，当时在百度上搜索视频是用户找到视频源的主要办法，这个搜索量大概能占百度总搜索量的 20%，非常巨大。以前，这些搜索关键词导向各个分散的电影站，然后汇到快播，快播本身并没有流量创造能力。现在，百度完全可以通过流量施压，使站长们用百度影音替换快播。这属于生态级的"降维打击"，能彻底切断快播精心搭建的流量链条，让流量重回百度产品体系。

当时主要的问题是，百度没有 P2P 和流媒体技术的人才储备，但这难不住财大气粗的百度。吴涛相中了 FlashGet（快车）的一位前技术总监，从深圳把他请回了百度。同时，他们又找到了一位拥有自主知识产权的 CMS（内容管理系统）的站长，并连人带技术收进百度。不到两个月，百度影音团队基本成型。

有了流量入口这个撒手锏，有了 CMS 和流媒体播放器，百度亮出了另一手——强大的广告联盟。

一位业内人士谈到，当时一般电影站是按 IP 点击量与广告联盟分成的，做得较大的站可吸引品牌厂商谈广告包月，每千次 IP 能分

40～80 元。而百度联盟的营收达 10 亿元，是快播的 10 倍，快播的流量 60% 来自百度。因此，当百度一手加强广告联盟对中小电影站的倾斜，又一手挥起"流量之鞭"时，快播是没有还手之力的。

据统计，2011 年第一季度，快播就在视频播放器日均覆盖人数上超过暴风影音、迅雷等老牌视频公司，2011 年年底周活跃用户数高达 2 亿人。但百度入局后，百度影音迅速成了全民工具，日均下载量过百万次，不到 3 个月就超过快播，成为站长建站工具类产品下载量排行榜第一名。百度联盟统计，与电影站相关的页面浏览量（Page View，PV），峰值达近 10 亿次。

吴涛算过一笔账，因为百度影音的出现，百度客户端渠道的流量获得成本（Traffic Acquisition Costs，TAC）率由原来的 27% 左右迅速降到不到 15%，最低的渠道是 13%。而当时客户端渠道收入占整个公司收入的 1/10 左右，一年有 10 亿多元。

吴涛说，恰巧在这一年，百度联盟取消了网站渠道的推广，大部分在线渠道费用集中在百度客户端，客户端部门一时间成为公司最具亮点的部门。更重要的是，百度影音可以更准确地收集客户的搜索行为数据，帮助百度搜索进一步个性化，使百度搜索的召回率指标提升 1%～2%。

另外，值得一提的是，由于这时候客户端已经渐渐显出明星相，通过下载软件渠道来为客户端保驾护航，也被提上议事日程，百度客户端部门开始申请把百度以前收购的天空下载站合并到百度客户端事业部。由于有了 P2P 和流媒体技术的支持，百度客户端部门只用了不到两个月就上线了百度下载客户端产品，然后逐步在天空下载站等各个渠道上部署。

这一次，百度动的是迅雷等老牌下载工具的奶酪。不过很快，时任迅雷总裁也是老百度人程浩出面，专程到北京商谈百度参股迅雷的事情，使得百度在下载方面没有继续深入。这还导致了一个后果，日后百度要启动移动分发市场项目"百度手机助手"时，受制于和迅雷的某些条款，李彦宏一度非常犹豫。但最后的结果是，百度不但做了移动分发，还大手笔买了 91 助手，成为国内巨大的移动分发市场之一。

值得一提的是，百度客户端部门除顺风顺水地拿下网址插件、影音，同时参股迅雷控制 PC 分发外，还培养了 3 个战略级的产品：除了百度 Hi 确无基因而始终没有成气候，百度浏览器和百度输入法都成为后来的明星级产品。百度也从一个单纯 Web 化的公司，变成了拥有网页、客户端、内容分发等多种业态的"小生态"公司。百度在 PC 互联网的地位更加强大和稳定。

正是 2010 年百度在客户端市场上的长驱直入，让 360 和腾讯这两家客户端起家的公司在 2010 年下半年感受到了生存空间受到巨大的挤压。

2010 年这一年，百度还做了一件"赶晚集"的事情——发展爱奇艺。其实 2010 年是视频行业的上市年：6 月酷 6 网在美国纳斯达克借壳上市，8 月乐视在国内创业板上市，12 月优酷抢在土豆前在美国纽交所上市。当这些头部公司先后登陆资本市场时，由百度投资、龚宇操盘的爱奇艺才杀入赛道，可谓先机尽失。有人说龚宇"又进了一个红海，净干吃力不讨好的事情"，但很少有人预测到，龚宇把爱奇艺变成了几年后百度手中为数不多的好牌。

3Q 大战：PC 互联网的戾气和移动互联网的未来

腾讯受辱和 PC 互联网时代戾气的大爆发

2010 年，相比百度的春风得意，360 和腾讯都有着这样或那样的不如意。

2010 年 7 月 24 日，马化腾坐倒在椅子上，口中喃喃自语："他们怎么可以骂人？"（出自《腾讯传》）

屋子里，是刚刚召集的腾讯总裁办公会全体成员，每个人的面前都摆着一份复印件，上面印着几个对腾讯侮辱性极大的大字。

老牌 IT 媒体《计算机世界》发表的这篇由许磊署名的文章影响巨大。这篇文章发表后，作者许磊和该文章的签发者——时任《计算机世界》社长的包冉、总编辑孙定相继离职。

这篇文章本身虽然偏颇激昂，但依旧能被载入历史。因为这篇文章可以被视为是当时业界对腾讯这种靠 QQ 捆绑产品做法的不满情绪的集大成。

在中国的互联网史上，能够招致"全民共讨"其垄断地位的，似乎只有腾讯。要说在名声上堪与其匹敌的，那就是本节的另一个主角周鸿祎。他因为最早推出浏览器插件，以及在 2003 年和中国雅虎的开战，被阿里系赠予了"流氓软件之父"的称号。

当时的周鸿祎和马化腾的确遭受了诸多非议，但在 2010 年两个人的境遇各不相同。

由于对流氓软件具有良好的查杀和拦截作用，以及其后捆绑免费杀毒软件等深得人心的市场措施，360 安全卫士一度成为全国下载量数一数二的客户端。2009 年，凭借 360 安全卫士较高的市场占有率，360 收购谢震宇的世界之窗浏览器，后在此基础上推出了 360 安全浏览器，活跃用户达到 2.55 亿人。此后，360 又结合当时的潮流，在浏览器首页上聚合了 360 安全网址。2009—2010 年本是 360 走向最好的日子中的一站。

对于马化腾来说，2010 年最大的压力来自 QQ 用户在 PC 端的增长速度已经严重放缓，而手机端的增长还没有开始爆发。腾讯在各个领域疯狂"模仿式创新"，其实是出于其没有找到下一个战略增长点的极度焦虑。在找到新的增长引擎之前，腾讯能做的只有尝试。

对于周鸿祎来说，在一次次试错后，他第一次在一个领域占据了绝对的市场老大地位，这就是安全市场。心高气傲的周鸿祎终于满足了当老大的愿望。尽管还存在口碑不佳、商业变现能力不强等问题，但360在安全市场的占有率确已达到80%～90%，他绝对不允许任何人染指这个市场。

然而，腾讯不可能不进入安全市场。从马化腾的角度看过去，360绝对是一个令人不安的挑战者。在当时的互联网环境下，除了BAT所占据的社交、搜索、电商三大风口，安全业务几乎是唯一一个同样具备全民刚需属性的应用。而且，这个领域的经营者周鸿祎并不安分，他既有强烈的扩张欲望，又有"流氓软件之父"的打法，兼具坚韧和泼辣。这样的人物绝非偏安一隅的角色，而是腾讯霸业的有力挑战者。

一场明面上是维护用户权益、实质上是争取对用户的底层控制权、再往深处说是争夺市场支配地位的战争，就此打响了。从道德角度来说，谁都不比谁更高尚；从技术手段来说，可以说双方都到了无所不用其极的地步。

2010年9月22日，在北京怀柔的一个真人CS基地，周鸿祎带着360团队迎战创新工场团队。到场的创新工场元老王肇辉发现，周鸿祎的团队在CS上显然沉浸已久，很快就把创新工场的队伍杀得人仰马翻。

这天中午，基地食堂大堂摆上了一桌农家菜。创新工场团队的人理所当然地认为，既然是周鸿祎请他们来，这顿饭肯定得他请。没想到周鸿祎在吃饭时接到一个消息，心情顿时大坏。他出去打了一个电话后就匆匆结束了这次聚会。回头，创新工场团队接到了一份账单，是当天费用的1/2，这让本来以为被请客的诸人觉得大惑不解。

周鸿祎接到的这个消息是，QQ医生再次升级，和QQ软件管理合并，成为QQ电脑管家。

感到天旋地转的周鸿祎直接在基地的院子里给马化腾打了一个电话，恳求他停止强制安装QQ电脑管家。电话里，马化腾依旧温和礼貌地安慰周鸿祎说，腾讯不会把360置于死地，但"市场是大家的，腾讯的安全业务也是一定要做的"。

这不是周鸿祎第一次求马化腾了。《腾讯传》记载，2010年9月上旬，周鸿祎就曾给马化腾发去数条短信，内容包括建议腾讯投资360，而360"做出一个拦截百度的东西，先打掉它30%的医疗收入"。但是这个建议被马化腾拒绝了。

周鸿祎的自传《颠覆者》则没有记载这个细节。显然，这个"卑躬屈膝"而且建议"祸水东引"的短信提案，实在有损周鸿祎的形象。

从目前的资料来看，比较公允的第一个结论是：在2010年春节期间，QQ医生3.2版利用QQ进行强势捆绑推广，同时这一版是捆绑了杀毒软件的，且和360安全卫士的界面相似度较高。这成为这场大战最直接的导火索。

其实QQ医生早就存在，但它最早是嵌入QQ 2006版的登录框中、帮助用户查杀盗号木马的一个工具。对于QQ用户来说，保护自己的QQ号的确是一个刚需。如果仅仅如此，虽说它也算是一个安全功能，但和360安全卫士并没有任何实际意义上的交集。

真正引人注意的是腾讯于2010年1月推出的QQ医生3.2版。和以前完全不同的是，这一版不仅在界面上和360安全卫士高度相似，更重要的是，它捆绑了当时王牌的杀毒软件诺顿，且有半年的免费试用期。

也就是说，这一版的QQ医生不仅在形态上，甚至在市场策略上都采取了和360安全卫士接近的打法，而且提供了更好的资源——诺顿当时被认为是最好的防病毒软件，口碑比360集成的杀毒软件高了不止一个层次。

那么，这到底是不是腾讯针对360而策划的呢？大量的事实表明，显然是。

其中的逻辑包括三个方面。

1. 360在安全市场的作为，以及借助这个风口接连推出的浏览器、网址导航等一连串服务，已经让360隐然成为市场上除BAT外最大的变量。安全市场能带来的名利双收也被360的模式所证明。简单说就是，360 触及了腾讯的"高压线"。

2. 腾讯当时的主流打法是快速模仿、迅速迭代、资源压制，这完全符合 QQ 医生的路线图。

3. 腾讯当时的体量和规模优势（当时还不流行生态这个说法）对 360 呈全面压倒之势。

唯一无法确认的事实是，马化腾本人是否参与了这场战役的策划。

周鸿祎在 2010 年春节期间火速召唤管理团队回京对 QQ 医生进行分析，结果是，这个软件对 360 的敌意是十分明显且有针对性的，理由有三。

1. 不可勾选，随 QQ 强制安装。

2. 后台安装，用户不可见。

3. 安装成功后，系统提示 QQ 医生和 360 安全卫士不兼容。

周鸿祎在《颠覆者》中回忆说，早在 2008 年 360 迅速壮大后，自己就一直在思考腾讯来了该怎么办的问题。但是左思右想并无善策，只好抱着"希望公司跑得更快一些，更隐蔽一些，以至于让腾讯注意不到，追不上来"的鸵鸟心态，被动等待腾讯的到来。

当然，考虑到周鸿祎在随后的 3Q 大战中刻意树立了自己的"受害者"和"反抗的草根创新者"的人设，我们没法判断这段独白是否完全是其内心的真实想法。但可以明确的是，360 对腾讯在安全领域何时出手、如何出手，以及自己如何防范，确实没有进行系统的准备。

所幸刚刚升级到 3.2 版的 QQ 医生虽然在形态和策略上接近 360 安全卫士，但在功能上和成熟的 360 产品还有差距，因此这轮强制推广之后，QQ 医生的卸载率很高。这让 360 暂时松了一口气。

但是随着 2010 年 5 月 31 日和 9 月 22 日两个时间节点过去，QQ 医生不仅升级到了 4.0 版，产品形态也有了重大进步。9 月 22 日，QQ 医生和 QQ 软件管理两款软件进行了合并，成为 QQ 电脑管家，具备了系统管理、云查杀木马、清理插件、应用分发、系统维护、漏洞修补等功能。这一版的 QQ 电脑管家已经在所有主流功能上和 360 安全卫士完全重合，加之两者不兼容，事实上已经是在让用户做选择了。

这一天被公认是 3Q 大战的开打日。

可牛入局背后的大佬恩怨与"二选一"超级"核弹"

作为 360 的另一个有很深恩怨的关联方——可牛，其发布产品的时间节奏和 3Q 大战的时间凑得很"巧"。可牛杀毒测试版的发布时间是 2010 年 5 月 25 日，这是腾讯发起第一波攻击的前一周；可牛宣布和金山合并是同年 11 月 10 日，这是 3Q 大战最高潮"二选一"后的一周。

傅盛和周鸿祎之间的恩恩怨怨，在本书前传《沸腾十五年》里另有章节记载。和本节内容相关的是，从 360 离开开始做影像软件的傅盛，在 2010 年这个历史的节骨眼上开始做安全软件。作为前 360 安全卫士的操刀者，傅盛这样做显然让周鸿祎又惊又怒。

就在大战前的 9 月 2 日，雷军曾经发表了一条耐人寻味的微博。他说："今天的互联网就是江湖，单打独斗肯定不行。兄弟们，一定要团结一切可以团结的力量，抱团打天下！"

这被认为是金山和腾讯联手出战 360 的"证据"。

360 的李钊为此写了一段很有意思的话，他说：

"傅盛、腾讯和雷军的关系，我以为概括地说就是腾讯出钱，傅盛出力，雷军获利。腾讯的算盘是避免自己直接和 360 交锋。雷军则是通过 360 这个共同的敌人，找到了和马化腾唯一的利益交集；把 360 的威胁放大到极致，可以最大限度地减轻腾讯对米聊、多玩 YY、UC 浏览器等雷军系企业的竞争压力；而拉来腾讯注资金山，不但能给快要断粮的金山网络及时输血，更是为自己对可牛的失败投资找到了最终买单的豪客，捎带着还能让求伯君套现，圆了自己'登基'的夙愿。作为整个棋局的总导演，雷军既不出钱，也不出力，但是一箭四雕、获益最多……"

为了反制雷军和傅盛，360进行了抗辩。360的高层发言说，当时网上出现了"360要做IM"的谣言，还有几篇360搞什么"盗梦盒子"要扒QQ好友关系的文章。他认为，这些文章的目的是让腾讯对360发起绝杀。因为这些材料都在暗示360把触角伸到了腾讯决不允许触碰的社交领域。

当得知马化腾开始推动QQ医生的时候，周鸿祎心中的恐惧难以形容。他当时甚至认为，凭借腾讯QQ在客户端的统治地位，只要采取捆绑政策，"一个春节"360安全卫士就可能大败。

周鸿祎之所以这么认为，其中很重要的一个前提就是，腾讯也好，360也罢，当时整个中国软件行业唯一的生存大法就是无限捆绑式推广。腾讯有了QQ这个绝对制高点，就可以利用QQ以捆绑方式强推各种软件。360也是如此，有了360安全卫士，就自然能带动浏览器、安全网址及后续的各种软件和服务。

两次示好、两次恳求，周鸿祎已经把身段放到极低，但是腾讯还是把周鸿祎逼到了墙角。然而，这个个性强硬的创业者，岂是被人任意揉搓之辈。

从9月22日到9月27日，仅仅5天时间，360就开始了强势反击，这种反击的力度和锐度都堪称绝佳。但历史的记录在这里又分岔了。

在技术层面，360抓住"隐私"这个用户最敏感的话题，戳到了QQ电脑管家的痛脚。腾讯方面的记载是，360方面发表言论称："QQ在运行几分钟后，就会访问用户硬盘的数千个文件，其中有大量和聊天服务无关的文件，包括用户的图片、文档、网银数据等。"

然而，《颠覆者》中却很明确地以周鸿祎之口说，360发现QQ对用户电脑有扫描硬盘的行为，其目的是获取用户画像，"作为一个成熟的上市公司，腾讯不会通过获取用户隐私的方式非法牟利"，但是"QQ扫描硬盘的行为的确是没有公之于众的"。

这段记载说明，360不仅掌握了QQ扫描用户硬盘的做法，而且对其目的（获取用户画像）和危害性（不会非法牟利）是有判断的。

但是这并不妨碍当时 360 把这个问题极度放大，作为攻击腾讯的利器。

为了大肆渲染腾讯 QQ 对用户隐私的威胁，360 的回击中最绝的是，它不但在自己的网站上开设专题"用户隐私大过天"，还开发了一个叫作"360 隐私保护器"的软件。这个软件不但提示用户"某些软件"有"窥私"之嫌，而且将其与"无数网民深受广告骚扰，被欺诈威胁"关联起来。至于这个保护器的主要功能，也并无其他，就是反复提醒用户："您有若干个文件被 QQ 查看过，其中若干个可能涉及您的隐私……"

在当时的舆论战场上，周鸿祎也呈压倒性优势。他利用中国互联网行业"苦腾讯久矣"的普遍不满情绪，利用刚刚兴起的新媒体阵地——新浪微博，利用主帅亲自上阵、嬉笑怒骂皆成文章的吸引眼球能力，让 360 占尽了舆论的主动权，并且得到了业界和用户的双重支持。

周鸿祎把 360 的反击定义为一个受压制的典型创新企业和行业垄断巨头之间的纷争，把 360 的反击表达为替其他互联网企业"找生路"，把普通用户恐惧的隐私泄露、电脑失控、饱受骚扰归结于腾讯在技术和策略上的不正当竞争。可以说，这些设定完全迎合了当时的公众心态，也进一步强化了公众对腾讯本身就存在的"模仿者""创新扼杀者"的认知。可以说，这是一场酣畅淋漓的舆论进攻战。

当然，其中也不免有乌龙之处。比如，有来自 360 的弹窗甚至"揭发"马化腾享受深圳经济适用房补贴（实为高层次专业人才住房补贴）的问题，这充分说明了 360 急于求成的心理。

反观腾讯方面，马化腾既没有，似乎也不擅长亲自上阵和周鸿祎打口水战，腾讯也没有其他适合的高管能肩负起这样的职责。并且，当时腾讯的公关团队从总体上说，没有个性和能力极强的人担任主脑，因此腾讯的舆论反击显得非常无力。

当时，腾讯主要通过软件弹窗的方式进行被动回应，这些回应大都是纯技术性的辩解。比如，腾讯声称 QQ 扫描硬盘的行为是被误解的，其做法类似机场安检，只是为了保障安全，绝对没有窥探隐私或泄露隐私等。

当然，腾讯也绝对不甘于在舆论上如此被动。既然打口水战占不到上风，那么就合纵连横、多管齐下吧。

于是，10月14日，腾讯正式向法院起诉360不正当竞争，要求奇虎及其关联公司停止侵权、公开道歉并做出赔偿。

而360随即回应三点，表示将提起反诉。在回应中，360称："针对各界对腾讯的质疑，腾讯一直回避窥探用户隐私问题。这时候起诉360，除了打击报复，不排除是为了转移视线，回避外界质疑。"

不过无论是腾讯还是360，当时都已经意识到，诉讼解决不了问题，此事必难善了。下一个阶段更激烈的战争即将开始。

3Q大战第三阶段也就是高潮阶段的前奏，是双方紧锣密鼓的技术开发。

从360的角度来说，360隐私保护器虽然指出了腾讯QQ扫描硬盘的行为，并将之解读为对用户隐私的窥探，但是它主要起到的作用是提醒和吓阻用户。它更多的是一个舆论工具，而非实质上的功能性产品，也没法影响QQ电脑管家和QQ软件的正常运行。

周鸿祎需要的是一个能够冲击QQ的工具。用周鸿祎自己的话说，要搞一个"核弹"出来。

10月4日，在"开了两瓶茅台"之后，360团队开始在北京怀柔进行为期3周的封闭式开发。而这个地方就是当初周鸿祎打电话给马化腾，请求对方停止强制推广QQ电脑管家但遭到婉拒的地方，具有很强的象征意义。

这次开发，周鸿祎把目标放在了腾讯主产品QQ上。

客观说来，当时的QQ有许多令人诟病之处：其中一个问题就是QQ在运行中会产生一些系统垃圾，造成用户电脑变慢，但用户并不知道如何清理；另一个问题就是用户必须付费成为会员才能去除弹出的广告。而且，当时的腾讯体系越来越庞大，QQ承载的功能也越来越多，它从一款原本轻巧的 IM 软件，变成了拥有数十个模块的庞然大物。它吞吃了大量系统资源，进一步让用户的电脑运行速度变缓。

从某种意义上说，虽然两人都标榜自己是产品经理，但周鸿祎相比马化腾，在用户体验方面更为敏感。即使和腾讯之间没有战争，从他的角度来看，QQ 的用户体验也是不合格的。而当双方进入战时状态时，这些问题就成了他重点进攻的环节。

简单说来，扣扣保镖就是一款针对 QQ 进行各种限制的软件。除了"保护 QQ 用户隐私"的招牌功能，它还能屏蔽 QQ 秀、QQ 软件广告、QQ 迷你首页弹窗及 QQ 新闻弹出。简单地说，这款软件把腾讯的一切商业收入渠道全部屏蔽，只留给用户一个"干净"的 QQ。这固然会优化用户体验，但已经触及腾讯营收的核心。而这一切还被 360 加以各种美化，如"QQ 加速，禁用不需要的插件，大幅提高运行速度""过滤 QQ 软件广告，让聊天更清爽""清理垃圾（含 QQ 影音、QQ 音乐等 QQ 周边软件），清除冗余和临时文件"。

表面上，这一切都在"保护 QQ 安全""改善用户体验"的大旗之下，而且 360 还刻意强调，扣扣保镖默认不修改 QQ 的任何设置，所有功能都必须由用户主动选择触发，并可随时启用和恢复。

听起来是不是非常美好？但是从基本逻辑来说，360 有什么必要或者说有什么动力去"维护"和"提升"自己主要竞争对手的核心软件的用户体验呢？这完全是一个无法自洽的说法。

"核弹"打造成功后，具体什么时候使用成为关键性话题。这一天被选在 10 月 29 日——马化腾的生日。业界普遍的说法是，周鸿祎想给马化腾一份难以忘怀的 39 岁生日礼物。

事实当然复杂得多。具体到当时的环境，10 月 27 日是腾讯联合 5 家主流厂商发布谴责 360 声明的日子；10 月 28 日是周鸿祎、齐向东等在香港参加董事会，得知 360 上市得到正式批准的日子。每个外部信息都在刺激 360 和周鸿祎的神经。最终，这根神经绷断的日子是 10 月 29 日。

之所以在发布前犹豫再三，是因为 360 也很清楚，扣扣保镖的所谓"改善用户体验"的说法只能瞒过一些"小白"用户，但其根本模式是对另一家公司核心产品的入侵和劫持。这种做法一旦公布，必然会随着专业机构、专业人士的洞察而大白天下，届时 360 本身也将陷入一半是海水、一半是火焰的艰难境地。从这个角度来说，周鸿祎后来说扣扣保镖的发布"也是迫于无奈，它将要产生的后果当然让我紧张"，并不是违心之言。

10 月 29 日，扣扣保镖正式发布，在刚发布的 72 小时内，其装机量就突破 1000 万台，随后上涨到 2000 万台。令腾讯郁闷之极的是，用户在安装这款软件时，软件会自动把 QQ 面板上的"安全"按钮链接到扣扣保镖。

当日腾讯发布声明，声称扣扣保镖是非法外挂；10 月 30 日和 31 日，腾讯向深圳警方报案，同时向工业和信息化部投诉。

一个颇为有趣的细节是，周鸿祎和马化腾在这场博弈中都说过一些"悲情"至极的话，听起来像是在夸大对手的威力，又像是源自内心的恐惧。比如，周鸿祎很早就说过，QQ 捆绑安全软件可能让 360 在"一个春节"内完蛋；马化腾也说过，如果再坚持一周，QQ 的用户可能流失殆尽。

我们现在来看看扣扣保镖这个超级"核弹"发布后的效果。按照马化腾算的账，扣扣保镖 3 天"感染"（安装）了 2000 多万个 QQ 用户，同时诱导用户生成图片传播。假设每个 QQ 中有 40 个好友，那 2000 万个用户就可以扩散到 8 亿人。

《腾讯传》记载，当马化腾得知如果用户在扣扣保镖的提示下选择修复系统，QQ 安全中心将被 360 安全卫士取代，QQ 的用户列表将被 360 备份时，"脸色惨白地呆坐在桌前，喃喃自语：'怎么也没有想到，他会做这种事。'"

坦率地说，扣扣保镖的推出，既有其舆论上占领制高点、技术上抢夺控制权、心态上把握用户痛点和需求的高明之处，但也有不少值得商榷的地方。它的分寸把握得不够好,伤害到了 QQ 的很多正常功能,如 QQ 秀、QQ 游戏和 QQ 音乐。扣扣保镖在保护用户隐私和加速 QQ 运行方面的一些价值,很大程度上也被这些过激的做法抵消,否则,扣扣保镖完全有可能取得更大的战果。

从另一方面来说,无论 QQ 的用户体验做得如何,无论其是否存在 360 所说的弊病,作为一款非开源商业软件,这些问题应该由腾讯自行解决,或者由业界敦促腾讯解决。360 于理于法都不能越俎代庖,通过入侵 QQ 正常运行的方式加以解决,即使这是 360 为了反击腾讯对安全领域的"入侵"所采取的反制措施。这种做法也逾越了一般行业规则和法律的底线。360 在此后的诉讼中连战皆北,不能说与之无关。

但是这都是后话。对于 2010 年 11 月初的马化腾来说,扣扣保镖的确从底层扼住了腾讯的咽喉。即使当时有金山等安全机构的技术人员驰援,腾讯也没有拿出一个单纯依靠技术就可以反制扣扣保镖的方案。这充分说明了 360 对底层技术的掌握和周鸿祎的天才。

也正是因此,2010 年 11 月 3 日这天,腾讯不得不做出历史上著名的"二选一"决定,即在所有安装 360 软件的电脑上停止运行 QQ 软件。这种"泥娃娃抱着瓷娃娃跳水"式的抉择,从某种程度上确实反映了腾讯的无奈。

在做出这个决定后,腾讯发表了著名的"艰难的决定"声明,告知用户这一选择。腾讯在声明中指出,这种做法出于无奈,原因是"在 360 软件运行环境下,我们无法保障您的 QQ 账户安全""每个用户的自家门口都有不请自来的保镖,每次都要被保镖强制搜身才能进入自己家门",因此"我们决定不能让您的电脑桌面成为'战场',而把选择软件的权利交给您"。

在声明的最后,腾讯极为煽情地写了这样一段话:

"12 年来,QQ 有幸能陪伴着您成长;未来日子,我们期待着与您继续同行。"

腾讯发出这份声明 1 小时后,360 以弹窗的方式反击,宣布推出

WebQQ 客户端。这个客户端是由 360 开发的，目的是保证用户在安装 360 安全卫士的电脑上能够用 Web 端的方式临时使用 QQ。

这一次，腾讯很快做出反制，WebQQ 很快停止服务。当晚 21 点 10 分，也就是腾讯在当晚 18 点 19 分发布声明的 3 小时 1 分钟后，360 下线扣扣保镖（正式宣布下线是次日早晨，即 11 月 4 日）。这款软件于 10 月 29 日发布，到腾讯祭出"二选一"大招后 3 小时下线，存在了 7 天左右。

时任 360 高级副总裁、当时 360 的三号人物于光东说："这 7 天是我们所能坚持的极限，超过这个期限，360 的生存都会受到威胁。"究竟是什么威胁，他至今都表示还无法明说。

事实上，当腾讯提出"二选一"时，就注定 360 必须结束这场战斗。对于当时的中国网民来说，IM 毕竟是更基本的需求。这就好比让一个普通人选择停用家里的电话还是撤走门外的保镖，只要不是在非常不安全的情况下，绝大多数人都会选择保持日常通信的正常，而对保镖的撤走怀有遗憾。

根据腾讯的统计，当时 QQ 和 360 的重合用户大概有 60%，"二选一"意味着其中大部分人会卸载 360 软件，这将最高造成近亿个用户的流失。对这个结果，360 是无法承受的，双方的最终实力决定了战局的走向。

据说，中国 VC 界非常有威望的投资人、同时也是 360 股东的王功权，曾在"二选一"期间在香港一家酒店里和马化腾有一次谈话，试图斡旋。马化腾表示，QQ 是腾讯最核心的价值，也是其收入的核心，这件事情涉及腾讯的根本，无法做出任何妥协。

另外，曾于 10 月 27 日与腾讯发布声讨 360 联合声明的金山、搜狗、傲游、可牛和百度 5 家公司也在 11 月 5 日联合举行新闻发布会，表示将加入不兼容 360 软件的行列，这无疑是对 360 的更大打击。

随着扣扣保镖的下线，这场大战在前台层面已经基本告终。

明胜暗伤的 360 与因祸得福的腾讯未来

但是故事的结尾并不是两败俱伤。

对于 360 来说，在 2010 年 11 月那关键的几天里，上市原定的主承销商选择撤退，让 360 备感压力。但是由于周鸿祎在 3Q 大战中最终挺住，2011 年 3 月 30 日，360 在美国纽交所顺利上市，首日涨幅达 134.48%，市盈率达到戏剧性的 360 倍，成为当时市值第三的中国互联网上市公司。

但是从某种意义上说，虽然 360 通过极为激烈的方式保住了自己在 PC 端市场上的生存权，但是这一结果随着历史的延伸，重要性在不断降低。从 2010 年起，中国互联网已经加速奔向移动互联网时代，PC 端的价值不断降低，而且 PC 端的模式也并不能简单复用于移动互联网上。可以说，3Q 大战是整个 PC 互联网时代中国互联网公司在客户端市场上恶性竞争所积累的戾气的总爆发和总清算。但由于历史大转折的出现，这场战役的具体胜败对未来的影响是无限趋近于零的。

真正有所收益的其实是腾讯。在 2010 年背负骂名，并见证了网民和业界对腾讯长期积累的怨气总爆发的骇人规模后，马化腾开始深度反思腾讯的所作所为。吴晓波在《腾讯传》里写道："它甚至在某种意义上改变了马化腾的性格，他开始重新思考腾讯的平台策略和公共属性。"

值得每个人反思的是，如果没有 2010 年年底的这场重挫，腾讯恐怕还要继续在自我封闭、模仿跟随的道路上越走越远，那么腾讯很有可能无法赢得属于自己的下一个 10 年。

一个新的时代开始了。

2011 / 移动互联网的新基建

引子

2011 年，美国资本市场开始出现移动互联网概念的上市公司。但准确地说，这一年以移动互联网概念上市的网秦和之前的斯凯，都算不上被广泛认同的主流移动互联网公司，而应该属于 2005 年后中国无线互联网创业者中的佼佼者。它们是继腾讯、空中网后基于运营商 SP 增值业务杀出来的次新一代。

2010 年前后，它们与 360、人人网这样的 PC 互联网豪横势力一起杀入移动互联网的新江湖，进入了一个基于 iOS 和安卓系统构建的，更加开放透明、更少潜规则，以及更强调创意、更突出创新、更尊重用户价值的新世界。

有意思的是，虽然移动互联网这个新世界的构建者希望构筑一个和之前的无线互联网完全不同的、去中心化的世界，但在 iOS 和安卓系统早期，一切规则并不完善，"聪明"的中国人很快想出了"刷榜"和"黑卡"等钻空子的生意。2011 年大获成功的，大都是那些在无线互联网领域和 PC 互联网领域有先发优势，同时知道怎么"巧取豪夺"的行业老兵。他们将旧世界的诸多玩法在移动互联网的新世界里加以改良，在一个供给完全不足的新世界里迅速吃到了红利、延续了辉煌，但也更快地"被雨打风吹去"。

　　2011 年，是中国移动互联网开始大举进行基建的一年，是 SoLoMo[1] 从概念到真正落地的一年。基于 SoLoMo，陌生人社交、旅游社区、在线酒店预订等业务乘风而起。

　　新浪微博和腾讯微信的用户突破 1 亿人，虽然一个在 2010 年年底，一个在 2011 年年初，但中国移动互联网自 2011 年起进入了"不社交，不成活"的新阶段。

　　2011 年，以小米为代表的"互联网手机"登上历史舞台。这一年也是游戏发行、应用商店及浏览器开启平台化的一年，更是 360 与腾讯、小米围绕移动互联网入口大打出手的一年。

　　2011 年，是地图成为战略制高点的一年。高德地图的横空出世和百度地图的步步紧逼，让 LBS 地图战场硝烟弥漫，而且阿里和腾讯都以自己的方式蠢蠢欲动。

　　2011 年，是 PC 互联网流量见顶的一年，土豆的流血上市和之后引发的连环并购一直蔓延到 2013 年。这是一个时代自我了结前的抱团取暖。

　　如果精确地划分，那么 2011 年 8 月之前还处于中国移动互联网上半场这个创新周期的基建时间，到 8 月之后则正式进入了一个新的创

1　SoLoMo：由"社交的"（Social）、"本地的"（Local）、"移动的"（Mobile）3 个单词开头的 2 个字母组合而成，即"社交 + 本地化 + 移动"。

新周期的"起承转合"之起步期。2011年8月之后,中国移动互联网经过两年多的建设终于"龙抬头",一跃而起,逐成滔天大浪。

手游的早春时节

360和网秦的上市炒红了"3·15"

2011年春天,有两家公司因为争夺谁先上市而炒红了一个节日——"3·15"国际消费者权益日。这两家公司,一家是360,另一家是网秦。

如前所述,3Q大战爆发的第二天,360启动了自己在美国资本市场上市的程序,并于2011年3月30日晚成功在美国纽交所上市。

在360上市期间发生了一段故事:2011年3月15日,360向纽交所提交上市申请,而紧接着的3月16日,网秦也向纽交所递表。

两家公司的主营业务都是"安全",但泾渭分明。360主攻PC安全市场,而网秦的主战场在移动安全市场。但随着360在2010年收购了手机安全领域的第二大团队信安易,并在2010年10月推出移动端安全产品360手机卫士,两家公司的业务领域有了交集。信安易的创始人王伟在接受雷锋网的采访时称:"360移动安全团队其实就是360手机技术团队,当时360在移动端的唯一产品就是360手机卫士。"

网秦的说法是,自己是中国最大的移动安全公司,而360自称中国第二大客户端公司和中国最大的安全公司。在移动安全市场上,两家都声称自己是第一,只是网秦收费而360免费。常识告诉我们,两家定位听上去相似且都号称自己是手机安全头牌的公司,谁先上市谁就能赢得更多的主动权。

就在两家公司争先递表之时,中央电视台的"3·15"晚会通过一段视频曝光网秦通过其入股的飞流有向用户的手机联机传送数据的行为，又用另一段视频讲述了网秦通过付费形式查杀病毒并获取收益的商业模式。这两段经过精心剪辑的视频一并指向网秦，形成了网秦先造毒再杀毒的外部认知，舆论一片哗然。

飞流的两位创始人倪县乐和杜木刚在第二天召开发布会，辩白飞流只是联机而没有传送病毒。不过这场发布会除了能挽回飞流的少许声誉，总体于事无补。网秦几经波折之后于2011年5月5日在美国上市，在经历了上市前被阻击、上市后破发、大涨、做空等一系列故事后，于2018年年底退市。

人人游戏和上海晨炎

吃到移动互联网早期红利的除了"网秦"们，还有人人网。

这一年，上市的360并不是中国移动互联网最风光的，更风光的IPO是陈一舟的人人网。2011年4月，人人网在美国上市，并一跃成为BAT后的中国第四大互联网公司。

有意思的是，人人网在招股说明书中把自己描述成中国的"Facebook+Groupon+LinkedIn（领英）+Zynga"的超级组合。说成是Facebook，是因为人人网本身；说成是Groupon，是因为其有糯米网业务；与LinkedIn对应的是刚起步的职场社交软件经纬；但其中最名副其实、最扎实的业务，是与Zynga对应的人人游戏。

人人游戏的产品是2011年App Store游戏榜单上的常客。最好的时候，榜单前十的游戏里有八九个都是由人人游戏出品的。这并非因为人人游戏的产品能力超强，更多的是因为它大胆，或者说"钻空子式"的运营策略。

人人游戏的成立可以追溯到2006年，那时它还叫千橡游戏。隔年，它推出了自主研发的首款页游《猫游记》。基于人人集团旗下红极一时的Web 2.0先锋社区猫扑所构筑的社交网络，《猫游记》帮助人人游戏进军了页游领域。但人人游戏真正步上轨道是在 2008 年，它在何川的带领下推出了国内首款大型多人在线角色扮演类游戏（Massive Multiplayer Online Role-Playing Game，MMORPG）《天书奇谈》。由于人人游戏是国内第一批做页游的公司，当时市场上基本没有有力的竞争对手，再加上对 MMORPG 这个方向把握得准，《天书奇谈》很快实现了名利双收，人人游戏也因此壮大起来。

2011 年，人人游戏推出了一款回合制策略游戏（Simulation Game，SLG）《乱世天下》，起初它的成绩并不突出。这时国内手机市场开始掀起一股汹涌的智能手机风潮，《乱世天下》的制作人郑英带领几个人将它移植到了 iOS 平台并上架 App Store。令人意想不到的是，这款直接使用 Adobe AIR 移植的手游展现出了强大的吸金能力。

于是，尝到了甜头的人人游戏把所有运营中的页游全部通过 Flash 改成 iOS 平台手游。尽管当时 Adobe AIR 只是一个 Beta 版（测试版），但人人游戏的技术部门由于拥有页游研发的雄厚实力，很快就基于这个测试版完成了一套高效的移植工具，从而轻松、便捷地将现有页游移植到了移动平台。这样一来，人人游戏在产品和渠道两方面都占据了领先地位。

App Store 当时尚未形成严密的监管体系，宽松的市场环境给人人游戏的营销提供了巨大的机遇。人人游戏不仅是国内第一批经营重度收费型手游的公司，也是第一批尝试"刷榜"这一捷径的公司。由于当时苹果对 App Store 的监管存在很多漏洞，因此"刷榜"的成效相当惊人。

除了众所周知的"刷榜"，人人游戏还有两个不足为外人道的特殊操作。一个是推出"跨屏游戏"概念，也就是将一款产品同时在网页端和移动端运营，使用统一的服务器，然后通过异价的方式吸引用户直接到网页端充值，以免除 App Store 30% 的分成。另一个是通过更换游戏名称和图标来多次上架一款游戏，为用户提供更多的入口。人人游戏因此大面积占领榜单，获得了天然的流量。

比人人游戏更早也更成体系地在 App Store 上形成霸榜效应的是上海晨炎。2005 年，施炜亮创办了上海晨炎。在折腾三四年、发现此路不通后，施炜亮遇到 App Store 开放的机会，决意全仓而入。

上海晨炎是最早在苹果游戏上取得突破的中国公司。2010 年，上海晨炎出品的游戏的下载量曾占苹果软件下载的 1%，其出品的游戏有近百款被苹果不同程度地推荐过。2010 年 2—3 月，上海晨炎出品的《GameBox》在 App Store 全球几十个国家的付费游戏榜上都是第一名，在 2010 年度全球所有付费应用榜上名列第七。

上海晨炎同时是最早与 A 股打交道的手游公司。2010 年 12 月 23 日，博瑞传播宣布以不超过 4000 万美元的价格收购上海晨炎 100% 的股份。这笔交易因各种原因最终未能达成，但施炜亮和上海晨炎一直活跃在中国的手游江湖里。

《捕鱼达人》开辟了一个新时代

2011 年是中国手游公司崭露头角的一年。如前所言，最早一批在 App Store 上赚到钱的手游公司，都是从运营商时代过来的无线游戏玩家和他们的朋友们。

2011 年 4 月，在 App Store 的游戏畅销榜中，又出现了一款来自中国本土的游戏产品——触控的《捕鱼达人》。

《捕鱼达人》在 2011 年 4 月 11 日正式上架 App Store，这是触控的第一款游戏。游戏上线 20 小时后，即登顶 App Store 免费榜。当时离触控公司正式注册成立刚好一年，离创始人陈昊芝发站内信给后来的公司 COO 刘冠群约见面，也就 16 个月的时间。

2011 年 5 月 4 日，由顽石互动开发的策略游戏《二战风云》正式上架 App Store。这款 2011 年最赚钱的手游在上线不久时并没有抢眼的表现，但是已在默默积蓄力量。

顽石互动是一家老牌公司，早在 2006 年年底就已成立，主攻手游领域，其班底大都来自一家叫数位红的中国手游公司。知名游戏制作人吴刚在把数位红卖给盛大并度过两年锁定期后，于 2009 年年初将自己的 V8 软件公司与妻子的顽石互动合并并成立新的顽石互动，从妻子手里接过顽石互动 CEO 的职位。这家专注于手游的公司没有错过智能手机兴起的机会，同样也是最早一批进入 iOS 游戏领域的开发商。众所周知，陈昊芝做《捕鱼达人》的主意正是来自吴刚。

当时，顽石互动主推的是塞班系统上的 K-JAVA 游戏。2008 年，它曾经发布过一款久负盛名的网络游戏《契约》。

而在顽石互动的《二战风云》快速登上 App Store 畅销榜的同时，来自成都 Tap4Fun 的《海岛帝国》亦位居前十。

关于 Tap4Fun，如果对行业没有那么了解，可能以为这是一家国外的游戏公司，但并不是。

Tap4Fun 发家于 2011 年春，创始人杨祥吉毕业于电子科技大学，此前在 Gameloft 成都公司做产品经理，自 2008 年起与张同杰、徐子瞻等一起创业，最开始做外包及基于 Twitter 的第三方阅读工具，在拿到经纬创投的天使投资后，才下定决心做手游。也许是在外企的工作经历使杨祥吉对海外市场更了解，从一开始，Tap4Fun 就主打海外市场，推出的游戏从玩法到美术都更符合外国人的口味，主要是 SLG。

Tap4Fun 于 2011 年 7 月推出的第一款 iOS 游戏《海岛帝国》，是中国人在手机上制作的第一款也应该是全球最早发布的 SLG 之一。令人意外的是，这款游戏在国内市场上也一度取得了不错的成绩。同年，它还发布了《银河帝国》和《王者帝国》，与《海岛帝国》一并，成为 Tap4Fun 为外人称道的"帝国三部曲"。《银河帝国》和《王者帝国》在 2012 年 3 月和 4 月分别登上过 App Store 美国区和中国区畅销榜（所有门类）头名。

2012 年春，Tap4Fun 和杨祥吉一时风光无二。直至今天，Tap4Fun 也是中国 SLG 的头部厂商和中国手游出海的领军公司之一。

日后因出品《刀塔传奇》而月收入过亿元的莉莉丝游戏的 CEO

王信文，在转战海外市场时也曾上门请教过杨祥吉，杨祥吉倾囊相授。不料之后 Tap4Fun 的一个团队被挖到上海并成立了一家新公司，挖人者正是王信文。这家位于上海的新公司有了莉莉丝游戏的资金投入和 Tap4Fun 积累的经验，做出了《万国觉醒》这样的超级大作，很快帮助莉莉丝游戏跻身出海游戏公司的前列。杨祥吉与王信文一度成为路人，但后来王信文送了该公司的部分股份给杨祥吉，两人重归于好，也算一段佳话。

　　与 Tap4Fun 并称为"成都手游双子星"的数字天空也是在 2011 年春成立的，创始人王晟同样是中国手游元老之一。他早在 2003 年就创立了赫赫有名的手游公司联合众志，次年拿到了软银百万美元风险投资，这也是成都收到的第一笔针对手游的大额风险投资。王晟团队一度超过 200 人，办公场地超过 1000 平方米，但之后两年由于管理不善，公司倒闭。2011 年开春，沉寂多年的王晟集结原班人马重新创办数字天空，于 2012 年 3 月和 5 月在 App Store 分别上线了两款三国题材 iOS 游戏《三国志 Online》和《雄霸天地》。

　　这两款游戏在 2012 年一整年一直处于畅销榜排名高位。就在《雄霸天地》发布两个月后的 2012 年 7 月 12 日，数字天空又发布了另一款 iOS 游戏《龙之力量》，这款游戏成为年度现象级手游。不仅在中国（包括港澳台地区），而且在东南亚、韩国、北美等国家和地区，这款游戏都占据了游戏榜单前列并长期霸榜。2012 年下半年应该是数字天空在国内 iOS 游戏市场上最为辉煌的一段时期——在游戏畅销榜前十里，它的游戏占据了三个名额。

　　与数字天空的王晟几乎同时入行、同为手游行业老行尊的艾格拉斯创始人王双义，也在 2011 年再度出发。王双义原本在日本老牌上市公司 TCI（东京化成工业株式会社）任职，已做到部长层级（相当于副总）。见到日本手游蓬勃发展的景象，王双义在 2003 年"非典"时期从日本回国，创立了自己的第一家公司猛犸科技，这也是中国最早的手游公司之一。

2005年年底，王双义把猛犸科技卖给纳斯达克上市公司空中网。在空中网任职两年后，他于2008年二次创业。新公司一度欣欣向荣，拥有3款月收入过百万元的Java游戏，还在2009年年底获得经纬创投的A轮融资。但意料之外的事发生在2011年5月，这3款高收入游戏在毫无预警的情形下突然同时营收折半。王双义意识到，智能手机已经在中国抬头，分流了功能手机的核心玩家，于是全力投入做苹果手机上的国内第一款重度大型多人在线（Massive Multiplayer Online，MMO）游戏《英雄战魂》。这款游戏一经推出，就成为App Store游戏榜单上的常客。

2011年，中国游戏市场是一个多种游戏类型并举的市场。端游还很赚钱，但后进者机会寥寥；页游已经红海化，但还没有分出胜负；手游刚刚兴起，但机会有多大，各方看法不一。蓝港的王峰在2011年的ChinaJoy（中国国际数码互动娱乐展览会）期间与本书作者说过一句经典的俏皮话：不想做手游的页游公司不是一家好端游公司。蓝港正是一家端游起家，正在页游厮杀，同时窥视手游的公司，从这句话背后可见王峰当时的纠结。蓝港最终靠着手游系列作品登陆香港资本市场，这是后话，按下不表。

iOS平台成为移植重点

2011年下半年，一些渴望新流量、新市场的页游公司也杀进了手游市场。

《胡莱三国》于2011年8月5日在iOS平台上线。一经发布，其排名快速提升，一个多月以后达到畅销榜第一，并在前三的位置保持了数月之久。作为早期在页游领域取得过不错成绩的游戏公司，胡莱游戏在移动平台上的尝试也是从页游移植开始的。

不久之后，胡莱游戏将第七大道的页游神作《神曲》移植到了移动平台上，并在海外取得了不错的成绩。

向来对机会有超级嗅觉并以页游起家的昆仑万维，也在 2011 年 11 月发布了第一款 iOS 游戏《风云三国》，该游戏在多个国家和地区上线。2012 年年初，它在香港和澳门等地获得了 iOS 双榜（付费榜和畅销榜）第一。

当时页游顶级头牌公司之一心动游戏，在 2012 年年初将它的页游大作《神仙道》移植到了 iOS 平台上。一方面，在页游领域积累的品牌号召力使这款移植作品在 iOS 平台上受到了玩家的热捧，很快登上畅销榜第一；另一方面，优秀的设计和运营也使得这款游戏在 iOS 平台上获得了和页游同样绵长的生命周期，以至于两年之后它还能通过运营活动重新回到畅销榜前十的位置。

虽然 2012 年后心动游戏进入低谷期，在发布《神仙道》移植版本之后长达两年多的时间里，再也没有推出过令人眼前一亮的作品——2013 年和 2014 年分别发布的几款游戏均表现平平，多元化尝试也没有取得成功。不过它后来重新出发，依托端游 IP RO 做出了《仙境传说》这样的大作，并内部孵化出游戏垂直社区 TapTap。2019 年年底，心动游戏在香港上市，成为香港股市里市盈率最高的游戏公司。

和页游公司一起闻风而来、意图淘金的，还有诸多社交游戏公司。在经历过人人网、腾讯、Facebook 等诸多平台的洗礼后，到 2011 年下半年，整个社交游戏市场也逐步红海化，一部分公司开始页游化，另一部分则手游化，动作最快的胡莱游戏两者一起做。

作为社交游戏先行者之一，乐元素没有错过移动游戏最初的机会（关于乐元素和社交游戏玩家的故事，可以查阅本书的前传《沸腾十五年》）。早先在 Facebook 和腾讯平台都受到欢迎的社交游戏《开心水族箱》，在 2011 年 12 月登上 iOS 平台，同样延续了社交游戏阶段的优异表现，进入了畅销榜前十。对于一款休闲游戏来说，哪怕当时 App Store 的收入规模远不及如今，这也不是一件非常容易的事情。可以想到，2014 年王海宁和他乐元素的小伙伴们带着其王牌产品《开心消消乐》与腾讯代理的《糖果传奇》正面对抗并全身而退，与他们

2012 年前后在 iOS 端留下的美好印记大有关联。

2009 年成立、在社交游戏领域不显山不露水的乐迪通，在 2011 年下半年发布了第一款 iOS 游戏《乐动达人 2011》，这是它在 iOS 平台上的初次尝试。当时这款游戏没有获得很好的反响。两个月之后，乐迪通发布了《乐动达人之冬季恋歌》并下架了《乐动达人 2011》。对于乐迪通来说，它在 iOS 平台上最有意义的尝试是于 2012 年 5 月 15 日上线的《三国来了》。和其前作《乐动达人》系列游戏表现迥然不同的是，这款游戏排名上升很快，并在其后一年多的时间里稳居畅销榜前十。

这一年除了 Tap4Fun，大部分中国手游成功产品都是移植之作——在塞班平台或页游平台上已经成功的作品，赌的是参与者对移动互联网的信心和团队的手速。在那个混沌刚刚散去、市场初兴的年代，对于不了解移动平台用户属性和习惯的厂商来说，将在原有平台上能够成功的那一套搬到手机上，无可厚非。毕竟，在那个内容还显得相对匮乏、市场上还充斥着大量来自国外的英文游戏的年代，玩家们只能选择接受。

新浪微博：中国移动互联网的"面壁者"

微博伟业的开端

手游的火热让新浪微博也按捺不住了。2011 年 6 月，俞佳奉命组建新浪微博的游戏团队，而在之前的 6 个月里，新浪微博官宣用户突破 1 亿人。这个数字远超其他同类产品，新浪微博也是中国移动互联网第一个用户数突破 1 亿人的"国民产品"。

新浪微博的故事是本书作者写作计划定下后，就决定要讲述的第一个故事。它可以被视为中国移动互联网的"面壁者",它是实践也是实验,是事实也是隐喻,它不仅预示着移动互联网的崛起,更改变了社会与信息、人与信息,以及信息与商业之间的关系,成为中国互联网在移动时代第一个也是长期重要的基础建设。它是过去 10 年里中国互联网人试图建立的第一座"巴别塔"。

新浪微博事业的开端源自对美国推特模式的模仿。新浪微博并不是推特模式的第一个模仿者,甚至算不上第一批。从 2007 年起,一批中国创业者就注意到了推特的崛起;2007—2009 年,中国版的"微"博客服务也出现了,包括饭否、嘀咕、叽歪、做啥等一系列类推特产品。从这些极富草根色彩的名字中,不难看出它们的出身和创业者的年龄区段。

很遗憾,这些草根创业的早期类推特产品无一成功。虽然王兴的饭否很有知名度,但客观地说,是王兴之后的知名度带动了人们对饭否的关注。

有一种观点认为,早期独立微博的运营者无一成功,这和其发言尺度难以管控有一定的关系,新浪微博在很长一段时间里都处于 Beta 版。在此,我们无法确认这个观点中到底有多少合理成分,但是从后来的发展来看,一款产品要想成为事实上的互联网基础信息设施,那么它在一定程度上必须是可控的。微博和推特特有的"中心化+点对面"传播形态,使其天生非常适合组织化的机构对外传递信息。这一点无论是在中国还是在美国,都是一样的。

在美国,推特一直是总统候选人、白宫、FBI(美国联邦调查局)和其他政府职能机构及重要商业组织进行公众信息发布的标准渠道。

当然,和电视台既可以播放严肃的新闻联播也可以播放轻松的肥皂剧一样,以上这些信息,并不是说微博天生亲近时政,而应该反过来理解,即微博很适合中心化的信息传播,并因此成为信息社会的基础设施之一。

陈彤在新浪的最后一座丰碑

新浪微博最初崛起的时候，并没有人特意设定它的推广方式和传播路径。但新浪微博的灵魂人物陈彤在本书作者拜访时很明确地表示，新浪微博最早的推广策略就注定了它的中心化色彩，尽管它的初衷（推特的原型产品）只是为了便于群组之间的沟通。

陈彤回忆说，早在博客时代，新浪就发起过以名人带动博客影响力的做法。以徐静蕾、韩寒为代表的一大批名人及专业人士相继在新浪网开博，开创了门户网站向用户生成内容（User Generated Content，UGC）转型的先河。UGC极大地补充了此前门户依靠转载、整合加部分自采的新闻内容，大量用户原创内容的上传标志着新浪作为传统新闻门户的第一次转型成功。

因此，当2009年8月新浪开始大规模内测微博产品时，陈彤就采取了和博客时代类似的推广策略，即主动邀请明星和名人开微博，并对他们进行实名认证。陈彤领导的编辑团队再次成为该项战略的主力。

陈彤回忆说，在博客时代，新浪本来就拥有大量高端用户，但这些用户的绝对数量还是太少，相对来说是一个更垂直的群体。而微博要发动的，是更广泛的、有一定影响力和乐于表达的群体。陈彤因此发动了当时他能够指挥的所有人力——新浪采编部门的1000多号人，进行了大量"拉客'加V'"活动。陈彤设定的标准是："有影响力的人都要拉过来，媒体人都要拉过来，哪怕是媒体的实习生也要'加V'，哪怕你在一个饭局上看到七八个人听一个人讲话，也要把这样的人拉过来。因为我们需要的不再是预设议题式的传统媒体运作，而是要每个有影响力的人都乐于在这里分享、输出。这样，议题和热点就自然出现了，微博系统就自己运转起来了。"

陈彤不无骄傲地说："因为我的部门都善于拉人，所以微博迅速成功（推广）了。首先要让媒体人对你形成依赖，因为媒体人'嘴巴大'，喜欢传播，有传播欲，所以向他们推广是我的工作目标。等大家明白过来了，想做了，也做出测试版了，就已经过去了大半年。那会儿大势已去，拉人的时机就彻底过去了。"

陈彤还认为，微博本身从技术上说没有什么实现难度，因此推特当初在高层做出决策的几个月后就开始推出产品并大量占领市场了。而新浪对这样的产品也是很熟悉的，因为"BBS、博客、微博是一脉相承的东西，从产品上讲也是有关联的"，所以新浪做微博也非常顺手。

对新浪微博后来的发展，陈彤认为，新浪微博没有对鼻祖推特亦步亦趋，而是很快结合中国市场的特色进行了很多微创新，如转发可以带评论，推特起初是没有这个功能的。因此，陈彤的意见遭到了挑战，但性格火暴的他随即还以颜色，要求对方"你能不能闭嘴，我们不是做推特，我们是做微博，转发带评论多好，是最基本的真正的东西"。

陈彤认为，带链接、带图片，都是新浪微博最先提倡的，"推特原教旨主义者"对此颇有微词，但最后的结果是推特反而向新浪微博学习了这些细节，并且加以利用。陈彤为此颇感得意。

陈彤对新浪微博的定义是："这是移动互联网时代的第一个产品，也是智能手机时代的第一个产品。"曾有早期的苹果粉去香港买iPhone，发现苹果手机都被抢光了，说是都被玩新浪微博的人买走了。

新浪微博的崛起也与 2010 年团购的红火密切相关。微播易创始人徐扬向本书作者回忆说，团购网站是第一批集体涌进新浪微博寻找流量的商家。当时有个团购网站只愿意出 3000 元投放给 4 个个人号，结果几小时之后，网站打电话来说，不能再传播了，再传播就要"爆仓"了。但徐扬告诉网站负责人，这时候删掉链接已经没用了，因为链接已经被传播出去了。

此后，在新浪微博释放营销信息，成为千团大战的标配。

先天不足的腾讯微博与马化腾的三心二意

新浪微博的一炮走红让饭否等唏嘘不已，也使得其他门户跃跃欲试。从2010年起，和团购大战并行，围绕微博也发生了"微博战争"。主力军来自"旧时代"所谓的"四大门户"，即新浪、网易、搜狐和腾讯，其中以腾讯对抗新浪最为积极。

2010年4月1日，腾讯微博开始小规模内测；5月1日，腾讯开放用户邀请注册，这一天成为值得第一批使用腾讯微博的用户纪念的日子。

腾讯不惜代价全力推广腾讯微博。陈彤回忆说，当时在很多和腾讯微博有关的活动上，马化腾都亲自上阵担任推广或演讲嘉宾；而新浪在很多类似活动上，往往只派出了低一级的高管。他由此感慨"马化腾为腾讯微博真是太拼了"。

资源庞大、资金充足的腾讯微博在拉名人方面也不惜投入，它旨在发掘那些还没有开通微博的明星，如"飞人"刘翔。经过种种运作，2010年12月10日20时53分，刘翔的腾讯微博关注者突破800万人，超过推特第一名Lady Gaga近70万人，成为腾讯当时宣传的"全球第一微博"。此后，郎咸平、梁文道、李连杰、陆川、林俊杰、蔡依林等各类名人、明星，也纷纷入驻腾讯微博。

对于明星来说，微博类产品几乎就是为他们设计的。从内容发布的角度看，微博既随意又实时，可以表达爱国情怀，也可以秀容貌身材，还可以引爆各种套路式的话题，这一切对渴求影响力的明星来说都可谓天赐良机；从和粉丝互动的角度看，可以说在微博诞生之前，从未有一种工具可以让粉丝和明星之间既能有足够的互动又能保持相对安全的距离，既能满足明星的表达欲又能让粉丝有足够的获得感。相比之下，多年前"超女"现象出现时，粉丝在百度贴吧跟帖"盖大楼"的方式，是多么原始啊。

但在明星的拉拢和互动上，新浪微博领先腾讯微博等对手的不只是一步。

最早有历史可查的、登录新浪微博的明星是李宇春。当时李宇春到新浪聊天室做客，顺便用手机发了一条新浪微博。这当然出自陈彤的策划。这条微博的评论和转发量过万，考虑到新浪微博在两个月后才迎来自己的第 100 万个用户，这相当于整个微博用户的 1%～2% 参与了李宇春这条微博的互动。这在今天是一个大到无法想象的数字。

真正意义上属于新浪微博"自己的明星"的，是有着"性感大嘴"的女明星姚晨。陈彤回忆说，当时为了推广新浪微博，他亲自给博客时代的"Top 10"名人都打了电话，邀请他们来新浪微博发声，结果是"我说微博欢迎你来，结果这帮人全都端着，全观望，只有姚晨来了，后来她是好几年的'微博女王'。一个原因是姚晨正好赶上了那个时间，另一个原因是姚晨天生适合写微博。她的微博都是自己写的，特别勤奋。她拍戏的时候只要闲着没事儿就写，而且写的东西特别适合在微博上发，有文字功底，有思想，还有那种'调调'，总之就是太适合了。"

姚晨在微博上的影响力非常可怕。开通微博不到两个月的时间，她就超过李开复、黄健翔、雷军等"精英大 V"，跃居微博关注榜首位，彻底把微博从精英时代带到了明星时代。仅 6 个月的时间，姚晨就成为首个粉丝数量突破百万人的微博明星。2012 年 2 月，"微博女王"的粉丝数量一举突破 1700 万人，姚晨更是坐稳了宝座。

对于网友来说，姚晨微博的可爱之处是足够真实。姚晨写的微博，多是记录自己的工作和生活，就像"平时咱们老给朋友发短信一样，虽然也许只是特别平常的事情"。她甚至反思说，自己平时过于内向，"这么多年，我一直在跟自己战斗，一直想克服这个毛病。其实内向是因为不知道该怎么表达，而不代表不想表达……微博正好满足了我的这种表达欲"。

我们换算了一下，姚晨在微博上影响力最大的时候，差不多每 5

个微博用户中就有 1 个是她的粉丝。换个角度比喻，就好比中国 1/10 的手机用户都是她的联系人。从某种意义上说，由于姚晨极强的示范效应，此后大大小小的明星再也不用陈彤去鼓动和拉拢了。所谓"天下熙熙，皆为利来"，强大的影响力收益推动娱乐明星成为新浪微博的绝对主力。

陈彤认为，从影响力格局来说，大而不强的腾讯没法和有深厚媒体基因的新浪竞争；从名人和明星资源来说，新浪微博将近一年的先发优势，也使得大部分关键意见领袖（Key Opinion Leader，KOL）被其抢夺殆尽。陈彤给本书作者举了一个例子，当时湖南一位知名作家出版新书，在新浪微博和腾讯微博都开了直播。新浪的用户直接和作家讨论书的内容、风格，而腾讯的用户则在纠缠"你是不是真的作者"之类的问题。陈彤认为更为关注时政和新闻的新浪微博用户更为成熟。

但是，腾讯毕竟是一个"庞然大物"，而且有 QQ 这种自带流量的国民级应用，QQ 空间、滔滔等产品也具有强烈的类微博或者说类轻博客的色彩。因此，腾讯微博被认为是新浪微博强有力的竞争者。

腾讯一直用差异化的方式来做微博，给腾讯微博导入了更多的社交因素。而新浪以内容运营的方式来主导微博的发展，这种做法的好处是见效快、热闹，但并非没有代价。代价就是，今天的新浪微博几乎成了一个少数中心化（无论是机构还是"大 V"，无论是大号"大 V"还是小号"大 V"）发言者的平台，更多的用户从乐于发言变成了乐于游逛的看客。

但在具体执行上，腾讯微博没有坚决地把社交这个点走通。相比新浪微博，内容是腾讯微博的短板，社交则是它的长板。由于腾讯微博的基础用户数量庞大且流量源源不断，其实非常适合明星"大 V"这种类型的 UGC 进驻。但腾讯微博虽然请了不少明星，却始终没有鲜明坚定地执行娱乐化和明星化策略。

这要归结于腾讯微博在组织结构上的先天不足。

腾讯微博的组建，从今天的角度来看，可以说十分仓促。知名的社交研究者、媒体人徐志斌当时在腾讯网工作。他告诉本书作者，自己当时接到的任务是，腾讯网的部分团队"成建制"地转入腾讯微博，负责运营、BD 等方向，产品、技术等支持则来自其他事业群的团队。为了提升效率，腾讯成立了一个跨 4 个部门的项目组来推动腾讯微博的发展。

成立跨部门的项目组推动业务，在某种应激状态下可以视为是项目优先级高的象征。但令人尴尬的是，当微博战争进入马拉松阶段后，腾讯并没有解散这个临时性的组织结构，替换为更常规、更稳定的管理架构，而是一直维持着这个临时状态。这就使得微博项目难以获得持续的资源支持，跨部门沟通成本极高。腾讯微博的运营团队主要在北京，而技术等团队主要在深圳，两地协调十分困难。

这种组织结构的滞后与腾讯的高层决策者始终没有明确腾讯微博的战略优先级有关。

腾讯微博在腾讯体系内一直是一个战略优先级不明确的产品。有时候它因为马化腾亲自上台打气变得很重要，有时候又显得不那么重要。亲历者 J 认为，腾讯微博始终"妾身未分明"的原因是，马化腾本人对开放关系链的社交产品有一种无法言说的疏离感，这种疏离感主要建立在腾讯成功的基石产品 QQ 是非开放关系链社交的典范式成功的前提之上。换言之，马化腾本人可能更倾向于信赖非开放关系链的社交产品才是用户真正需要的，而微博恰好不是这种形态。

事实也证明，腾讯正是在下一代非开放关系链社交产品微信中，找到了它下一个 10 年的基石性业务。这到底是证实了马化腾的预测，还是因为马化腾的执念才让历史这样发展的，已是一个很难得到证实的科技史难点。

相对于腾讯，网易和搜狐推出的微博的存在感就更低了。虽然它们也先后迈入了亿级用户量的门槛，但其转发、互动和造浪的指标均表现不佳。从某种意义上说，微博这类基础设施有一个就够了。

微信和米聊：移动社交来了

米聊先发，但微信在语音上反转局面

现在要开始讲述沸腾新十年这个创新周期里另一个国民基建产品、社交之王——微信的故事了。

今天的微信已经是全球最成功的移动互联网产品，但它并不是百分之百的原创，多多少少借鉴了一款叫 kik 的产品。

2010 年 10 月 19 日，一款叫"kik"的应用进驻 App Store。它的功能极其简单：基于用户的手机通讯录，直接和联系人用免费短信聊天。它当时不支持语音、图片和文件的发送，最大的价值创新是基于通讯录建立关系，以及短信走流量从而实现免费。

kik 在短短 15 天内增加了 150 万个用户，这让诸多中国创业者为之疯狂。他们动手模仿的时间差只能用天来计算。

而人人网在 kik 这件事上，却没有跟进，这令人十分奇怪。

对此，时任人人网无线业务负责人的吴疆向本书作者讲述了其中的原委。

人人网本质上还是 PC 互联网时代的工具，虽然很早就有无线部门，但主要做的是 SP 业务，在真正转向移动端的时候非常迟钝。在智能手机尚不普及的时候，人人网并没有做客户端，而是从 WAP 做起，但这种体验很不好。后来它跟进 Facebook 的做法，在移动端信息流上采用了 HTML5 方案，但再次因为手机性能不足而让体验大打折扣。

在某种程度上，人人网是被 Facebook 带到沟里了。用 HTML5 做过渡方案，甚至包括后来的 Timeline（时间轴）的做法，人人网都是亦步亦趋地跟随 Facebook，但这些做法 Facebook 自己也没有坚持下去，更不要说异国他乡的学徒了。

按照吴疆的说法，2011 年年初，也就是微信与米聊刚起步的时候，人人网就打算做类似的 IM 客户端。但好巧不巧的是，有几个移动端开发人员离职，跟着许朝军去做点点了。由于人人网的主 App 还需要改进，于是团队只得先把通信产品放一放，等几个月后再想捡起来时，已经错失了最好的时机。

在离职的那几个人中，有一个人叫程一笑，他后来做了一款产品叫"GIF 快手"，这就是快手的前身。

在 kik 出现不到两个月之时，也就是 2010 年 12 月 10 日，米聊发布安卓版，12 月 23 日发布 iOS 版。

据说，小米团队研发安卓版米聊仅用了一周时间。米聊的官方宣传标语是："爱免费，更爱实时状态，比短信方便，不愁话费账单。新奇的沟通方式，我不是 QQ，也不是飞信，我是米聊。"但这场移动 IM 大战的重要参与者、个信创始人方毅认为，米聊最大的优势不是短信免费，因为当时的电信资费已经很便宜，各种运营商的套餐都有短信赠送，所以免费不是米聊的核心价值。它的核心价值在于把语音和图片功能加入 IM 里，这符合 3G 时代用户对通信更加多媒体化、多样化的需求。它将语音这种更便捷的信息载体和短信式的非实时沟通结合起来，形成了新场景，降低了使用门槛，可以说分到了 3G 时代的第一杯羹。

米聊用户从 0 到超过 400 万人，只用了两个月，这是米聊成长的黄金时间。雷军逢人就推荐米聊，很多圈内人也因为其有趣、好玩而主动推荐它。如果按照当时的态势发展下去，米聊很可能成为中国移动互联网上第一个用户超过 1 亿人的国民 App。

但是，历史没有如果。2011 年 1 月，腾讯广州研发中心（以下简称广研）迅速"跟进"推出微信，让整个移动 IM 市场开始双峰对峙。

一位微信早期员工描述了 2010 年年中腾讯广研的状态："邮箱的布局已经相当完善，阅读空间也已到了强弩之末……团队要发展，但一时间不知道做什么好。"

2010 年年中，广研召开了历史上第一次"未来发展方向规划会议"，对于很多员工来说，"这是不可思议的事情"。因为作为 QQ 邮箱的主力团队，广研一直任务明确、工作饱满，"不用抬头看路，只用低头拉车"是一种常态。

在这次会议上，腾讯提出以邮箱为核心，一分为四，开发一个产品矩阵，包括邮箱、阅读、存储和记事本4个独立方向。而在这4个方向中，当时仅有邮箱已有客户端，其他3个都没有，但都做了开发相应客户端的规划。

从这个角度看，张小龙的团队对未来移动互联网的App化已经有了初步判断。但是，在这个会议上却未曾提出微信的概念。这佐证了微信虽然不是突如其来的，但多少受到了kik的启发。

当时广研在移动互联网方面人手严重不足，手机端开发团队的大部分人都是做塞班系统的，iOS和安卓平台的人才在市场上普遍稀缺。招不到人，最后只能拼凑——iOS团队是从公司其他部门转岗过来的，原本是做Windows客户端的；安卓团队是从塞班团队中抽出一个员工，并招了两个实习生开始干起来的。

所以，当时的四大产品只有记事本可以优先开发客户端，而且仅限于在iOS平台上试错。

对微信的开端，最真切的记录还是张小龙本人的说法："可能很多人都听过这个故事——当时（2010年10月）我写了一封邮件给马化腾（Pony），开启了微信这个项目。这件事情是真实的，但是也有很多不真实的传说。想到那封邮件，我时不时会觉得有点后怕。如果那个晚上我没有发这封邮件，而是跑去打桌球了，可能就没有微信这个产品了，或者是公司的另一个团队做另一个微信。"

具体的细节还包括，马化腾不仅赞成广研做一个类kik的应用，甚至直接赐名"微信"。

在广研内部，张小龙是有话语权的。因为这个团队基本上是由他一手组建的，很多人从毕业后就进入这个团队，对张小龙有天然的崇敬。所以后来的研究者认为，如果张小龙不是恰好有自己的地盘和子弟兵，而是像别的项目一样从公司其他部门抽调人手，他可能驾驭不了这个团队。因为腾讯内部的组织结构太复杂了。

在广研内部，张小龙当机立断——立即停止做了一个多月的记事本的 iOS 版开发，转而投入微信的开发中，很多代码和协议从邮箱的客户端项目里直接复用，目标只有一个——快。

邮箱团队给微信提供的不只是一个记事本的 iOS 版基础。当张小龙看到 kik 的成功并建议马化腾尝试做微信的时候，他正在完善一个叫"手中邮"的 App，也就是 QQ 邮箱的移动版。这是当时广研唯一一个尝试从塞班、iOS 和安卓 3 个角度开发 App 的项目。

微信早期员工陆树燊告诉本书作者："这个团队临时转向去开发 IM 工具，为了快速拿出第一版，他们尽可能地复用了原先 QQ 邮箱的整个后台协议和框架，所以其背后的通信协议采用的也是 QQ 邮箱的超文本传输协议（Hyper Text Transfer Protocol，HTTP），而不是通常 IM 工具所用的用户数据报协议（User Datagram Protocol，UDP）。所以我们每发送一条微信消息，真的是通过微信后台向朋友发送一封微型邮件。"

就这样，基于手中邮临时组建的、只有 10 个人的微信团队，在没有任何经验的情况下启动了一个试错项目，并且还是针对 3 个平台（iOS、安卓、塞班）同时进行（但发布的时间有先后）的。

可以确认的是，在广研启动微信项目的前后，腾讯内部还有数个团队启动了类似项目。它们没有出头的原因可能有二：第一是这些项目大多隶属于 QQ 产品线下的各个部门，因此很难"革自己的命"；第二是张小龙和广研的快速执行能力。这使得广研微信团队能够在几个团队中脱颖而出，只用了不到 4 个月的时间就第一个完成了产品开发，并于 2011 年 1 月 21 日在 iOS 平台上首先发布了微信 1.0 版本。

一位微信早期员工写道："在 2011 年春节期间，当马化腾第一次使用微信并给出'体验很赞'的评价时，微信团队的信心达到了前所未有的高度。"

受到马化腾夸奖的喜悦并没有持续多久，经过 2011 年的一个春节假期,即使在广研内部,继续使用微信 1.0 版本的员工也变得寥寥无几。这里面有 3 个原因。

1. 那时候有苹果手机和安卓智能手机的人很少。
2. 1.0 版本的微信的主要功能是提供跨平台免费短信,但大部分人有各种免费的运营商短信包,这使得"省钱"作为一种需求并不旺盛。
3. 它的功能太简单了,没有可玩性,而且有米聊在前。

所以,虽然功能非常相似,但微信并没有像 kik 或米聊那样在很短的时间里积累大量的用户。当时微信 1.0 的某个版本甚至在 App Store 上只得到 1 星评价。

在广研内部,更多的员工普遍不看好这个应用,理由大致是 QQ 会"杀死"所有的类 kik 应用——只要把它的手机客户端做得更好一点就行。当然,也有人在思考,为什么 2003 年就有了最早版本的手机 QQ,马化腾却还要支持微信的研发?

其中可能有一个原因:腾讯当年的 QQ 和手 Q 背后不是一个团队,手 Q 在无线部门,QQ 在 IM 部门(虽然后台都在 IM 部门)。手 Q 当年"活"得其实很滋润,它把重点方向定在了以 MTK 方案为主的功能手机和"山寨"手机上,而且团队相当分散(深圳、北京、成都、武汉、上海都有),内部合作效率低下。

这导致手 Q 的产品显得松散疲沓,里面塞进了新闻、WAP、游戏、市场等各种入口,通信功能反而被弱化。而且,手 Q 面对的是大量"山寨"手机市场,适配成了最艰苦的工作。但这不能掩盖一个事实,即由于充分满足了中低端用户打发时间的需求,手 Q 的用户基数极大,它其实是腾讯第一个有分量的移动(当时称为无线)业务,而且来自运营商源源不断的 SP 分成掩盖了手 Q 在发展方向上没有对准未来这一重大问题。很多人认为,手 Q 的迟钝、既得利益和方向错误给了微信机会。

和腾讯广研内外很多人所想不同的是,马化腾和张小龙对微信很热情——2011年开年第二天，马化腾亲自来到广研所在的南方通信大厦给微信团队打气。员工们回忆说："我们能明显感觉到，小龙已经把注意力完全转移到这款手机应用上了。"

网名"啃饼"的微信早期员工回忆，到了2011年2月底，后来担任微信技术总监的周颢（Harvey Zhou）突然找到他，直截了当地问："要不要去微信做客户端？"然后又解释说："去微信团队只是暂时的，如果产品做不成，还是要回阅读空间团队继续做的。"

"啃饼"当时很纠结，因为他在机器学习和数据挖掘上刚刚找到感觉，不舍得放弃。但他也没有考虑太久，就决定去微信团队。于是，2011年3月1日，微信iOS客户端有了第3个开发工程师，这个小团队的负责人给了他两本相关的技术书，让他在一周内看完，第二周参加开发。

2011年3月，微信接连发布了两个版本，其中包含非常重要的群功能。但由于用户数量太少，这个后来很重要的功能在当时没有产生什么反响。到了4月，微信1.0的第4个版本发布，这个版本使得直到今天还在沿用的4按键基础界面格局被确定下来：当时分别是微信、通讯录、找朋友和设置。

米聊的早期团队负责人曾多次表示：由于QQ给微信导入了关系链，这才使得米聊失去竞争力，甚至失去决一死战的决心。但这个说法更多的是米聊的自我安慰——其实导入QQ关系链对微信的数据爆发帮助有限。微信不仅在1.0版本（含各个子版本）时代就支持通讯录和导入QQ关系链，甚至把QQ邮箱联系人乃至企业域名邮箱联系人等多种关系链都放在了"找朋友"这个功能里，可以说用尽方法从存量中导流，但用户数据依旧不见起色。

微信和QQ的用户是不重合的，微信的用户在有了好用的移动端IM的情况下，是可以不再"勉为其难"地使用手Q的。因此，微信的目标不得不放在移动互联网带来的增量用户上，而不是挖QQ的存量。

真正让微信超越米聊的，是有语音功能的这个版本。

TalkBox 失败，微信突进至陌生人社交

如果说在有语音功能之前的版本上，微信和米聊更多的是在参考 kik 产品模式的基础上做微创新，那么在做语音功能版本时，微信和米聊主要是向 TalkBox 学习和借鉴。

TalkBox 的问世是典型的歪打正着式历史巧合。它是一款针对特殊人群设计的软件，创始人是香港人郭秉鑫。2010 年年初，郭秉鑫的 6 人创业团队为了帮助开车不方便接听电话的人和盲人方便地收发语音形式的短信，从而开创了全球第一款语音 IM 应用 TalkBox。经过一年左右的研发，TalkBox 于 2011 年 1 月上线，上线仅 3 天，在 App Store 上的下载量就达 100 万次。TalkBox 团队的运营负责人黄何给本书作者讲过一件事，一位以色列的盲人用户给团队写信说："你们这款产品就像我的眼睛一样，我终于可以用短信了！"

在 TalkBox 准备上线的那天，盛大资本的王刚和吴峰到香港找到郭秉鑫。当时郭秉鑫的团队在 App Store 上发布了一款 3D 仿真的赛车游戏，产品做得很惊艳，但没有让王刚和吴峰心动。正在王刚和吴峰准备礼貌性地告辞的时候，郭秉鑫掏出另一台手机给他俩演示了 TalkBox。两人立马被打动，随即向陈天桥汇报。陈天桥听完汇报直接给两人下达指令："'立刻、马上、迅速'把这个案子给签了，搞不定不要回来。"王刚和吴峰求之不得，当场拍板投资 2000 万元。郭秉鑫喜出望外。

陈天桥对 TalkBox 很是看重。他的原话是，这是一个可以挑战 QQ 的机会。因为这个案子，王刚拿到了那年的总裁特别奖。陈天桥同时把市面上所有能投资的基于通讯录的社交产品，都投了一遍，共计 13 个之多，但即便这样，他还是觉得并不保险，又要求盛大创新院内部立项做一款语音产品。虽然陈天桥与当时负责开发这款产品的产品经理之间的职级差 8 档，但陈天桥还是亲自给这个产品经理写邮件指挥他该怎么做产品，甚至具体到按钮应该放左边还是右边这样的

小问题，最多的时候一天能写 5 封这样的关于该产品改进意见的邮件。

在本书作者看来，不管出于什么目的，也不管以前的应用（如彩信）是否有一定的语音功能，TalkBox 仍是典型的基于智能手机的传感器而产生的新应用。在接下来的日子里，我们会发现，智能手机的每个传感器至少都能产生一类原发性创新，这就是新技术平台的魔力。

TalkBox 创造了历史，但没有亲自改写历史。

这一次米聊照例很快跟进，于 2011 年 3 月上线了语音版本。但是当时米聊语音端的产品积累不够（YY 的语音积累倒是足够，但和小米毕竟是两家公司），所以在具体技术实现上是用户先全部发完一段语音，再生成一个文件发到对应的服务器上，然后对应的服务器把该文件发到对方通信手机的服务器上，在对方应答的服务器上转换成语音呈现在对方的手机里。这个方式虽然实现的速度较快，服务器上的消耗也相对较少，但与 TalkBox 的分段传输相比在效率上差一个量级，响应速度也要慢不少。所以虽然在米聊开发出语音版本后对 TalkBox 有所影响，但 TalkBox 的用户数量依旧在涨，最多的时候达到了 600万人。

但 TalkBox 在云端的存储能力不够。当时 TalkBox 的服务器放在日本亚马逊云平台上，从国内访问的速度不够快，这让它的用户量一直突破不了。这时除了腾讯和 YY，谁也不具备服务器端千万级用户同时在线并发送信息的能力。

更致命的是，微信来了。2011 年 5 月，微信上线有语音功能的新版本，也就是 2.0 版本。语音功能在立项之初被微信内部质疑过，一方面是因为之前 1.0 版本的各个子版本都在有条不紊地迭代中，另一方面是因为类似的功能 QQ 很早就做过，但一直不温不火。最后还是张小龙一锤定音，坚持要上。

微信决定做语音，还遇到过很多问题，如邮箱部门没有做多媒体模块的经验，而广研的人认为"如果等着公司相关部门支持语音需要的编解码能力，怕是一个月也未必搞得定"，这时一位 iOS 团队的员工自告奋勇去搞语音引擎。

张小龙和周颢认为，语音编解码的时间一定要做到在通话质量可接受的前提下尽可能短，因为当年网速并没有现在这么快，更重要的是他们不希望消耗用户太多的流量费用。所以微信提出做 TalkBox 的 1/3 流量，却要达到一样的声音品质的指标。

陆树燊认为，这体现了微信（邮箱）团队的经验和积淀——他们不放弃在任何一个细节上追求精益求精，许多个这样的细节使得微信整体的体验流畅而又克制。

两天后，这位自告奋勇的 iOS 前端工程师写的语音编解码模块完成了。为了赶时间，他引入了一个开源模块并针对 iOS 做了适配。即使如此，他仍然认为"这是我在广研做过的最有成就感的事情"。

类似的事情后来还发生在微信 2.5 版本的视频功能上。张小龙再次提出，要用 WhatsApp 的 1/4 流量做到类似的视频效果，同一位工程师（在旅途中）再次用 3 个通宵搞定了这件事。

伟大的事情往往是由关键几步决定的。

经过一个月的努力，微信 2.0 语音版本终于在 2011 年 5 月 10 日发布了（这是第一个正式版本，之前的各版本中都加了 Beta）。"啃饼"回忆说："当我们看到用户数据一天天增长的时候，很久以来一直悬在团队头上的石头开始粉碎。"

接下来，微信开始实现对当时领先的米聊的快速超越。

张小龙在评审微信的功能时有一个习惯：不看原型图，不看设计稿，也不看 Demo（演示模型），只体验前后台代码开发好的产品。这意味着，如果一个功能在呈现给用户之前有过 N 个方案，则前后端开发人员就已经开发过 N 个版本的代码。

张小龙的这个习惯非常独树一帜，对开发速度和质量的要求都非常高，还很考验开发团队对产品经理的信心和耐心——但是微信团队做到了。他们经常是昨天半夜开产品会，想出一个方案，今天半夜就能体验这个新方案，并且把它否决。

正是因为一直坚持这种做法，所以微信的每个功能都是经过深思熟虑、高度试错的，一经发布几乎不用修改。

相对来说，米聊其实更早推出了"动态"这个类朋友圈功能。但是它当时还处在以陌生人为主、熟人为辅的阶段，这个重点在于"唤醒熟人，建立社区，加强留存"的功能，在陌生人比较多的阶段，其内容质量一定是比较差的，包含了大量垃圾内容。

我们来看数据。微信发布2.0语音版本之前，只有400万个用户，米聊则有1000万个用户。但在语音功能出现后，微信实现了快速赶超。

前面我们已经说过，张小龙很早就考虑到国内网络传输环境的问题，所以对音频进行了较大程度的压缩，而米聊则没有做得这么细，所以在语音传输速度、等待时间和效果上，慢慢落后了。虽然当时微信团队根据米聊的账号分配算法估计了米聊的用户量，并和自己的用户增速相比，得到了相当乐观的预测，但是米聊在市场上仍有不错的口碑。微信、米聊和TalkBox曾经有一个短暂的齐头并进的阶段，当时很多网友都在谈论这3个应用谁的创意在前。善于市场营销的米聊利用了这一点——米聊在某个版本中增加了聊天中的涂鸦功能后，米聊的工程师在知乎发表文章，说"静等微信抄袭"。

微信的回击是猛烈的，那就是2011年8月初发布的2.5版本。这个版本的功能异常强大——除了上线视频功能，最大的惊喜莫过于上线"附近的人"功能。

可以这么说，语音版本奠定了微信的基础，但真正让外界感受到微信强大的，是"附近的人"这个功能。自此之后，微信一骑绝尘。

陌生人社交"三板斧"击败米聊

"附近的人"功能是在2011年8月3日发布的，这说明微信抓住了大势——随着智能手机的普及，LBS社交（基于地理位置的社交服务）开始大行其道。用户发布地理位置并确认其他用户和自己的地理距离从可能变成现实，而这又直接带来了社交浪潮——人们能够分辨出那些离自己更近的、能够产生更多线下互动的其他人，这种能力释放了前所未有的社交刚需。

当然，更直观的是，使用"附近的人"会使很多人感叹：原来有这么多人在用微信啊！事实上，这一功能的出现使得微信用户以每天10万人的数量增加。相应地，米聊也上线了类似功能，但周围用户的数量和微信相比显得越来越少。

"附近的人"是微信发展史上的一个支流，即陌生人社交路线，这个功能带来了微信用户的快速增长。尝到甜头的微信开始继续加强陌生人社交的建设，这时候有人提出，可以把"漂流瓶"功能也加入微信中。

"漂流瓶"功能是相对低调的 QQ 邮箱中一个非常明星化的功能。2010 年前后，在 QQ 邮箱用户增长速度放缓的情况下，"漂流瓶"功能的推出曾让其用户翻了一番——这给所有人留下了深刻的印象。因此，当陌生人社交开始展现对微信的强大推力时，微信团队选择添加这一经历过考验、创造过奇迹的功能，也就不足为怪了。

2011 年 10 月 1 日国庆节，也是微信 3.0 版本推出的大日子。在这一版本中，不仅如期出现了"漂流瓶"功能，还出现了"摇一摇"功能。

微信"摇一摇"是一个随机交友应用，它的基础功能是通过摇手机，匹配同一时段同样触发该功能的微信用户，并为两者建立联系。它给用户的感觉是，用手机模仿了"冥冥之中妙不可言"的缘分，即完全是随机触发的。这一功能能够迅速地让两个陌生人产生建立联系的理由，从而增加用户间的互动和对微信的黏性，这看似儿戏，实则深谙用户心理。此后，微信"摇一摇"还增加了传图功能，可将电脑网页中的图片轻松传送到手机中。此外，还有"摇一摇"搜歌、"摇一摇"传图和书签功能等。

其实，"摇一摇"功能也是基于手机传感器的创新。实现这一功能的是一个叫陀螺仪传感器的芯片，它主要通过重力加速度感知手机的地理空间位移。

至此，微信在陌生人社交上的"三板斧"——"附近的人""漂流瓶""摇一摇"都出现了，它们似乎对应着社交中的即时满足、因缘际会和随机寻乐。三大陌生人社交功能及语音、视频两大通信手段，自此合流成为微信起飞的第一级火箭。

至此，微信完全在产品层面完成了对米聊的压制。在用户体验上，微信流畅、简单，很少宕机或者退出；米聊的界面尽管漂亮、时尚，但稳定性和微信差了一个量级。

微信就此甩开了包括米聊在内的所有竞争对手。

"古惑仔"唐岩与陌生人社交的兴盛

陌生人社交天空里的奇思妙想

2011 年 8—10 月，是微信快速崛起的 3 个月，也是陌生人社交如火如荼的 3 个月，几乎每天都有新的陌生人社交 App 诞生。

其中，后来做得最大、最终成为陌生人社交代名词的，是唐岩创办的陌陌。

1979 年，唐岩出生于湖南娄底一户普通的工人家庭。少年时期，唐岩的梦想是成为一个"古惑仔"。娄底的厂矿区是他和伙伴们的聚集地，其头上因缝针留下的伤疤正是这段青春岁月留下的印记。

不过，他人眼中的"混混少年"最后还是考上了成都理工大学。2000 年大学毕业后，唐岩回老家做工程监理，但不安分的他常在娄底的 BBS 上写愤世嫉俗的青春小说。

唐岩的文章受到后来创办大象公会的黄章晋的赏识，在后者的推荐下，唐岩来到北京，进入网易担任编辑。凭借苦干和才华，10 年后的 2011 年 4 月，唐岩升任总编辑。

但是由于同事方三文出去创办 i 美股（雪球的前身），此时的唐岩已经无心再做一个媒体人了，他开始操持开发陌陌的事。2011 年 8 月 4 日，也就是微信上线"附近的人"功能的第二天，陌陌 App 上线。

陌陌在北京霄云中心一间 100 平方米的办公室内成立，最开始的团队是唐岩在网易的旧部——网易前产品经理雷小亮与高级技术人员李志威，后来加入的是负责运营的王力，江湖人称"王老板"。唐岩在网易的前领导李甬成为陌陌的天使投资人——也是在这一年晚些时候，李甬带着网易门户的李鑫、帅科等人一起创办了一家在线教育公司。它最开始经营的是粉笔网，一段时间后，粉笔网被拆分出去，张小龙担任粉笔网的 CEO。之后，小猿搜题成为这家公司的主打产品，今天则演化成在线教育公司猿辅导。

不过，雷小亮和李志威都没有开发过 App，只能买来《iOS 30 天速成》这样的教材，边看边写代码。真正的第一位移动互联网技术工程师，是他们在 QQ 群里贴小广告招来的。

尽管陌陌第一个版本的发布是在微信"附近的人"功能上线的第二天，但唐岩并不沮丧，相反有些兴奋。他在接受媒体采访时反复强调，陌陌不怕微信，因为两者走的是完全不同的路径："我认为将来在移动端一定会出现社交帝国。有两种创造方式，一种像微信，把线下关系搬到线上来；另一种从最开始就是移动端上的，基于移动网络重建社交关系。如果按照我理想中的产品去发展，这是一件足够大的事情。"

唐岩一开始就抛弃了从熟人切入的想法。可以为他的想法找到的佐证是，IM 工具个信创始人方毅告诉本书作者的一个数据：当年他们将云端备份功能集成于 MTK 手机（功能手机）并进行推广时，他惊讶地发现，功能手机用户的手机通讯录平均条目数仅 27 个。也就是说，广大中低端用户极度缺乏社交对象。

不过，陌陌想要赢下陌生人社交这个战场，显然不会这么容易。

除了已经颇具规模的微信，在基于陌生人的移动社交领域内还有很多虎视眈眈的对手。

早在 2010 年 7 月就上线的兜兜友也算半个 Foursquare 的门徒。与街旁、切客等位置类应用不同的是，兜兜友选择从陌生人社交领域切入，但在发现机制上依然沿用地图式的 LBS，因此它一直不温不火。微信"摇一摇"功能上线后，兜兜友迅速跟进。

同期，媒体人刘兴亮也杀入陌生人社交领域。因为他的影响力较大，所以他创办的闪聚曾经吸引了诸多眼球。

但更受关注的是，PC 互联网时代十分出色的产品经理之一张剑福离职 51.com 后创办的 jjdd.com（简简单单）。2011 年 5 月网站上线，7 月 App 上线，简简单单没有选择以主流的照片墙为入口，而是在首页展示了更多的个人资料、兴趣爱好和约会期望。张剑福认为，很多交友网站折戟的原因在于没能引导用户上传有效信息。

张剑福将目光瞄准了办公室白领和高校师生。他会在校园里摆一些可爱的公仔，然后向经过的女生介绍："想知道自己有多美吗？我们做了一个 App，你可以在这里照张相，我们帮你上传，然后就会有人给你打分。如果分数高，你就可以带走一个公仔。"但简简单单是一个介于 PC 互联网和移动互联网的"半吊子"产品，所以张剑福后来很快转向，创办了陌生人社交网站牛排。张剑福是中国视频认证的首创者，牛排也继承了这一点，强调对用户身份的认证，并配套付费约聊模式——可以把它理解成陌陌和世纪佳缘的混合体。这种略显复杂的产品设计让其很容易赚钱，但不容易迅速扩大用户规模。牛排最后无疾而终。张剑福后来又做了同城约会产品美丽约。对付费约会这件事，张剑福真的很有执念。

真正在产品上给陌陌压力的当数遇见。2011 年 10 月上线的遇见，在气质上和陌陌有着很多相似之处，但在产品设计上比起陌陌来又显得圆润一些。同样从 LBS 切入，陌陌是直接的点对点交友，而遇见则希望通过"圈子"帮助用户更好地互动，相当于做了一个移动端的群组。

在运营手法上，遇见也显得更加成熟。遇见是广州益玩内部孵化的项目，所以对外有两位创始人：一位是益玩的董事长潘晓旭，他是广州游戏圈的"老人"，精通运营；另一位具体操盘手是陈钢强，他是广州出色的产品经理之一，在2009年就做出了《夫妻宝典》这样登上过App Store榜单的"奇葩"产品。2011—2012年，正是潘晓旭和陈钢强精诚合作、亲密无间的两年，遇见的群组运营也借鉴了游戏运营的诸多思路。因为遇见有经济系统在其中支撑，所以群组通常遇到的很难长时间保持活跃的问题得到解决。更重要的是，那时是移动互联网用户红利期，新用户源源不断，因此遇见很快在留存和变现上都超过了陌陌。

陌陌则在上线一年后的2.0版本中才加了群组功能。2.0版本的陌陌非常有针对性地把关系维度从"人"推进到了"群组"，这使得陌陌从点对点的单聊转为多对多的群聊，用户有了更多的互动和关系，而这些依然是基于地理位置生成的。

也许有人会问，既然陌陌满足了男女点对点互动的需求，为何又要设计群组功能？分析者认为，群组功能可以迅速拉高陌陌的人气，并提高匹配的效率。中国人是含蓄的，双方互相关注后最大的可能是说一句"你好"，然后不知道下一句该说什么，最终互相"取关"。而群组起到了一个"场"的作用，人们在群组中"嗨聊"的同时其实是在互相观察、享受氛围、伺机出手。

增加并完善了基于位置和主题的群组功能后，陌陌的产品形态转向基于地点的邻里和兴趣社交，这和豆瓣小组有像像。后来，陌陌中陆续出现了几百万个群组，每个群组都固化了一群人，使之留在陌陌。当然，年龄段还是以18～35岁为主。

其实，陌陌最早是希望同时推出点对点和群组功能的，但这样实现起来比较复杂。加上1.0版本即使没有上线群组功能，服务器仍然经常被挤爆，所以这个功能被放到了2.0版本中。不过后来唐岩复盘认为，这样的安排反而让陌陌的发展路径更显清晰。

唐岩认为，匹配效率决定一切

陌陌1.0版本主要解决的是陌生人社交之间的匹配效率问题。

其实，从PC上出现第一代社交工具开始，人们就试图实现自己与熟人圈之外的人的交往需求。但这个需求在既往的互联网应用中，最大的问题就是匹配效率。人的欲望可能是突然萌生的，但糟糕的匹配效率使之无法释放，这就是问题所在。

智能手机的出现使为陌生人社交提供新供给的想法成为可能。一次成功的约会必然是双方的基本诉求、时间、地点和感觉都合适的结果，陌陌的成功在于先通过手机功能实现了时间和地点匹配，并将其加入匹配条件中作为主要参数，从而提升了效率。

1.0版本上线后，唐岩要解决的就是冷启动的问题。最初他出于纯"理工男"的想法，和当时所有软件一样去91助手、威锋网和各种论坛上"尬推"，先介绍功能然后附带下载链接，但这种推广的效果很差。后来陌陌转战社交平台，在QQ空间、人人网和豆瓣上都留下了陌陌试图拉新的痕迹，但这样做的效果还是平平，且容易被平台封杀。

于是，陌陌团队开始反思：陌生人社交的主要驱动者是男性，配合者是女性，所以是否有足够多的女性用户，是男性用户能否纷至沓来的决定因素。这听起来似乎是一个难解的循环，但是后来团队发现，还是在微博上拉新效率最高。因为微博上女性用户很多，早期的用户素质也不低。

特别重要的是，微博本身就是社交工具，在微博上的活跃度往往可以反映一个人的社交倾向。有观察者认为，女性用户在社交平台上是否活跃，取决于这里是否满足了她的社交需求，而女性的社交需求之一就是喜欢幻想。

于是，陌陌的推广方式一夜之间变了。它开始大量地和段子手、草根大号合作，"几乎穷尽了所有草根大号，后来还有不少'大V'"，主要方法是讲各种令人感动的爱情故事，然后把陌陌植入其中。

一个著名的案例是关于距离的，文案大体如下。

男孩和女孩异地恋，陌陌显示两人的距离永远是 1648km，女孩受不了提出分手。当晚，她发现两人的距离变成了 1.1km，再刷，变成了 0.9km……她恍然大悟，流着热泪打开了大门……

有一个搞笑的段子是"上厕所没带纸，用陌陌呼救，隔壁'雷锋'递纸"。可以肯定的是，这是陌陌推广早期在微博上做的官方品牌宣传。在当时移动互联网并不发达、多数网民对智能应用不了解的情况下，它生动形象地普及了 LBS 的玩法和陌生人交友的场景，顺带植入了陌陌的品牌。

人们通过这些案例开始知道，有个软件叫作陌陌，知道通过陌陌可以看到周围的人，"不管是'雷锋'还是仙女，都可以和他搭讪，哪怕是在厕所，都能找到隔壁蹲坑的"。

大量有些鄙俗但很搞笑的段子一时间在网上"横流"，吸引了不少用户。结合草根大号的微博推广方式，性价比非常高，单个用户的获取成本也就几角。于是，陌陌开始密集地在微博上做推广，除了调整推广内容，陌陌还会考虑自身用户群体的特性。比如，经过多次推广实践发现，晚间 20 点开始，陌陌在微博上的推广转化率会达到高峰。

一个到现在在知乎上还有无数用户参与的话题是：陌陌早期是否为了解决用户没有匹配对象而迅速卸载应用的问题，使用了机器人陪聊，抑或由员工"人工"扮演陪聊？这个问题没有得到陌陌官方的任何回应。不过 2011 年的陌陌不具备 AI（人工智能）能力，即使有聊天机器人，也不可能有很好的效果，最多是概念罢了。

在今天看来，唐岩是完全正确的——我的产品不如你，但我的市场和运营比你强啊。唐岩当时只关心一点，那就是获取新增用户，其他都是次要的。

在打磨产品的过程中，唐岩刷掉了大量人们认为"社交软件应该做的事"。

很多社交软件打"真实社交"的招牌,搞头像验证、身份验证、身份证上传、毕业证上传,有人也建议唐岩加入这些功能。唐岩否定了,因为他觉得这不符合陌生人社交的特点,他认为"现实中哪有先验证再搭讪的"。

有人主张做大头像,加入一些高颜值用户,让画面变得漂亮,唐岩也否定了:"单纯从颜值来判断,这个维度太单一了,容易让产品走偏。"

甚至还有很多女性用户提出,能不能用星座、爱好等作为筛选条件,唐岩说:"这些都是旁枝末节,即使有个别意见是对的,我们也不该把注意力放在这个上面。"

陌陌前运营副总裁郑毅写过一篇文章,回忆起当时经常发生的对话场景。

唐岩:"为什么我们在这里要加××功能?你们是怎么想的?"

其余人:……(心里吐槽:全世界所有的产品交互在这里都有××功能。)

唐岩:"说不出来就去掉。"

……

有意思的是,到3.0版本时,陌陌变成了最开始的遇见,遇见则变成了最开始的陌陌——遇见把之前的核心功能"圈子"降级,把找朋友的概念固定为产品核心,提供了"邂逅游戏""全球焦点""附近用户"等功能,方便用户找朋友;而陌陌则基于2.0的群组概念,重塑了一个LBS社区,添加了"留言板""好友动态"等功能,对基于固定地点的群组进行补充。

其中到底发生了什么?

如前所言,对陌陌的发展步骤,唐岩很早就定下了3步——第一步是人与人、点对点的沟通,第二步是群组,第三步是做内容的深层沉淀。

如果说陌陌的产品思路是一以贯之，那么遇见这么改，很大程度上是因为遇见创始人之一陈钢强的悄然离开。大股东潘晓旭主导了遇见后续的改版，其核心思想是把遇见做成游戏业务的一个流量池。对手的自乱阵脚让陌陌不战而胜。陈钢强与潘晓旭分开后，自己去做了ShareSDK——一款给 App 用的可以分享到社交平台上的 SDK，这款产品后来以数亿元的价格卖给了游族网络。

除了遇见，同在华南的 KKtalk 也在 LBS 交友上做了不少微创新。比如，它使用语音交友，这在当时不是每个团队都能实现的功能；又如，它允许用户自己在 App 上移动自己的位置，以便更好地交友。其创始人是中国最早的移动应用开发者罗伟东，合伙人王小导也混迹华强北多年，极接地气。强悍的技术实力和精细的运营策略让 KKtalk 曾经有不错的市场表现。

也有团队不基于 LBS 进行陌生人社交，如深圳的对面。对面的创始人是"80 后"广东梅州人周聪伟，他毕业于深圳大学，是赖霖枫的老乡、马化腾的师弟。按照周聪伟的描述，他是中国乃至全球最早做语音对讲类产品的人。2009 年，他就在塞班手机和 Windows Phone 上做了一款针对特殊人群的语音对讲类产品。2010 年年初，周聪伟在之前语音对讲类产品的基础上推出了一款叫蚁信的产品——有点像语音微博，综合了发信息的功能，还带动态，但这款产品并不成功。于是，2010 年年底，他把核心功能单独拿出来做了一款打通通讯录、代替短信的产品 Vimi Messenger（以下简称 Vimi）。这款产品上线后，周聪伟发现，同期的 kik 和自己的产品"神同步"。当时 91 助手的编辑看到 Vimi 后很惊讶，写了一篇名叫《这货不是企鹅》的文章放在首页。Vimi 一上线也很火爆，很快就有了上百万个用户，尤其在海外大受欢迎，很多华人和留学生拿这款产品代替短信。但随后米聊、微信杀入，让周聪伟觉得没有机会，就选择了撤退。2011 年下半年，陌生人社交重新热起来，周聪伟仔细分析了市面上的各种产品后选择从语音交友切入（这是他的老本行），但摒弃了 LBS。周聪伟的认知是，中国人包括大部分亚洲人还是比较内敛的，不是所有人都喜欢暴露自己的位置、想要在线下见面，于是就有了对面这款产品。对面在运营上很有特色，它当时在同类产品里留存率最高。周聪伟不仅是一位很有天分的产品经理，也是一个很好的商人，对面有很好的付费点设计，是为数不多的本身就赚钱的陌生人社交产品。后来，周聪伟的抓娃娃机生意也做得很大。

其实陌生人社交还有一个细分品类，即陌生人电话社交。向随机匹配的陌生人打电话，这需要迈过的心理门槛远超左滑、右滑或者发个"你好"，但还是有比邻、Hello、热聊等切入了这个市场。其中，比邻最初仅有的功能是随机匹配电话聊天，配合微电影营销之后其获得了第一批100万个用户。但很快比邻就发现，让用户漫无目的地找人，无法直接实现其需求。"用户需要话题对胃口才能深入聊天，比如我在向你发出申请的时候说，我被老板骂了一顿，很郁闷，你同意了我的请求，说明你对这个话题也是感兴趣的。"

为了提升匹配度，在第二个版本中，比邻将同时在线的用户集中到一张表中，同时引入话题概念，如"睡前故事""为你唱歌"等标签，此后还引入了群聊功能，动机和陌陌类似。但比邻没有结合LBS元素，它的团队似乎认为，用户只要能接通电话，那一切都不是问题。

陌陌神器进入用户心中

在一些人眼里，陌生人社交只是一个委婉的说法，它最终指向哪里，似乎不言而喻。更糟糕的是，见网友遭劫持的新闻屡见不鲜，微信、陌陌的名字越来越多地出现在其中。

与此同时，马化腾从2011年下半年就开始"以超乎寻常的热情关注微信的每一次迭代与用户数变化"。

不止一位微信早期员工告诉本书作者，在2011年年底微信即将突破用户数1亿人的前夜,马化腾"私下"来到腾讯广研,参加了所谓的"微信小年会"和"微信大年会"。在"微信小年会"上,马化腾奖励了20台最新款的苹果手机给微信团队,而在公开程度较高的"微信大年会"上,则奖励了微信团队一人一台MacBook Air,这一消息被迅速传到外部,成为当时年底晒年终奖的惯例报道中的一大亮点——马化腾对微信的态度也因此公开化。

2011年12月,微信第一次对外披露其相关数据:团队从10个人起步,现在是80个人;服务器数量现在有上千台;资金投入几亿元;总用户数为5000万人,其中有2000万个活跃用户,25~30岁用户超50%;用户主要分布在一线大城市,最多的用户是白领(24.2%)。

刚经历过3Q大战,腾讯可不希望第二次站到舆论的对立面上。唐岩却隔岸观火,心知肚明。开发陌陌的时候唐岩就说:"你们就做一个能知道大家都在哪里的'QQ'。"他把这个过程想得很简单:男女双方在进行充分的沟通之后结识,成为男女朋友。

于是很自然地,陌陌和微信走出了不一样的道路。微信做熟人关系,做通讯录好友,陌陌不做;微信以IM为核心,陌陌则强调发现,尤其是突出美女;张小龙认为的非主流,被唐岩当作立身之本。

但是,大家心目中的"神器"依然是微信。原因无他,微信和陌陌的用户体量有质的差距。2012年3月29日,微信用户数突破1亿人,而此时陌陌不过千万人,这意味着在微信上能加到的好友数量是陌陌上的10倍。

这让微信很头大,也让陌陌很沮丧、很失望。

同样觉得失望的还有罗伟东。2012年年初,KKtalk虽然有近千万个用户,但罗伟东看到KKtalk与微信的距离越拉越大,毅然决然地就此转向,于是有了极光推送。有意思的是,另一位移动IM的玩家方毅也在2013年与合伙人沈剑一起做了个推。极光推送和个推都是基于手机推送工具发展起来的大数据营销平台。

陌陌的转机来得让人始料未及。

2012 年 4 月，一个叫 Mike 隋（隋凯）的外国人一人分饰 12 个角色的搞笑视频在微博上疯狂传播。在视频中，陌陌被 Mike 隋推荐给想要认识中国女生的外国友人。随着这个视频被转发 40 多万次，陌陌一夜之间有了能和微信分庭抗礼的知名度。

据说，这个视频至少陌陌带来 200 万个新用户，这让陌陌的名声彻底打响，甚至扩散到五六线城市。

有人撰文称，这是陌陌一次成功的视频营销策略。在外界看来，至少陌陌当时默认了这个头衔，从来没有予以辩驳，但当时唐岩个人在所有采访中都反复否定这件事。

此举也正中微信的下怀，微信是注定要成为全民应用的，负面的名头爱给谁给谁。

微信从此在熟人社交的路上狂奔，2012 年接连推出朋友圈和公众号等产品。而陌陌也正是从那一年起背负恶名，直到今天仍未摆脱。

这个恶名让陌陌在和诸多陌生人社交 App 的竞争中抢占了一个很好的卡位，它基本上等同于陌生人社交的代名词了。陌生人社交赛道一直处于火热的状态，但不管哪个新的 App 杀进来，都在给陌陌带量。也就是说，陌陌吃掉了整个陌生人社交赛道的一大半红利。这让陌陌一直处于极度有利甚至几乎是躺赢的竞争位置。

与陌陌前后脚问世的友加一直很凶猛，也一直咬着陌陌，直到其上市前。友加的 3 个创始人都是"70 后"，创始人之一邹岭是中国最早的商务社交网站若邻的创始人。2011 年年初，邹岭偶遇了曾创办沃勤科技（后被 MTK 收购）的胡铸韬，邹岭提出做手机社交软件的想法，两人一拍即合。邹岭又拉来自己大学宿舍上下铺的同学蒋明亮。蒋明亮也是一位行业老兵，加入友加前他在日本 Livedoor 旗下多来米中文网主管过无线增值业务。于是，3 人一起创办了友加。2011 年 6 月，友加的功能机版上线，同年 9—10 月，安卓版和 iOS 版相继上线，并提出了一个极其温情的口号：全世界陪你说话。

友加是陌生人社交里实力最强的（除陌陌外）：产品的成熟度与遇见有一拼；运营策略上和对面一样充分把游戏策略运营到极致；和KKtalk一样将"LBS+语音交友"作为其竞争门槛；后期还引入秀场玩法，完全是升维攻击；推广上多管齐下，胡铸韬是从"山寨"手机的红海里杀出来的，产品一上线就在华为、中兴、天宇朗通、联想及一些贴牌手机里搞预装；它在品牌上也舍得投放，"90后"社交、三四线（小镇）青年等提法都引领一时；就连融资也和陌陌比着来，阵势上一点也不输。

但就是友加这样超级强悍的对手，也赶不上陌陌，更遑论其他产品了。原因很简单，整个陌生人社交行业只分陌陌和其他，友加再努力，也只是在"其他"里折腾。

也有人在社交媒体上讨论，负面标签会不会让陌陌的品牌形象受损，让用户期望发生变化，让社交氛围变糟，甚至吓跑很多新用户。

知乎达人徐怡然写过一个很经典的关于陌陌运营的回答，让我们来看一下大概内容。

徐怡然发现，陌陌的负面标签推广开来之后，却几乎没有副作用，甚至相比其他不承认负面标签的竞品而言氛围更好、更干净。

如此神奇的负负得正效应，陌陌是怎么做到的？

首先，这个标签只作为段子戏谑宣传，从未出现在正式场合。这个度把握得非常好，既可默认也可否认。因此，也就有了一年多以后官方姗姗来迟的否认——当它不再需要之时。

其次，其产品内部的反垃圾和反色情措施是同类产品中力度最大的。

唐岩强调，其实陌陌是国内控制最严的平台，通过用户举报、关键词过滤等，陌陌封禁了近百万个账号。换句话说，打开陌陌，其实并没有不良信息扑面而来。正因为扛着负面大旗主动污名化用户，歪打正着激发了用户的自我保护心理，进而对用户的行为产生了警告和约束，最终反倒净化了氛围。

负责运营的王力还讲了一个有趣的细节：为了避免女性用户受到过度打扰，陌陌成立了一个七八人的小团队，专门处理类似投诉。其大致比例是每300万条信息中会有2万条投诉，但有效投诉只有不到1万条。

反观其他几个同类App，氛围过于单一，有需要的用户不会天天刷，不需要的用户更不会天天刷，游戏运营化做得再好，也不过饮鸩止渴。

用一个当时经典的总结来说：男性玩陌陌是想试着约会，女性玩陌陌只是想验证自己的魅力，各获所需。

陌陌一度在这根红线上把握得非常精准，充分利用了噱头，不仅完美地避开了风险，甚至还用污名化的方式约束了用户，进而提高了活跃度。

这之后，陌陌还做了一件让对手们哭笑不得的事情，就是花大力气把自己正面化。

2013年5月草莓音乐节上，陌陌首次推出一段名为"我是陌陌分之一"的视频广告。通过摄影师编号223、说唱歌手呆宝静、社会观察员MC仁、文身师大飞、公益创业家安猪这5位个性迥异的角色独白，表达和而不同的人文理念，并将"我是陌陌分之一"作为陌陌的个性标签。

这被认为是陌陌自身的一次品牌升级。唐岩说，陌陌一直希望传递"社交是美好和健康的"这个概念，但被带偏了。这是明面上的话，实际上它这样做是为了让女性用户有更好的留存率。这些措施让陌陌成为当时对女性用户最友好的陌生人社交软件。

"互联网手机"时代来了

刷机开路的小米

如果按照黄金分割法，2011 年 8 月是 2010—2015 年这个创新周期的黄金分割点。这纯属巧合，但我们惊奇地发现，2011 年这一年的几乎所有大事都发生在 8 月。

2011 年 8 月 16 日，雷军在北京 798 艺术中心发布了小米第一代手机 M1。

在 M1 诞生的前夜，中国市场上的手机格局大致是：iPhone 是金字塔的塔尖，其次是各大知名厂商的安卓手机，底部则由 MTK 提供整体解决方案的各类小品牌和"山寨"手机组成，可以说是一个异常复杂的市场。

小米手机最初的口号是"为发烧而生"，这也是当年发布会的宣传语。雷军声称，小米手机将定位手机发烧友用户，并誓言"要做世界上最好的手机"。

小米的初代手机在 CPU 上采用高通 1.5GHz 双核处理器，是世界上首款 1.5GHz 双核处理器智能手机，其搭载的 Scorpion 双核引擎比其他 1GHz 单核处理器手机的性能提升了 200%，和其他双核处理器智能手机相比性能也提升了 25%。1GB RAM+4GB ROM 容量，800万像素后置摄像头 +200 万像素前置摄像头，在当时也是顶配了，这基本符合"发烧"的定义。

但即便从当时的视角来看，M1 也并不完美，称不上"世界上最好的手机"，从硬件配置来看更说不上高端（高端和"发烧"是两个概念）。从外观来看，屏幕只有 4 英寸，边角略显圆胖的 M1 没有那么漂亮，在小米的对手看来，M1 不过是一位刚入门的产品经理（雷军）带着一位没有话语权的设计师（刘德）与一位保守的工程师（周光平）合力打造的平平之作。但是当时，以 1999 元的价格提供这样的配置，从性能上可以直追 3000～4000 元档次的品牌安卓手机，从价格上可以力压千元左右但是功能远远不如它的杂牌手机，小米的市场定位可谓十分精准。

小米赶上了安卓生态从早期初创到爆发扩散的核心生态红利期，这个阶段的安卓手机因其较高的开放性和较低的价格成为许多用户购买智能手机的首选。但是，当时几乎没有针对中国用户习惯和消费能力进行定制化生产的安卓手机。

无论是摩托罗拉、HTC还是三星，本质上都对中国智能手机的市场爆发缺乏足够的敬畏和预见，所以它们的产品无论是价格还是功能，都对中国用户的不太友好。

相反，小米从刷机一路走来，一直遵循着"根据中国用户需求开发""10万人的研发团队"等传播调性，充分利用了互联网来迎合用户，加上出色的性价比，自此在数年之内几无对手。

小米创立的神来之笔，在于还没有生产手机之前就开始积累粉丝，用黎万强在《参与感》一书中提到的词来说，这叫"用户开发模式"。其实，这不仅是开发模式，更是营销模式，因为黎万强以前在金山负责设计，但到了小米，雷军让他负责营销。

黎万强研究了当时正红火的凡客和OPPO的营销模式，决定效仿凡客大打路牌广告。但雷军否定了这个方案，他告诉黎万强，他希望小米的营销有效而不花一分钱。于是，做社区媒体和搞粉丝经济就成了黎万强唯一的选择。

黎万强抛开了最初努力研究的凡客和OPPO的营销案例，改为分析谷歌Gmail的爆发，以及韩都衣舍和三只松鼠的走红。他最后得出的结论是，以下3个因素导致口碑将成为小米乃至一切互联网品牌的核心。

1. 信息从不对称转为对称。

2. 信息传播速度暴增，范围扩大。

3. 通过社会化媒体，每个人都是信息节点，每个人都可能是意见领袖。

黎万强因此总结，小米的营销本质一定是口碑营销，这套系统包括 3 个核心，即发动机、加速器和关系链。

发动机在这里指的是产品本身，产品不好，一切免谈。

所以，小米在优化 MIUI 时注重带来颠覆性的体验。在"2010 变局也是开局之年"一章中，我们就讲过 MIUI 的突破性体验，如帧数优化。总之，在 MIUI 的体验赢得几个关键的口碑节点后，小米开始选择以微博为主要渠道。这也是黎万强说的"前 50 万个粉丝是在论坛发酵的，从 50 万开始就靠微博了"。

黎万强反复强调，社会化营销的核心，就是让用户有足够的参与感，让用户觉得自己和品牌是朋友。其中的三大策略是"做爆品，做粉丝，做自媒体"，三大战术则是"开放参与节点，设计互动方式，扩散口碑事件"。

这个营销体系是有自己的核心的，其中最核心的当然是当时小米的 100 多位工程师，"核心的边缘"是论坛人工审核过的 1000 位"有极强专业水准的荣誉内测人员"，再外围是"10 万个对产品功能改进非常热衷的开发版用户"，最外层是 MIUI 稳定版的用户。这构成了小米不断和用户互动的机制和架构。

其中，"1000 位荣誉内测组"被戏称为"荣组儿"，他们每天都可以测试新的升级版本和功能，沉浸在参与的乐趣中，和早期的无线电爱好者一样不能自拔。小米后来统计，MIUI 发布到第 4 年的时候，全球用户主动反馈的帖子已经有 1 亿个，这是世界上任何手机都不曾有的开发模式。

这种让用户充分参与的模式令人着迷，也就是黎万强口中的"参与感"。

这有点类似于后来的众筹——在产品还没有发布的时候，用户就加入了期待的队列。这为小米后来的井喷式发展奠定了广大的群众基础，"米粉"这个词也因此诞生。应该说，除了小米，中国乃至世界上没有任何一家手机公司与它的用户之间能保持这样一种关系，苹果没有，华为也没有。

还有一个非常有趣的插曲是，米聊早期的推广是借助了 MIUI 的。作为当时最红的 ROM，MIUI 被预装或者刷机到无数的早期安卓智能手机上（2011 年下半年这个比例是 20%），这成为米聊不用花钱就能推广的最好的办法。但是 2011 年 8 月 16 日小米正式发布 M1 后，MIUI 的这种优势就不存在了。因为很多敏感的手机厂商立刻意识到，再预装米聊无异于助推小米手机，于是米聊就成了被放弃预装的那颗棋子。

也许，如果米聊的用户增长达到了微信的程度，就不会有小米手机了。因为当时小米的资源不支持同时做两件如此重要的事情。但米聊败了，小米就回到了踏踏实实做手机的原点。

从一个品牌的成长来说，小米手机完全创造了一个奇迹。从早期通过 MIUI 培养核心用户，然后过渡到在微博上形成庞大的粉丝群体，再到逐步爆出定价和配置吸引粉丝的关注，可以说 M1 在问世之前，已经完全具备了一个爆发性消费事件的所有要素。这使得小米在非常低的营销预算的基础上，完全形成了一套自己的爆发路线，使中国手机发展史上第一次出现了"互联网手机"这一品类。

这里的"互联网手机"，指的不是能够上网的手机，而是完全通过互联网实现粉丝聚集、高互动和强参与感、爆发性事件营销等一连串打法而产生的极具影响力的主流手机品牌。这对整个业界有巨大的启发意义。

看懂小米模式的周鸿祎找上华为

当时能看懂小米模式的人并不多，业界抢先看懂的是雷军"一生的宿敌"周鸿祎——你的敌人果然最懂你。周鸿祎告诉本书作者："这不就是免费理论在手机行业的应用嘛！"在周鸿祎看来，这些都是他在安全领域玩剩下的套路。

2011 年下半年，周鸿祎频繁地往返深圳和北京两地。在当时华为互联网业务负责人朱波的引荐下，周鸿祎见到了华为终端业务的负责人余承东。

华为当时确定要进军消费者品牌，任正非也确定做高端的指导思想，但怎么做，以及要不要兼顾运营商和线下渠道，华为都还在"找北"。小米的横空出世让华为上下一片哗然。拿华为前终端首席战略官芮斌的话来说：小米来势汹汹，华为不能不接招。

于是，360 和华为走到了一起。

这个过程中还有一个助推的变量，那就是点心在 2011 年年中买下了由苏光升创办的安卓优化大师，开始放弃做 OS 的路径。点心合伙人之一张伟华带着一伙人投奔了周鸿祎。张伟华曾经在天极和盛大待过，是行业老兵，在 SP 业务领域混迹多年，与各路手机厂商有着或深或浅的交情。在点心期间，他做的也是与各路手机厂商商讨和测试点心 OS 的工作，其中华为作为张磊的老东家，与点心的合作进展最深入。因此，张伟华也帮着周鸿祎推进了华为这条线。

按照张伟华对本书作者所述，一起做特供机，华为是有诚意的，并讨论过合资创办公司的可能，但 360 不同意。360 的算盘是打造一套社会化的营销体系，帮各个手机厂商卖手机，周鸿祎的计划是每个月帮一家手机厂商卖一款手机。所以 360 和华为一开始采用的是项目制的方式合作。

360 特供机在打法上是克小米的。首先是性价比，比照着小米来，只有更便宜；其次，这些传统手机厂商本身是有品牌的，它在品牌上没有劣势；最后，周鸿祎也是营销高手，善于利用微博等工具借力打力，造势做局。

当然，360 做 360 特供机不是光赚吆喝的，这些手机里得预装 360 的 ROM 或桌面等系统产品，相当于让手机厂商在线上平价卖手机，同时还预装自己的互联网产品。这实在是一步精心设计的好棋，也在 2012 年开春让小米陷入巨大的被动中。

2012 年 5 月 4 日，周鸿祎在微博上称 360 要进军手机市场。他说，公司作为开放平台，未来不做硬件，而是会和国内外手机厂商合作推出多款零利润特供机。5 月 10 日凌晨，余承东在微博中证实将与 360 合作推出智能手机，并称该手机的性价比将超过小米手机。两人一唱一和，360 与华为联合做手机的事情就此天下皆知。

按照公开材料，第一款 360 特供机华为闪耀配置 4.3 英寸 QHD（960 像素 × 540 像素）分辨率的平面转换（In-Plane Switching，IPS）屏幕，MTK 1GHz 双核处理器，1GB RAM+4GB ROM，售价 1499 元，性价比直逼当时的小米手机。

360 与华为推出特供机的消息一出，小米上下有些被动。

这个时候，小米 M1 刚刚度过产能爬坡期，开始上量。由于华为闪耀与 M1 在配置上相差无几，价格上更是便宜 500 元，M1 的竞争力一下就被消减了。小米的首选是降价，但贸然降价，对之前的"米粉"怎么交代？以及降价后就一定有销量吗？这些灵魂问题招招拷问着雷军、黎万强和小米团队。

如前所言，小米开创了"互联网手机"这个品类，但 360 特供机处处针对小米，特别是与华为联合推出闪耀这"第一枪"，如果命中，对小米来说将相当致命。这是小米创立以来的第一个生死时刻。

幸运的是，在这个关键时刻，华为并没有和 360 走下去。

一个急需在移动互联网领域寻求突破，一个渴求在互联网营销上找到捷径，这样看似完美的"联姻"，谁也没有想到之后发生的一切会为其蒙上一层阴影。

可以说，周鸿祎发起的 360 手机与小米手机的 PK，既是 360 与华为合作的开局，又是合作的变局。

与华为敲定特供机合作后不久，周鸿祎就率先发难，仗着这款特供机向小米手机频频"开炮"，根本无心顾及华为。没过多久，有关华为与 360 的合作或将流产的传闻纷至沓来，余承东也忍不住在微博上调侃："看来有人不希望华为和 360 合作哈，老周（指周鸿祎）咋看？"

但实际上，双方的合作已经开始出现微妙的变化。

后来与360合作的TCL，在华为之前推出了型号为AK47的特供机，让360与华为的合作陷入僵局，甚至可以说面临破裂。虽然360通过微博回应称，与华为合作顺利，特供机闪耀将于8月销售，周鸿祎当即转发了该微博，但华为方面则回应称合作仍在商谈中。这令"特供机流产"的说法扑朔迷离。

根据腾讯科技的报道，360在回应的同时加紧了和华为就360特供机推出的谈判，不过由于其和小米的口水战及与TCL合作率先推出特供机的影响，华为内部的态度已非常明确，不会考虑在这样的情况下推出360特供机。

对于华为而言，从给运营商贴牌做手机到自己做华为品牌的手机，其本身的技术和经验毋庸置疑。华为更看重的是互联网式的营销策略，尤其是希望能够复制小米手机的成功，这也是它当初与360合作的初衷。但周鸿祎的表现让华为内部认为，周鸿祎只是想借华为的手打小米，并非帮助华为卖手机。

据说，余承东跟周鸿祎开完合作发布手机的发布会回去，就被任正非骂了一顿。因为两家的打法大相径庭，360是要高举高打、营销攻坚，华为是要先做后说、排好队伍往前拱。任正非骂余承东"说得太多"，周鸿祎说"我教不会一只老虎在沼泽里打架"。

比起华为，TCL、海尔等虽然是老牌，但社会影响力不够，产品也没有什么竞争力，所以虽然360之后与TCL、海尔各自合作推出了新款特供机，也都走了一些量，但并没有掀起太大的波澜。

周鸿祎对手机是"真爱"，他在推特供机的同时，360围绕刷机市场也与腾讯兵戎相见。故事梗概是，腾讯抢在360之前投资了从深讯和出来的刷机大师，刷机大师创始成员文博带着团队又拿了360的钱，自立门户创建了刷机精灵。腾讯听闻后收购了刷机精灵，让360竹篮打水一场空。这个故事堪比刷机领域的《无间道》。

更多的创新开始出现

林志玲开启性感的 LBS 时代

2011 年 5 月 17 日电信日，高德举行新闻发布会，正式推出高德地图 App，这标志着地图这个移动互联网"基建三件套"的最后一个模块落定，中国的互联网 SoLoMo 时代从概念的云端降入凡尘，O2O 和本地生活消费由空对空的 LBS 形态变成落地模式，进入普罗大众的日常生活。

推动手机地图这个产业大跨越的，是一个叫郄建军的人。

2010 年 1 月，郄建军进入高德，哈尔滨工业大学毕业的他是移动通信和地图界的元老级人物，1993 年加入摩托罗拉，参与推动了码分多址（Code Division Multiple Access，CDMA）、全球移动通信系统（Global System for Mobile Communications，GSM）、Wi-Fi 等技术在国内的首批商用。从 2007 年起，他在四维图新和 Here 地图的合资公司担任总经理，推动了导航地图在中国的大规模车载前装（出厂前预安装）和手机预装等。兼具手机和地图行业深厚背景的他被高德相中，高德专门成立了移动业务群，由他来主导。

在郄建军进入高德时，高德已经初步有了自己的移动产品，即高德导航（不是高德地图）。这个产品收费 99 元，一直在 App Store 收费软件榜上名列前茅，付费用户最多时有 200 万人。对于高德来说，传统的商对商（Business to Business，B2B）业务才是大头，如当时高德授权三星手机预装高德地图，每年收费 1 亿多元。

郄建军很直率地告诉本书作者，自己进高德，就是冲着移动互联网浪潮来的。对手机通信和地图都精通的他已经模糊地感到，"地图应用应该是移动互联网应用的基石之一，高德公司只有朝移动互联网方向发展才有希望，要免费让用户使用地图和导航、让手机地图成为生活服务的流量入口，并且和当时已经形成气候的本地生活服务、

O2O 等构成生态"。这些想法使得郄建军在专注于 2B/2C 传统导航地图收费模式的高德里相当另类。

郄建军加入之前，高德手机地图产品是汇集了各种数据但不带导航功能的迷你地图，郄建军主导开发了高德地图这个产品，从醒目的蓝色纸飞机图标设计，到全图形界面及漂亮的地图渲染，这些高德地图至今沿用的鲜明特征，在一开始就规划了进去。最关键的是，推出了在线导航，而且完全免费。

地图行业的商业模式就是导航功能的收费，不论是车载前装还是手机预装。这个完全免费则直接"革"了地图行业的"命"，颠覆了传统的商业模式。这款产品一上线就得到了用户的热烈欢迎，从此地图的免费模式深入人心，为地图 App 的普及奠定了良好的基础。但这一做法自然在公司内部和行业里引发激烈的反对。郄建军坚持认为"免费模式是移动互联网的基本特征，不但导航要免费，实时动态也要免费。这样才能让手机地图的用户价值最大化，用户量才能呈现爆发式增长，最终高德地图才能占据行业的龙头位置，新的商业模式才能在此基础上重新构建出来"。

改变行业的重大机会也在郄建军加入高德不久后从天而降——谷歌退出中国内地市场。原本中国的安卓手机都是默认装谷歌的 GMS 应用套装的，其中谷歌地图也是重要应用之一。但由于谷歌整体退出中国内地市场，谷歌地图自然也把服务器搬走了。中国的手机厂商感到该应用服务不能保证质量。郄建军敏锐地感知到重大机会的来临，一边迅速组织开发全新的高德地图 App，一边迅速在中国的前几十名手机厂商及生态链上全面出击，用高德地图替换谷歌地图。这可以说是高德地图突破谷歌和百度在中国地图市场的垄断地位并迅速崛起的胜负手。

2011 年这一年，高德地图的用户达到 4000 万人，相当于当年微博三成和微信五成的用户量。

关于高德地图和郄建军，还有一件事是大家津津乐道的，那就是引入了林志玲语音包。郄建军为此亲自带队去台湾，配合林志玲录制了 3 天。虽然当时林志玲感冒了，但她还是带病坚持完成了这次录制。这次合作虽然只付出了 600 万元，但从前不为人知的高德一下子就和最时尚、最性感的符号联系了起来。

高德地图通过手机厂商免费预装和市场运营等多种手段，很快在 2011 年起量。百度也随即意识到移动地图市场的重要性。百度有一个优势，那就是百度地图在 PC 端已经推广了很多年，在谷歌退出中国内地市场后更是占据了 80% 以上的市场份额，在用户的认知中其相当稳定。

此时的百度有充裕的现金流，在平均付费 1.5 元预装一台手机的加持下，百度地图也在移动端迅速起量，到 2013 年年底其总体规模和高德地图基本相当。

百度地图起势的这一年，也是"铁娘子"王梦秋在百度直接管产品的最后一段时间。王梦秋治下的百度产品部门狼性十足，一个项目分成两个团队做，做不好的就直接淘汰。

百度对高德冲击很大的另一点，是信息点（Point of Information，POI）的采集。高德地图的数据采集需要线上线下多次确认，耗费大量人力和物力，这也是高德收费的倚仗。而百度地图采取互联网打法，有比对就上，这样在速度上快很多，但也留下了诸多隐患，引发很多腐败问题。

同时，百度一直在用激烈的手段从高德挖人。2012 年一年时间，百度地图部门从 200 人扩张到 1000 人，其中两三成来自高德。挖人最激烈时，百度人事部门专门在高德的办公楼旁设了一个点，不停地向楼里打电话。高德的管理层逐渐发现，包括自己在内，几乎所有高德的员工都收到过百度猎头的电话。最后，公司创始人成从武决定，把高德总机直拨分机号的功能关闭，所有找内部员工的电话必须通过总机人工转接。

另一个从高德不断挖人的公司是腾讯。腾讯地图的起源与其公司联合创始人、CTO 张志东大有关联。2010 年，腾讯进军团购，但因为自己的地图很多功能不全，如没有搜索功能，于是腾讯只能在团购网站中嵌入百度地图。有一天，这件事被张志东发现了，大骂为什么用百度地图而不用自己的产品，于是腾讯地图部门成立。腾讯研究院此时也正在孵化地图产品。在讨论这个产品的时候，大家觉得地图应该与搜索有关，于是被划到腾讯搜索业务 SOSO 下。也就是说，腾讯内部一下子有了两个地图团队。这两个地图团队互掐了半年，最后合并又融合了半年，啥也没干，时间就过去了，用了一年时间才终于理顺了工作。不料 2012 年 5 月又遇到腾讯组织结构调整，地图产品被划到 MIG（移动互联网事业群），但 MIG 当时已经有 QQ 手机浏览器和 QQ 手机管家这两个产品，这就造成虽然腾讯高层很重视地图产品，但在 MIG 内部，地图团队的权重一直不高，吴军等人的离开更让其处于弱势。等腾讯地图终于找到"街景"这个"单点"破局的时候，已经是 2013 年，整个地图市场大局已定。不客气地说，腾讯地图的历史窗口期基本上是在腾讯内部管理架构没有理顺的情况下被耗掉的。

阿里也在 2010 年就认识到了地图的重要性。2010 年 8 月，阿里花了 3600 万美元，收购了高德的竞争对手之一易图通 60% 的股份，王坚也成为易图通的董事。

王坚一直在推动易图通像高德一样做移动互联网转型，但收效甚微。最后王坚向马云建议，先投资高德进而全资收购高德。阿里眼见高德转身移动互联网十分成功，就将其全仓拿下。

不起眼的 WiFi 万能钥匙

2011 年，除了高德地图，还诞生了一款同样属于基础建设的国民应用——WiFi 万能钥匙。

WiFi 万能钥匙的创意是由陈大年亲自提出的，但这个创意在盛大创新院里没有得到太多响应，始终没有组建起一支强大的团队。最后陈大年说，"那我自己来做好了"。

大家熟悉的 4G 网络，是在 2015 年 2 月 27 日中国电信和中国联通获得 FDD-LTE 牌照后，才真正进入普及期的。所以 WiFi 万能钥匙诞生的时代背景是，3G 网络的速度不够快，4G 网络刚刚开始普及但资费较高。

在手机套餐的流量普遍只有几百 MB、超出部分 1MB 收费 1 元的时候，几乎每个人的手机上都配备了 WiFi 万能钥匙。它能够帮助用户自动获取周边的免费 Wi-Fi 热点信息并建立连接，简单说就是帮助用户"蹭网"。不需要密码，不需要付费，只要先打开自己的流量，再用 WiFi 万能钥匙随意连接一个 Wi-Fi，就能上网了。

对自己的初衷，陈大年在接受本书作者的采访时讲得很细。回忆起自己刚上网时把自己编写的上网计费软件共享的往昔，他在内心觉得，互联网改变了自己的命运。所以他特别希望实现网络免费化，让更多上不起网、上网时间短的人能够上网，通过网络找到他们的机会，进而改变命运。为了实现这个目标，WiFi 万能钥匙通过共享的方式，盘活了大量的闲置网络资源，用较少的基础建设提高资源利用效率，帮助人们免费上网。

WiFi 万能钥匙并不是一个破解软件，它的解决方案是"分享"用户积累的密码。

在安卓系统中，有一个文件专门用来存储用户使用过的 Wi-Fi 密码，并且是明文、没有加密的。早期的 WiFi 万能钥匙会读取这个文件，将文件内容上传到连尚科技的服务器中，不断地收集和积累数据。

这个服务器上维护着一个 Wi-Fi 数据库，其中包含 Wi-Fi 名称、路由器 MAC 地址、Wi-Fi 密码、位置等信息。用户需要连免费 Wi-Fi 时，WiFi 万能钥匙将周围扫描到的 Wi-Fi 热点上传到服务器，服务器在后台查询到密码后再返给 App，供用户使用。

由于一台手机通常连接过十几个甚至几十个 Wi-Fi，一旦用户安装了 WiFi 万能钥匙，这些连接过的 Wi-Fi 密码就都暴露了。其结果就是：越多人安装 WiFi 万能钥匙，就越容易获得密码。

尽管不断有人批评 WiFi 万能钥匙存在种种安全隐患，但用户的需求是很诚实的。以几年后的数据来看，这个产品做到了 5 亿个用户、月活 2.3 亿人、最高日新增用户 200 万人。按此计算，WiFi 万能钥匙已经成为当时除微信和 QQ 外下载量最高的第三大移动互联网产品，而这个团队到 2015 年年初也只有 36 个人。

在篱笆网联合创始人、曾担任陈大年助理并帮助其管理过 WiFi 万能钥匙一段时间的徐湘涛看来，WiFi 万能钥匙的原理看似简单，实则需要精细化的产品设计。比如，如果用户手机信号强度在 20% 以下，信号太弱，就不建议用户连接。

然而在众多安卓手机中，有的手机在设计上给出的信号强度显示本身就是不准确的。为了解决这个问题，技术团队对市面上能买到的上千台安卓手机的信号强度都做了测试，给出每台手机的参数值，并建立数据库提供给用户做参考。

WiFi 万能钥匙还在上市初期阶段做了一些活动，如免费分享 Wi-Fi 可以得 iPad 等抽奖机制，以激励用户分享。

在用户留存率并不高的阶段，团队开始调查用户痛点。团队发现一个规律：某个地点突然出现一批新增用户，这往往是因为这个地点附近的某个 Wi-Fi 的主人向平台分享了自己的热点。但这种个人或小机构分享的热点承载能力有限，真正有承载能力的是移动或电信布设的公共热点。于是，陈大年开始每个月花费几百万元采购运营商 Wi-Fi 免费给用户使用，以增加无处不在的热点服务。

当时还有一些专门给小商家装 Wi-Fi 的公司（这个行业现在基本消亡），WiFi 万能钥匙就和这些公司合作。这些公司发现，很多用户第一次使用 Wi-Fi 时，给了密码也不会连，因此经常抱怨；而加入 WiFi 万能钥匙后等于向所有用户公开了密码，这样只要用户会打开 WiFi 万能钥匙，就能联网。这又让 WiFi 万能钥匙增加了无数"小白"用户。

当连接成功率达 70% 时，用户定格在了 5 亿人。此刻，腾讯、美团、阿里都杀入了免费连 Wi-Fi 的赛道，这对它们来说是用一点投入换取大量用户数据的好机会。

WiFi 万能钥匙应对的做法是，请那些比较热心的用户连上热点以后帮忙完善热点信息，如热点属于哪个商家，是酒店还是餐厅，以及位置、名称等基本信息。这种做法有点像早期的 Foursquare，是手动的。但由于用户基数庞大，仅仅如此，发展两年后的 WiFi 万能钥匙就建立了超过 10 亿个热点精准坐标。

蚂蜂窝带火旅游分享 UGC

2011 年 8 月还发生了这样一件事：陈大年当年刚上互联网就认识的老友、上海热线的副总经理陈伟，遇到了自己在上海交通大学的师弟、计算机系研究生夏之晟和黄天赐。两人找上陈伟，是因为他们仰慕陈伟在盛大网络担任运营总监（2005 年陈大年邀请陈伟加入盛大）的过往，想和他讨论一起做手游。但在游戏圈混迹多年的陈伟直接否决了这个建议，而是结合自己的旅游经历，建议他们一起做移动端的旅游分享 UGC 项目，也就是后来的在路上。

最开始，陈伟自己出钱并担任 CEO，夏之晟担任 CTO。担任 CMO（首席营销官）的浦明辉有德国留学经历，曾经背包环游 20 多个国家，在极负盛名的第一代驴友网站绿野户外网担任过市场总监。这是一支很完整的团队。

2012 年 1 月 19 日，在路上的 PC 端网站和 App 同时上线，上线之初就同步推出了 iOS 和安卓客户端。

在路上创办之初恰逢 2012 年春节，陈伟的团队在产品上线前就在微博上进行宣传。在他们看来，前期的微博营销和预热是春节期间产品用户突破 10 万人的关键所在。另外，他们还接触了各类媒体和沙龙，以多种方式提高曝光率。一年下来，在路上对外宣称用户达到500 万人，并拿到了红点创投领投的 A 轮融资。

在路上的功能设计颇为不凡，用户不仅可以在旅途中随时记载图文信息，系统还会按照图文记录的时间进行位置排列。等旅行结束，呈现在网络上的就是一份很清晰的依据时间轴排列的图文游记。这种做法很有高级感。

陈伟把在路上的总体功能大致分为两块：一块是提供给暂时没有出游计划、但是有旅行欲望的年轻人，他们可以通过在路上看到很多人的旅行直播；另一块则是提供给正在出游的人群，让他们边走边记录，也可以在微博上做直播。后者的概念可谓惊艳，要知道，当时还没有朋友圈这种"晒图神器"。

对此，陈伟说，旅游 App 是一种美好愿望的载体，即使只读攻略，用户也仿佛置身旅途之中。但在这个过程中，如果用户一"入境"就有大量的酒店和民宿广告来打扰，用户自然会感到厌恶，甚至会怀疑攻略内容是不是在做营销。相反，如果用户对目的地有了足够的兴趣，真的想策划一次旅行，不失时机地推出这些信息，就是一个更好的选择。

当时，在路上重点发展国外游，推行一种叫"Local Deal"（本地交易）的设想，也就是随着游客地理位置的移动——特别是出国，推荐当地商户和服务。这是一套以 UGC 为导入、以 LBS 为支撑、以在线旅游平台（Online Travel Agency，OTA）为落地的闭环打法。浦明辉向本书作者感慨，如果这套打法坚持下去，可以和当时已经在做 POI、和大型 OTA 对接的蚂蜂窝（后更名为"马蜂窝"）走错位竞争的路子。

在路上一直关注甚至对标蚂蜂窝。后者早诞生了 6 年，其在旅游爱好者方面的积淀和对长篇大型攻略的大数据化，让在路上羡慕不已。所以在路上一方面牵手《孤独星球》杂志，以弥补自己创立时间太短、积累太少的短板，另一方面推出了迷你攻略这样的产品，更方便移动用户使用。

在陈伟看来，蚂蜂窝、穷游一类有 PC 互联网时代印记的产品是"前辈"，但只有在路上是满足了出游中随时随地进行碎片化分享需求的产品，它更轻也更移动。这是他的创业初衷。

有意思的是，虽然在路上对标蚂蜂窝，但蚂蜂窝在 2011 年选择了与在路上完全相反的策略。

2011 年夏天，蚂蜂窝拿到了由今日资本领投的 500 万美元 A 轮融资。这对于成立只有 5 年、商业化只有 1 年的陈罡和吕刚团队来说，是个美妙的开头。

蚂蜂窝的创始人陈罡选定攻略作为蚂蜂窝的主打产品，即通过前端社区海量用户的 UGC 数据，形成旅游攻略，再通过结构化的数据，帮助用户做出旅途中的消费决策。

这些攻略和当时散发在各个论坛上的游记的区别在于，它们是格式化的。

首先，它沉淀出了一种从签证、出关、交通，再到住宿、餐饮、购物一应俱全的百科全书式的模板。然而，这些模板并不是千篇一律的。蚂蜂窝提供的旅游攻略和路书，内容整合自上百万个注册用户的游记信息。对同一个目的地，不同的人可以贡献不同领域的内容。也可以说，一个人的旅途有无数个已经去过的旅行家在帮助他指引方向。

另一点很重要的是，蚂蜂窝的内容是随时更新的，很具实时参考价值。

陈罡说，蚂蜂窝没有设置版主，本质上不把社交网络看作论坛。版主是为了管理，而社交网站可以设置机制，用产品和规则来管理。人工管理是非常低效的方法。

大家今天看到的蚂蜂窝首页的攻略叫作"蜂首"，这也是它区别于其他网站和平台的一个重要特点：把最好的位置全部留给能产生高质量内容的用户。对于很多用户来说，自己分享的攻略能上蚂蜂窝的首页，是一件无比有成就感的事。因此，大家会精心地挑选和修饰自己的照片。

"蜂首"都是打分评定出来的。能上"蜂首"的攻略，一定有非常多的用户参与互动。在众多帖子里，蚂蜂窝会做排期。因此，很多用户上"蜂首"之后会马上截屏，发布到他的 UGC 里去。这对于用户来说是一件特别开心的事。

蚂蜂窝的后台是开放的，很多旅游爱好者会修改或更新里面的内容；而网站方会定时地检查这些更新内容，最终在制作攻略 PDF 时进行人工审核并拍板。

在 App 上马的次序上，蚂蜂窝也与在路上大有不同。它选择先做矩阵，再做主 App。蚂蜂窝的第一款应用叫作旅行翻译官，命名的时候团队内部对此也有很多争论：它是不是应该叫蚂蜂窝翻译官？是不是应该先开发旅游攻略方面的主 App？但是最后，团队选择了做旅行翻译官。

此后，蚂蜂窝将业务分散到各个 App 中，包括语言翻译工具——旅行翻译官、游记查阅工具——旅游攻略、旅游记录与社交工具——游记、记录和分享工具——嗡嗡、预订工具——蚂蜂窝自由行。其中，旅游攻略就是蚂蜂窝旅游主 App 的前身，最初的旅游攻略只做攻略的展示与下载。

吕刚和陈罡认为，旅游的用户需求非常复杂，在不同的应用场景里，用户的核心需求不同——分享型用户希望能和一群人物以类聚，创造高质量内容，并且希望在分享的时候能源源不断地感受到其他人的欣赏与赞赏；对于找攻略、找信息的用户来说，分享型用户的需求和他们完全不同，这就导致不同用户的核心应用场景完全不一样。这也是蚂蜂窝做这么多移动产品的原因。

从 2011 年起，蚂蜂窝用 4 年时间推出了几十款 App，积累了5000 多万个用户，其中 4000 多万个用户来自移动端。这说明它的移动策略在某种程度上是成功的。

旅游分享 UGC 在 2011 年前后小小地火了一把，但事后看来，这真的只是一个看上去很美的市场。这个市场的第一个突出问题是产品彼此间的差异太小，如面包旅行和蝉游记，几款游记社交类 App 的功能大同小异。用户在使用这些 App 的时候，可能仅会在细节上发现不同——比如，在路上可以将游记分享到人人网、新浪微博等，而面包旅行不支持分享到人人网，蝉游记则能分享到豆瓣，但必须生成整个游记，不能发送单条记录；又如，在路上不仅可以添加航班信息，还有火车信息，面包旅行却只能添加航班信息……

除了这些细节差异，这类产品总体是严重同质化的。而它们同质化的问题又导致了第二个问题——它们在缺乏商业模式方面也是同质化的。

看上去，很多旅游分享 UGC 都有想象空间——面包旅行和在路上天然具有移动基因。面包旅行通过收购旅行社，走自有产品变现路线；在路上主打目的地市场；穷游专注于出境游；蚂蜂窝则通过技术实现结构化数据的挖掘和利用，并拥有大量用户，也有很大的想象空间。

但是，想象空间距离变成钱，还有千山万水要走。一款旅游 App 的核心内容是游记和攻略，它们都来自用户。但其他人绝对没有为这些内容付费的意愿，网站并不能拿这些内容盈利。而游记社交类 App 想盈利，要么自己做产品，要么多半只能靠推广合作商家的产品。

一方面，以 UGC 为主的内容不仅打出了与传统 OTA 不同的玩法，UGC 模式更激发了用户的创造和分享热情，使平台汇聚了高忠诚度的用户，最终形成了一个活跃的旅游社区，与长于吸引流量的大玩家有了可以交互连接的可能。但另一方面，这种模式最终没有变成实实在在的模式。用户对优质内容的喜爱、精准的高黏性用户，以及社交流量的价值，并没有为其切入预订、购票、营销等变现途径，从而没有为赚到真金白银提供保障。

其中，蚂蜂窝的实力最强，商业化的动作也最快。在运行数年后，蚂蜂窝开始反切 OTA，上线国际酒店预订平台。

陈罡认为，和普通 OTA 用户通过阅读之前住客的点评来判断如何消费不同，蚂蜂窝实际上是利用大量积淀的内容做了两件事。第一件事是酒店攻略。他认为蚂蜂窝的酒店攻略实际上是用大数据的方法，总结了用户对曾经住过的地方的理解和评价，包括对整个城市的特色进行了归纳和总结，再根据旅行者的需求划分区域并进行推荐。"帮助你根据旅行的需求寻找酒店，而不仅仅是价格。"

第二件事是确保用户评价的真实性。"我们不是卖家模式，不推销，我们是让你看清楚真正适合你的酒店在什么地方。找到那个酒店之后，蚂蜂窝再通过酒店预订收取佣金。"

陈罡向本书作者多次强调，蚂蜂窝是技术公司，而且和 OTA 是合作而非竞争关系。"我们觉得能用蚂蜂窝的 UGC 数据和挖掘技术，帮大家把'找到合适的酒店'这件很重要的事情做好。之后我们会跟 OTA 对接。查攻略的用户要出行、要消费，我们就和当地的景点、特价酒店这样一些资源进行对接，这也就产生了今天的蚂蜂窝自由行。"

今夜酒店特价的邓天卓愿赌服输

2011 年，针对特价酒店，也有人开始了尝试。

2011 年 9 月，由新蛋前员工邓天卓和任鑫共同创办的今夜酒店特价上线 3 天，下载量就上升到 App Store 中国区应用下载总排行榜第二名，拿下了 10 万个用户。

邓天卓向本书作者回忆说："这就是抓住了移动互联网的红利。携程那时候还没有 App，各大酒店也没有。手机上预订酒店的消费行为刚兴起，受到拥有智能手机的用户追捧。但他们无处消费，我们几乎是唯一可以用的 App。"

今夜酒店特价的商业模式也很清晰——与酒店签订协议，将每晚 6 点后的尾房特价销售。它也是较早利用微博营销的公司之一，当时的微博刚起步两年，正处于爆发式的用户增长阶段，为移动应用的运营推广提供了最佳的平台。邓天卓说，当时通过微博获取一个新用户的成本只要2～3角。

应该说，没有移动互联网和智能手机，就不会产生今夜酒店特价这样的应用。因为它的本质是实时搜索、实时计算、实时预订。这和它的商业模式有关——类似登机前去机场碰运气买特价票，只有在正常的销售时段内实在无法卖出的房源，酒店才会打折甚至打狠折出售。这就导致了供给端的某种不可预测性——你不可能提前很久"预订"剩余房源，虽然粗略的预测是可以实现的，但这绝不精准。

今夜酒店特价的特点就在于"今夜"两字，每晚6点后才放出房源，消费者根据距离、星级、价格、酒店风格等，实时搜索并预订，只需要付白天网络预订价格的一半。就这样，消费者可以以接近经济型酒店的低廉价格享受更舒适的一夜。

邓天卓回忆说，今夜酒店特价在巅峰时期，流量也不过是携程的1/20，却把携程搞得人心惶惶，"我们和携程隔着一条马路，每天中午请携程的高管或部门负责人吃饭，打探各种内部消息：人际关系、大家怎么看我们、怎么中伤我们——每天就干这事"。

双方竞争最激烈的时候，携程将和今夜酒店特价合作的酒店从携程下架或屏蔽，这种事实上二选一的做法对于根基薄弱的后者来说是致命的。

其实，邓天卓自己也意识到一个问题。他告诉本书作者，今夜酒店特价其实是一个无法做大的生意，因为它本质上是帮酒店处理剩余房源。但如果消费者可以从这里订到便宜的房间，就不会光顾挂出正常价格的酒店。所以酒店对这款产品是有保留的欢迎、有选择的拒绝，这使得它只能是携程这类主要渠道的补充，绝对无法成长为"参天巨树"。

邓天卓最终选择把今夜酒店特价卖掉，愿赌服输。

视频网站的上市年和其中的暗与黑

优酷、土豆的合并

不是每个人都愿赌服输的，土豆的王微就选择了和命运抗争。

2011 年 8 月 3 日凌晨 4 点，土豆的上市团队核心成员聚集在香港中环的一间办公室里。王微缩在办公室一个极小的电话亭里，正在进行一个已经长达 3 小时的通话。对方一直让他改变上市时间，王微犹豫了许久，最后还是确认要在这个时间上市，这是他最后的倔强。

公众号"鹿鸣财经"的李杰写道："王微没想到曾经和古永锵争夺行业老大地位的自己，会再也追不上优酷。王微什么都比古永锵早——创业早、产品上线早、上市申请早，唯独在上市时间上慢了一步。一步错，步步错，于是优酷成了世界上第一家独立上市的视频网站，市值 30 亿美元，而土豆的市值仅 7 亿美元。"

一步错，步步错，无可奈何花落去。

在土豆上市的 2011 年 8 月之前，支付宝股权转移事件导致整个中概股受到重创。

2011 年 5 月 11 日，雅虎在提交给 SEC（美国证券交易委员会）的经营业绩详细报告（10-Q）中指出，阿里巴巴集团旗下子公司支付宝的所有权被转移到了马云控股的一家公司——浙江阿里巴巴电子商务有限公司，以帮助支付宝获得在中国境内的第三方支付牌照。阿里巴巴集团随即发表声明解释，其早在 2009 年 7 月的董事会上就已跟股东讨论并确认了将支付宝 70% 的股权转入一家独立的中国公司的事，而后又在 2010 年 8 月再次转让剩余的 30% 的股权。

从表面上看，这件事是阿里巴巴集团的管理层为符合中国人民银行关于获得支付许可证的企业必须 100% 内资的政策规定，而将支付宝通过股权转让的方式从外资控股变为 100% 内资控股的公司，并终止与阿里巴巴集团的协议控制，但在雅虎的股东看来，这是对他们利益的损害，因此他们纷纷起诉。

这件事发生的时间非常不巧，距离浑水做空嘉汉林业仅隔一周。受此影响，中概股在 2011 年下半年十分"悲催"。也就是在这样的背景下，土豆流血上市。

勉强上市后的土豆表现并不如人意。如前所言，自 2010 年开始，中国视频领域进入全面版权化时代。2010 年，新《三国》的网络首播版权卖出了 15 万元/集；2011 年 9 月，《浮沉》成为第一部单集版权破百万元的电视剧，网络单集版权价格迈入百万级别；接下来更疯狂的是，有消息称腾讯视频为购得《宫锁珠帘》的网络独家版权，开出了 185 万元/集的天价。

王微不太认可买剧这种模式。王微骨子里颇有原创情结，对简单粗暴的 Hulu 模式[1]，曾倡导"每个人都是生活的导演"的他是排斥的。但中国原创视频市场的现状，使得不买剧的直观结果就是用户流失。由于在买剧上不坚决或者说实力有限，上市后土豆的股价持续低迷，从发行价的 29 元跌至 10 元，市值缩水 2/3。

土豆的低迷表现给了爱奇艺重新追上它的机会。在爱奇艺看来，土豆的模式和版权库都不够吸引人，但其 2 亿个用户和 UGC 氛围是巨大的资源。只要吃下土豆，爱奇艺就能立刻从市场中脱颖而出，成为向优酷发起挑战的最有力竞争者。

然而，百度在收购土豆的路上并不顺利。此前的 2009 年 12 月，爱奇艺开局时得到了美国私募公司普罗维登斯 5000 万美元的注资。但普罗维登斯和百度在收购土豆上的意见并不一致，这导致爱奇艺对土豆的竞购失败。

即使是百度，对此事的态度也不够坚决。虽然早在土豆上市之前，

1　Hulu 是一家美国的视频网站，其商业模式的主要特征是：经过授权的正版影视作品；广告支撑而不是付费；拿独家网络播放权，再向其他网络媒体分销。

百度就曾和土豆谈过收购或入股。由于当时土豆还在和优酷PK，所以它对百度的进入并不排斥，甚至"给百度报出的价格远低于后来与优酷合并时的估值"。双方的谈判团队甚至已经拟订了方案——爱奇艺与土豆合并，王微出任新公司董事会主席，龚宇出任CEO。如果此方案成功，新公司将立即成为中国网络视频行业的领头羊。

可当这个方案摆到李彦宏面前时，他并不十分坚决，以至于百度团队对土豆的态度发生了微妙的变化。据说李彦宏后来检讨，承认此事"当时有所延宕，应该早点下决心"。

比起百度的犹豫，在求购土豆上，优酷则表现出异常的果断和决绝。

2012年2月的第一周，优酷和土豆投资方正式接触。优酷方股东成为基金创始人李世默与土豆方股东纪源资本的符绩勋，开始电话讨论双方合并的潜在可能性。符绩勋表示愿意进一步谈判，双方一致同意见面。

2012年2月16日，优酷CEO古永锵、CFO刘德乐、成为基金创始人李世默与土豆方的符绩勋会面，就优酷和土豆换股合并事项进行初步讨论；3月10日，双方财务顾问和律师事务所达成最终协议。

2012年8月20日上午，优酷、土豆合并方案在香港召开的双方股东大会上批准通过，优酷土豆集团正式成立。

合并，是一种十分客气的说法，对于市值28.49亿美元的优酷同市值只有4.36亿美元的土豆，这更像前者对后者的收购。但按照双方合并交易额为10.4亿美元来计算，土豆拿到了180%的溢价，这也展现了古永锵的必得之心。

古永锵的三处阴影

怎么评价古永锵，是一个问题。古永锵的老同事说起他来，都对其交口称赞，夸其为人宽厚、待人得体、出手大方、乐善好施，以及是一个好 Banker（银行家）。

但至少有 3 件事让古永锵的名声受损。或许，要在这个混沌甚至有些黑暗的中国互联网视频江湖里呼风唤雨、独占鳌头，换了谁都很难全身而退。

第一件，是改变版权分摊的财务规则，导致马上要上市的迅雷不得不跟着改变财务规则。而根据新的财务规则，迅雷一下子变成亏损，这让之前流传的迅雷是"中国率先盈利的视频网站"的故事不得不重讲，市场也没有给它符合创始人邹胜龙预期的市值。心高气傲的邹胜龙一怒之下推迟了迅雷 IPO。两年后的 2014 年，迅雷终于 IPO 成功，但这个时候的迅雷，早已物是人非，两位创始人邹胜龙和程浩也在上市后两三年内离开。

当然，迅雷的衰败也不能全怪古永锵，在对手上市前施展这样的财计无可厚非。但老部下卢梵溪进监狱的事情，的确让很多人唏嘘不已。

专业导演出身的卢梵溪，曾先后担任优酷土豆集团副总裁、总制片人等，并先后发起并监制了《老男孩》微电影，以及《万万没想到》《名侦探狄仁杰》等知名自制内容，此外还成功策划了歌曲《小苹果》，将其推广成为"国民神曲"。他创立并壮大了负责优酷原创和自制视频内容的团队，团队从只有他一个人发展为逾百人的规模。但在 2016 年 2 月，他因涉嫌贪腐突然被警方带走，这一事件也被各种《阿里反腐记录》类报道广为传播。

一份流传甚广的内部通报显示，优酷土豆集团对该事件是这样描述的。

前员工卢梵溪在职期间，涉嫌利用职务之便进行违法犯罪行为，已经被警方带走配合调查。卢梵溪在多年的工作中，对公司的发展有着不可否认的贡献，对此事的发生，公司管理层表示震惊、遗憾和痛心。此事突破了公司的底线，触及法律，任何人都必须承担相应的后果。法不容情，希望大家引以为戒，严格自律。

但这两件事比起土豆上市受阻事件，则是小巫见大巫。中国互联网业界甚至由此产生了著名的"土豆法则"。

在2005—2010年这个创新周期内，中国互联网视频领域群星璀璨。但毫无疑问，优酷和土豆一直占据着视频网站流量的前两位，二者的流量和收入只有个位数的差距。

作为都在流血"烧钱"的视频网站老大、老二，优酷和土豆几乎在同一时段开始申请上市，只不过一个目标是纽交所，另一个是纳斯达克。当时国内舆论关注的焦点是两家谁先上市，因为谁先上市谁就大概率能吃掉对方，成为整个市场格局的领导者。

1973年的王微是福州人，后来去美国留学，先后担任过德国贝塔斯曼集团和美国休斯飞机公司的高管。后来因为想"生活得有意思些"，他开始创业并创办土豆。2006年，在上海的一次聚会中，他遇到了东方卫视十位美女主持人之一的杨蕾。杨蕾爱好写作，曾开过专栏，出过散文书。2007年，两人结婚。

这是一次十分"互联网"的婚姻。和很多人一样，王微把自己做成了一个名下没有任何资产的人，所以一年后两人分手，杨蕾净身出户。

本来这事也就到此为止了。然而就在2010年11月土豆赴美上市之际，杨蕾突然提出诉讼，要求分割土豆38%的股份。这笔账是这么算出来的——王微持有土豆95%的股份，在这部分股份中，有76%涉及夫妻共同财产。杨蕾遂提起诉讼，对这部分股份的一半予以权利主张，法院随后冻结了该公司38%的股份进行保全，禁止转让。

杨蕾后来对媒体说，自己真的不是故意阻碍土豆上市的，只是律师告诉她，这是她获得婚姻财产的最好机会。杨蕾申请了财产保全，进而法院冻结了王微名下3家公司的股份，其中包括其所持有的上海全土豆网络科技有限公司95%的股份。

王微离婚的消息悉数在第一时间传到美国证监会。为此，土豆的上市申请被迫推迟。2010年12月，土豆的竞争对手优酷在纽交所挂牌，成为全球首家在美独立上市的视频网站，首日股价大涨，与 12.8 美元的发行价相比涨幅达 160%，市值 30 亿美元。

被刺激的爱奇艺开启整合模式

优酷与土豆的合并直接刺激爱奇艺加速推进对 PPS 的并购。"优土"定局时，一直尝试拿下土豆的龚宇对朋友感叹："不合并，整个行业太分散了，暗无天日。"

华兴资本的包凡则继续支持龚宇寻找收购标的，收购 PPS 就是两人在上海喝酒聊天时聊出来的。理由是 PPS 和爱奇艺差异很大，两者互补性很强。爱奇艺聚焦纯影视，PPS 则在综艺、直播、体育、资讯等方面都有布局，两者的合并会推动爱奇艺打开综合视频网站方面的格局。

龚宇当时就对这个建议拍案叫好，但在实际操作中，爱奇艺和 PPS 的并购谈判一波三折。

据知名财经作家李志刚的记载，2012 年 5 月，包凡在北京安排汤和松、龚宇与 PPS 大股东、联创策源总裁冯波见面，同时还安排龚宇和 PPS 总裁徐伟峰接触。这次接触的结果是，爱奇艺和 PPS 签了一个协议，双方以不涉及现金交易的方式合并，并以合并后的态势帮助双方共同融资。

这时，一个新的、大胆的并购方案又被提出来，那就是 PPTV（现称 PP 视频）大股东、软银创始人孙正义的方案。孙正义向百度提出投资爱奇艺 4 亿美元，由爱奇艺合并 PPTV。

2011 年年初，从微软加入 PPTV 接替创始人姚欣担任 CEO 的陶闯，用流利的英语和磅礴的激情给孙正义讲了一个未来 PPTV 要做全球的卫星电视网络、"干掉"新闻集团的大故事，当场获得孙正义的肯定。软银随即"扔下"2.5 亿美元的投资，换来 PPTV 35% 的股份。这 2.5 亿美元中有 7000 万美元是买老股东的股份，因此单就这轮融资的估值来论，PPTV 虽然没有达到 10 亿美元，但也很接近了。当时，IPO 普遍以 10 亿美元为单位，因此这也是当年全球最大的未上市融资案了。

软银打包 PPTV，对爱奇艺来说不是什么坏事。龚宇觉得可以，汤和松和百度方面也觉得没问题，但普罗维登斯不置可否。这让软银、爱奇艺和 PPTV 的三边资本运作变得复杂起来。

与此同时，PPS 总裁徐伟峰在与爱奇艺达成初步合作意向后，也在孙正义的邀请下"三心二意"地去了一趟日本，探讨合作的可能性。徐伟峰当时给孙正义的承诺是，可以接受投资，但是不能被强行并购。对此，孙正义口头同意，并且向 PPS 的账户打了 3000 万美元以表诚意。

从某种意义上说，孙正义一边提出和百度在 PPTV 一案上联手，一边又私下和 PPS "暗通款曲"，客观上一举两得——既使得百度三心二意，暂时放下对 PPS 的心思，又把百度的注意力转到了 PPTV 上。但无论是收购 PPS 还是收购 PPTV，都得先解决普罗维登斯的问题。于是，2012 年 11 月，百度宣布回购普罗维登斯所持有的爱奇艺股份，爱奇艺变成了百度的独立子公司。

另一边，孙正义也遇到了 PPS 的抵抗。虽然他前期抛出的诱饵钓住了 PPS 的胃口，但后来提出的方案——让 PPS 被 PPTV 并购，却受到 PPS 高层的一致反对。PPS 创始团队认为，无论是从战略合作价值还是从感情上考虑，都很难认为 PPS 被 PPTV 拿下是一个好的选择。最后，孙正义对 PPS 的"暗送秋波"，以 PPS 拒绝孙正义的融资并购方案及把 3000 万美元转换为优先股的提议而告终。

简单说来，当时中国的视频领域可以分为优酷和土豆、爱奇艺这样的视频网站派，以及 PPS、PPTV 这样的 P2P 客户端派。其中，由张洪禹和雷亮创立于 2005 年的 PPS，最早的定位是网络电视台，后来发展为"全球第一家集 P2P 直播和点播于一身的网络电视软件"。

而 PPLive（PPTV 网络电视）这款在线视频应用的第一个版本诞生于华中科技大学，是由姚欣于 2004 年 12 月在大学宿舍里写出来的。2005 年，在读硕士研究生的姚欣休学创办了聚力传媒，专注于网络电视领域的技术产品创新和市场运营。

那么，为什么孙正义提出将 PPS 和 PPTV 整合、打造一个更强的客户端巨头的提议会被 PPS 拒绝呢？一方面，两者的模式高度接近，技术手段也接近，用户重合度很高，但又有一个共同的问题——资金不太充裕，缺少互补的优势；另一方面，两方长期竞争，一直在较劲，客观上也缺乏融合的氛围。

2012 年 12 月，百度重新启动与 PPS 的谈判。2013 年春节期间，汤和松与冯波都在美国，前者找到后者，说百度收购 PPS 的事还要继续。龚宇和徐伟峰商量好各自的意愿和整合方案，分别告诉股东。

在这次谈判中，龚宇与汤和松合作得很愉快。龚宇只负责业务层面的整合方案，而资本层面及具体的合同条款由汤和松与 PPS 的投资方、创业团队谈。这样明确分工后，效率有了很大的提升。

包凡曾特别强调："百度有这么大的信心来做视频，是这件事成功的前提。汤和松团队的效率比较高，春节后两个月就把这事办了下来。"

除了汤和松的效率，龚宇的个人魅力也在其中起到了重要的作用。

龚宇的特点是人缘好、性格厚道、关心下属，有熟悉他的媒体记者说，他曾经送过近百个同事《育婴指南》一类的书，确是"暖男"。从大面上说，龚宇为人谦退、不好权谋，PPS 的一干大佬都认同他是出面组局的最佳人选。

另一个细节是，百度最后敲定 3.7 亿美元的出价只是收购 PPS 的视频业务部分，占 PPS 收入 1/3 的游戏业务将独立运营。有人认为，这并不是百度对游戏业务没有兴趣，主要是收购金额如果超过 4 亿美元，或会受到商务部的反垄断调查。

2013 年 5 月，百度以 3.7 亿美元收购 PPS，爱奇艺与 PPS 正式合并。

而几乎同时，苏宁宣布联合弘毅投资以 4.2 亿美元战略投资 PPTV。其中，苏宁出资 2.5 亿美元，占 PPTV 总股份的 44%，成为其第一大股东；弘毅投资出资 1.7 亿美元，占 PPTV 总股份的 29.9%。

虽然对外宣称这是一次美元投资，但真实目的是苏宁和弘毅投资帮PPTV拆可变利益实体（Variable Interest Entities，VIE）回国内。

对上了暗号的 B 站

最后，还要说一下 B 站创始人徐逸与现在的 B 站执行董事长陈睿之间的碰面。

根据《中国企业家》的记载，穿着睡衣的徐逸和穿着西装的陈睿第一次见面是在 2011 年春天的某晚，在杭州一个毛坯房似的别墅里。陈睿问的第一句话是："你选择 bilibili 这个名字，是因为《某科学的超电磁炮》里的'炮姐'吗？"

《某科学的超电磁炮》是那时刚刚火起来的一部动画片，bilibili是主角"炮姐"使用超能力时发出的电流声。因为徐逸喜欢"炮姐"，于是干脆把网站的名字从 MikuFans 改成了 bilibili。

陈睿这句话仿佛在和徐逸对暗号，因为若不是纯正二次元圈子里的人，很难想到 bilibili 这个名字的梗。这句话相当于陈睿在对徐逸说：确认下眼神，彼此都是二次元世界里的人。尽管那时的他们一个是寄身民房的草根创业者，一个是出入高档写字楼的职业经理人。陈睿就此成为 B 站的天使投资人，3 年后猎豹上市，陈睿转身成为 B 站的执行董事长，并带领 B 站于 2018 年春天在美国上市。

谁也不曾想到，日后改变长视频战局的不是华尔街也不是 BAT，而是这两个人于 2011 年的这次会面。

2011 年真是一个处处都漾着春意和生机的年份。

2012

新供给爆了

引子

2012 年看起来平淡无奇，却是 PC 互联网和移动互联网双手交握的一年。移动互联网接过 PC 互联网的接力棒，让整个互联网行业重新回到流量增长的快车道上。

2012 年，是新供给形成的一年，它们大多有一个共同的特征——深入挖掘智能手机某个传感器的功能，形成应用创新，再以这个创新为起点进行某个领域的模式变革。

2012 年，是诸多先知先觉的 PC 互联网公司在策略上"移动优先"的一年。美团的移动业务占比达到 30%，形成新的流量制高点；去哪儿靠移动端业务横扫机票战场；新浪微博靠移动端业务的优先级，彻底使微博赛道盖棺定论。

2012 年，是新兴公司利用移动互联网飞速崛起的一年。唱吧利用麦克风、KK 唱响利用摄像头、滴滴打车[1]和快的打车利用 LBS、今日头条基于碎片化信息，都玩出了之前没有的新供给。

2012 年，朋友圈的推出让人人网就此走上下行通道，也断绝了美图秀秀成为"中国的 Instagram"的可能；公众号的推出则让新浪微博的"大 V"生态被釜底抽薪；微信开始成为互联网社交的"大主宰"。

2012 年，是手游开始蓬勃发展的一年，也是发行平台、应用市场及浏览器开始被定义成入口的一年。

2012 年，是百度和 360 这两个 PC 互联网霸主爆发"3B 大战"的一年。这场大战不仅决定了两家公司的未来走向，也间接改变了搜狗和快手的命运。

2012 年，是腾讯和阿里自发进行组织结构调整和战略跃迁的一年。马化腾的"不要抵抗"和阿里的"All in"（全部押进）口号都表达了两家巨无霸公司快速抢夺移动互联网船票的决心和急迫心情。

2012 年，是 2010—2015 年这个创新周期起承转合里大起的一年。这一年，移动互联网开始起浪，拐点到来，各路"牛鬼蛇神"争先入场。

开启天命之旅

张一鸣、王兴和程维的 2012 年开局

2012 年春节刚过，张一鸣在中关村知春路上的一家小茶馆里找到 SIG 的王琼，表示要出来创业做字节跳动，做一家面向未来的信息分发平台。

1　滴滴打车原名"嘀嘀打车"，于 2014 年 5 月更名为"滴滴打车"。为符合人们的称呼习惯，后文统称其为"滴滴打车"。

张一鸣的观察是，他经常出入的中关村地铁站里拿着智能手机的人越来越多。更重要的是，到了 2012 年，布局移动互联网的参与者虽然不少，但他们的思维方式大部分还停留在 PC 互联网阶段。张一鸣此时的认知是，移动互联网时代，基于移动设备的信息生产和分享会更碎片化，那么对应的信息分发平台就得很好地匹配这些碎片化的信息。所以，新的信息分发平台一定不是搜索，也不是当时最红火的应用商店，但具体是什么，张一鸣也不知道。基于这些认知，字节跳动最开始做的是诸如内涵段子和搞笑"囧图"这样的产品。

对流量从 PC 互联网到移动互联网的切换，当时百度商业分析部门的负责人朱时雨观察得更加直观。按照惯例，每年春节前是一个流量低点，但春节之后的两周内，流量会复苏到年前的高点，然后重整旗鼓、继续增长。但是 2012 年春节后，百度所掌握的流量并没有和往年一样恢复，直到 3 月上旬，流量依然很不景气。

当时，百度网页搜索部门有个流量分析团队，规定触发流量分析的条件是"加三减四"——PV 上涨 3% 及下降 4%，都要分析原因。朱时雨和数据挖掘及流量分析团队开始一起琢磨这到底是怎么回事。数据组里有专门的统计学博士对流量变化进行归因分析，画很多图来解释。比如，下降的 2.5% 流量里有 1.2% 归因于南方的大雪降温，形成 10 个左右的解释因子。但是这一次，这些常用的解释因子都快"用光了"。最后团队得出结论——移动的替代性。

2012 年，看到并赶上移动互联网流量增长滔天大浪的还有张一鸣的前老板王兴。王兴是移动互联网的"超级信徒"，他应该是中国最早一批 iPhone 用户和 HTC G1 用户。美团团队最开始有 20 个人，王兴推荐所有人都使用 HTC 智能手机。美团移动部门的第一个员工是王兴的中学同学陈亮（也是校内网的早期成员），他还是美团高管里酒量最好的一位。2011 年年初，陈亮与王慧文、赖斌强等连淘房带人合并进美团。王兴希望美团 App 在 2011 年 3 月 4 日，也就是美团成立一周年时发布。于是，2011 年春节前，陈亮招了两名工程师，自己也参与写代码，3人没日没夜干了一个多月。2011年3月4日，美团成立一周年时，美团App正式上线。虽然当时的很多商户还很不理解，觉得"PC版的图片大，手机版的图片小，美团应该多在PC版上投入"，但当几年后消费者全面转向移动端时，美团已经从千团大战中杀出重围。

2011年，美团还在团购这个红海里打仗，没有多余的资源给移动端。于是，陈亮去找支付宝，支付其10%的通道费用，与其一起搞秒杀，美团这才有了第一批移动端种子用户，然后在美团PC端用拖把等产品给移动端导流。到当年年底，移动端占美团总交易额的5%，正式跑通业务小闭环。这些努力和尝试让美团App开始有预算，也开始显现出移动端比PC端更高的性价比。这让美团在2012年移动互联网大浪起来后能够后发先至。

2012年春天刚过，支付宝对接美团的商务经理程维来找王兴，表示想做与出行相关的创业。王兴随即给出了与移动出行有关的建议，程维听完很兴奋。程维回到杭州，就去找自己的老领导王刚。

当时王刚也刚从支付宝离职，他对物流中车和人的连接有着很强的认知。

对于车和人的连接，王刚足足规划出5种模型，其中有2种在今天已然"发扬光大"，一种就是他现在担任董事长的满帮。在他的规划中，满帮的平台要承载货品与货车司机的连接。但是更为世人所知的另一种，是乘客与载客司机的连接模型，也就是今天滴滴出行的雏形——准确地说，是早期的滴滴打车。

滴滴打车的创始投资人王刚曾在阿里任职超过10年，主管B2B业务的北京大区和支付宝商户事业部，人称"老聘"。王刚同时也是阿里创业元老中德州扑克打得最好的一个，达到了半职业水准，他是马云、张瑛家庭牌局的成员。

程维曾在阿里任职8年，一直在河北霸州这样的小地方负责区域运营和支付宝B2C业务，他和王刚是上下级关系。

但是王刚在接受采访时会一律用很谦和的口吻说："滴滴打车创始人程维和我在阿里 B2B、支付宝商户事业部一起共事多年。2012 年，我们先后离开阿里，准备创业。"可见王刚的高情商。

各位读者可能会问，王刚这样一个情商极高、足够聪明，也担任过阿里重要职务的人，为何要在 2012 年春节后离开阿里呢？这里必须提到 2011 年的春晖事件，即卫哲主动离职事件。

简单地说，卫哲的辞职引发了阿里 B2B 中高层团队的调整。本书作者曾就这件事情采访过当事人卫哲，他称，这是一个当时很艰难但事后多方受益的决定。

所谓多方受益，或许指的是——对于卫哲来说，这是职业生涯中的一次勇于担当；而对于阿里来说，借此进行了一次"整风运动"，扭转了当时"驻淘办"的腐化局面。

而在本书作者看来，这次事件的后续效应是把一大批极优秀的人才重新投向创业市场。王刚、程维、干嘉伟、吕广渝等诸多 B2B 方面的人才进入移动互联网领域创业或加入创业公司，这对于整个中国互联网，特别是对于线下服务在线化方面的互联网创业赛道的相关进程，有巨大的加速作用，可谓功莫大焉。

比起王刚的雄心勃勃，程维离开阿里时心境更显复杂。程维在阿里还没有得到显山露水的机会，老领导王刚走后，他的机会只会更加稀缺，但他又舍不得轻易跳出阿里。所以，王刚和他谈了 3 次，他才离职。当然还有一点，那就是在方向的选择上，程维还没有想好。

当时，王刚和李治国经常在杭州古墩路的一家咖啡馆交流。有一次，今日资本的徐新找两人喝咖啡，王刚把 3 个阿里老部下叫来和李治国交流，其中就有程维。李治国形容第一次见到程维的感受，用得最多的词就是"老实""老老实实"，说了好几遍。不难想象程维当时的局促和拘谨。

王刚和程维最终商定，王刚出资 70 万元，程维出资 10 万元，双方股份三七开，王刚占三，程维占七，这是一个对要挑大梁干实事的人来说充满激励作用的股权配比，也足见王刚的大局观。

程维从杭州回到北京，于2012年5月开始创业。滴滴打车的启动极其艰难。王刚和程维都是商务拓展和销售出身，技术背景平平，所以第一版App是花8万元外包开发出来的，Bug（漏洞）极多，体验极差，早期被司机斥为"你们是和移动商量好了来骗我们流量的吧"。

另一个段子是，当时程维揣着安装了这款应用的手机去北京市交通委员会演示，没想到装了司机端的应用根本不响应。最后程维只得揣着两台手机去演示，以期提高成功率。

幸好，程维遇到了被他称为"上天赐给的礼物"的张博。后者来自百度，刚经历过一次LBS相关的创业失败，是当时滴滴打车物色的3个技术负责人中最年轻的一个，却是最对滴滴打车"味儿"的那一个——简单、正直、愿意付出代价、好沟通。张博组建起滴滴打车的技术开发团队，自己也逐步成长为滴滴打车的技术合伙人。

虽然起步时技术产品略显单薄，但在发展路径和整体策略上，程维和王刚还是显示出了他们的成熟度。他们定下了"四个不做"的原则，分别是不做黑车、不做账户、不做硬件、不做加价。可以说，滴滴打车从开局就有阿里那种做双边交易超级平台的"范儿"。

就这样，日后名震整个互联网江湖的TMD（今日头条、美团和滴滴出行），在2012年春天都以自己的方式拥抱了移动互联网。

搜索圈的陈华做红了唱吧

虽然TMD日后红得发紫，但在2012年春天，最红火的App不是它们，而是唱吧。

唱吧创始人陈华年少成名，当年是广东某县的高考状元，1996年进入北京大学计算机系，却因病休学一年。他几乎和大半个中国互联网、特别是搜索江湖，有密切的联系。

在陈华的北京大学计算机系同年级同学里，有柳青这样闪亮的名字；陈华在北京大学的老师，是书卷气浓厚的年轻副教授刘建国——后来成为百度首任 CTO，在刘建国的实验室里，陈华成为天网 FTP 项目的主力；手把手带他的实验室师兄是雷鸣，他是百度"七剑客"中风头最盛的人物；陈华在研究生毕业后加入微软亚研，参与了微软 MSN Search 项目，认识了"中国云计算之父"王坚，这奠定了他后来的阿里之行；陈华在 2006 年创办酷讯，他的合伙人吴世春后来创办了梅花创投；在酷讯，陈华招的第一个技术人员是张一鸣；酷讯创业没有大成后，陈华跟着王坚去阿里研究院走了一遭，在那里他和一个叫李治国的人搭档，带出了一支 150 多人的搜索队伍，当时的"索引量级差不多达到了搜狗的规模"。

2011 年春天刚过，陈华离开阿里，从杭州回到北京重新创业。这样的人出来创业，自然有人抢着投钱，率先投资的是从百度出来创办蓝驰创投的朱天宇。

陈华向本书作者回忆说："到 2011 年年底，我们下定决心不考虑自己会做什么，只看这个时代的风口在哪里。我们当时选方向，就是每周组织全公司的人开会，拿一个大黑板，把所有人能想到的、觉得有机会的方向写上，然后按市场容量大小、竞争对手有多少、产品上能不能想到创新的点、能不能赚到钱、能不能做到自我传播等标准筛选方向。五六次后，K 歌方向还在名单上，没有被划掉。"

当时有一款软件叫 K 歌达人，陈华对它的感觉是："我们看到这个产品后觉得很奇怪，我觉得这个产品挺闷的，居然号称拿到了 100 万个用户。通过这个产品唱歌要交钱，不交钱不让唱，居然这样也可以圈 100 万个用户。"

陈华分析后得出结论：在线 K 歌这个市场是蓝海，容量怎么算也有上亿个用户，赚钱的想象空间是有的，也具有天生的自我传播能力。市面上虽然有 K 歌达人这样的类似应用，可产品做得不行，没有互动性，没法发挥移动互联网的优势。

他认为，工具属性的产品，圈用户的能力非常强，唱吧被定义为"最时尚的手机KTV"，也是其工具属性的体现。但他更认为，唱吧能持续火爆，是因为它把社交属性和工具属性结合在了一起。"工具属性把用户圈进来，社交属性让用户留下来，二者扮演着不同的角色。而且社交属性才是比较容易产生商业模式的做法。"

于是陈华提出，K歌达人的产品模式肯定是不对的，要想创造出一个新的产品，应有以下3个特点：第一，唱歌免费；第二，有社交网络，要打榜，要竞争；第三，从第一天开始就有送花的概念，每天可以送3朵花，即做虚拟物品售卖的生意。

唱吧早期员工周桂鑫回忆说，当时团队11人，除了陈华，其他10个人并不完全认同K歌这个方向。但是陈华坚决要做，行使了CEO的权利，于是团队就做了。

在他们看来，当时移动互联网渐渐兴起，能把新的硬件能力和带宽能力结合起来，形成前所未有的新供给的产品是很少的，特别是用户的在线娱乐方式非常单调。所以新的工具出现，就形成了新的娱乐类供给，而K歌本身是国民娱乐，立刻就能风生水起。

2012年5月31日，唱吧正式在App Store上发布。原本陈华期望一个月能圈几十万个用户就不错了，没想到当天就冲到10万个用户，服务器直接宕机。因为唱吧优先做客户端，服务器架构做得很简单，所以整个技术团队加班熬到凌晨三四点，终于改好了服务器架构。6月7日，唱吧用户突破100万人。陈华说："熬了一年多，团队挺辛苦的，一直没碰到这么好的产品，有点像黑暗之后看到了光明。"

早期，唱吧是典型的用产品说话，没有太多营销手段，靠产品内在的传播能力推广。例如，它解决了用户拿着手机唱歌后的"寂寞感"问题，也就是当用户唱完后，App会提示用户"你唱的歌打败了90%的人"，而且这个分数下面直接放了"分享到微博""分享到朋友圈"两个选项。在用户获得成就感的时刻，提供了非常强大的分享功能，后来成为移动互联网的标准打法。

这只是第一次分享。当用户的朋友在微博、微信上看到用户的分享后，就可能下载唱吧，听这个人唱的歌，然后点赞、推其上榜，这继续为用户提供了强大的心理满足感。所以很多用户为了打榜就会主动分享，主动拉朋友上唱吧，形成了带有一定强制力的第二次分享。

第一次、第二次分享只是在熟人圈里，但唱吧还设置了一个机制，就是让排行榜中排名靠前的用户的歌可以被唱吧里的其他人看到。有些人会来欣赏，喜欢就留下来成为粉丝。这样就实现了从"有限人传人"到"聚集时传播"再到"爆发式传播"。这就是唱吧完整的内在传播设计。在当时的环境下，这种设想是非常有创造力的。

所以陈华说："内在传播力主要来自两个方面，一是在用户获得成就感的时刻，提供强大的分享功能；二是设计一个非常精美的积分体系，只要按照官方设计的要求做，就能得到更多的积分，不按照要求做，积分就会往下掉，这样用户就会按照你希望的方式做事。"

除了精妙的三次分享机制，唱吧在产品的颗粒度上也做得很精美。例如，唱吧是第一个采用瀑布流图片界面风格的产品。在唱吧以前，绝大多数产品中的图片都非常小，但唱吧为了让用户用最大面积曝光图像，设计了正方形的图像模式，用屏幕60%～70%的面积来显示一个人的容貌，使用户一上线就能感受到强大的视觉冲击，"看到一大堆美女帅哥在这里，赏心悦目。而且我们的编辑会关注图片，觉得不好看的马上删掉，这样用户进来怎么看都觉得很好看"。

这些功能都是在很短的时间内形成的，所以唱吧的天使投资人吴世春后来接受采访时说，唱吧的团队执行力很强，第一个版本的唱吧只花了两个月，迭代速度也很快，两周一个版本，快时甚至一周一个版本。

陈华特别强调了唱吧是移动互联网娱乐的新供给这件事。他说："唱吧在合适的时间做了一件合适的事。很多人买智能手机后首先寻找的是娱乐应用，而唱吧是一款很好的娱乐应用，而且当时在新浪微博上也非常方便做口碑传播。"

前面谈到，唱吧早期的引流是靠产品的内在机制来实现的，但很快，它就开始了不同方式的后续推广。

其中有陈华的深入思考。他分析过市场上爆红类产品的特征，得出的结论是"没征兆的、突然起量的病毒式传播，大火过后慢慢增长乏力，渐渐淡出"。

因此，陈华认为不能满足于成为现象级产品，要对后续的设计逻辑、竞争策略、发展方向、盈利模式等进行深入细致的思考，要有所为。

第一件事就是筑起市场壁垒。所以，唱吧刚上线还没有达到排行榜第一名的时候，一分钱也没花。但当它成了第一名以后，市场团队就开始拼命花钱了。

唱吧行动起来，成立了专门的推广团队。由于陈华特别看重当时兴起的微博平台，所以这个团队自己编了各种各样好玩的微博段子，请段子手和炒作大号发布。当时用得最多的口号是"K歌神器""自动美化你的声音"等。这是非常简单、直接的一套广告语，后面带链接。这些内容被嵌入当时非常流行的"冷笑话精选"类栏目，用户的自发点击率非常高。

此外，唱吧上有很多明星用户，没有一个是唱吧主动邀请的，但唱吧会关注这些名人的微博——说白了目的是"蹭热点"。比如"微博女王"姚晨听到一位网友在唱吧中唱的《我的歌声里》后，转发并配了一句"亲，我在你的歌声里哭了"，这条微博本身的转发量达到5万多次。陈华发动各种号跟进，二次转发达到了20万次，这就是一次很经典的"蹭热点"宣传。

还有些唱吧用户非常"奇葩"，比如有个四川小姑娘用四川话唱了一首《火》，很多人都觉得无法忍受，只听了10秒就关掉了，但是关掉之后马上转发。这种现象也被唱吧的微博团队发现，立刻安排二次转发，二次转发量是首次的500%。

从这些细节中可以看出，唱吧在推广中总结方法论、花钱上热搜、联手综艺、挖掘社交红利等，"无所不用其极"，而且到了很精细的程度。由此可知，一切的成功都不是偶然。

唱吧一出现立刻引起市场跟风。人人网推出了人人爱唱，小米的米吧推出K歌功能，YY也推出了一款唱歌产品，新浪推出新浪好声音及爱唱，之前的K歌达人、天籁K歌等K歌工具也进行转型，增加了社交功能。

2012年年底，唱吧用户达到4000万人，陈华认为这是一个能给人带来心理安全感的数字。他说："我们的努力能占到60%，另外40%归功于运气。这个产品如果提前一年上线就没戏了，迟一年也没戏。2012年是微信增长最快的一年，小米在2012年卖得最火，陌陌也在2012年增长最快。那是移动互联网真正爆发的一年。"

对同行竞争对手，除了建立上述的市场壁垒，陈华的做法是试遍对手的创新可能。他说："从2012年年底到2013年年初，我们碰到了大概十几个大大小小的竞争对手。那半年我们的压力很大，要做各种各样的创新颠覆自己。我们做了合唱功能、伴奏上传、各种声音滤镜，还有一些特效等小创新。我们希望用户看到这个平台时会觉得这类产品在功能上不可能再有别的创新。"

不到一年后的2013年10月，唱吧用户数突破1亿人。相比之下，一批有大公司背景的竞争对手推出的类似应用则纷纷消亡，其中包括人人网、YY和新浪推出的产品。而唱吧真正的对手全民K歌要到2014年才出现。

曾经有个虹软系

和唱吧一样，2012年KK唱响也几乎一夜爆红。KK唱响的创始人刘琼，于1976年出生在江西的一个小山村里，算得上是"红三代"。

2012年，是刘琼在虹软工作的第14个年头。作为该公司的全球副总裁，刘琼负责管理公司的全球软件工程业务和手机部门。当时的他作为公司高管本可以全家移民去美国，但是刘琼不顾全家人的反对，辞去高薪工作，回到杭州，与郭生发合伙创业。

刘琼在接受本书作者的采访时表示，自己过去的专长是移动互联网的视频软硬件技术，因此在创业的时候他就决定以自身擅长的"手机＋视频"领域为核心，定位就是要做移动互联网的秀场直播互动平台。

这类线上秀场类应用的商业模式已经比较清楚，PC端在这方面做得比较有影响力的是9158、YY等。但在手机上，因为有技术门槛，所以在KK唱响之前无人问津。

刘琼虽然是圈外人，但他的早期投资人都已在圈内混迹多年。其中一位是盛大创始人之一谭群钊，另一位则是快播的王欣。说服王欣加入盛大的朱海发很快也代表盛大资本投资了KK唱响——朱海发与刘琼是江西老乡，两人之前就认识。

刘琼创业做KK唱响，与他的老同事、虹软科技的另一位副总裁——主管移动事业部、赢得全球最大的8家手机厂商软件业务的曹建根，也有关联。曹建根与刘琼关系颇好，两人同时加入虹软，在美国他们的房子之间也只有5分钟车程。曹建根比刘琼早半年选择了自主创业，其产品是开迅视频，但是由于聚合内容这个模式本身受制于人，加上国内各大视频网站的正版化和移动化，在美国待了很久的曹建根意识到触碰版权问题的生意不能久做，于是在2015年切入直播，做了游戏直播平台触手。

2012年，还有一位在虹软系担任副总裁、也切入视频领域的创业者冯培华。2012年年底，他离职创办亲宝宝，并于2013年1月上线该产品。亲宝宝以记录宝宝成长足迹、分享宝宝的动态变化为切入口，通过一键上传照片，与家人私密分享，同时以科学的育儿知识来聚拢用户，相当于QQ空间的亲子版。该产品一经发布就迅速成长为母婴赛道的头部平台之一。

亲宝宝的创办地点是杭州的西湖福地创业园。当时，一家叫挖财的公司也在同一园区。

挖财现在的CEO是它的天使投资人李治国，他于1999年加入阿里，2004年离职，2008年因为口碑网再度回到阿里，2010年再次离职。他是阿里的 46 号员工，也是阿里出身的创投人中的重量级人物。李治国于 2009 年投资挖财时，挖财有 3 个创始人——赵晓伟、程理明及陈军，其中陈军也在虹软有过一段工作经历。

挖财早期在李治国的福地创业园办公，另一位虹软系的冯培华也在福地创业园待过。顺为资本投资冯培华就是因为顺为资本的李锐在去福地创业园找李治国时在过道里看到了冯培华的亲宝宝项目。

而虹软系最成功的当数后来接管快的打车的吕传伟。

快的与滴滴的诞生

陈伟星开局快的，李治国搬回吕传伟

快的打车创始人陈伟星，1982 年生人，高考考入北京化工大学，一年后退学重新考入浙江大学土木工程系。大学期间的陈伟星就热衷于创业，是浙江大学的科协主席。2007 年，他和几个同学一起创办了泛城科技。该公司是国内页游公司的重要玩家之一，代表作有《魔力学堂》。关于页游江湖的故事，可以查阅本书的前传《沸腾十五年》。

陈伟星为人豪爽，颇有江湖气。本书作者对陈伟星的约访是在杭州西溪附近的一家酒吧里进行的，看得出来，他是这里的常客。李治国对陈伟星的印象之一，就是有次到陈伟星的办公室看到他拿着整沓现金奖励下属。

2012 年年初，泛城科技的一个移动团队恰巧需要转型，陈伟星开始考虑尝试做打车软件。

杭州作为中国著名的旅游城市，一直存在打车难的问题，而且杭州之前也推出过由市交通运输局主持开发的公众出行应用系统。虽然不好用，但是因为在机场有垄断性资源，所以不乏用户。这也给整个

市场开启了脑洞。

手机打车和电话打车相对应。手机打车一般有两个版本：司机版和乘客版。乘客通过手机发出打车需求，提供全球定位系统（Global Positioning System，GPS），附近的司机版语音播报乘客需求。相比电话打车要通过服务台发送信息，手机打车让乘客和司机实现了直接沟通，且地理信息可见、乘客需求变更可即时发送、司机状态可见，因此手机打车效果更好。

陈伟星也粗略地估计了一下市场。当时杭州共有12 000辆出租车，每辆出租车平均每天接25单，平均每单20元，每天交易额为600万元左右。而全国大概有30个杭州这样市场规模的城市，也就是说每天将有1.8亿元的交易额。按1%的抽成比例计算，每天有180万元的市场空间。

陈伟星接受后来创办锌财经的潘越飞采访时表示，快的打车第一版的设计思路是这样的：乘客发起订单，可以查看司机并直接联系；司机发起接单请求，也可以直接抢乘客的订单；乘客可以看到多个司机的抢单，选择其中一个联系。

但这个思路很绕，不清晰。这时，国内第一家基于微信组织起来的杭州微信车队的出谋划策让快的打车走上正轨，快的打车也由此形成产品主线：对乘客，一键到底，接通司机；对司机，模仿GPS的抢单机器——响铃，抢单，接通乘客。

快的打车除了采用LBS指引目的地，还做了一个革命性的设计：允许乘客提供小费来补贴司机的空跑时间（这个人性化的细节很贴心，在很长一段时间内，快的打车在运营上是领先滴滴打车及其他同行的，滴滴打车运营补强主要在拿到腾讯的投资并与腾讯一起发起支付大战后）。引入这个市场机制，确保了急用车的人一定能有司机去接，而且司机不需要承担空跑的成本。

还有一个非常重要的问题：如何保证乘客和司机不违约。

快的打车采用了两种方法：第一，引入类似淘宝的信用体系，做了积分体系；第二，采取司机和乘客进行语音沟通的方法，在成交前双方可以充分沟通，包括地址和电话号码发送、周边环境照片发送，以及其他细节。事实证明，充分沟通后的订单基本没有违约情况发生。

快的打车于 2012 年 7 月上线，果然一炮打响。不到两个月的时间，快的打车就有 1 万多次的乘客端下载量和 1000 多次的司机端下载量，日均约 300 名司机在线，日订单 300 单以上，实际成交 100 单以上。但是，产品后续也碰到了瓶颈：每天实际成交单中给小费的只占 15%，大量订单都是短途生意，司机赚到的钱并不多。

这个时候，微信车队与快的打车又一次走到了一起。

微信运营专家、微信车队官网的作者朱晓鸣（江湖人称"青龙老贼"）向本书作者讲述了微信车队的故事。微信车队 1 号司机、发起人蒋烨之前上夜班，后改白班，在 2010 年开通了微博。2011 年，他发现乘客在车上用微信语音功能和人沟通，大受启发，于是开始通过微信拉群形成车队做生意。微信在保护乘客个人隐私（不需要提供手机号码）的同时还能交流，而且这种交流既可以实时又可以延时，还可以发送地理位置，相比相关部门在每个车里强行安装的叫车盒子，要方便很多。

得益于媒体的广泛宣传，越来越多的人知道了这个车队，很快就有近 100 名司机加入车队。车队很快遇到了第一个难题：粥少僧多。这个时候，杭州一家创业公司乐搭抛来橄榄枝，希望和微信车队合作，将乐搭这款拼车 App 改造成叫车 App，解决拼车模式进入中国后水土不服没人使用的窘境。微信车队当然非常乐意配合。

但当时谁也没想到，这会是微信车队第一次分家的开始。乐搭产品于 2012 年 6 月上线，首批使用乐搭的除了微信车队，还有大众出租车公司的 100 辆出租车，用户总数大概为 200 多名司机。但运营一个月后，司机反映客户端操作麻烦，用户定位也不准确，还允许乘客跳过 App 直接联系司机，且司机的网络费用、接单奖励等问题也没有解决好。微信车队内部开始产生分歧，蒋师傅坚持用微信预约，而另一位发起人老傅还是执意与乐搭合作，两人从此分道扬镳。

两人分手后，微信车队的司机又迅速发展到100多名，蒋师傅越来越感觉一个人管理车队有点力不从心：一是老司机经常有很多订单来不及做，分发到司机微信群里又容易因抢单产生冲突，并且总是付出却没有回报，有些司机也有怨言；二是一些新加入的司机抢单积极、发单很少，对乘客的服务质量不够高，推广也做得不好，还经常与老司机争吵。

为了解决订单分配问题、激励司机分享订单，蒋师傅再次找到朱晓鸣商量，对微信车队官网进行了二次开发，新增了乘客预约机场订单、司机线上抢单和发单功能。司机在抢单前可以看到订单详情，抢单后可以看到乘客联系方式，乘客可以查询和取消订单。之后，又引入司机积分系统，分享订单可以获取积分，抢单消耗积分，管理员可以在后台查看每名司机的抢单和发单情况，进行积分管理，并且还能掌握订单数据趋势等。基本上，一个简单的出租车在线预约系统算是完成了。

至此，微信车队依靠自己的管理模式做得风生水起，在乘客中赢得了很好的口碑，基本上每天预约和分享的机场订单有100单以上。这时却有一组大约20辆车离开了车队，原因是这些人只想做机场订单，但是微信车队里每天还有大约50单的50元订单（15千米以上）需要大家一起消化，而这些订单通常是在早晚高峰。车队规定，做两个机场订单必须做一个50元订单，要树立微信车队的品牌，有些事情是必须做的。

于是，微信车队官网与快的打车打通，由专职客服将50元订单转发给使用快的打车的司机；快的打车上若有机场订单，就优先转给微信车队；同时，快的打车也承担了微信车队官网的后期维护和升级工作。

也就是这个当口，吕传伟接受陈伟星的邀请回到杭州，加入了快的打车，担任快的打车的CEO。

陈伟星为什么不自己担任快的打车的 CEO？这与快的打车的 A 轮融资有关。

快的打车上线后，陈伟星觉得要把快的打车做大得依靠融资，于是他找了一圈钱。阿里战略投资部的楼军和当时在做阿米巴资本的李治国都闻风而来，做完尽职调查后都表示看好。两家同时看好，都想投并一起投，这也是行业惯例。但这时楼军有个小心思，想阿里一家投（这时楼军和李治国两人还不认识）。这是楼军在阿里的第一个案子，他有这样的想法很正常——每个人都很珍惜自己的第一次，投资人也不例外。

楼军向本书作者回忆说，当时在电话里把一切都定下来时已经是晚上 11 点了，快的打车的人还没有下班。楼军突然提议说："我们现在把协议签了吧。"陈伟星很惊讶，但还是同意了。最后，阿里独家入资的协议是在凌晨 2 点签下的。

陈伟星转头来找李治国，他们在杭州丰潭路的一家面馆里吃了一碗面。李治国大概知道陈伟星何意。将陈伟星送到门口时，李治国对他说，这个项目光靠阿里的钱未必能成。李治国还表示，依据陈伟星的执行力加上其泛城科技创始人的背景，把这个项目做成的可能性不大。李治国翻来覆去就一个意思，阿里投自己也可以投。陈伟星也不接话，反复点头说"是、是、是"。眼见陈伟星在门口站了半天后坐车走了，李治国摇了摇头。

之后一周双方没有联系。李治国隐约感觉陈伟星打算只拿阿里的钱了，于是给王刚打电话（之前李治国专门去北京看过程维，当时滴滴打车也是一天二三十单），了解还有没有可能投资或买一些王刚手里的老股，王刚不说拒绝但是就不给方案。李治国度过了极度失望的一周。

一周后，李治国意外接到陈伟星打来的电话，说快的打车还需要找个 CEO，还得请吕传伟回来。

原来，这周内，出现了一个技术问题。阿里在打款前对快的打车没有一个专职 CEO 的状况提出异议，建议陈伟星给快的打车找个 CEO。于是，陈伟星马上想起了李治国给他推荐的吕传伟。

吕传伟真的是快的打车的真龙天子。他当年在 UT（斯达康）时主动与李治国认识，是因为那时他就知道李治国在口碑网做 O2O 并且已经关注这个方向。后来，吕传伟去了虹软，之后又去创业做了 LBS 业务，类似 Foursquare 团队的前身产品 Dodgeball（卖给了谷歌后才做了 Foursquare），失败后去了美国 SK 投资公司。吕传伟还和李治国说自己已经通过西安一个研发团队在做叫车服务。有技术背景、有管理能力、在相关方向有积累，还想回国，吕传伟的每项都加分。

和阿里一样，李治国同样认为快的打车应该有个 CEO。出于创业者的本能及对陈伟星管理方式的观察（一个"地面铁军"的管理方式是不可能使用发钞票的土办法的），所以李治国之前投资的前提是吕传伟愿意加入快的打车做 CEO。而且吕传伟当时已经初步谈好了条件，如个人出一部分钱购买一部分股份，从而让 CEO 做第一大股东，确保创业团队架构的长期稳定。

但因为楼军抢着把独家协议签了，陈伟星拒绝了李治国，在美国正在提离职并收拾家当打算回国的吕传伟，也被告知不需要他了而在家中郁闷。

李治国接到陈伟星的求援电话后同样有点生气，说："你自己给吕传伟打电话吧，我可劝不了吕传伟。"

陈伟星没辙，硬着头皮给吕传伟打了三四十分钟的越洋电话，最终把吕传伟劝了回来。

吕传伟也够讲义气。陈伟星再去找吕传伟的时候，吕传伟在听说李治国没有投后态度大变，表达了和李治国同进退的意愿，即如果李治国不投，自己就不加入。

陈伟星当然也考虑过选其他人当 CEO，但这些人都远不如吕传伟。

最后，陈伟星重新找楼军商量，李治国趁机给楼军的上司谢世煌打了电话，于是阿里顺水推舟让李治国参与了投资。最终，阿里领投、李治国跟投，吕传伟入局。

吕传伟其实对回国一直很犹豫，但有趣的是东北人吕传伟娶了一个杭州媳妇。他的妻子不太习惯在美国的生活，总是要求回国，这算是一个侧面的助力；另外，李治国挖人很有一套，他每天都在告诉吕传伟快的打车多少单了、滴滴打车又多少单了，搞得吕传伟不得不辞职回国。本身就是连环创业者的李治国非常了解机会转瞬即逝的紧迫度，加上对王刚和程维融资进展的了解，使他更加强了这种危机感。李治国将这种危机感准确地传递给了吕传伟，最终促成了吕传伟的快速回国。

为了吸引吕传伟加入，陈伟星转让了很多快的打车的老股，让吕传伟和自己在快的打车的股份相同甚至略多。吕传伟当然也不是白得这些股份的，他卖了美国的房子，真金白银放了几百万元进快的打车。陈伟星还让其他两位高管赵冬和闻诚买了老股，形成了管理团队股份超过 50%，自己占 20% 多，其余则是 A 轮投资人阿里和阿米巴资本的局面。这使快的打车的团队一开始就形成了健康的股权架构，为其在后面的混战中能够脱颖而出奠定了基础。

今天的水滴筹 CMO、当时在阿里公关部后来加入快的打车任高级副总裁的陶然，向本书作者回忆说，吕传伟来到杭州后，作为东北人，他交朋友的方式就是找人喝酒。陶然自诩酒量颇大，但是和吕传伟喝酒的时候还是"喝断片了 3 次"，生平仅有。陶然因此心折于吕传伟的豪气，觉得吕传伟是靠谱的。这为他后来加入快的打车埋下了伏笔。

吕传伟的加入对快的打车的帮助很大，第一是技术产品迈上了一个台阶，第二是在管理上更加专业，在团队激励方面也更加有方法。

吕传伟本身就是技术大牛，也做过 LBS 相关的项目，快的打车是业内最早做"语音＋文字"双模式呼叫的打车软件，这么做有效地降低了用户的使用门槛。快的打车也是当时唯一一个能够在地图上通过移动确定地址的应用，实现了乘客在一个地方叫车、在另一个地方乘车的愿景。

吕传伟在后来的"滴滴、快的大战"中扮演了关键的角色。他是2013年春节后回的国，春节前滴滴打车已经开始进军快的打车提前进入的上海市场，所以春节前吕传伟已经开始远程参与打车大战了。因为李治国和王刚对彼此都很了解，王刚也知道阿里投了快的打车，所以虽然李治国和王刚说两家公司一开始可以划江而治，不要上来就上演烧钱大战，但是王刚和程维在拿了大钱后就开始"围剿"上海和杭州，一场大战开始上演了。

大雪天，滴滴订单过千

相比快的打车依靠产品和技术在杭州市场上拼杀，滴滴打车更多的是在北京从与强敌摇摇招车的正面竞争中起步的。

和易到用车（以下简称易到）一样，王炜建的摇摇招车一开始的定位也是专车，而且互联网程度比易到更高——王炜建是比易到的周航更坚持产品技术改变一切的创业者。2012年4月，摇摇招车拿到了红杉资本和真格基金350万美元的A轮融资，而滴滴打车的天使轮融资才80万元。摇摇招车已经有用户基础，资金是滴滴打车的几十倍，它转型做打车，给滴滴打车带来的压力可想而知。

当时，摇摇招车的第一招是在广播电台做广告，介绍自己的软件，并且通知司机两周后去一个地方开会。这个广告花了摇摇招车30万元，而滴滴打车一共只有80万元的启动资金，要是跟进广告，这仗就没法打了。正当滴滴打车一筹莫展之时，一位负责后勤的同事突然说他有办法。这个办法来自当时流行的电视购物节目，每个节目都会在结束后接一句：即刻拨打电话××××。负责后勤的同事出主意说，滴滴打车接着摇摇招车的广告后面做一个广告，内容就是：现在拨打电话××××即可下载并安装滴滴打车。他们赌的是司机分不清"摇摇"还是"滴滴"。这个奇招居然见效了，两周后，摇摇招车开会的时候发现根本就没人去。团队打电话问司机，司机说："我们已经安装好了啊，不是拨打电话××××就可以安装了吗？"

摇摇招车的第二招是租下机场的一个摊位，专门拉司机。滴滴打车也找了各种人脉资源，想办法认识机场的人。但是摇摇招车当时出钱多，机场的摊位还是被摇摇招车租了。滴滴打车后来总算谈下了北京西站的一个摊位，工作人员穿着工服站在出租车通道里帮司机安装软件。那时候司机们还不懂什么是智能手机，工作人员就挨个问："是不是诺基亚的（功能手机）？"如果不是，就帮他们安装软件，然后递给他们一张宣传单，让他们回去看怎么用。靠这样做，一分钟可以装一台手机。

除了想办法花小钱办大事，滴滴打车还在发单这个关键流程上下了很大的功夫。

在发单形式上，摇摇招车针对的是专车司机。专车司机喜欢"趴活儿"，很多时候不在路上跑，所以摇摇招车是以文字形式发单的；滴滴打车针对的是出租车司机，出租车司机一刻不停地在跑活，所以滴滴打车设计为语音发单。摇摇招车一个月后才反应过来这个细节上的瑕疵，但滴滴打车已经抢到了1000多辆出租车。

另外，由于摇摇招车当时已经有存量的专车运力，所以它对发单优先级配比有点拿不准。一开始它是按"自营专车—加盟专车—出租车"由高到低的优先级顺序来发单的，这让出租车司机觉得摇摇招车看不起他们。然而，摇摇招车自营专车的运力接不了那么多单，最后还是要靠出租车，可是此时摇摇招车在出租车行业里的口碑已经不够好了。

滴滴打车在产品运营上则请教了高人——王兴。王兴表示："太差劲了，你们居然还要别人先注册，现在哪还有要求注册的产品？不倒贴钱求人用就不错了。"程维恍然大悟，这才取消了注册环节。

滴滴打车补贴出租车司机的形式是每人每天补贴5元话费，相应的代价是，司机每天要一直开着手机，让自己随时可以被呼叫。

很少有人研究，滴滴打车和快的打车为什么相继从出租车起步。

程维遇到的烦恼是，几乎所有人都不赞同他从出租车起步。反对的理由大致是：出租车从来是乘客多、车辆少，司机不缺活儿，为什么要接受网约车服务；司机年纪大，哪里会用智能手机，而且智能手机还那么贵；流量太贵，地图应用和移动支付都不成熟，而它们是承载网约车服务的两大基石。

　　滴滴打车最开始起步的时候，并不打算直接向司机推广，而是想和出租车公司合作，但是老于世故的出租车行业并没有热情地接纳它。中国的出租车行业，甚至世界的出租车行业，可能都是对变革最不感兴趣的行业之一——严格的准入标准、人多车少的现状、机构对司机的绝对控制，都让它们极度享受当下，也极度抗拒变革。

　　程维转而希望借助政府的力量推广，因为他觉得自己是在利用"互联网+"变革行业。他花了很多时间和政府部门谈合作，但是显然没有结果。这主要和中国对出租车行业的多重监管有关——"婆婆"太多了，反而没人做主。

　　最后，滴滴打车还是从司机端打开了入口，这似乎又印证了底层受益者才是变革的推动力这个不变的法则。

　　很少有人还会记得滴滴打车起步时的艰难地推。滴滴打车的地推对象是司机，地推开始的时间早于 App 上线的时间，所以当时负责地推的吴睿和李响只好拿着图片去给司机讲解。他们的目标是先拉 1500 名司机。

　　为此，李响每天早上 5 点起床，开着一辆二手车去顺义的出租车交接点——也就是司机交班的地方。而在另一个司机密集的地点——北京西站，滴滴打车很"豪气"地拿出 5000 元，使地推人员可以进入出租车的蓄车池做推广。这里其实是半户外，极冷。四五个地推人员在一个冬天安装了 1 万个客户端，每个人都冻感冒了好几次。这些人的辛苦，现在还有人记得吗？

　　后来，程维的办公室里一直挂着一幅写有"日拱一卒"的书法作品。他觉得，滴滴打车就是靠"小米加步枪"、靠能吃苦、靠一个司机一个司机去磨，才最终完成了冷启动的，这是"滴滴的灵魂"。

2012 年 11 月 3 日，北京下了当年冬天的第一场大雪。很多人上下班打不到车，于是尝试用打车软件。这是滴滴打车第一次日订单超过 1000 单，也是它的第一个爆发式增长点。这个月发布的消息称，中国的智能手机卖出了当年的第 1.5 亿台，移动互联网可谓大势已来。

安卓爆了，手游火了

安卓 10 倍速出货，手游月流水千万

2012 年，比打车软件更火热、更被热钱追捧的是手游，也就是从 2012 年起，月流水过千万元成为手游大作的一个基本标尺。这意味着手游不仅开始赚钱，而且能产生以亿计的流水和数千万元的利润。

2012 年上半年，在国内 App Store 游戏榜单上，是《忘仙》《逆转三国》《调教三国》等重度手游的天下。

其中，新登畅销榜前列的《忘仙》本质上仍然是一款沿用页游理念开发的 MMORPG，这款游戏最高峰时有 10 万人同时在线，并在 2012 年 6 月突破千万元收入大关。《忘仙》的出品方神奇时代的上一款产品也是三国题材的。神奇时代成立于 2009 年，于 2012 年 2 月发布了一款基于 HTML5 的跨平台游戏《三国时代》。当时正是 HTML5 之风席卷而来的时候，但这款游戏在 iOS 平台上并未有亮眼表现。有意思的是，如果神奇时代一开始就用《三国时代》做手游，加上曾经辉煌的《胡莱三国》和数字天空的"三国"系列，则 2012 年 App Store 的游戏畅销榜上的游戏将大多与三国题材有关。

《忘仙》的火爆带来的连锁反应，是使美峰数码不得不将同类型的游戏《君王 2》的开发过程推倒重来。因为美峰数码发觉，自己预

先规划的游戏设定和美术策划都落后于主流产品。根据《创业家》杂志的报道，尽管当时美峰数码已经投入了 200 多万元，但它还是决定将美工、代码、手机的触屏交互都推倒重来。反复的折腾终于得到市场的正面响应，2013 年春天，《君王 2》上线 11 天，开服 10 组。这款游戏的每用户平均收入（Average Revenue Per User，ARPU）极高，月流水也迅速突破千万元。

2012 年也是国内安卓市场崛起的一年。这一年，安卓手机的出货量以 10 倍的速度增长，安卓平台上也在 2012 年出现了第一款月流水过千万元的游戏《世界 Online》。而且《世界 Online》是当时安卓平台收入远高于 iOS 平台收入的手游，甚至一开始其 iOS 平台收入还不如 K-JAVA 平台收入，这在很大程度上是因为《世界 Online》一开始就是面向 K-JAVA 平台的，游戏出品方谷得游戏聪明地用安卓版本向下兼容了 K-JAVA 版本。

谷得游戏有两个创始人，一个叫许远，另一个叫麦涛。两人按 7 : 3 的比例分股份，许远占七，麦涛占三，但麦涛出资 100 万元。这也是麦涛对外说自己是其天使投资人的原因。麦涛，"70 后"，他精明能干，是广州互联网圈子里的"老人"，但他在创办谷得游戏之前混迹多年并无大成。2011 年，他找到当时还在 IDG 资本南方总部的合伙人高翔请教——高翔此时已经投资了 91 无线。高翔指点麦涛入手游这行，麦涛深以为然，于是去组团队，后经朋友介绍，找到了当时在银汉游戏做总经理的许远。在中国手游领域，银汉游戏是当之无愧的"活化石"，这家公司由刘泳于 2001 年在广州创办，是真正的老行尊。

银汉游戏既是中国手游领域的头牌公司，当时还拿到了腾讯的投资，所以许远见到贸然敲门的麦涛，多少有些不待见。他扔给麦涛两款手游，让麦涛玩过后再来找他。麦涛也没吭声，就回去玩游戏了。玩着玩着，他玩出了一些心得体会，就折回来找许远，也不谈具体合作，而是与许远讨论游戏心得。5 个月后，许远终于答应拿麦涛的钱，从银汉游戏出来一起创业，此时是 2011 年年中。许远向本书作者坦诚，因为自己出身银汉游戏，所以要出来创业的时候可以选择的合作伙伴很多，也有不少机构等着给他钱，最终他选择与麦涛合伙创业，其实是因为麦涛的真诚和执着。同样靠真诚和执着，许远找来银汉游戏的同城对手、拉阔游戏的知名策划人罗维（江湖人称"雷斯林"）加入。拉阔游戏由香港人高重建创办，与银汉游戏一样同为腾讯投资的广州手游公司，其在 2009 年推出的《帝国 Online》是当时 K-JAVA 平台上数一数二的重度手游，而《帝国 Online》的策划人正是罗维。

在麦涛的穿针引线下，同威资本的贾珂很快下注谷得游戏，许远和罗维的组合也很快做出了《世界 Online》这样的爆款，它也是第一款月流水过千万元的重度手游。麦涛后来成立暴龙资本，如今已是华南早期机构的头牌之一。

2012 年也是掌趣科技 IPO 之年。上市后，掌趣科技先后以 8.1 亿元收购动网先锋、17.4 亿元收购玩蟹科技、11.8 亿元收购上游信息、26.78 亿元收购天马时空 80% 的股份等。依靠这些巨额收购，其营收规模迅速做大，在游戏概念被资本市场疯狂追逐的时期，掌趣科技的股价一路飙升，巅峰时期公司总市值曾超过 500 亿元，被称为"A 股创业板四大天王"之一。主导掌趣科技在 A 股呼风唤雨的，是 1970 年生人姚文彬。他毕业于西安电子科技大学，并于 1999 年就进入了互联网行业，创办了中国在线，是绿盟的第一个投资人和联合创办者。掌趣科技是姚文彬和徐彬一起在 2004 年创办的，但姚文彬一度离开，去了游戏门户捉鱼网，直到 2008 年徐彬邀请姚文彬和叶颖涛再度归来，主导掌趣科技聚焦在手游这个主赛道。

掌趣科技曾经有卖给澳电讯公司的机会，但最后关头姚文彬选择放弃。后来，姚文彬又找到了华谊兄弟。也正是掌趣科技的神奇表现带动了华谊兄弟的热情，华谊兄弟之后成为中国手游公司的重要庄家之一。

华谊兄弟也在 2013 年投资并控股了许远的老东家银汉游戏。银汉游戏在 2012 年下半年推出了《时空猎人》，这是一款手机上的格斗游戏，是安卓平台上最早月流水过 5000 万元的手游大作。

《世界 Online》的崛起，与同在广州科韵路的 UC 收购九游团队后大力进军手游行业是相辅相成的。类似的故事在 YY 与弹弹堂、4399 与淘米赛尔号之间，也曾发生过。渠道和 CP 在最开始时需要打品牌，因此它们会像热恋中的男女一样付出超 100% 的热情和投入，这个时候的 UC 也正在从 K-JAVA 平台向安卓平台无缝切换，UC 和谷得游戏相互成就。

卡牌游戏的风潮是从 2012 年下半年开始刮起的。由叶凯、胡磊和曾跃坤在 2009 年共同创立的玩蟹科技，于 2012 年 9 月在当乐网内测《大掌门》。在此之前的两年多里，他们更多的是与热酷的刘勇合作，作为热酷的合作伙伴之一做 PC 社交游戏（热酷也是玩蟹科技的投资人）。《大掌门》一经推出就连破收入纪录，2012 年 12 月在 App Store 游戏付费榜和畅销榜双榜排名第一，成为国内第一款卡牌游戏爆款。

叶凯和胡磊也是胡莱游戏的社交游戏作品《胡莱旅馆》的作者。当时，胡莱游戏的创始人乔万里找到在中国科学院读研究生的叶凯、胡磊等人，请他们帮着做外包。后来叶凯单飞，乔万里的合伙人黄建就把《胡莱旅馆》卖给了想进入社交游戏领域的周亚辉的昆仑万维。昆仑万维后来做了一款叫《超级店长》的社交游戏。

而几乎同时，从师兄倪海宇的太能沃可公司离开的胡冰，和他的几位北京大学同学也做了一款叫《开心店长》的社交游戏。因为与《超级店长》题材接近、叫法接近、玩法接近，但在营销投入上两者相差不止一个量级，胡冰被周亚辉碾压，并没有在这个游戏上赚到太多的钱。但是，胡冰的有爱互动由此拿到了德迅投资的投资，之后做出了《梦想海贼王》这样月收入过千万元的卡牌游戏，赶上了 2013 年卡牌游戏的这一波大浪。德迅投资是手游领域的重要庄家，它还投资了空中网前副总裁齐海所创办的呈天游——一家当时在页游和手游市场上都有声响的游戏公司。这在很大程度上是因为德迅投资的创始人曾李青当年在腾讯管过 SP 业务。除了德迅投资，启明创投也是手游领域的重要庄家，这源于其前合伙人甘剑平和胡斌都曾是空中网高管。齐海如今也成为德迅投资的执行合伙人。

吴波创办的慕和网络研发的二次元卡牌手游《魔卡幻想》也在2012年年底正式问世，这款游戏的上线同样有着非凡的意义。2012年这个时间点，二次元作为细分市场尚未引起厂商的足够重视，《魔卡幻想》及米哈游的《崩坏学园1》是当时市面上仅有的少量国产精品二次元游戏。今天，二次元游戏已成为一个成长迅速、体量巨大的领域，米哈游的3位毕业于上海交通大学计算机系的创始人蔡浩宇、刘伟和罗宇皓，也是本土游戏同行对本书作者提得最多、最值得采访的从业者。

《我叫MT》重新定义卡牌游戏

2012年，真正把卡牌游戏定义成一个超级品类的，是一个叫邢山虎的行业老兵。这位金山市场部的早期成员一直是游戏的超级爱好者，也是著名网络小说《佣兵天下》的作者。2011年年初，他从麒麟游戏总裁的位置上出走，创办了手游公司乐动卓越。之后的两年间，该公司研发的8款英文手游投放海外市场均无人买账、收入惨淡。2012年年底，在北京异常多雪的寒冬中，面临倒闭的乐动卓越只能断尾求生，裁员十几人。

但在2013年1月11日晚上6点半，刚刚裁员不久的乐动卓越推出研发了5个月的《我叫MT》。11小时之后，这款由动画改编的手游迅速冲至App Store游戏付费榜首位。此前《我叫MT》第一次上架App Store时做了限时免费活动，不到36小时服务器便被挤爆，原计划48小时的限时免费活动不得不提前结束。

《我叫MT》爆红之后，邢山虎也对用户"祭出"了独特的激励措施：系统每天都会向玩家的账户自动打入30元，这基本上可以满足轻度玩家一天的消费需求。此外，一旦新版本增加的某项功能

会导致玩家过去的充值贬值，系统就会补偿玩家损失，返还额度为
20%～60%。

翻看当年中国区 App Store 游戏畅销榜，不难发现，《我叫 MT》
是霸榜时间最长的产品。我们无须用太多言语介绍《我叫 MT》，作为
中国市场上首款创下单月 5000 万元流水的国产手游，《我叫 MT》推
高了整个卡牌游戏和手游市场的规模。这款游戏如今仍在运营，这个
金牌 IP 也仍然受到了国产游戏玩家的青睐。《我叫 MT》授权的手游
产品数量将近 20 款，其中近半数由腾讯代理，2018 年上线的《我叫
MT 4》首月流水超过 10 亿元。

当然，《我叫 MT》或许借鉴了早期的同类游戏，如在产品设计上
不无日本国民手游《智龙迷城》的影子。也是在 2012 年，当时领先
世界的日本手游市场开始向包括中国在内的多个国家出海产品，《我
叫 MT》正是在这一大背景下诞生的。

总之，《我叫 MT》不仅让邢山虎"咸鱼翻身"，还彻底带红了整
个卡牌游戏品类。

飞流在 2012 年甚至喊出了"精品卡牌代理发行"的口号。飞流
创始人倪县乐，是网秦创始人之一林宇在北京邮电大学的研究生同学。
飞流最开始也是网秦投资的，后被网秦回购成为其全资子公司。飞
流与 UC、当乐在 2011 年前都是 K-JAVA 游戏的顶级渠道之一，但在
2011 年后智能手机崛起及当年"3·15"晚会曝光事件，让飞流放弃
其在手机上做一个 App Store 的想法，开始介入手游发行。

最开始，飞流为一款叫作《帝王三国》的游戏在 App Store 上发
布了"飞流至尊版"，并获得了比原版更好的市场表现。这一事件让
在游戏渠道界尚有影响力的飞流被游戏领域重新认知，展示了团队的
游戏发行能力。从此，"飞流至尊版"成了游戏渠道界"高大上"的
代名词。

腾讯的《QQ 御剑》也选择发布了"飞流至尊版"，飞流也对《QQ
御剑》分外上心。2012 年 10 月，某媒体发了一条微博，称飞流代理

的游戏日流水过 200 万元（那天的收入主要来自腾讯《QQ 御剑》"飞流至尊版"）。尽管其中有黄金周假日效应的原因，但单日过百万元流水的成绩已算得上当时的行业翘楚。不过，飞流之后也错失过《大掌门》《时空猎人》的发行，主要原因是价格没谈拢。

2012 年后，倪县乐做了一个重大决定，把主要精力放在卡牌游戏的发行上。因为他发现，当时手机性能有限，大型游戏（主要指从 PC 端移植来的大作）在手机上运行的效果很差，要么极端费电，要么干脆宕机烧 CPU。而且，当时端游用户认为手游体验太差，所以形成了鄙视链，更多增量的手游用户是"小白"，他们多选择体积小、对性能要求低且容易上手的卡牌游戏。

这时候，《啪啪三国》创始人魏坤到北京找发行商——飞流是他必须拜访的。倪县乐得知不止一家公司想抢这款游戏的发行权，于是在第一次见面时就把版权预付金提到 150 万元，当场拿下了这款游戏。

"我们当时非常喜欢《啪啪三国》，它实现了真正的创新。我觉得，它和《刀塔传奇》在开创性上算是一个级别的产品，而且它的用户留存率是所有卡牌游戏里最高的。"倪县乐告诉本书作者。

飞流当时非常重视《啪啪三国》的发行，请了张馨予代言，在所有渠道中都推上了月榜前十。在飞流代理《啪啪三国》后不到一年的时间里，A 股上市公司拓维信息发布公告，以 8.1 亿元的价格收购了《啪啪三国》出品方上海火溶剩余 90% 的股份，《啪啪三国》的 3 位创始人魏坤、王伟峰和李彬一夜之间成为亿万富翁。倪县乐认为，在《刀塔传奇》以前，《啪啪三国》是整个卡牌游戏界的现象级传奇，也是小团队通过飞流的发行在较短时间内实现个人收入过亿元的第一款产品。这桩收购案也使得飞流名声大振。

触控"捕鱼"蒸蒸日上，人人游戏遭遇危机

2012 年，是手游发行公司开始纵横捭阖，并在资本化的道路上蠢蠢欲动的一年。

这一年，触控发布了《捕鱼达人 2》，并借助与运营商的合作，开始用广告和小额收费"两条腿"走路。同年，触控收购了王哲创办的 Cocos 游戏引擎，进军游戏发行领域，并一跃成为数一数二的手游发行公司。

触控创始人陈昊芝笃信星座性格说。他表示，自己只和天蝎座、狮子座、处女座这些与自己非常互补并能够相互学习的星座的人一起创业。

天蝎座的贾岩刚好吻合陈昊芝的取向。加入触控后，他就满北京地跑媒体，希望媒体帮助报道 CocoaChina，以及他们用 7 个人的团队研发出来的一款手游《捕鱼达人》。

贾岩向本书作者回忆说，在触控做《捕鱼达人》以前，手游的变现渠道发展不太健全。iOS 尚好，主要靠苹果来计费；而安卓的计费系统非常弱，虽然有广告模式，但基本上只是推量，大家都在靠流量、靠广告变现，变现效果非常不理想。

贾岩在《捕鱼达人 2》上首次实现了主动跟三大运营商移动、电信和联通共同合作开发安卓计费 SDK，这使得《捕鱼达人 2》可以从这款游戏给运营商带去的流量中分成，靠运营商的计费方式来计算收入。

这样做的效果是惊人的。贾岩回忆说，2011 年初代《捕鱼达人》在各种 iOS 设备（包括 iPhone 和 iPad）和安卓设备上的日活约 1000 万人，但一个月的收入只有 450 万元左右，基本上是靠广告。而推动与运营商合作计费后，整个《捕鱼达人》系列的日活突破了 5000 万人，2012 年触控单月收入达到 2000 万元，《捕鱼达人》成为当时业内收入最高的游戏系列。到 2013 年年底的时候，《捕鱼达人》全系列带

给触控的收入超过 1 亿元。在 2013 年 8 月腾讯发力移动游戏发行之前，触控一直是业内收入最高的公司。

和触控模式相似并正面竞争的，是一家叫乐逗的公司。乐逗创始人陈湘宇之前在华为工作，其本人也是电信老兵，最开始从事的是海外游戏本土化工作。乐逗在行业内的第一个大动作是拿下了《水果忍者》中文版，随后又拿下了几乎所有热门单机游戏的中文版代理权，并享有源代码。这让它也建立起与触控基本相同的商业模式。

陈湘宇的技术合伙人关嵩来自腾讯，而乐逗本部办公室与腾讯游戏的办公室只有一楼之隔。乐逗很早就拿到了与 360 关系紧密的红点创投的投资，周鸿祎个人也在乐逗里有一些股份，但乐逗最后还是让腾讯占了大部分股份。这与触控和 360 一直走得很近形成两极。触控和乐逗两家公司在 2014 年还围绕美股上市顺序争夺了一回，最后以触控主动放弃收尾。但艰难上市的乐逗并没有得到美国资本市场的认可，上市半年后遭腰斩，随后不得不宣布退市。2019 年年初，在辗转 A 股后，乐逗在香港重新上市。

手游行业在 2012 年开始出现坏消息。2012 年 12 月 15 日这一天，对于人人游戏来说是黑色星期六。苹果突然对 App Store 内的违规行为进行了一次大力度打击，此前钻了不少漏洞的人人游戏自然未能幸免。其开发者账号被直接封停，所有游戏立即下架。据人人游戏前员工赵睿新回忆，当时他们被打得措手不及，只能赶紧用其他账号重新递交审核，让游戏尽快再次上架。

大批游戏被集体下架自然给人人游戏的营收造成了一定的影响。然而客观来看，封号事件不过是导火索。对于那时的人人游戏，很多此前隐藏的问题开始逐渐暴露。

首先是产品。2012 年年底到 2013 年年初，人人游戏旗下的游戏虽然收入比较稳定，但产品线完全断档。当时它以《乱世天下》为首的几款王牌产品在玩法上都偏 SLG，后续的产品计划也依葫芦画瓢，清一色的 SLG，对角色扮演类游戏（Role-Playing Game，RPG）、格斗游戏、卡牌游戏等一系列即将兴起的游戏类型，都没有提前布局，这导致其后来的产品线同质化严重。而最开始的几款核心产品从2011年8、9月上架，在经历了2012年一整年的辉煌后，也开始后继无力。这就造成了2013年开春人人游戏几乎没有市场上受欢迎的产品推出的局面。

其次是人患。人人游戏当时是人人网第一大收入贡献部门，2011年和2012年游戏业务的营收分别占集团总营收的37.6%和56.1%。但在人人网内部，人人游戏并不受待见。人人网当时开展了糯米网、直播、职场社交等多个新业务，基本以亏损为主，这些新业务更多的是作为CEO陈一舟对资本市场讲故事的道具。所以，人人网把行政房租、财务等管理成本都摊到游戏业务上，在游戏业务最好的那两年，居然出现了季度亏损的情况，何川为此怒不可遏地冲到财务部门去理论。这次对掐的结果是，2012年7月人人游戏成为独立的事业部，但对应的财务还是由人人网管理和控制。

在管理团队激励上，人人游戏的团队也没有获得与贡献匹配的股权分配。何川等管理团队成员虽然有人人网的股票，但每个人的上限也只是千万元，还要分4年执行，和在其他公司打工的差别不大。

2013年，整个业务已经在走下坡路的时候，人人游戏也讨论过分拆计划，但最终的方案让人哭笑不得——人人网占大头无可厚非，但整个管理团队只占了不到10%的人人游戏股份，作为业务带头人的何川本人只有4%。这让何川和管理团队的一干人等心灰意冷，加上与百度游戏出售谈判破裂、分拆上市没有机构买单的残酷事实，何川在2013年下半年宣布病退，对外官宣由人人网COO刘健代管人人游戏，实际上是人人游戏CTO顾雷在代理日常管理工作。

2014年下半年，人人游戏陷入谷底后，何川和管理团队对人人游戏进行管理层收购（Management Buy-Outs，MBO），人人游戏重新回到何川手里。但此时的游戏行业已经进入腾讯和网易争霸的新阶段了。

人人游戏在最高点陷入的真正内患，其实是发展方向的决策失误。最突出的一个失误是人人游戏完全忽视了安卓市场。2011 年下半年，安卓市场的体量大约只是 iOS 市场的 1/4，二三十个渠道对接起来也麻烦重重，相比之下，人人游戏仅靠 iOS 平台就能轻松获得高收入。就这样，它忽略了安卓市场的巨大潜力，错过了一个关键的布局机会。

微信霸主地位的巩固

后浪微信是怎么赶超前浪人人网的

对人人网的处境，有诸多说法。一种说法是，原本掌握核心资源的 PC 互联网团队和正在上升的移动互联网团队对公司发展方向有意见分歧，导致人人网最终既没有抓住新的市场机会，又消耗了大量人力、物力和财力。这种情况在 2012 年的中国乃至全球互联网业界都很普遍，业界内还有一个流行词叫"移动优先"。

新浪微博能在这一年里彻底结束战斗，很大程度上是因为它在移动化方面速度很快。据新浪微博官方的信息，2011 年年底以 UV 及 PV 来衡量，移动端流量已略微超过 50%。2012 年伦敦奥运会时，移动端与 PC 端的比例大约是 6：4。

腾讯微博的运营总监徐志斌也认为："微博这个产品本身就是以移动互联网为主的。新浪微博发展的路径也冲着这个目标来，在开放了很多 API 的情况下，很快就形成了三分 PC、七分移动的格局，而且移动化的趋势越来越明显。反观腾讯，移动原本应该是我们的长项，技术也应该是我们的长项，但就是因为没有持续得到资源，最后我们其实是七分 PC、三分移动，没有得到公司内部主要移动技术团队的支持。这种移动和 PC 的分野，使得我们依靠落后于时代的产品在撑着。这是这个业务最后掉队的一个重要原因。"

人人网当时确实存在这样的不统一。此时的人人网已经从陈一舟时代、许朝军时代走向黄晶和吴疆分治的时代。黄晶管网站资源，但缺乏无线端的开发力量；吴疆管无线端，兵强马壮但没有太多资源可以调配。但人人网前产品总监袁兢讲了一段很有意思的话，他说："外界有一种说法认为人人网死于内耗，其实这话是不对的。2009—2012年，人人网第一是赚钱的，第二在用户服务方面没犯过低级错误，第三还守住了QQ对校园社交市场的进攻，用户没有流失。"

2012年以前的人人网，气势很盛。袁兢回忆说："固然人人网有这样或那样的问题，但是我在人人网的近4年里，尤其是2012年以前，人人网还是一个非常有活力、有激情、年轻的组织。否则，人人网也不可能抵挡住QQ校友和微博一波又一波的竞争，做成中国大学生社交网站名副其实的第一品牌、海外上市公司。"

一句话，2012年的人人网真的不是一只"菜鸟"。除了市值高企（最高到过70亿美元），它的收入也很过硬，每年有4亿元广告收入，3亿元游戏收入，7亿元社交收入。

那么，人人网的问题出在哪呢？

单就校园社交而言，人人网还有还手之力，但微信的社交功能迅速进步。等到微信有了群组功能，大家可以方便地在群里加人的时候，人人网就输了八成；等到朋友圈功能出来，可以晒照片了，人人网就彻底没有还手之力了。

袁兢向本书作者表示："微信建群太容易了。假设每个年级、每个班、每个宿舍、每个学生会都建群，再加上好多大学生建交友群，（人人网）就完蛋了。以前我们要加不认识的人，或者在学校里看到心仪的女生，只能上人人网，因为我们可能在人人网上有共同的好友。但有了微信群之后，'添加群内好友'的功能使微信加好友比人人网容易得多。本来微信和人人网是两个应用，但是微信搞了这个功能，把人人网的世界给打破了。这是QQ没有做到的。"

袁兢认为，更为关键的一步，是微信朋友圈的图片功能对人人网的"锁喉"。袁崧回忆说:"我在人人网管 PC 客户端,其中一件特别重大的事,就是促使用户把照片存到人人网上。早年,PC 客户端占了人人网照片上传量的 70%,原因是我们做了一个小软件,用数码相机拍照并在相机连上电脑后一次可以向人人网传 200 张照片。用户建好相册后就不用管了,等着别人来评论就行,特别爽。可是在人人网还停留在相册阶段的时候,微信朋友圈的图片功能就开放了,一次可以发 9 张照片。大部分人的做法是用手机拍一大堆照片,然后选 9 张最好的,发到朋友圈。这样展示的效果很好,所以一夜之间,朋友圈就全都是照片了。而人人网还没有跟上来,用户要么是传一堆照片之后再也不传了(因为不够方便),要么是传一张照片但是觉得不好用就不传了(软件设计问题)。而且朋友圈的内容质量和格调比人人网高,这下就没法打了。"

从理论上说,人人网走的是 Facebook 路线,而微信走的是类似"WhatsApp+Instagram+ 公众号订阅"的路线。这两条路线虽然都属于社交范围内,但彼此并不重合。

所以,真正让微信赶上人人网的,是智能手机带来的体验代差。

中国的 Instagram 没有梦

仔细看,微信的很多功能是人人网模式的迭代。比如,图片保存和分享一直是人人网的核心功能,是 70% 以上的用户必用的(在 PC 互联网时代)。但微信的朋友圈基于智能手机的摄像头,更便捷地连起了图片生成和分享两端。同一件事上体验迭代,就形成了降维打击。

这是因为图片应用在 3G 网络时代如何释放最大效应的问题,被微信解决了。

在 3G 网络时代,图片是一个新崛起的应用。原因很简单,第一是智能手机的摄像头给了人们随时随地生成图片的能力,第二是社交需求催生了人们美化和分享图片的需求,第三是朋友圈这种应用格局很好地满足了熟人社交氛围里大家利用图片分享、交流和炫耀的内在需求。无论出于什么目的，这种分享都必须在熟人间展开才有意义——对陌生人"炫耀"是危险的，对熟人"炫耀"是快乐的。

所以2012年，微信在2亿个熟人用户的基础上，在微信这个"社交操作系统"上搭载了"内置版Instagram"，也就是朋友圈。其中集合了图片展示、保存、分享、互动等诸多社交元素，人人网似乎完全不够看了。

陈一舟原本认为微信带来的威胁主要在校园外。他分析说："中国的互联网用户在生活圈子剧变的时候，往往会改变自己使用的主要社交网络。刚毕业的大学生可能多半会选择从人人网转到刚兴起的微信。甚至在腾讯自己的两大社交产品QQ和微信之间，这种转移也很明显。这两个产品都是好产品，但用户该转移的还得转移。"

陈一舟并不讳言："在先进生产力面前，落后的生产力只能让步。2011—2015年，我们做了大量尝试，但因为本身的能力问题及很多不可控的外部因素，我们没能抵抗住微信的压力。我们的大学生用户登录时长从该用户大学毕业以后就开始逐步减少。"

其实，当时的人人网完全可以买下超级课程表、课程格子或礼物说这种年轻人的应用"续命"。后来的事实告诉我们，直到2014年，人人网依旧是脸萌、快看漫画等新一代年轻人爆款产品取之不尽的种子用户池。另一个让人颇感遗憾的是陈一舟与许朝军的过早"分手"。离开人人网后的许朝军在盛大短暂工作一段时间以避过竞业期后，重新杀入年轻人社交，点点、啪啪、乌鸦等系列产品不能说没有声响，但没有一款产品能像当年的人人网一样大红大紫。大胆假设，如果许朝军当年得到更多支持，在人人网这个平台上做出点点这样的产品，那么人人网会不会真正成为互联网的"一霸"呢？也许吧。

朋友圈带来的另一个效应，是让诸多图片应用在2012年丧失了成为"中国的Instagram"的可能。

如果说微信、米聊的对标始于kik而丰满于TalkBox，那么

Instagram 就是所有图片应用的对标。国内几乎所有图片应用都模仿 Instagram 提供社交功能，然而这一切努力，最终被微信"内置版 Instagram"也就是朋友圈所收割。

中国国内也出现过用户量足够大的移动图片应用，但更多是用于修图。它们在移动端的集体爆发时间是 2011 年年初。可以想见，如果微信朋友圈晚出来一年甚至 6 个月，这些修图软件还是有进化成"中国的 Instagram"的可能的。

最早冒头的是相机 360，其创始人是成都人徐灏。徐灏从小就对计算机痴迷，先后做过 K 歌软件、影楼美图系统、手机二维码等项目，但是屡战屡败。安卓大浪来的时候，徐灏和他的哥哥决定再试一把。时任创新工场投资经理的张亮帮他俩买了火车票，兄弟二人第一次来到北京，也见到了李开复、汪华一众人等。创新工场的人对徐灏兄弟俩提出的修图这个方向没有异议，唯一的问题是，他们希望徐灏兄弟俩到北京，在创新工场里孵化这个项目，但两人犹豫半天，还是选择回成都。之后，经纬创投的 Harry 和王华东去成都看项目，捡漏了相机 360。

徐灏眼界颇高。在他的讲述中，当时市场上的十几款拍照和美图软件都只能算"功能平平"。有影楼服务经验的他，对用户需要什么美化功能，显然比其他团队更有经验。所以一开始，相机 360 的功能就显得颇为惊艳，如 1 秒拍出蓝天、极光效果。严格来讲，这款软件的专业水平明显更高。

2010 年 5 月 1 日，相机 360 安卓版发布，当天下载量便突破 4 万次，短短一周达到 10 万次。它以强大的特效滤镜效果迅速被市场接受，一个月后成为 Google Play 上排名第一的多媒体类软件。

值得一提的是，这个 App 在国内对用户免费，但在国外卖 3.99 美元。

2011 年 2 月的情人节，相机 360 的 iOS 版发布，同期美图秀秀也发布了自己的 iOS 版。但相机 360 的产品名更洋气，Logo 也更直观、更好理解（当时相机 360 的 Logo 是一个相机，而美图秀秀的 Logo 则是一个大大的"秀"字）。很快，它就在英语国家及东南亚国家斩获了大量用户。

相机 360 更把自己当成一款拍照增强类 App，而不是滤镜软件。在早期的快速迭代中，它最重视的是新功能的推进及引擎的重构。更新到 5.0 版本的时候，团队甚至重新写了代码，为的是新引擎可以完成多通道渲染。也正因此，这款 App 才实现了去掉雾霾的魔法天空等功能，颇契合当时的天气状况。但随着苹果及安卓手机相机功能的持续精进，以及美图秀秀等强敌的出现，相机 360 在国内市场逐渐萎缩。但在海外，它依旧有不错的表现，在海外的月活超过 1 亿人。

对错失相机 360，创新工场没有什么不可释怀的，它还是按计划推动着和图片相关的项目。2010 年下半年，融资成功的点心从中关村第三极办公室中搬出去，浙江大学毕业的宓金华带着魔图精灵项目的 6 个人留了下来——这是创新工场当年带队人年纪最小、资历最浅的团队。然而在各种指标数据上，魔图精灵在工场系里都算得上遥遥领先。

魔图精灵一开始的定位就是基于安卓平台的手机修图软件。它从安卓 1.5 版本开始支持，且非常小巧。值得一提的是，魔图精灵是第一个把美容单独拿出来作为功能的美图软件。只要轻轻一点，便可轻松美白、磨皮、祛痘、放大眼睛、瘦脸瘦身，非常符合女性用户需求。魔图精灵软件成长很快，一年后用户就已经达到 1000 万人。

2011 年 11 月，百度收购魔图精灵，对外宣称花费 1200 万美元。这是一场周瑜打黄盖式的交易。

一方面，百度愿意买。在这一年的百度大会上，李彦宏曾经做了一个公开演讲。他指出互联网"未来的三大发展方向为读图时代、应用为王及中间页"。他还说，未来图片类搜索和应用将成为满足用户信息需求的重要方式。不过，仅凭老板的一句话，也不至于就买下一家创业公司，当时百度力推个人云存储业务——百度随身云，图片工具与其是有关联性的。

另一方面，创新工场也想卖。原因之一是当时创新工场的财务情况不好，出售魔图精灵能让它的整体财务情况大大好转。原因之二是当时创新工场正处于从孵化器转型为 VC 的转折点，因为定位混乱，导致在具体项目的未来发展方向上总是有主导权之争。而这涉及权益问题，所以创新工场内部出现过不止一起团队和工场关于股份牵扯不清的纠纷，闹得最不愉快的当数宓金华。最终，宓金华在 2011 年上半年被创新工场请走，接替她担任魔图精灵 CEO 的是创新工场另一个图片类项目友图的负责人昌敬，他也是后来 A 股科技股王石头机器人的创始人。

魔图精灵卖给百度后改名为百度魔图，并在 2012 年 3 月发布了 iOS 版（之前只有安卓版）。百度魔图 iOS 版在修图需求旺盛的韩国一炮而红，长期霸占 App Store 摄影应用榜榜首，奠定了它在韩国的"美图秀秀"地位。后来美图秀秀花了很多钱，也没有在韩国市场上真正打赢百度魔图。2013 年，百度魔图借力微信朋友圈，凭借"PK 大咖"大火了一把，用户数量一年涨了 10 倍，但再后来，它在百度内部被逐步边缘化。

有意思的是，创新工场在将魔图精灵卖给百度后，又参与了美图手机的 A 轮融资。该业务与美图秀秀的工具业务合并，成了后来上市的美图，这也是创新工场获得超值回报的案子之一。

美图秀秀最早叫美图大师，2008 年 10 月上线，到年底时用户突破 100 万人。此后为了增强亲和力，改名美图秀秀。

一键美颜几乎是现在所有智能手机的标配，它的必要性源自人性中对美的追求、对"社交性炫耀"的刚需。但是从一个软件进化成一个智能手机社会的组成部分，是一步步实现的，里面有非常多对人性的探索。

吴欣鸿对美图秀秀展现出的是一种完全不同于传统图片工具软件的、充满用户思维的思路。传统的图片工具软件体现的是对图片的像素级调整，是一项精细的工作，所以需要专业的人来操作。

但美图秀秀根本不是一个图片工具软件。严格地说，它只是一个滤镜软件，它会向用户一遍遍地展示和预览——你添加某种滤镜后的照片会是什么效果。它只告诉用户，你可以得到什么结果。

吴欣鸿说："我们最早的所谓美容功能，其实就是给照片化妆。这个功能 Photoshop 也有，但操作复杂。它不会告诉用户，这个键是给照片磨皮的，那个键是美白的。美图秀秀的美容功能则把这些需求彻底场景化了，只需按一个键，就能实现用户想要的效果，省去了烦琐的操作过程。"

2009 年，吴欣鸿正式从蔡文胜旗下的公司独立出来，从产品经理再次回到创业者的道路上，而蔡文胜则变成了联合创始人。据说，这种转变是蔡文胜亲自推动的，他希望吴欣鸿带着美图秀秀走得再远一点，那么首先就得让吴欣鸿从执行者变成创业者和受益人。

美图秀秀虽然是一个"小玩意儿"，但它引领了智能手机潮给时代带来的一个重要改变——在这个时代，智能手机让每个人都有一台或几台照相机，每个人都能随时照相，然后在几分钟内，通过微信或微博，分享到茫茫网络之中。人们再也不需要先用数码相机拍照，再导入 PC，接着人工修图，最后上传到人人网或 QQ 空间上。一件以前需要 2 小时才能完成的事，现在只要 2 分钟就够了；一件以前只有 10% 的人能全程做完的事，现在 90% 的人不用学也会了。这是一个十亿级的市场，千亿级的机会。

吴欣鸿后来回忆说，美图秀秀之所以成功，是因为他们很踏实地做了几件事。

第一件事，琢磨用户喜欢什么样的滤镜。具体的方法是用百度指数观察流行趋势。他们发现，对于不同风格的图片，百度指数会差 10 倍甚至 100 倍，那些指数最高的风格，就是他们要推出的下一代滤镜。

第二件事，每周发布一个新版本。这样就可以在各个下载站点的更新专区里永远占据一块位置，保证有更多的人下载应用。

第三件事，永远跟进用户在大平台上分享图片的需求。比如，美图秀秀的拼图功能，就是微博发展起来以后才延伸出来的需求。因为微博只能发一张图，所以美图秀秀就设计了几个不同的拼图功能，让用户能一次多发几张图。

值得注意的是，美图秀秀还体现了蔡文胜和吴欣鸿过人的商业头脑。在"工具软件只能免费，不赚钱"的时代，美图秀秀已经有了账号的概念，基本服务不收费，但更多的滤镜和素材是收费的。事实证明，美图秀秀很快就有了几千万个愿意付费购买滤镜和素材的用户，其中女性用户占比很高。

在本书作者看来，美图秀秀和微博的分合，是它们没有成为"中国的 Instagram"的重要原因——两者关系好的时候还没有美拍，等美拍出来了，微博又有了秒拍。

除了相机 360、百度魔图和美图秀秀，还有一家比较低调的公司——北京云图微动科技（以下简称云图），于 2011 年 8 月发布了iOS 修图应用玩图。其产品定位不同于相机 360 的前期拍照，更接近美图秀秀的后期修图。它的国际化做得比较早，一度在许多亚洲国家比美图公司的 BeautyPlus（奇幻美颜相机）更受欢迎。按照探探 VP、知名增长专家韩知白的文章所写，作为一家工程师基因极强的公司（据说这是一家没有产品经理的公司），云图擅长批量生产并快速迭代各种修图 App。它后来开发的 InstaMag（拼立得）和 PIP Camera（画中画相机）都在海外市场上有非常好的表现，并在应用商店优化（App Store Optimization，ASO）及修图类应用广告变现方面开拓了许多新打法。

说到底，美图软件领域终究没有产生一个"中国的 Instagram"，因为这件事已经被微信做了。其他一切图片美化功能的社交模块和社交尝试，都形同虚设。

也就是从朋友圈开始，微信拉开了与 LINE 这些同类对手的距离，它不再仅仅是一个移动 IM，而开始成为手机上的一个小操作系统。

真·自媒体时代的到来与推荐引擎的出生

公众号重塑自媒体，微博二次草根化

除了朋友圈，预示微信成为小操作系统的另一个重要动作是推出公众号。

朋友圈解决的是好友与好友间的信息传递问题。那么，是否要在微信内实现群发功能以外更强大的"一对多沟通模式"，并在这个模式下产生商业价值，就成了张小龙下一个着重考虑的问题。这个思考延伸出了后来的公众号——最早叫官号平台，后来叫公众平台。

让用户看朋友的订阅文章这个功能，不是新鲜事，它是微信团队在做朋友圈之前就考虑的，推出时间也只比朋友圈晚了4个月。所以说公众号的来历并不稀奇，早有母版。

张小龙坚持认为，当一个平台只是追求自身商业利益最大化的时候，它是短视的、不长久的；当一个平台可以造福人的时候，它才是有生命力的。

关键是，微信公众号怎么实现这个看上去两难的问题——既让足够多的人看到，又让人能够选择。后来我们知道了，这个答案是订阅。尽管从今天来看，订阅机制也无法阻挡各种诱导和导流，但是微信的价值观是健康的。

现在的微信是三层结构。底层是微信社交平台，它聚集了海量用户，这是商业化的根基；中间层是公众平台，它连接所有主体（服务和内容提供方），这是商业化的土壤，种植出了丰富的内容生态；顶层是业务，包括游戏、支付、广告、O2O、电商、企业、硬件等，这是商业化的延展。

在考虑用内容连接人和服务的时候，微信有一个特别好的对标对象——微博。微博也是"社交+内容"的形式，但其所有互动都是公开的、表面的，因此也是热闹的、喧嚣的、嘈杂的。

2012 年 8 月 17 日（另一说为 8 月 23 日），微信开启了订阅号功能。请注意，这个功能是在后台直接激活开启的，它不属于任何一次版本更新。

最初是订阅号，其后是服务号，然后是更加细化的一系列准则。这些准则总体来说围绕一个原则——尽量少打扰用户。所以可以看到，这些准则基本上是压制 B 端的，如不要做过度的活动推广、不要诱导分享、不要诱导关注、信息流要清晰等。

也就是从公众号开始，微信与微博这两个原本井水不犯河水的 App 开始有了竞争关系。微信后发先至，迅速成长为微博之外另一个自媒体的主要渠道，并且大有后来者居上的可能。

在微信公众号出现之前，中国曾经有一波 Web 2.0 浪潮，核心是博客的崛起。但由于博客对写作者的要求较高，且进入门槛很高，所以它并没有彻底瓦解传统媒体生态。从 2009 年起，微博继而承担起传统媒体解构者的使命，但微博开放性、短信息、难沉浸的特点，使得其内容迅速碎片化，成为草根和明星"网红"的乐园。

其实，这并不是微博的初衷。

本书作者访问过新浪发展史上一位核心人物陈彤，他对微博的发展了如指掌。在他的描述中，微博的早期用户其实是非常精英化的，因为这些种子用户都是新浪新闻的核心团队拉来的媒体人、知识分子和有公众影响力的人。后来，他们有了一个统一的称号——"大 V"。

在陈彤负责的这个阶段，韩寒、李开复、姚晨等一大批"大 V"在微博输出着自己的价值观，吸引了无数群众前来围观。

因此，在最开始的核心层部分，微博本身拥有一大批能够产生优质内容的群体。但是微博也有短板，那就是只能发 140 个字的短信息（后来用户用长图代文的形式，部分填补了这个短板），这个限制直到 2016 年年初才松动，到 2016 年年底部分取消（首先对"大 V"和微博会员解禁）。也就是说，微博在发长文上一直自限，这在某种程度上限制了长内容的创作。

对这个解禁，陈彤的评价是：没什么用了。因为这时微博的大势已去。

但更大的失落不是功能上的，而是陈彤也走了。

被陈彤拉进微博的几千个种子"大V"大多有现实中的影响力，通过微博，他们的话语权和影响力都更上一层楼。他们关注的问题范围很广，颇多和社会时政有关，因此往往引发大规模关注。研究者们惊呼微博改变了中国的舆论生态，但有一个口号更响亮——"围观改变中国"。

毫无疑问，微博的强大不是因为它的社交属性，而是因为社交网络机制的媒体属性和开放的双向式社交媒体属性。

但是，微博脆弱的管理模式和商业变现问题始终没有得到解决，加上管理团队的震荡，微博体系内狼烟四起。

为了实现商业变现，微博早在2011年就提出了六大商业路径，但后来基本都没有成功。比如，信息流广告业务，用户和客户都不满意；微博发明的CPF（粉丝）计价方式，要企业用户按自己的粉丝数向微博缴费，使得企业用户们十分烦恼，因为"粉多了交钱多，粉少了不好看"。

"利"字当头的微博，甚至打起了自己的核心资产——"大V"们的主意。

知名自媒体军武次位面的CEO曾航提供了一个视角。他认为，微信能取代微博成为优质UGC生产中心，核心原因是微博从"大V"身上收钱，而微信不干这事。

不止一位当年的"大V"向本书作者回忆说，微博限流的做法很"恶劣"。限流的含义就是本来该归内容创造者的私域流量被微博人工截留，具体做法是让"大V"买所谓的"流量包"，不然原来你的阅读量可能是1000万次，一限流就变成300万次了。当然，如果你愿意买流量包，甚至投"粉丝头条"这种付费广告，那么你的1000万次阅读量可能变成2000万～5000万次。

微博这种收割流量的做法可以说是开了一个"恶劣"的商业模式的先河，因为它是用"胁迫"或者说收"保护费""过路费"的方式来获利的。

　　公众号则不然。公众号虽然创造了巨大的内容价值，但这个价值属于作者，不属于微信。微信不向作者抽成，因此也更能坚持原则，不向作者过度妥协。微信也没有有意地邀请任何"大V"或权威机构入驻，一切往来听其自便。

　　在产品体验上，微信比微博能更好地承载媒体内容——可订阅，可选择，能安静地看长文章，能克制地传播与推广。因此，微信的这片沃土不仅激励了无数草根写作者，更让微博"大V"闻风而来。微信公众号一出来，这些"大V"很快就切换过去了。这个现象导致第一波真正赚到钱的付费内容产出者，基本都是先在微信做到的，如十点读书、视觉志、罗辑思维、凯叔讲故事等。

　　公众号孕育出的内容质量之高，又是微博不能企及的。微信的公众号，特别是订阅号，更适合沉浸式写作和阅读。更重要的是，由于微信自带熟人社交的关系链——有群、朋友圈，用户可以基于自身社交能量进行第一轮传播；同时，订阅号的读者也更忠实，还能和作者交互。

　　凭借公众号庞大的用户基数和交错的生态，整个中国的媒体行业确实发生了又一次颠覆。"自媒体"这个其实早就存在的概念，伴随着微信公众号的普及再次传递给公众。自媒体的另一个特征是导致传统媒体的进一步解构，以至于许多传统媒体把新的阵地设到了微信公众号上。

　　自媒体创造的内容可以被免费订阅，但它们也可以接广告，或接受用户的赞赏。最重要的是，这些用户是属于这些订阅号的作者的，而不仅仅属于微信。若干年之后，这种模式被称为"私域流量"，被用在一切平台类业务的用户分析上。

　　而王高飞执掌微博后定下的"去KOL"调性，使得微博的主旋律变得极度倾向娱乐大众，以获取规模化效益，导致微博迅速"水"化和明星"网红"化。明星和"网红"们本来就要靠买流量来支撑，微信里买不到他们需要的东西，所以他们就在微博里盘踞了下来。

不管微信和微博怎么PK，从一个更高的视角来看，其实它们恰好互相补充，而且实现了一定程度上的互通。这种公域和私域的打通，产生了覆盖中国社会的社交大网络，这个网络给了所有希望利用社交元素的创业者机会。

今日头条的起步

有意思的是，今日头条一开始做的也不是个性化的信息分发，而是高热推荐。

和微博、知乎等类似，今日头条开始时也有一个国外的学习对象。张一鸣曾经在内部提到过，自己最初的构想是做国内的 Reddit。Reddit 从 2010 年开始崛起，是当时美国最火的社交新闻网站，它做的就是高热推荐。

张一鸣告诉本书作者，自己一直对 Reddit 非常感兴趣。他研究Reddit 的时候，Reddit 的 Alexa 排名从全球 300 多名上升到 100 多名，后来又上升到 20 多名。尽管 Reddit 的产品形态不够好，但仍然给了张一鸣很多启发。

在还没有足够的资源和人力做好智能推荐的时候，今日头条能胜出的核心原因其实并不是所谓的千人千面技术，而是基于高热推荐的超低使用门槛。用户一打开软件，就给他推送高点击率的文章，再辅以算法持续优化。

2012 年 10 月，今日头条横空出世。

这款 App 的产品经理是陈林，他和张一鸣同岁，毕业于北京大学计算机系。陈林本来有自己的创业团队，但是在知悉了张一鸣的理想后，在今日头条成立当月，陈林团队便打包进了今日头条。陈林向黄河汇报，两人撑起整个产品部门。6 年后，陈林成为今日头条 CEO，今天则是字节跳动旗下大力教育的一号位。

今日头条上线后短短 90 天，注册用户数量就突破了 1000 万人。两年后，这个数字翻了十几倍，取得了前所未有的成功。那么，这是怎么做到的呢？

第一个原因当然是产品本身的成功。

本书作者拜访了今日头条早期高管曾强。他指出，当时今日头条的两大产品功能起到了非常大的作用。

第一个功能是"随刷随有"，用户的每次刷新都会显示新内容，而且客户端上方会同步提醒"为您更新了××条新闻"。在当时的移动应用中，只有今日头条做到了这一点。四大门户网站尽管具有强大的新闻底蕴，却没有这方面的技术意识，一天最多更新百十条内容，远远不能像今日头条那样能满足人们的信息需求。很多人即使安装了搜狐新闻、网易新闻等 App，还是要在手机上安装今日头条。在曾强看来，因为其他人没有果断地做信息流，所以在技术门槛上，今日头条领先了三五个月。

张一鸣对此的论述则更为深入，他对"随刷随有"的认知是战略级的，是压倒一切的。张一鸣给本书作者举例，当时为了保障用户的阅读流畅度，今日头条会做一些预读取的工作，提前下载一些资讯，但是又不能下载太多。因此，今日头条把工作颗粒度精细到了可怕的程度。比如，当时北京惠新西街南口到知春路之间是没有稳定移动数据信号的，今日头条就设计了在有信号的地方缓存信息，以便在没有信号的地方继续"随刷随有"的机制。这种产品精细度成为今日头条的一种核心竞争力。

第二个功能是抓取评论。今日头条在抓取内容的时候，能够把新浪微博上所有的评论都抓取过来。用户在看一篇文章时能看到朋友的评论，黏性就提高了。当然，这一方面是因为新浪微博等巨头没有"防守"今日头条，另一方面也是许良杰加入新浪微博后助推了开放平台策略，结果让今日头条从新浪微博抓取了大量数据和用户。可以说，今日头条充分吃到了巨头平台的红利，不但把巨头作为内容来源，而且把它们作为流量来源。2014年6月，新浪微博投资今日头条后，张一鸣还曾调侃，新浪微博成为其股东之一的好处，就是他在发现其Bug后可以向王高飞反馈，以前都没有人理他。绑住新浪微博这件事，让今日头条在自己的个性化推荐引擎打造完成之前，仍然保持了相当好的用户体验。

第二个原因是前期试水和引流。

今日头条极其擅长走"树上开花"的道路：先做出一些产品抓住时间窗口，再利用已有产品为后来者引流。

今日头条并非一上来就是今日头条，它是从"搞笑囧图""内涵段子"等内容App入手的。这来自张一鸣、黄河、梁汝波等对当时应用商店排行榜中靠前的产品的分析。据他们观察，应用商店排行榜上靠前的都是轻娱乐产品。

字节跳动的第一任产品合伙人、今天的伴鱼CEO黄河向本书作者回忆说："当时我们就确定可以先从娱乐这块切入，娱乐是挺'刚需'的东西。"

"刚需"到什么程度？按照黄河的说法，那时有些App采用了一种极为夸张的做法：制作者把搞笑图片从网上下载下来，打包成200MB左右的压缩包，然后直接发布出来。因为效果明显，所以其在各网站的下载量排名都特别靠前。

"搞笑囧图"和"内涵段子"能提供源源不断的搞笑图片和文字，极大地满足了用户的这类需求。比起当时市场上那些草台班子，张一鸣和黄河的团队要专业得多，今日头条的早期产品也有很多细节在今天看来依然经典。比如，他们热衷于使用微博大号和网络用语。他们开发的前两款产品的名称都取自微博同名营销号，也就是说，当时已经有了"搞笑囧图"和"内涵段子"这两个微博大号，而今日头条两款产品的命名恰似对这些大号的"致敬"，这种方式在产品早期能蹭到不少流量。字节跳动之后推出的十几款应用，基本上都沿用了这种取名方式。

今天在网上搜索与今日头条有关的产品，可以看到很多大家并不熟悉的应用：热门视频、精辟语录、飞飞看图、笑多了会怀孕、今晚必看视频、早晚必读的话、潮流汽车（潮流车报）、时尚家居、创意家居、内涵漫画、好看图片、有点意思、我是吃货、蛋幕、内涵电台……

有些产品的上线日期已无法考证，但其作用无一例外，要么是为今日头条试水，要么是为它引流。

这样做也不是没有问题。黄河曾向本书作者提到过自己的反思，他说："当时做 App 的成本是很低的，设计一个框架，套个壳，内容加个过滤器就全出来了。现在想想，其实没必要那么分散、搞那么多。"

黄河认为，App 做得太多，就不会真的都去推广，因为全都推广则成本会很高。事实上，他们也确实只推了少数几款。

不过，今日头条也没有浪费这点种子，根据 CSDN 社区一篇名为《代码传奇》的文章，当时今日头条团队开发了一个"交叉兑换系统"，将不同 App 上的用户向今日头条迁移。从这个角度来看，这种产品"试水"真是一举两得。

这充分反映了张一鸣"精细"的品质。

3B 大战

360 "奇袭" 百度

在整个行业热情拥抱移动互联网时，2012 年夏天，两个在 PC 互联网时代数一数二的巨头企业，在一个基本还是 PC 互联网时代遗留的战场——搜索战场上，发起了一场大战。这场大战或许可以看成是PC互联网时代加速落幕的原因。

令很多人感到疑惑的一个问题是，为什么到了2012年，360还要做搜索？国内公认的搜索大战不是以谷歌退出中国内地市场、百度市场占有率超过70%而告终了吗？在一个已经有"寡头"的市场中，在一个未来已经对移动互联网打开并有大量空白领域的时空里，重启PC端的搜索大战，周鸿祎究竟是怎么想的？

本书作者认为，至少可以从3个角度来看。

第一个角度是360根基不稳。

当过3721代理公司厦门书生总经理的互联网人符德坤，曾在3B大战期间写下一系列精彩的评论文章。他说："腾讯、阿里和百度掌握整个互联网70%的资源，这才是真正的'三国'！360至今为止还不算是一个独立王国，更像是打家劫舍的匪兵！"

符德坤进一步分析说："360做搜索是必然的，因为现在的360还是个'金叫花子'。别看上市、流量、占有率这些外衣，360的收入全跟草根小站长一样，靠流量批发过日子。除了游戏联运稍微光鲜一点，其他没一项收入是体面的，总不能老抬着金饭碗天天讨饭吧！"

第二个角度，我们姑且称为周鸿祎的"战神本色"。

如果去问马云、马化腾、李彦宏和雷军，是否承认周鸿祎是中国互联网界的"战神"，估计不会得到否定的答复。

周鸿祎的爱好之一就是枪械。每次去美国，只要有可能，他一定会去射击场过枪瘾。由此看周鸿祎的创业历程，会发现他的"持枪者心态"很明显。在没有靶标和对手的市场中，他常常找不到感觉，茫然四顾、不知所措；而一旦发现"猎物"，他就立刻精神百倍，超水平发挥。无论是在早期3721 PK CNNIC（中国互联网络信息中心），进雅虎再出雅虎然后反击阿里，还是PK腾讯直到掀起3Q大战，可以说，每次PK都能见到他超水平发挥，而每次大战之后，360的知名度和某些业务也会水涨船高。特别是3Q大战，不仅让360赢得了"创新者"的荣誉和"保护网民权益"的美名，还间接带动了其非安全业务的起飞。

第三个角度，周鸿祎的确有搜索情结。

其实，"情结"这个词很难用来形容周鸿祎，但是他在创业过程中做过多次搜索，是不争的事实。

第一次是周鸿祎做3721网址导航的时候。这个产品虽然是一种上网辅助工具，但也应用了一些古典搜索的理念，客观上实现了一部分搜索的功能。第二次是和雅虎结缘。第三次是360启动时，曾经推出"图片＋社区"搜索产品。这个产品实际效果不佳，但是为这个业务，360的确保留了一部分搜索的技术力量。有了前面3次的经历，说周鸿祎有搜索情结，也基本符合事实。

如果还要加一点，那就是百度和360的矛盾很深，且有现实的冲突。

百度和360一度有过蜜月期，360浏览器曾经长期以百度为默认搜索引擎，为百度带去大量流量；百度也一直为这些流量给360分成，同时双方还有不少资源交换，如百度在天空软件站给360推广资源位。然而，随着百度自身的流量越来越大，其本身又是一个在客户端领域相对弱势的企业，于是它对继续用流量分成滋养360，产生了深深的疑虑。

由于360在扩张市场上表现出的"野蛮"，也由于百度旗下hao123和360导航的利益冲突，百度断然停止了对360的分成。360随即把百度告上法庭，并且用"盘外招"提示用户百度的多个应用有安全风险，百度亦因为360的这些狙击而反诉360不正当竞争。

在以上因素的共同作用下，360会对百度发起搜索领域的挑战，也就理所当然了。

如果说3Q大战是因为腾讯试图染指安全领域而引发的，那3B大战就是一场完全由360发起并带着节奏走的攻击战。

2012年8月16日，奇虎旗下的360搜索开始了低调测试，360保留的搜索技术团队在其中发挥了关键作用。8月20日，被命名为"综合搜索"的 360 搜索正式上线。

由于 360 的系列客户端这个时候已经渗透了 80% 以上的中国 PC 用户，所以 360 搜索的起量十分凶猛。

而且周鸿祎杀伐决断，随着自有搜索的起步，他立刻驱逐百度在 360 地盘上的据点，不仅把 360 浏览器、360 安全网址的默认搜索从百度换成了 360 搜索，还将搜索栏右边的新闻搜索链接也改了。8 月 22 日，360 将"综合搜索"中的"问答"一项从默认的百度换成了奇虎问答。

2012 年 8 月 20 日是一个周一。仅仅一天以后，由于 360 进军搜索市场的消息的冲击，百度在周二的股价大跌 5.7%，创下 10 个月以来的最大跌幅。

从节奏来说，周鸿祎想打的肯定是一场闪击战，即在对手没有充分准备的情况下先给对手造成重大损失。只要抢占哪怕 10% 的市场份额，360 就可以和百度慢慢耗下去。周鸿祎当然知道，百度不是一口可以吞下的，且他的出发点也不是吞掉百度，而是占据市场老二的位置，拿到 20% 的市场份额。

如果单从闪击战来评价，360 的确很成功。由于旗下拥有数量庞大的浏览器和网址导航工具用户，而这些用户默认的搜索入口都可以被强制替换，所以 360 搜索的短期市场份额一下超过了 10%，所谓"5 天超过搜狗 5 年"的说法，就是这时传出去的。

当时很流行的一个网站——站长之家，公布了自己的流量来源数据：2012 年某天，通过 360 搜索访问该网站的独立 IP 达到 11 280 个，超过 SOSO（8706 个）、搜狗（6603 个）和谷歌（3414 个），是百度流量的 14%。安卓论坛的数据则同样显示，360 搜索成为该论坛第二大来源站点。

阵地战和舆论战一起打，一向是 360 的强项。360 一面推搜索，一面发声明，打出了"自主技术""公平竞争""打破垄断"等口号。

相比之下，百度的反应显得比较迟钝，手法也不甚高明，在公关上可以说是无所作为。

百度的首次小范围反击是 8 月 22 日，做法是当用户通过 360 搜索百度知道时，页面会提示：您是通过"奇虎搜索"（也就是 360 搜索）访问至百度知道的；如希望获得完整优质的百度搜索体验，可以把百度设为首页或把百度添加到桌面。

8 月 28 日晚，百度的反制升级。当用户通过 360 搜索访问百度知道、百度百科、百度贴吧等时，将会强行跳转至百度首页。半小时后，360 展开对攻。用户在 360 浏览器中使用 360 搜索时，如点击来自百度相关服务的搜索结果，会被直接带至 360 的"网页快照"页面。

几天之后就是百度世界大会，也是百度首次宣称其未来的战场在移动搜索领域的日子。但令到场诸多媒体惊讶的是，李彦宏的发言中丝毫没有提及"360"或"周鸿祎"之类的字眼，仿佛战事没有发生。

其实百度内部的反应要大得多。当时正在肯尼亚旅行的时任百度副总裁、搜索业务负责人王梦秋接到了来自国内的消息，要她赶紧回国。

王梦秋回国后，发现李彦宏已经陷入狂怒的状态。李彦宏愤怒的焦点在于，为什么百度做了 10 年搜索，却不能对 360 形成绝对的技术壁垒？为什么 360 的流量一天天地往上涨？

李彦宏的结论是，这是因为百度的搜索做得不够好。而对搜索业务直接负责的王梦秋不能接受这个观点，于是和李彦宏发生了争执。

王梦秋认为，360 能够在较短时间内提升市场份额，并不是由于百度做错了什么，而是由于 360 在广泛的客户端领域有较大的占有率和较雄厚的用户基础，用户接近 4 亿人，而百度在客户端领域却弱势得多。鉴于 360 已经有的用户基础，"发生一些转化是不可避免的"，但王梦秋认为无须过度担心，因为从技术角度看，360 和百度相去甚远。

简单来说，360 对百度的打击主要来自 3 个战场：搜索主战场、渠道战场和关乎企业声誉的安全战场。

从搜索主战场来看，为什么百度积累了 10 年的搜索技术，360 在搜索技术的储备和企业资源上都与之相差很远，但在市场份额上追得如此之快呢？原因很简单，就是周鸿祎做的不是普通的搜索，而是"搜索的搜索"。

一般人都知道，搜索无非 3 个环节：第一个是用爬虫来搬运信息，第二个是建立索引信息库，第三个是基于索引推出优化后的排序结果。

从信息存量来看，百度已经建立起一个极其庞大的数据系统，存储了海量的中文互联网上的各种数据。我们基本上可以认为，百度存储了中国互联网上所有可以公开检索的信息的镜像。

如果 360 按照传统的做法来做搜索引擎，即使它的架构做得和百度一样好，这个索引信息库也是无法在一夜之间建立的。这不仅涉及海量信息的沉淀，还涉及成千上万台服务器的庞大硬件支撑，这绝对是 360 无法在短时间内超越的。甚至可以大胆地猜测，百度的存储系统的硬件造价，远远超过了 360 公司的市值。

于是，360 就采用了取巧的一招——直接调用百度和其他搜索引擎的结果。考虑到太过直接地引用可能惹上版权纠纷，360 还煞费苦心地把几家搜索引擎的结果混合在一起，美其名曰"综合搜索"。这样，由于 360 显示的是基于百度但又不完全等同于百度的搜索结果，而这些信息又是互联网上公开可见的，百度就很难从法理上找到起诉 360 的依据。

当时一位知名站长表示："这几天 360 的流量和排名猛涨。周鸿祎告诉大家一个事实，做搜索，不需要技术，也能稳稳'干掉'那些拼技术拼了几十年的哥们儿。"

事实证明，这一招非常有效。因为百度确实没有办法就 360 的投机取巧而直接起诉它，以至于后来起诉 360 时百度另找了一个违反 Robots 协议的切入点——简单来说就是 360 可以抓取公开的结果，但是有些内容，如百度贴吧、百度知道里的信息，属于用户私人信息，抓取这些就等于侵犯了用户的个人隐私。

为什么百度之前采取了从 360 搜索的结果强制跳转到百度首页的"笨策略"呢？原因也很简单——百度没法拒绝 360 的全部抓取，因为这会留下百度不正当竞争的口实。于是，百度只好选择这种玉石俱焚的做法，让 360 的用户产生一种"通过 360 没法正确到达目的地"的感觉。

当时为了证明 360 的确有侵犯用户隐私的嫌疑，9 月 2 日，百度工程师展示了一个测试结果。在这个测试中，百度工程师制作了一个含有特定关键词的内部网页，网页没有任何外链。百度工程师不断用 360 浏览器打开这个网页，约两小时后，百度工程师再度用"综合搜索"搜索这个内部网页上的特定关键词时，发现搜索结果中出现了该网页，而其他搜索引擎则搜不到。这个测试的用意在于证明，360 会利用浏览器窥探用户访问的私密网页内容，其侵犯用户隐私确为事实。

但是这个测试结果并没有起到很好的效果，主要是没有说服公众。或者说，绝大多数公众对这个结果要么看不懂，要么不关心。更吸引他们眼球的是，360 能把百度逼到什么程度？

在百度内部，争议仍在继续。李彦宏对搜索部门的指责不但没有减少，反而在不断增加。王梦秋为此承受巨大压力，这为她后来的离职埋下伏笔。

王梦秋预测 360 天花板，百度提出"狼性文化"

那么，360 真的可以战胜百度吗？其实很难。

从技术的角度来说，360 想翻过百度这座大山几乎是不可能的。腾讯前副总裁、搜索业务负责人吴军曾说过这样一番话："搜索本身用到了计算机科学几乎所有的东西，从底层的操作系统，到数据处理，到互联网，到最上层的自然语言处理，需要做很多踏踏实实的事情，不是想一两个歪点子就能超越以前的搜索公司的。"

很多人把百度的技术贬得很低，认为其一直保持 70% 左右的市场份额十几年不动摇，是滥用市场支配地位的结果。其实，李彦宏多次在内部讲过，"搜索引擎是世界上品牌切换速度最快的产品，只要一秒，只要一次搜索的结果不好，用户就会放弃你"。所以在某种程度上，百度一直保持对谷歌、SOSO、搜狗等的压倒性优势，终究还是市场自然选择的结果。

王梦秋多次对李彦宏表达一个意思：如果不能踏踏实实做搜索，而只是拿着百度的结果呈现给用户，就会导致一个问题——呈现的内容永远是包含在百度的搜索内容里的。也就是说，短期内360可以模仿、做得很有欺骗性，用户体验也不差，但它的根基是不牢固的，它永远不可能超越百度。

王梦秋甚至给出了一个数字。她根据360的流量转换能力进行了计算，最后的结论是360无论如何也无法超越20%的市场占有率上限——这个结论后来被事实证明在一定程度上是准确的，360的市场占有率最多也就达到22%左右。

据说，这也是李彦宏第一次在百度内部提出"狼性文化"的诱因。向来温文尔雅的李彦宏，意识到百度的官僚文化已经泛滥，导致企业竞争力"钝化"。百度之所以没有被360打败，完全是因为积累太厚，而360的底子实在太薄。

3B大战是中国移动互联网历史上的一个重要转折，也影响了诸多玩家的命运。参与这场大战的两个主角百度和360虽然在这场战争中都以一种不胜不败的姿态全身而退，但将时间往后拉长来看，这次事件成为它们发展中的一个重要节点。

早期的快手

快手也是这场3B大战的间接关联方。因为3B大战的结束，张栋、宿华等一干百度的搜索技术顾问的工作变得可有可无，这使得宿华必须寻找新的机会，而此时快手的程一笑也正在寻求一个可以和他一起创业的 CEO。于是就有了 2013 年夏天宿华和程一笑的会师。本书作者一直不解的是，360 的搜索业务虽然市场份额不大，但一直很赚钱，本身也有持续改进的空间，360 为何不把张栋、宿华等搜索技术顾问收到帐下，用股票绑死，或者给他们内部创业的机会呢？是周鸿祎本身对在搜索方面打败百度信心不足，还是周鸿祎对当时张栋、宿华等人的评价不高，抑或是周鸿祎认为真正的胜负手是吃下搜狗呢？不得而知。

当然，3B 大战最大的受益者是张一鸣和他的字节跳动。这场大战之后，百度虽然被打得有些难看，但并没有被彻底打痛，喊了一段时间"狼性文化"后又刀枪入库，马放南山。因此，一批正当年的技术干部被雄心勃勃的张一鸣发现。他在 2013—2014 年不断薅百度的羊毛，最终薅成一个大场面。

王小川是搜狗的守护神

张朝阳想当 360 的大股东

作为 3B 大战的重要参与者，搜狗的命运也因此被改写。

3B 大战一打响，甚至还没有打响的时候，360 就打起搜狗的主意。

从技术角度来说，搜狗有很好的技术积累，有自己的核心技术能力。王小川在几乎没有什么强大外援的情况下，在 2012 年把市场份额迅速拉升到 12%，靠的是硬实力。

有核心技术，有一定的市场份额，而且价格还非常便宜——可以说，搜狗是周鸿祎梦寐以求的收购标的。如果能成功，360 不但可以得到一支精英团队，而且立刻可以把市场占有率从不到 20% 提升到接近 30%，也就是百度的一小半左右。这可是过去许多年里，从来没有追赶者能够达到的高度。

到了 2012 下半年，业内传出的消息是周鸿祎已经和张朝阳谈得差不多了。周鸿祎给张朝阳开出了非常诱人的条件，通过打包换股的方式让搜狐把搜狗转让给 360，搜狐借此成为持有 360 份额 30% 的超级股东。

2012 年，搜狐的市值跌到了 20 亿美元，而 360 的市值即将突破百亿美元，上述方案对搜狐无疑是一个极大的诱惑。而且对于张朝阳来说，如果"搜狗 +360"能达到百度 20%～30% 的份额，360 的市值甚至有可能提升到 150 亿～200 亿美元，这是非常现实的吸引力。

但对于王小川来说，这个结果无法容忍。这已经不仅仅是今后要向周鸿祎汇报的问题，更是自己即将彻底失去对"亲儿子"搜狗的控制权的问题。换言之，这已经超过了他的底线。

但是，王小川很难改变张朝阳对成为 360 大股东的向往。于是他退而求其次，提出一个折中方案，即如果 360 和搜狗合并，要成立两个事业部，360 总裁齐向东统领 360 原有业务，而自己独立管理搜索事业部，包括搜狗搜索和 360 搜索。这个方案当然遭到了齐向东的拒绝。或许这就是王小川要的效果——借此赢得喘息的机会。

王小川意识到，张朝阳的诉求并非没有合理性，除了现实的利益，风雨飘摇的搜狐确实很难为搜狗提供更多的支持，而独立运营的搜狗也不过是保持市场份额不进不退。

王小川必须为自己和搜狗找到新的强援，BAT 是他为数不多的选择。其中，阿里曾在 2010 年投资搜狗，但两年时间下来双方没有形成战略协同。2012 年，搜狐回购了阿里的股份，所以搜狗其实只有百度和腾讯两家可选。

王小川和百度、腾讯的接触，是避开了张朝阳的。

在百度，王小川并没有见到李彦宏，而是见到了负责投资的汤和松。汤和松多年后向本书作者回忆，当时百度高层对注资搜狗并没有太大的兴趣。

但是，百度又绝不愿搜狗被360纳入囊中。于是，汤和松就得到了一个让他很为难的任务——拖住王小川，使之不那么快地投入360的怀抱。汤和松不断地报价，但是一谈到具体的合并方案，就顾左右而言他。

王小川何等聪明，再说他也没有时间和百度虚耗，于是他直奔腾讯而去。腾讯有他在成都七中的学长任宇昕，而任宇昕可以直接接触刘炽平和马化腾。

王小川抗主行险搬兵，SOSO 全盘注入搜狗

接下来的一幕比电影还要精彩：王小川私下与腾讯沟通的事情，很快被投行回传给了张朝阳，一心想把搜狗并入360的张朝阳听闻后大怒。

正当王小川在首都机场欲飞往深圳之时，他接到了张朝阳助理的电话。王小川被告知：立刻从机场掉头回搜狐大厦开会，否则将被停职。

好个王小川，他在从机场回来的路上，和马化腾、刘炽平进行了一次电话会议。腾讯的两位老大在电话里问得十分详细，从搜狗的业务指标和业务规划，到现在的流量、收入，再到很多基础数据和收入模式、增长潜力等，无一不被问到。

从历史大背景来看，腾讯正在经历一个大变革期，即从模仿式创新到开放平台策略的转型期，这个转型期也是腾讯从强大到伟大的一个关键阶段。在这个阶段里，腾讯重要的动作就是一方面聚焦核心业务，另一方面"瘦身"，把非核心业务拿出去。

从历史小背景来看，经过3Q大战，360和腾讯之间有着毫无疑问的对立情绪，在这种情况下，支持搜狗独立而不是坐视360拿下搜狗坐大，答案是想也不用多想的。

也就是在从首都机场到搜狐大厦的20多千米的路程里，王小川

在电话里侃侃而谈。马化腾和刘炽平没有想到的是，王小川不仅对搜狗的收入模式、增长潜力了如指掌，而且他对腾讯和 SOSO 的内部体系同样如数家珍。这让马化腾和刘炽平对王小川印象极佳，认为其堪当重任。这个判断产生了一个非常重要的结果，就是腾讯在投资搜狗的问题上做了一个重大让步，不再坚持腾讯单一大股东的立场。这不仅让王小川最终保住了独立，也让他对张朝阳有了一个交代。否则，搜狗毕竟属于搜狐，"背主卖狗"终究是说不通的。

在随后注资时，腾讯给了搜狐 4.48 亿美元现金，其中 3.01 亿美元用于给 A 类优先股分红，1.47 亿美元回购 A 类优先股。其中，归属搜狐的 2400 万股 A 类优先股分到了 9400 万美元（这部分优先股是当初以 2580 万美元向阿里回购的），云峰基金的 1440 万股 A 类优先股分到了 6000 万美元。云峰基金同时卖掉了这 1440 万股 A 类优先股，共收获 1.07 亿美元，净赚 9800 万美元。

王小川等原搜狗管理团队这次没有任何套现，新搜狗也没融到任何钱，但是搜狗获得了继续独立发展的机会，同时还拿到了 SOSO 及腾讯未来可能的资源支持。

对于王小川来说，这公平吗？真的很难评价。

"A""T"两强转身

2012 年也是"A"和"T"两强顺利转身的一年。

腾讯在这一年做了历史上继 2005 年之后又一次大的组织结构调整。

2012 年，手机 QQ 的消息数第一次超过 QQ。这个信息让腾讯上下认识到，移动互联网成为腾讯的确定性未来，但对应的组织结构并不匹配。腾讯的 6 号员工，也是腾讯第一位产品经理吴宵光，曾经在一次演讲中提到，2012 年以前，QQ 的业务散落在 3 个部门，PC 版 QQ 在一个部门，无线 QQ 在另一个部门，QQ 上的增值服务和 SNS 业务又在另一个部门，三个部门纠缠不清。开会都是在协调纠纷，而不是谈业务。实际上，最终的用户体验根本没有人负责。

于是，腾讯在 2012 年做了重大的组织结构调整，在 2005 年的基础上升级 BU（业务线）为事业群，推动所有事业群无线化，同时将原有的无线业务拆散，这对无线业务冲击很大。

由曾李青开创、刘成敏壮大的无线业务为腾讯赚了很多钱。无线互联网兴起后，他们把手机 QQ、手机腾讯网等一系列产品都做了起来，抓住了市场机会。为推动这次变革，马化腾亲自下场动员，产生了诸如"不要抵抗"的金句。也就是在这次组织结构调整后，在事业群外成立了单独的腾讯电商控股公司，吴宵光领命担任 CEO。

腾讯能在 2012 年做这样的调整，还在于这一年微信的用户突破 1 亿人，成为和 QQ 比肩的国民应用。虽然 PC 版 QQ 和手机 QQ 在之后也保持了很好的增长和很强的生命力，但微信取代 QQ 成为腾讯新的业务增长引擎是不争的事实。2012 年年底至 2013 年开春，刘炽平甚至喊出了"2013 年是微信商业化的一年"的口号（事实是 2014 年微信才开始全面商业化）。

与腾讯不同的是，阿里从 2006 年开始几乎每年都开战略会，每年都要做大调整。即便如此，2012 年的系列战略会也是阿里历史上最重要、最关键、最具有历史转折意义的。

如前所述，在 BAT 中，阿里是对移动互联网关注最早、投入最坚决、制定策略最宏大的，也很早就启动了阿里云 OS 计划，但阿里在具体执行上一路坎坷。先是与天宇朗通合作，分手后只能重新寻找合作伙伴，这个时候宏碁出现了，这是一家与 HTC 一样代工和自有品牌双线作战的中国台湾科技公司。

HTC 的成功让宏碁多少有些垂涎智能手机这个新增市场的蛋糕，

这应该是它与阿里云 OS 走到一起的初衷。但 2012 年 9 月 13 日中午，原定在上海举行的阿里云与宏碁的联合发布会突然被宣布取消，让坊间一片哗然，也彻底打断了阿里想通过阿里云 OS 对手机终端形成影响力的战略规划。

张春晖后来非常遗憾地告诉本书作者，宏碁迫于谷歌的压力放弃，其实是错过了一个机会。如果当时它敢于和阿里云 OS 合作到底，而不顾忌海外份额，其实是有可能在中国做到和华为一样的地位的。中国自有手机操作系统 NO.1 的机会就这样失去了。

历史无从假设。与宏碁这样有国际影响力的大厂合作的想法被扼杀后，阿里云 OS 就只能和一些国内"山寨"厂商合作。至于与魅族的合作，已是 3 年后的事情。这些"山寨"厂商在技术底蕴上不够厚，而且阿里云 OS 也不是它们的首选。

有意思的是，在闹出宏碁和谷歌这么一出后，马云对阿里云 OS 反而高看了一眼。他在高层内部会上一语定乾坤："谷歌这么大的公司对我们要做的事情这么防着，说明这事有价值，应该继续大力投入。"与宏碁的分手只是阿里云 OS 10 年征程中的一个小节点，之后，围绕电视盒子、"山寨"手机、魅族、锤子，以及车联网和 IoT，阿里云 OS 都以其可贵的生命力执着向前。

但对阿里来说，其原先设计好的在移动互联网弯道超车的计划落空了。这不得不让阿里在 2012 年年底，重新就在移动互联网时代怎么站住和站高进行战略讨论和复盘。

在 2012 年系列战略会前，阿里虽然按照 2006 年战略会的设计规划，把拆 B2B 业务上市、推云计算和做天猫这些战略举动一一做到位，但都有或这或那的坎坷和不顺，与竞争对手的区隔并没有显现出来。这还只是问题的 A 面，B 面是，在新的移动互联网大浪前，阿里发现自己处于全面落伍的阶段。赶肯定要赶，怎么赶？之前做的该如何总结、定性？

这个系列战略会有 3 个关键词。

第一个词是生态。在 2012 年系列战略会上，阿里明确了阿里云计算业务从 2013 年开始对外提供服务、创建菜鸟、筹建蚂蚁金服，以及竞购高德和新浪微博等基建类项目的战略构想。

第二个词是数据。阿里云 OS 本身是阿里数据战略的一部分，阿里后来为外部羡慕和嫉妒的数据中台，也是起于 2012 年。陆兆禧担任首席数据官是阿里数据战略的组织保证，这时已经有了陆兆禧接马云班担任阿里 CEO 的呼声。

最后一个词是无线。阿里一直很重视无线，卫哲在接受本书作者的采访时提到，他参加 2010 年战略会时，已经不是第一次在讨论无线的话题。阿里在无线上下注很早——并购了 UC，但到了 2012 年，"双11"总盘子里淘宝无线占比只有 5% 的窘境让阿里上下警醒。在明确阿里云 OS 继续往前推但不作为阿里移动互联网业务的抓手后，这个系列战略会的共识是 "All in 无线"。相应地，成立了阿里的无线委员会三人组——陆兆禧、吴泳铭和汪海（阿里数据中台业务的奠基人之一，现为 1688 的负责人）。

2013 / 买到一个未来

引子

2013 年这一年，阿里在没有笃定地拿到移动互联网的门票前，开启了"买买买＋投投投"模式，无论是流量型产品天天动听、墨迹天气，还是社交类应用陌陌等，全都"捞而食之"，最后对 UC 和高德的收购让这一轮"疯报"达到高潮。阿里另外值得一提的"事迹"是收购了友盟并顺手储备了蒋凡这个青年才俊。这一波防御性购买直到手机淘宝彻底站稳脚跟并实现了对导购类网站的成功驱逐，才放缓了节奏。而推出余额宝这件大事，不但开启了蚂蚁金服的成长之路，也催生了互联网金融这个概念。

2013 年这一年，百度忙着抢夺移动互联网的门票，虽然有"巨杉理论"和汤和松这样的干将，但由于自身危机感不足，百度很多关键性的收购都棋差一着，而且真的往往是"一着"而已。许多的"一着"加起来就成了沟堑，这使得百度迟迟没有跃入移动互联网的主航道。收购 91 无线虽然波澜起伏，但最后算算，似乎百度落袋的真金白银并不是那么实在。

2013 年这一年，腾讯继续在开放平台的道路上越走越远，打下了深厚的生态根基。同年，腾讯的另一个大事件则是启动了微信支付。微信支付虽然风头不如支付宝，但为微信切入交易环节埋下了伏笔，也为 2014 年的爆发奠定了基础。

2013 年这一年，360 在"战神"周鸿祎的带领下继续征战四方，但 BAT 的默契与配合，使得"反 360 同盟"在事实上成立，360 的生存空间被极大压缩。

2013 年这一年，出海者着实不少，既有厌倦了 3B 大战而试图寻找世外桃源的张磊和傅盛，也有当时在 360、后来创办了 APUS 的李涛，还有怀有赤子之心的刘春河，以及"移动网盟"三杰——Yeahmobi（易点天下）的邹小武、Avazu（艾维邑动）的石一和 Mobvista（汇量科技）的段威。中国移动互联网几年积累的创新，着实吸引了不少新兴国家的网民。虽然进军欧美市场的企业发现了这些市场极度注重细分的特点，并且能屡出精品，但最终发现自己发展的命脉掌握在谷歌和 Facebook 手中……

2013 年这一年，既是推荐引擎的开启之年，也是数据科学被广泛重视的一年。因为有了这些新技术，互联网金融才得以成为潮流。

2013 年是中国移动互联网创新周期里承前启后、继往开来的一年。新供给之后的新服务、新探索层出不穷。我们既能看到 BAT 对船票的争夺，也能看到新兴企业对新赛道的渴望。其实，2015 年的很多事情在 2013 年已基本定局。

BAT 的投资哲学

蒋凡把友盟卖给阿里，李开复满脸阴云

2013 年 1 月，创新工场举行了一次内部的新年联欢会，所有主持和表演都由内部员工负责。这天的主持人之一是创新工场合伙人之一王肇辉。

王肇辉的心思非常细腻，但这天或许是站在舞台上的原因，他看不清台下李开复的表情。

活动结束后，马上有人来找王肇辉，说李开复在整个活动中都板着脸，好似非常不快。过了一会儿，王肇辉感觉不妙。因为越来越多的同事，如聪明的张亮，来向他询问这件事。王肇辉跟随李开复时日甚久，大家公推他"最了解开复"，如果他都不知道李开复为什么不快，那一定是发生了大事。

这个疑问没有持续很久。当晚 12 点李开复回到家后，还是没有忍住心头的不快，给创新工场的所有合伙人发了一封邮件："蒋凡把自己卖掉了。"

李开复还提醒王肇辉："这件事情的影响不会小，要做好舆论应对上的预警。"

果不其然。不久后，邵亦波就跑到创新工场来问这件事。因为创新工场是友盟的天使轮投资人，而邵亦波担任创始合伙人的经纬创投是友盟的 A 轮投资人。现在既然 A 轮投资人一无所知，邵亦波就理所应当地认为这件事是李开复推动的，但想不到李开复也感到十分恼火和莫名其妙。

友盟在创新工场的投资中，是一个相当特殊的存在，它是为数不多的在移动生态早期就关注 B 端需求的项目之一。

2010 年 4 月，友盟开始作为一家移动统计分析公司运作。和创新工场的一些早期项目一样，它也有内部孵化的色彩。友盟的创始人蒋

凡曾在谷歌中国任职，参与过谷歌地图、搜索质量、内容广告的研发，他也是在谷歌中国业务中断后最早一批跟着李开复出来"开枝散叶"的员工。

蒋凡非常年轻，生于1985年的他毕业于复旦大学，在谷歌只有不到两年的工作经验。但外界对他的评价是懂技术，也有商业上的敏感。

关于友盟的起源，蒋凡在谷歌工作到第20个月时发现安卓生态已经起来了。他回忆说："在谷歌的时候，我自己做，也帮朋友做一些应用。我发现不少在海外做安卓应用的人挣到了挺多的钱。而且我从谷歌内部的角度出发，能了解到谷歌对整个安卓生态的重视程度。所以我非常看好安卓，包括看好整个智能手机的发展趋势。"

2010年8月，李开复在新浪微博上披露了孵化友盟的消息，2011年1月产品上线。随后友盟在2011年7月获得经纬创投领投的1000万美元的A轮融资，对外号称估值5000万美元。根据公开材料，友盟最后的成交价是8000万美元，这样算的话经纬创投基本没赚到什么钱。创新工场的投资回报率虽然还不错，但由于其股份占比不高，同样没有赚到太多的钱。

第二天早上，汪华找蒋凡谈话。汪华的观点是，友盟A轮就有5000万美元的估值，再稍微稳一稳，哪怕几个月，就可能达到1.2亿~1.5亿美元的估值，不用这么着急地以8000万美元就把自己卖了。言下之意，汪华还是希望蒋凡不要那么冲动，多少有劝他"浪子回头"的意思。但向来很听汪华话的蒋凡这次沉默了，并且最终坚定地向汪华说"No"，当时气氛十分尴尬。

按王肇辉在与本书作者交流时的说法，多年后蒋凡还在拜托他向李开复解释，而且不止一次。这从侧面反映出当时双方的沟通并不愉快。不过，蒋凡的高情商很快消弭了他与创新工场的分歧，他很快推动了逍遥子和汪华在上海的两次一对一的对话。

从个人发展的角度来说，蒋凡是难以拒绝阿里的，除了在经济收益上可以置换阿里的股票，吸引他的还有阿里广阔的发展空间。王肇辉说："站在蒋凡个人的角度，阿里的投资是有吸引力的。蒋凡工作还不到 5 年，没房、没车、没有财务自由，而马云给出的条件很有诱惑力，又催得特别紧。"

帮蒋凡卖掉友盟的是当时在华兴资本任职、后来创办小饭桌创业课堂的李晶，她是经纬创投合伙人之一王华东的妻子。据说王华东和李晶是在陌陌上认识的，而陌陌和友盟都是王华东投出的明星案例。王华东与李晶结婚时的主婚人就是蒋凡。

友盟的主要功能是做移动互联网的数据分析。大家都知道数据是整个产业互联网的"燃料"，是 AI 和大数据挖掘的基础。但当时很多人对这方面的认知有限，而蒋凡认为数据分析是行业发展刚需，专业开发者一定要有这样的配套支持。蒋凡说："我就以这个切入点来做，以后的应用方向也会比较多，不管是广告还是应用端的服务。当时很多人去做广告联盟，数据这一块没有人重视，这对我来说反而是一个机会。"

很多人认为友盟一开始就是做移动互联网的数据分析的，但蒋凡对友盟的早期定义是"为开发者服务"。最初他的设想是，数据统计一开始就不是一个可以直接收到钱的项目，但是从数据统计开始，可以拓展出一个综合的、为开发者服务的平台。

随着友盟的发展，其平台跟踪着 10 万多款应用，日活超过 1 亿人。含国际用户覆盖了全球约 1.6 亿部设备，国内约覆盖 1 亿部设备，其中安卓和 iOS 的比例是 7∶3。从设备数量来看，覆盖了当时国内 90%的智能手机。

从这个角度来说，友盟也可以进一步为研究移动互联网的趋势提供基础数据——这其实也是阿里看重的价值。因为友盟是当时国内为数不多的可以起到移动互联网"望远镜"和"显微镜"功能的平台。

阿里早在 2008 年就开始组建自己的投资并购部门，前台人物是后来重仓出海的屈田，他的代表案例是对 UC 和搜狗的投资。但真正打法上成套路的标志性事件是，2011 年下半年北极光创投的张鸿平作为操盘手加入。

按照张鸿平的描述，阿里资本真正走上正轨是在 2012 年年中。

张鸿平视角下的 BAT 投资策略

百度的汤和松、阿里的张鸿平和腾讯的彭志坚，是 BAT 开始密集投资互联网产业的三位代表性人物。

有趣的是，他们同出清华，在大学里也相互认识。张鸿平回忆说，汤和松是自己同宿舍的好友，两人还是老乡，彭志坚是他同系的学弟，大家住在同一个宿舍楼里。

百度系的核心投资理论是前述的"巨杉理论"，而腾讯系的原则是"只求共生，不求拥有"。与百度、腾讯相对清晰的投资策略相比，阿里的投资策略相对混沌，但也有自己的"潜规则"。比如，基本不投资电商领域，但会投资电商上下游，譬如周韶宁创办的百世物流；再如，基本不投资从阿里出来的人。阿里当时曾同时关注快的打车和滴滴打车，投快的打车而舍滴滴打车，性价比是加分项，但更重要的就是因为这一条"潜规则"。

后来，聚划算创始人阎利珉从阿里出来做无人货架，江湖传言马云曾经个人参股，但最后阿里投资的是其对手猩便利。虾米音乐是为数不多的例外，既与张勇和陈天桥的过往有关，也与南瓜思践等人的好口碑有关，还与虾米做的事情和阿里本身并无关联且阿里想进入文娱领域等诸多因素有关。

因为有做什么、不做什么的战略能力做支撑，以及有强大的组织能力做保证，阿里资本在很长一段时间里都是"缺啥补啥"。2012—2014 年，阿里体系更缺的是与无线相关的能力：淘宝缺无线端流量，支付宝缺无线端场景及无线端人才。

这 3 个缺乏，随着蚂蚁金服的筹建而有所缓解。友盟的加入让阿里不仅在 CNZZ、缔元信之外多了一项更扎实、更面向未来的数据服务业务，也多了一个较好的"买买买"的样板，友盟这个团队尤其是蒋凡本人对阿里无线团队的人才储备则是一个重要的补强。

蒋凡进入阿里后还遇到一个机缘，那就是 2013 年阿里"All in 无线"的战略出现了反复。

如前所言，阿里"All in 无线"这个战略没有争议，但对具体什么才是"All in 无线"的战术执行，并无统一的结论。最终，陆兆禧力主做来往和微淘的意见占了上风——来往是针对微信的移动社交 IM；微淘则是淘宝的开放平台概念，针对的是微信公众号，旨在让每个商家自己在手机淘宝上开店。这两个举措都跟着对手走，偏离了阿里的主航道，完全是以己之短攻对手之长，进一步加剧了阿里在无线方面的弱势。

而微信红包的奇袭，更让陆兆禧、吴泳铭和汪海的阿里无线三人委员会，变更为彭蕾、樊路远和张勇。这之后，随着樊路远回到阿里小微、彭蕾全面执掌蚂蚁金服，阿里无线也进入了由张勇主导的"千大万大，手淘最大"的阶段。

按照天下网商的报道，手机淘宝的凤凰涅槃，技术上靠南天，运营上靠蒋凡。南天推动了模块化的开发，蒋凡则推动了手机淘宝的内容运营。

王肇辉说："友盟对阿里的价值很好评估，但蒋凡对于阿里来说是无价的。"这里的"无价"应该是指蒋凡在手机淘宝成为"国民产品"的过程中所起的作用，很难用金钱来衡量。

王肇辉还说："蒋凡很懂技术，性格上又极为低调谨慎，和逍遥子类似。马云对这类人的依赖性很强——又懂技术又能在合伙人会议上说出一二三，这样的人不在阿里腾飞才怪。"

外封导购站，内汰小商户，阿里重掌流量源头

说回阿里特别是淘宝对流量的渴望。和投资友盟类似，阿里还在

2012—2013 年投资了陌陌、天天动听、墨迹天气等。这些业务流量大、用户多，虽然当时和阿里的电商业务暂没有直接整合的可能，但对淘宝在无线端获取更多的流量提供了更多的支撑。

在 2013 年前后开启"买买买"的同时，阿里还成立了一个 5 亿美元的专项基金，意图收编淘宝客。

阿里妈妈回归淘宝以后，吴泳铭（吴妈）带着阿里妈妈团队做了 3 个产品，分别是直通车、钻石展位和淘宝客。直通车和钻石展位是供卖家在淘宝站内营销的产品，淘宝客是帮助卖家做站外推广的产品。

淘宝客的负责人兼运营人是王伟仪（曲洋），产品搭档是张雅洁。最开始阿里内部对这个产品不是特别看重，吴妈的追求是做成类似谷歌广告（Google AdSense）的产品，简单、独立、有格调，所以淘宝客只能独自在角落默默发展。结果到了 2010 年，淘宝客带来的 GMV占比超过 5%，在公司内部一炮而红，整个团队获得了公司级别的大奖。

这样的变化主要是由于淘宝客的规则在 2010 年做出了一些改动。此前淘宝客的推广都是直接把商品类目做成频道集合页，媒体（指外部媒介，非狭义上的传媒）将这些集合页链接放到自己的网站上，吸引用户点击产品、转到淘宝上购买、购买完成后，媒体获得佣金。

2010 年，淘宝客将一些深层 API 开放给媒体，媒体能获得所有有佣金商品的 API，媒体网站上不用再放集合页链接，直接连接相应产品即可，促成的订单相关数据参数也能返还给媒体。所以，通过淘宝客达成的交易数量飞速往上涨。

淘宝客最初的意义在于，整个中文互联网络世界的流量都有了和阿里的大、中、小商家连接的机会，卖家自己也可以去站外找流量。2010 年 1 月，谷歌退出中国内地市场，众多原来依靠谷歌广告平台为生的中小站点失去了客户来源，迫切寻求新的流量销售渠道。适时出现的淘宝客满足了这些站点的需求，所以接入淘宝客的媒体、团队和网站的数量出现了暴增。到了第二年，各式各样的导购产品出现了。

2011—2013 年，市场上的淘宝导购产品主要分为 3 类，分别是社区导购、"九块九"包邮和返利网站。

社区导购的代表是美丽说和蘑菇街，创始人分别是徐易容和陈琪。技术大牛徐易容想做的是以女性为主力用户的微博，淘宝商品链接和图片的加入，能带来更多内容和用户。淘宝出身的陈琪就是想做电商，之前他还做了卷豆网，给其他社区媒体添加淘宝客的链接，因为效果不好，所以他决定亲自做一个导购网站。

2013 年前后，蘑菇街和美丽说成为大火的社交导购平台，每天都有天文数字的流量从这两个网站向淘宝流去，又带回海量收入。它们不但带去了流量，还以自己的社区特色，为本身并无社交属性的淘宝培养了大批潜在客户。

"九块九"包邮的网站主要是楚楚街、卷皮网、折 800 等。顾名思义，这些网站专门把便宜、包邮的小商品从淘宝里找出来，提供给消费者，省去了消费者自己在大量淘宝商品中搜索的时间和麻烦。后来这些网站逐渐加入了 19.9 元包邮、29.9 元包邮的板块。这些网站的优势是能通过流量给淘宝小商家制造爆款。共同创办卷皮网的黄承松和夏里峰是这个模式的创始者，而吕晋伟创办的楚楚街是这个模式的集大成者，折 800 则脱胎于团购时代风靡一时的团 800，它最开始叫作淘 800，后被淘宝勒令改名。

返利网站，包括返还网、米折网、返利网，以及由支付宝无线专家刘俊和他的大学同学万力共同创办的淘粉吧等。顾名思义，用户通过这些网站购物，成交之后这些网站会向用户返还一小部分钱。因为商家向这些网站支付了佣金，这些网站就将佣金的大部分返给消费者，自己赚剩下的钱。这样一来，为了省钱，用户就会源源不断地通过这些网站买东西，用户黏性和复购率成了这些网站最大的优势。

但花无百日红，从 2013 年 1 月开始，阿里针对返利类淘宝客做出规定，禁止返还现金，只支持返还集分宝、优惠券、实物等。而且消费者不能再把淘宝商品的网址复制下来直接在返利网站上搜索，也看不到返利金额。

这些举措很快打断了这些网站的上升势头，网站流量开始大幅度下跌。小网站纷纷关闭，大网站谋求转型。

不久之后，米折网创始人张良伦转做母婴电商平台贝贝网，返还网创始人陈方毅重新搭建了一个女性社区——美柚。2013年涌现出许多女性社区。此后，贝贝网推出社群电商贝仓，接纳的是后来的一批淘宝客。至于1981年生人、同济大学毕业的葛永昌于2006年创办的返利网，则成了为数不多坚持下去的返利网站。

淘宝做出这些举措的原因很简单，它不希望流量入口不受控制。如果任由这些导购平台发展下去则将导致尾大不掉，等它们从导购网站转做自营网站时淘宝再去清理它们，就麻烦多了。

2012年5月，马云在阿里内部会议上发表针对电商导购的原则时，说了这样一句话："不再扶持上游导购网站继续做大，阿里的流量入口应该是草原而不是森林。"

草原，就意味着这里不会出现参天大树。而美丽说、蘑菇街这两个偏重内容的社区型导购网站，一开始就是想成长成巨杉的。阿里设立的5亿美元的专项基金，也更多地意在投资并收购二者。美丽说拒绝了阿里，转头接受了腾讯的投资，徐易容给的解释是阿里内部有6个同样定位的项目组，拿阿里的钱无异于与虎谋皮。而蘑菇街2013年年初和年中两次与阿里谈判都没成功，陈琪觉得阿里高层过度狭隘地看待蘑菇街，所以拒绝了阿里。

阿里的心态是"控制不了的流量入口，我宁愿不要"。2013年9月，阿里封杀美丽说和蘑菇街，禁止它们通过链接跳转到淘宝和使用淘宝账号登录。半个月后，这两家导购网站同时转型上线了自己的电商平台。

除了逼迫这些社区导购和返利网站关停并转，阿里在2013年的另一大政策是流量向大商家倾斜，驱赶淘宝上的中小商家，特别是做"九块九"包邮商品的低端商家。当时淘宝上有6亿个SKU，而全国的移动用户数量仅为3亿人。阿里最担心的是流量分配问题导致大商家出逃，而不在意小商家。

2013年开始，淘宝限制了来自折800、卷皮网、楚楚街这些网站的流量权重，从这些网站跳转来的流量不再计入淘宝卖家销量权重。不论商家怎么在这些网站上做促销，商品销量和店铺信用度都不会提升。慢慢地，这些网站就开始走向下行通道。

阿里敢对美丽说、蘑菇街"断舍离"还有一个原因，即2013年春天，阿里完成了对新浪微博的投资，成为其外部第一大股东。有了社交网络的源头流量"大奔"，还要啥导购网站的"自行车"？

张鸿平回忆，2012年10月18日，阿里举办财务年会这一天，谢世煌找到他，委派了一项重要任务——投资新浪微博。阿里的首席大律师石义德（Tim Steinert）为这一项目取了一个内部代号SAW，即Sina-Alibaba-Weibo，CFO蔡崇信为总指挥。

最开始，双方希望先谈业务合作再谈投资，然而业务合作的谈判进展得并不顺利。在新浪方先起草的一份合约中，规定"从2013年起连续3年，阿里要依次支付给新浪微博8亿元、16亿元和24亿元的业务费用"。可在张鸿平团队按照合约里的4种商业模式做预测，业务团队也反复讨论合作模式后，认为达到这个规模非常有挑战性。就此，双方反复讨论，展开长达两个月的拉锯战，气氛也有些紧张。

对于估值，阿里最先想到的是减法，即从市值减去门户价值和现金等资产，但新浪方坚决不同意，认为公司价值被低估，因为新浪的全部价值几乎都来自新浪微博，而新浪微博自身价值为30亿美元以上。这又牵涉到第二次投资的估值怎么做。

直到2012年12月11日，双方总算达成了两个共识：一是估值定为25亿～30亿美元，阿里投资15%，包括购买一些老股；二是第二次投资由阿里选择，金额是第一次的2倍或IPO的折扣价。终于，在2012年圣诞节这天，阿里给新浪微博发出了谈判以来的第一个投资条款清单。

这样，几个纠缠已久的大问题终于都有了初步思路：针对新浪微博比较在意的保底收入的问题，最后把三年的业务费用定为阿里当年预测值的两倍，这差不多是新浪原来预测值的 1/2（这就是 4 月 29 日公布的 38 亿美元的由来）。之后阿里内部有人质疑，为什么要给这样的条件？但当时阿里掌握的确切信息是，百度给的数字更高，不这么做，根本不可能在最不利的情况下拿下最热门的项目。"吃眼下小亏，赚未来大便宜"也是马云商业大智慧的特点之一。

众所周知的是，美丽说、蘑菇街之所以能发展起来，很大程度上是因为抓住了新浪微博带来的机会。既然源头已在阿里的掌控之中，那么"断舍离"美丽说、蘑菇街，阿里也就有恃无恐了。

阿里投资新浪微博，拉开了 BAT 对移动互联网次巨头的基建级项目的追逐。除了新浪微博，另外两个基建级项目是高德和 UC。阿里在投资这两个后来成为"盘中餐"的项目时，都遇到了"老冤家"百度的强力竞争。

收高德并 UC，阿里买到安全感

许诺永不更名，收高德一挫百度

根据本书作者的了解，汤和松代表百度和高德谈收购，远早于阿里。

郄建军则向本书作者回忆，百度最开始的出价是 6 亿美元。原因是高德是上市公司，6 亿美元是市值，所以百度认为这个出价很公道。

百度因为有自己的地图产品和团队，所以对高德的品牌和移动端已有的一些流量的兴趣并不是很大。站在百度的角度看，高德最核心的资产就是地图数据，而这个资产的价值已经很好地体现在了高德的市值上。对高德地图的亿级用户和流量，百度其实并没有给出相应的溢价。

在高德内部看来，高德的股价本来就被投资者低估了，按市值收购已是吃亏，而百度对高德的品牌、用户和流量没有给出对应的溢价，更是明显的低估。

而且，高德地图的创始人成从武，对李彦宏始终没有在谈判中出现感到有些遗憾。而马云的态度要热情得多。据说，谈价格的时候马云直接给成从武打了电话，而且承诺不论其他人给你出多少钱，阿里都加一倍。此外，马云答应了成从武的一个私人请求，那就是永久保留高德这个品牌，这个应允加了不少人情分。

阿里基本上没有地图业务，当时也没有很好的移动流量入口；而百度有地图业务，移动业务也在起步。因此对于阿里来说，高德的价值既包含了高德地图数据的价值，也包含了地图 App 用户和流量的价值，它更考虑到了地图所代表的 LBS 在整个移动生态中的底层核心价值。

之所以这么说，是因为高德被收购后，马云给出的是每年 20 亿元的资金投入，而且高德地图不用背 KPI，目的就是把地图和 POI 打造成阿里业务闭环的底层服务。

2013 年 5 月，阿里以 2.94 亿美元收购高德约 28% 的股份，这说明当时阿里是按 10.5 亿美元的投前估值入股的，这个出价已经超过了百度此前的 6 亿美元。而汤和松告诉本书作者，百度曾一度把这个价格提升到投后 9 亿美元，但在突破 10 亿美元时没有坚持下去。

先取得 20%~30% 股份，是阿里投资的一个特色技巧，因为这就意味着阿里能占据董事会的一席，也有了一票否决权。有了这一票在手，别的公司再想进来，难度就陡然增加。

对于高德来说，要感谢的不只是马云，还有王坚。高德被全资收购后，马云在 2014 年 5 月去过一次高德。他和高德的员工笑谈道："地图这个东西，我也不用，手机上也没有装。但是王坚博士非要说高德地图好，非要说应该买，王坚的话我相信，所以就买了。"

2014年2月10日，阿里宣布拟以ADS（美国存托股票）每股21美元的价格，对高德公司股票进行现金收购。交易完成后，高德成为阿里的全资子公司。

按照这个交易计划，阿里实际上是用10.45亿美元的现金收购高德余下的72%的股份，这意味着这轮收购的投前估值已经抬高到了14.5亿美元。也就是说，9个月时间里，阿里对高德的估值涨了38%。

当时，高德地图正在和百度地图PK。阿里没有随行就市压低收购价格——本来在高德和百度打得你死我活、局面不乐观的情况下，这是完全可能的。阿里不但没有砍价，反而加价，这只能说明4个字——志在必得。

阿里之所以这样做，是考虑到当时的整体时代背景正是千团大战、网约车大战、O2O大战接连燃起战火的时期，LBS会在未来的互联网巨头竞争中扮演越来越重要的角色。当时除了阿里，采用高德地图底层数据库资源的互联网公司还包括腾讯、360及谷歌等，它们都是百度广义上的竞争对手。

对于百度来说，它似乎没有损失什么，因为它还是中国前两大移动地图生态之一。但是如果百度坚决一点收购了高德，那么现在中国80%的地图服务都将由百度提供，这对百度保持行业影响力的意义极其深远。可惜百度不够坚决。

在竞购高德的过程中，腾讯和360也很积极。腾讯对高德进行了深度尽职调查，但没有坚持下去。360的周鸿祎被高德聘为独立董事，为高德移动互联网转型出谋划策，并且强力支持免费模式。360虽然参与了竞购高德，但最终被阿里一票否决，挡在门外。

相比高德在移动互联网时代的华丽转身，其他传统图商都不同程度地被高德超越或被时代淘汰。曾经的第一大图商——四维图新，有了腾讯投资后，才在自动驾驶时代逐步赶上。而凯立德、灵图等曾经在手机地图领域有先发优势的企业，在移动互联网大潮中没有抓住机会，逐渐被时代所淡忘。

高德地图被阿里收购后，阿里投入重金使其继续独立发展，并在各方面做得越来越好。高德地图已经成为许多中国用户手机屏幕页必装 App 之一，为大家的出行及生活带来了极大便利。

拿下"非卖品"，收 UC 二挫百度

和收购高德交错的，是阿里和百度对 UC 的竞逐。回顾此次收购过程，俞永福透露，从 2008 年第一次投资开始，阿里和 UC 已经相识 5 年。阿里曾分两次收购 UC 大约 66% 股份——2013 年 3 月花费 31.3 亿元进行战略投资，同年 12 月又支付 11 亿元现金进一步增持，前后花了约 42 亿元人民币。

如果以阿里 2013 年 3 月大比例入股 UC 作为标志，可以这么说，百度不仅在 2013 年 5 月对高德的竞逐中失利，更是在两个月前就受到了一次重挫。

在收购 UC 的过程中，阿里的策略和手腕充分显示了它的老辣和收放自如，而百度则显得有些"死心眼"。

百度在分寸的把握上，从最开始的全资收购到逐步谋求控制性持股，虽然分寸略有变化，但追求"控制"始终不变。为了追求李彦宏要求的"控制"，冲在前面的汤和松磨破了嘴皮子。他有些自嘲地对本书作者回忆："我和 UC 谈了很久。有一次，我对俞永福说：'永福，咱们水都喝了一吨了，项目还没谈成。'其实我们一度真的谈得差不多了，可是阿里截和了。我开始出 9 亿（美元），最后一把是 15 亿美元。"

有人笑称，百度和 UC 谈不成的原因不是汤和松不尽心，而是李彦宏和俞永福都是天蝎座。俞永福后来虽然在阿里获得了"高官厚禄"，但他待的时间并不久。他的一个老部下告诉本书作者："永福是要做'王'的男人，在谁手下都干不久。"

百度对 UC 的进攻，就好像"土豪"见到梦中情人，除了"嫁我"和"我给你钱花"，就说不出什么动人的话。阿里则是"撩妹"老手，一开始就反其道而行之。它心里的想法可能和百度差不多，但嘴巴很甜。

具体而言，马云对俞永福提出的让阿里入股的条件是"不收购、不控股、不干涉，只战略投资"四原则，这显然是 UC 想要的。

但这个谈判过程也不是一帆风顺的，因为阿里虽然有钱，但是没有流量和生态。反过来，百度和 UC 才是最优组合，特别是当 360 同时"袭扰"两家的时候，百度和 UC 的组合可以有力地回击 360，但阿里和 UC 的组合就不会有这么大的威力。

另一个不得不提到的因素是，UC 虽然对外强调自己是"非卖品"，但是俞永福非常清楚地意识到，移动浏览器的热乎劲儿马上就要过了。在移动生态里，App 取代浏览器的历史进程已经启动，浏览器已经开始边缘化，用户月活跃度下滑的趋势很明显。

UC 其实已经入了阿里的"圈套"。前面说过阿里的收购策略，第一大要义就是先买一个董事会席位。俞永福也很清楚，2013 年 3 月卖了第一次，那么第二次、第三次终究是要来的。

于是就有了 2013 年 12 月的第二次增持。这次增持后，阿里拿到了 UC 66% 的股份。到了这个时候，什么"不收购，不控股"的承诺，还重要吗？

但俞永福是一个非常聪明的人，他要利用最后一次博弈，为 UC 和自己争取最大化的利益。从公司的角度来说，利益最大化当然是原本的团队保持不动，甚至反向整合收购方的业务。91 无线在被百度收购的时候，就曾做过这种梦。但 91 无线梦碎了，UC 却梦想成真。

有人做过详细的推算，在 UC 被收购的过程中，阿里 4 次出手，有现金、有股票，但是以股票为主。所以最后算出来，阿里支付的现金其实远远少于百度收购 91 无线所支付的现金，即使现金＋股票（按当时估价计算），阿里的总投入也并没有超过百度的 19 亿美元。而所谓的 50 亿美元是按阿里此后股价的高点来计算的，纯粹是宣传口径。

对于 UC 来说，放弃和百度有力的生态组合，放弃百度的现金诱惑，最简单的原因就是，阿里是一步步按着 UC 团队的心理"引君入瓮"的。

阿里在团队的未来和核心层的收益上，都给足了保证。和大部分"团队留下、创始人走人"的收购不同，阿里给 UC 的安排是，UC 全面融入阿里集团，组建 UC 移动事业群，俞永福担任事业群总裁，并进入阿里集团战略决策委员会。并且，以 UC 为基础设立的阿里移动事业群，除了现有 UC 业务，未来还将整合阿里集团其他相关业务和团队，如高德。这就等于不但保持 UC 的建制不乱，还给了核心团队很好的职业发展空间，对俞永福更是委以重任。

在核心层的收益上，本书作者了解到的一个情况是，当时俞永福由于加入 UC 较晚，是 3 个核心联合创始人中持有股份最少的。知道这个情况后，马云不但表示管理层的股份大部分用阿里的股票来支付（这意味着很大的溢价空间），而且还特意借了一笔巨资让俞永福买 UC 的老股，还款则可以在俞永福持有的阿里股价的上涨中冲销。这意味着阿里合理合法地送了俞永福一笔大礼。

当然，这一切都过了明路。另外两位创始人何小鹏、梁捷不但接受了这个安排，而且还各自从自己的股份里拿出一部分给俞永福，以酬答他为 UC 和 UC 核心团队谋得的这一"最佳出路"。

在这件事中，马云的深沉老辣、俞永福的孜孜以求是一方面，UC 团队的团结、真诚、务实也是一方面，各方面的利益能平衡、诉求能满足又是一方面。对比百度诚意、现金满满但是不够通达人心的做法，二者可谓判若云泥。

有意思的是，在 UC 被卖给阿里后，海豚的 CEO 杨永智也加速了海豚浏览器的出售。

杨永智说，当时阿里已经决心收购 UC，但由于 UC 同时在和百度谈收购，阿里觉得自己不见得能搞得定 UC，所以又找了海豚做"备胎"。但杨永智认为这纯属多余,因为当时李明远已经从 UC 回到百度负责移动业务,基于某种微妙的心态,李明远很难乐意百度买 UC,所以阿里的担心是多余的,UC 跑不了。

当时,海豚浏览器和 UC 浏览器竞争激烈,杨永智和俞永福打过一场激烈的嘴仗,原因是俞永福在公开场合说海豚的双核浏览器"只是个笑话"。为此杨永智专门开通腾讯微博,在上面发表的第二条发言就是回怼俞永福:"海豚浏览器为智能手机时代而生,因此我们一贯考虑产品的前瞻性。5 年前 iPhone 也是'笑话',3 年前安卓也是'笑话'……"

打嘴仗归打嘴仗,杨永智是一个愿赌服输的好汉。他在和本书作者复盘时表示,海豚干不过 UC 是有道理的。

杨永智认为,海豚浏览器的风格略偏小清新,属于白领人群的用户比较多。海豚之所以失败,是因为其在移动互联网用户从白领人群往大众人群渗透时,"在渗透的速度和效率上都没有拼过 UC"。

杨永智分析说,UC 的一个优势是团队齐整、开发效率高,它完整地经历了功能手机和智能手机两个时代,但从来不产生路径依赖。UC 以前在功能手机上非常领先,而在从功能手机往智能手机转化的过程中,UC 产品本身的迭代速度也很快。

另一个令杨永智感叹的点是"天命不在我"。UC 浏览器在 2.5G 网络时代能够一直稳压国内其他浏览器,是因为其采用了预读取技术,相当于帮用户把一些内容先缓存在服务器上。这对于使用通用无线分组业务(General Packet Radio Service,GPRS)上网的用户来说,浏览体验就很流畅。

本来,这种优势到了 3G 网络时代就会逐渐消失。但由于三大运营商尤其是市场占有率最高的中国移动在当时用的 3G 标准是为支持国产而采用的时分同步码分多址接入(Time Division-Synchronization Code Division Multiple Access,TD-CDMA)标准,这就使得 3G 网络速度很慢,客观上延长了 UC 预读取技术的生命周期,使其在不成熟的 3G 环境里仍然发挥了很大的作用。

然而，海豚无法在这一点上模仿 UC，因为应用这种技术的前提是拥有大量的服务器资源、做大量的硬件投资。这对于当时的海豚来说就比较尴尬。如果效仿 UC，一是没有钱买那么多服务器，二是这种开历史倒车的做法似乎也不值得。但就是这一点点区别，使得"小白"用户迅速倒向 UC。

2014 年 7 月 16 日，畅游和海豚浏览器开发商百纳信息公司联合宣布，畅游将收购百纳信息公司 51% 的股权。此外，畅游还将为百纳信息公司提供 3000 万美元的资助，主要通过购买零息可换股债券的方式进行。

畅游之所以买海豚，很大程度上是因为当时畅游 CEO 王韬雄心勃勃，发布了一个类似于豌豆荚的产品 Mobogenie。王韬的计划是用"Mobogenie+ 海豚浏览器"在海外切出一个安卓分发的流量入口。但显然，胳膊拧不过大腿，它在海外市场上不是 Google Play 的对手，一年后就因为"烧钱"太多被张朝阳叫停了。

19 亿美元，应用市场江湖水也深

借阿里巧抬身价，胡泽民顶价卖 91

在收购高德、UC 连续失利后不久，百度终于扳回一城——2013年 7 月 16 日，百度宣布将全资收购 91 无线全部股权，收购总价为 19 亿美元，这是当时国内互联网领域最大的并购案。91 无线的核心产品，就是我们重点谈到的 91 助手——当时国内最大的分发工具。

这也是一个异常精彩的故事，操盘此事的胡泽民（当时 91 无线的 CEO）回忆说："那时候可能是我挣钱最快的一段时间，因为我一个电话就可以决定 1 亿美元上下的价格浮动。"

2013 年，91 助手的局面是既好又危险。

好的一方面是，91 助手正如日中天，分发量超过 4000 万次，游戏等现金流业务带来的真金白银使得其底气很足，一年 4 亿元以上的净现金收入更是令人艳羡。

当时所有人都认为，掌握应用分发市场的入口，几乎等于掌握了一家公司未来的命运。因为分发不仅挣钱，还可以扶植自有业务。以 91 助手的分发量，对谁来说它都是一个战略级的重要助力。

有趣的是，胡泽民在接受本书作者的采访时却反思说，那两年应用分发的价值存在被高估的情况。

胡泽民认为，分发的边际效益递减是因为对于大多数非发烧友用户来说，常用的软件可能就是 20～50 个，一旦下载完，此后其和分发市场的关系更多的是更新，这是一种"弱关系"。所以就移动互联网格局来说，应用市场类产品在早期混战的时候，也就是 2013 年前后特别重要，但随着移动格局的稳定，前 20～50 个"用户必下"的 App 格局稳固下来，应用分发对市场格局的影响力可能就会递减。

胡泽民分析说，红极一时的豌豆荚就是没有看透这一点，以为加入社区元素就可以和用户建立长期的"强关系"。但这是一厢情愿——豌豆荚的价值最终直线下降且被贱卖，就是市场验证了分发入口的真实价值后给出的结果。

当然，2013 年还不存在这个问题，前 20～50 个"用户必下"的 App 格局远未固化，分发市场的话语权极大。91 无线也正是看到了这些优势，所以 2013 年一开春，就启动了在香港"介绍上市"的步伐。所谓"介绍上市"，指的是不拿出股票对外销售，而是直接申请上市，上市时不带来任何融资。但 91 无线很显然不会停留在"介绍上市"阶段。在上市之前，91 无线引入了卫哲、李泽楷领衔的最后一轮 1780 万美元的战略投资，并请了非常优秀的律师为 91 无线上市扫清版权等方面的障碍。胡泽民在接受本书作者的采访时不无得意地说，当时如果没有出现那个意外的话，91无线多半会朝着独立上市的路径前进。

2013年5月，阿里为马云举办退休仪式，邀请胡泽民去杭州观礼。没想到有媒体见胡泽民出席，就报道阿里准备买下91无线。由于这则空穴来风的报道，胡泽民灵机一动，想到何不趁机把这事促成。

随后，时任百度副总裁、负责战略投资与并购的汤和松找到胡泽民，问91无线与阿里合作的事是不是真的。胡泽民回答确实在谈，汤和松当即表示百度也有兴趣参与。与此同时，胡泽民把百度要买91无线的意图透露给阿里，阿里随即表示自己也有兴趣。自此，百度和阿里开始了对91无线的竞价。

胡泽民用一种非常强势的态度来对待阿里和百度，他要求阿里先付3000万美元的诚意金，如果2周内不给出下一步出价，这笔钱就归91无线；而百度因为稍迟入局，诚意金更是达到了5000万美元。

胡泽民向本书作者回忆说，双方都给出了极大的诚意。当时91无线上市前聆讯的市值是6亿美元左右，但由于两家竞价，很快就超过了10亿美元。阿里给出的终极价格是18.6亿美元，其中6亿美元的现金对应91无线的聆讯市值，剩余12.6亿美元，按20美元一股用阿里的股票支付。按阿里上市当天每股80美元的股价折算，这是一个55亿美元的收购要约。

而百度收购91无线是一个极其秘密的过程，最开始只有李彦宏、何海文和汤和松参与，甚至李明远都不是第一时间知道的。

胡泽民告知当时百度投资的最高负责人何海文，阿里出价18.6亿美元，如果百度出19亿美元现金，那么91无线就卖给百度。何海文当即提出，容她给李彦宏打个电话。10分钟后，何海文回来，满脸兴奋地向胡泽民表示价格没有问题。双方握手祝贺，当场成交。

胡泽民说，以现在的角度来看，拿阿里的股票回报更大，但是当时网龙更倾向于百度。网龙方面认为李彦宏这个人是工程师，虽然有些刻板，但是一向言而有信，说过的话会执行到位；而阿里的想象空间虽然大，但那时候团队觉得马云想法太多，"现金+股票"的方式总让人觉得不是那么踏实，而且在收购过程中出资方反悔的事情也不是没有出现过。

另外一个让胡泽民动心的理由是，百度也有自己的分发业务，所以 91 无线对业务融入百度并继续发展有较高的期待。

其实当时还有一个变量是 360，在得知百度要收购 91 无线的时候，周鸿祎和李涛亲自飞到福州，称只要 91 无线赴港上市，360 便无条件投资 2000 万美元，然而刘德建和胡泽民拒绝了。

让 91 无线诸多高管一直耿耿于怀甚至愤怒的一段往事是，2012 夏天，360 当时分管无线业务的副总裁李涛与刘德建、胡泽民等人进行谈判，最终双方达成了成立合资公司的协议。胡泽民也向本书作者证实，当时双方的确达成了协议，360 手机桌面和 91 助手成为合资公司资产，360 和 91 无线各持股 45%，双方的共同利益关联方 IDG 资本持股 10%，在中间充当润滑剂。

这是一件看上去双赢的事情。360 在 PC 互联网上有量，91 无线在移动互联网上有先发优势，360 可以借助 91 无线在移动互联网上的经验拓展自己的产品系列，91 无线也可以借助 360 继续拓展自己的用户数。但这件看起来前景美好的事情，最后无疾而终。

关于这件事为何无疾而终，坊间流传着不同的版本。

一个版本是周鸿祎派了十几个 360 员工到 91 无线福州总部进行团队融合，但是双方在推进过程中产生了一些摩擦。360 团队觉得网龙的产品做得很差，而网龙也觉得 360 的产品不好。在这个过程中，周鸿祎又有了新想法，既然 360 自己也能做，为什么还要让出一半的股份给别人呢？于是在双方融合了 3 个月以后，360 团队从福州撤回，打算自己也做一个手机助手，双方的合作也就不了了之了。

另一个版本是，91 无线想过 360 会转而开发自己的助手类产品，但没想会这么快，91 无线甚至有在这期间能迅速开启资本运作新阶段的想法。但当 360 准备自己做手机助手的时候，91 无线才发现合资公司的营业执照都没下来。于是，鸡飞蛋打。

江湖传言360拿了91助手的源代码，但周鸿祎本人提供的一个视角是，当时91助手是用.NET语言开发的，而360的程序员全是做安全工具出身的，只用C++和汇编语言，看不上效率低、速度慢、性能差的.NET语言，甚至觉得对方的程序写得很不好。

360原投资部总监、缘创派的创始人王翌，在接受本书作者的采访时则提供了另外一个版本:周鸿祎对与91无线的合作还是很上心的，曾经把胡泽民的电话号码发给王翌，让王翌也帮着推动，原话是"定下来就好"。在王翌看来，至少当时周鸿祎还是很开放的。但因为彼时360准备做搜索，搜索业务牵扯了整个公司的资源和精力，所以无线业务在一定程度上被降低了优先级。本书作者也认为，合资公司这件事，确实存在紧急程度和重要程度不匹配的情况，有可能出现无疾而终的囚徒困境。

阿里没有继续出价，360的最后挽留也无济于事。

于是，百度以19亿美元收购91无线的事情就敲定了。

有人认为，对91无线的收购是百度"人傻钱多"的体现；也有人认为，百度收购91无线后股市反应极为热烈，说明这是一次成功的收购。

这两个说法，其实都有一定的道理。

首先，从分发入口的功能性和流量的补充意义上说，91助手对百度没有"雪中送炭"的意义。91助手在移动分发领域确实很强势，但这种强势没有技术壁垒，李彦宏本人当时对91无线似乎并不上心。相反，是李明远和几个产品体系的老员工，如孙云峰、李东旻，高级顾问何海文等人，2013年1月在李彦宏的会议室里，向李彦宏力陈应用分发的价值。李彦宏的回答非常明确:"不就是一个下载站吗？不要做。"最后这几个人说到口干舌燥，李彦宏只给留了一个活口——可以做，但不能出现在手机百度的入口中。

于是2013年3月，原名"百度应用"的3.0版本变成了"百度手机助手"，而且一炮而红。红到什么程度？红到当时国内几个主要同行竞品的高管都发短信给李明远，其中有一个说："你们这个新版做得真的好，真是厉害，一飞冲天。"

春风得意的李明远把这条短信转发到百度的总监群。非常少见地，所有的人事管理团队都热情点赞，最后李彦宏也回复了8个字："赞无悔于热血青春！"有的人在总监群里待了几年，也没有见过李彦宏说类似的话。当年，百度手机助手团队成为公司最佳团队。

之所以在这里极力叙述百度手机助手的优秀和李彦宏的亲口点赞，是为了体现后期的吊诡之处——既然百度手机助手都成功了，为什么还要买91无线呢？

因为时间！回过神来的百度在移动分发的战场上想要快速拿到一张船票。

当时，百度内部曾经就手机助手成长能有多快做过讨论，结论是再花几亿元人民币，用一年的时间，可以做到1亿～1.2亿次的分发。但百度的战略目标是在一年内做到2亿次以上的分发，牢牢占据分发市场的头名，进一步冲击移动业务在BAT中规模第一的目标。但是，哪怕百度手机助手做得再快，也无法在短期内突破2亿次的分发目标，因此，买91助手就成了一个不得不做的选项。

其次，这真的是一件亏本买卖吗？

百度收购91无线的当天，股价上涨4.04%，报收105.69美元每股。此后十几天百度股价一直不断上涨，累计上涨至139美元每股。仅从股价来看，上涨幅度相当于赚回了5个91无线。

而且，借助91无线的移动互联网概念，百度在2013—2014年的移动互联网业务一直被投资人看好，市盈率很高，并在2014年第四季度（宣布时间是2015年第一季度）实现了移动收入超过PC收入的历史性跨越。百度在移动互联网领域站住脚了。

然而，本书作者访问的多位百度前员工认为，收购91无线并不是百度在移动领域崛起的关键点，反而有可能是一个失速点。

首先是买进的 91 业务并没有给百度带来足够的分发增量。内部说法是，到了 2013 年年底的时候，91 无线带来的分发势能就几乎消失了。

还有一个重要的原因是双方整合得不好。网龙和百度，是基因、文化、地域都截然不同的公司。且百度人一向比较自信，在他们眼里，网龙的技术和品牌都没有什么值得敬畏的，花钱买的就是时间和流量，并没有把原 91 团队变成百度核心团队的想法。

除此之外，双方在业务层面也融合得很不好。当时百度销售团队去福建和网龙的销售团队谈业务整合，感到对方"很接地气，也很江湖"。在饭局中，网龙有人问："可以不可以给个准话，北京的李总（李明远）要拿走多少，给兄弟们留下多少？"

这是一次在财务上极为漂亮，在实际业务层面却难称成功的并购。

后人分析，自 2014 年起，百度的移动收入看似超过了 PC 收入，哪个单点看着都不错，但没有连成一片新的天空。或者也可以再套用一下汤和松的话：看上去树大，但根基动摇，看上去枝多，但缺乏可以撑起一片天空的"主枝"。

本书作者在采访过多位参与者后，得出了一个结论——百度在主航道的战略思考上，和"A""T"拉开了距离。

李彦宏对搜索的执念是其中一个原因。李彦宏当时很看好的一个概念叫作"框计算"，他认为一切问题都可以在搜索框后解决。当时为了贯彻这个概念，百度用了极大的力量去推广百度移动端 App，也确实让搜索框几乎出现在了每一款手机上。

只是，尽管搜索框到处都是，可搜索的内容却越来越少——搜索是基于 Web 的，而 App 解构了 Web 时代。皮之不存，毛将焉附？

百度在 2013 年还讨论过一个方案，即逐步放弃 Web 式的传统搜索，保留搜索框，通过给用户提供一系列轻应用（相当于今天的公众号＋小程序），为用户提供优质服务和优质内容，相当于再造一个生态。这件事在百度大会上被重点宣讲，但因为牵涉太广，执行又不得力，所以没有一以贯之。

李彦宏多次公开说，从 2013 年开始，百度会经过"一个过渡期"。他判断："这个过渡期，如果我们顺利地走过了，就会又上一个台阶，从一个成功走向另一个成功。如果我们走不过，就会被推到一个非常危险的边缘。"

就这样，百度在浑浑噩噩中度过了它的 2013 年。也就是从 2013 年起，百度逐步从 BAT 里掉队。

豌豆荚：做一家像谷歌一样伟大的公司

百度在求购 91 之前，其实还求购过豌豆荚，并开出超过 10 亿美元的求购价。

豌豆荚刚成立的时候，由王俊煜、崔瑾和冯锋这所谓的"铁三角"构成。但是，这三个聪明的年轻人发现很难说服彼此，团队存在"过度民主，容易陷入争论"的问题。加上当时豌豆荚增速很快，创新工场觉得需一位有中型以上技术团队管理经验的牛人来掌控整个团队，于是，他们找来了百度前高级科学家周利民来担任 CEO。

周利民的任期是 2011 年 2 月到 2012 年 12 月。事实上，这个任期不但偏短，而且非常不愉快。

在百度内部，周利民是一个性格温和的老大哥式人物。本书作者之一胡喆在百度编过企业文化的网刊，他记得在周利民离职时，员工都在回忆他的羞赧、务实和平和。其实，周利民在技术上有自己的执着，如他在入职豌豆荚的第二天就宣布，用 C 语言和 C++ 语言重构豌豆荚的 PC 客户端。

事实证明，周利民加入豌豆荚后没有实现当初的设想——周利民作为 CEO，管理好 CTO 王俊煜、CMO 崔瑾和 COO 冯锋这个"铁三角"。事实上，王俊煜和崔瑾因为共同的谷歌背景，对周利民天然排斥，也不尊重后者的年资。豌豆荚内部的冲突，有时其实是百度和谷歌两家公司的文化冲突。

另外，王俊煜和周利民在技术上的主张也时常发生冲突。王俊煜并不能像他当初所说的那样，轻松地放下领导者的执念。或许他轻松放下的是 CEO 的职位，但是在技术上，他对豌豆荚有近乎对儿女般的执念。

比如，有一次王俊煜突然提出，要把原来的应用搜索全部推倒重来。他认为，当时整个安卓生态里的应用下载很混乱，有官方的、非官方的，有夹杂了广告的、有带着木马的……他希望未来豌豆荚可以通过搜索，抓取到应用的版本、内存、适配机型、是不是官方版等。他希望在这个基础上，给用户一个更干净、更完美的应用空间。

在这种纷争层出的环境下，周利民要想和"铁三角"和平相处并继续履职，已经变得不可能。于是他在 2012 年年底匆匆离去。周利民的离开让百度和豌豆荚之间的天然纽带被无情打碎。

让豌豆荚真正迷失的事件是估值的暴涨。2013 年 7 月，百度对外宣布以 19 亿美元完成对 91 无线的收购。

数据显示，截至 2013 年 7 月底，豌豆荚用户规模突破 2 亿人，收录不重复应用超过 65 万个，已成为中国规模和质量都位居前列的应用商店之一。因此，当 91 无线作价 19 亿美元之后，功能和 91 无线基本重合、技术产品口碑甚至更好的豌豆荚，一夜之间身价狂涨。

紧接着，2014 年 1 月 13 日，豌豆荚对外透露，获得软银领投的 1.2 亿美元 B 轮融资，DCM 和创新工场跟投。孙正义之后宣布，软银已经以 15% 的持股比例成为豌豆荚最大的股东，并且获得了一项担保协议，允许软银未来将持股比例增至 30%。至此，豌豆荚在非常短的时间里，成为中国互联网又一家 10 亿美元量级的公司。

由于应用分发对于占领移动互联网入口的重要性，加上先后传出 BAT 要收购豌豆荚的消息，而且收购价都直指估值上限——10 亿美元，这激起了媒体的好奇。当时，《南方周末》采访王俊煜，问豌豆荚 10 亿美元卖不卖。王俊煜说："我们做公司不是为了卖公司，我们是要做伟大的公司，我们要做像谷歌一样伟大的公司。"

应该说，豌豆荚命运的转折就发生在 2013 年，其核心团队至少犯了这样几个错误，可称为"三个高估"。

第一个高估，是看到了 BAT 拿移动互联网船票的急迫性，但没有发现这种急迫的"保鲜期"是很短的。

第二个高估，是对豌豆荚的生存能力过度高估。

当时媒体把王俊煜抬得太高，李开复也经常在万人演讲中以王俊煜举例，媒体更是不吝溢美之词。再加上一些媒体对豌豆荚具有所谓"谷歌范儿"的渲染（如盛赞他们允许在办公室养猫，遇到没有雾霾的天气就放假让员工出去玩，公司各种零食、饮料随便享用），或多或少地让这些年轻人有了一种"我就是谷歌"的幻觉，也有了一种"我就是大公司"的安全感。

第三个高估，是对未来战略预判能力的过度高估。

应该说，"铁三角"在勤奋度上是没有问题的，但是对未来的方向判断得并不十分准确。王俊煜认为，豌豆荚的未来应该是搜索，具体而言是"跨应用搜索"，即可以在豌豆荚内对应用、内容及各种信息进行搜索，相当于再造一个移动版的谷歌。

这种设想并不是完全没有道理，因为豌豆荚在某种程度上也的确有类似于应用导航站的作用，而当时的导航站的确在游戏、团购、视频等内容或服务的分发上赚到了很多钱。但是，搜索注定不同于导航站，它不仅需要的开发资源远远高于导航站，涉及的问题也比导航站要复杂。

王俊煜坚持这个方向，并且根据"跨应用搜索"的业务理念，孵化出了豌豆荚一览、Snap 效率锁屏、开眼、SnapTube 等多款产品，甚至采用分拆的方式让这些产品自主发展，但最后都不温不火。

应该说，没有在最应该卖出去的时间卖出去，是豌豆荚自己放弃了天赐良机。

客观上说，2013 年之后，用户已经完全不在乎在哪个应用市场搜索并下载应用了。因为几乎在每个应用市场都可以搜到所有应用，都可以得到安全、正版、干净并且更新日期最近的应用。

2013 年百度收购 91 无线后，直接用上了最核心的资源，为改名为"百度手机助手"的 91 助手导入海量流量；嘲讽豌豆荚书生气的周鸿祎，走上了用"安全"旗号吸引用户下载 360 手机助手的路，并大获成功……与此同时，一些主流手机厂商更是强化了自己的定制版应用市场的开发。

豌豆荚所有的优势都被强大的对手以硬实力赶超，只剩下"清新"这个没有实际意义的情怀了。

腾讯砸出应用宝

在应用分发市场，2013 年后作为新晋者加入并大获成功的只有一个，那就是腾讯的应用宝。

2013 年年中，腾讯手中空空，在市场上没有很好的标的的情况下，腾讯决定自己强推。本书作者拜访了腾讯手机管家的创始人毛华，他告诉我们，2013 年 9 月，他来到了深圳，开始负责整个应用宝的产品。他说："当时我们的量起来得非常猛，一天新增三四百万，一下子把应用宝给做了起来。"

毛华告诉本书作者，腾讯能够把应用市场做起来，有两个重要因素。

第一个因素是"漫天花雨汇成河流"。在有应用宝之前，腾讯把分发任务分解给了每个有用户量的应用。毛华说："腾讯许多产品都有大量用户，都可以进行应用分发，包括当时的 QQ、手机管家、浏览器、微信。后来马化腾说大家不要为了各自的利益而影响公司战略，必须把所有的量都集中到应用宝上，所以，应用宝是拿腾讯整体的量推上去的。"

第二个也是最关键的因素是腾讯用独家资源来推应用宝。具体来说，当时微信很火爆，只要有升级版本，媒体马上大量发稿，介绍微信又开发了一个新的功能，用户也会抢着升级。这个时候，腾讯会强制要求这个升级版本前三天的升级一定要在应用宝中进行。

除了顶级的国民级应用微信，腾讯当时大火的游戏，如天天酷跑、天天打飞机，也要求游戏发布的前三天由应用宝独占。这些独家资源的吸引力，让大量用户集中到了应用宝，所以它的市场比重就起来了，产品体验也升级了。到了2015年，应用宝几乎独孤求败。腾讯应用宝的负责人周涛告诉本书作者，那几年应用宝每年都有上百亿元的广告收入。

2013年年底，应用市场还发生了一件震动巨大的并购案，那就是UC对PP助手2亿美元的并购。这让阿里在应用市场这个领域有了自己的阵地。

耐人寻味的是，PP助手最早的股东是360，且360有PP助手8%的股份，是除创始团队外最大的外部股东。后于360进入的华映资本只占有PP助手7.5%的股份。

理论上，作为老股东的360收购PP助手是有优先权的，不过最终周鸿祎并没有出手。

很显然，这不是由于估值的问题。2013年年底，PP助手在iOS端已经有91助手一半的用户量，91助手卖了19亿美元，这个价格中的一半对应着能带来的安卓用户的增量。这样算下来，PP助手应该有4亿~5亿美元的定价，即便有同行竞价带来的抬价，但怎么算，2亿美元都是划算的。

也不是因为PP助手没有盈利。中国移动互联网商业变现的先行者之一、如今天赐游戏的CEO于贤文，当时负责UC营收体系，他在接受本书作者的采访时称，UC虽然在收入体量上远胜于PP助手，但由于成本因素，在利润率上，PP助手高于UC。也就是说，PP助手是一个很赚钱的业务。

实际上，周鸿祎没有与俞永福竞标PP助手的一个重要原因是，周鸿祎一直想在苹果之外构建一个相对独立的移动互联网生态。PP助手虽然能带来很大的用户增量，但存在很多"擦边球"做法，这不能不说是一种隐患。更重要的是，周鸿祎还有快用苹果助手的 CEO 谢雷这个走得更近的利益关联体。

2013 年 1 月，包括 360 手机卫士在内的 360 所有的 iOS 端产品均被苹果下架。虽然苹果从未公布过下架的具体原因，但有一种观点是，360 将企业版应用分发给了普通用户，这无疑动了苹果的奶酪。

来电归属地显示、骚扰电话和垃圾短信拦截，这些现在看起来再普通不过的功能，一直到 2016 年 iOS 10 发布时，才算得到了苹果官方的支持。而在这之前，除了使用企业版用私有接口实现，别无他法。所以 2012 年，360 手机卫士企业版开发了这些功能，同时向部分普通用户开放使用。这个产品起量很快，但很快就被苹果叫停，并被下架近一年时间。

一年时间说短不短，以 360 的战斗力，本可以用一两周时间修改应用后重新上架。360 之所以无动于衷，是因为 360 内部对于 iOS 版手机卫士是否应保留企业版的功能，分为主和派与主战派。主和派认为应该迎合苹果的规定，主战派坚持保留核心功能，因为这是吸引用户的重要手段。作为 CEO，周鸿祎的立场是主战，这导致 360 手机卫士的 iOS 版一直没有上架。

BAT 联手"截杀"周鸿祎

"反 360 同盟"的建立

2013 年的周鸿祎斗天战地，战百度、斗苹果，是一个超级"豪横"的存在。尽管 BAT 都推出了自己的安全业务来"防范"360，以起到压缩其生存空间的目的，但还是压不住。

其中，经历过 3Q 大战切肤之痛的腾讯通过投资成为金山网络也就是后来的猎豹移动的第一大股东。

腾讯成为金山网络第一大股东后，猎豹就成了腾讯压制 360 的马前卒。同时，腾讯自己也加强了安全领域的投入和建设。

一个"反 360 同盟"自发地建立起来。

最早所谓的"反 360 同盟"，狭义上指的是除腾讯外的金山、傲游、可牛等当时间接参与了 3Q 大战的几家企业，广义上还包括后来的百度和阿里。

对于"反 360 同盟"的存在，从 360 出走的傅盛有着比较深入的理解。他认为，这是安全产品的份额集中到一定程度后的必然结果。他说："360 势力越大，就越会成为一支孤军。安全产品对所有互联网应用都有杀伤力，当 360 安全和杀毒产品的用户覆盖率上涨到 70% 以上，行业里就会形成一股反 360 的力量。谁是 360 的最大对手，谁就会得到最多的支持。"

傅盛对采访他的程苓峰说："要建立规则。大家不要袖手旁观，不要觉得跟自己没关系，反正是竞争对手跟竞争对手打，我们就看热闹。要知道，只要规则一破坏，底线一被打破，最后都会轮到自己。……帮助别人，就是帮助自己。我们要讲清楚道理，反复讲，大家一起来维持，最终一定会有效。"

但此时，3B 大战还没有开打，百度虽然与 360 素有积怨，但并无直接冲突，阿里和 360 的直接冲突更不明显。所以，阿里和百度虽然知道联合起来压制 360 是重要的事情，但并不紧急。

到了 2012 年年底，随着 3B 大战后百度对点心的收购，"反 360 同盟"进入第二阶段，即百度和腾讯深入协同，进入"吴蜀共同抗曹"的阶段。

2012 年年底，点心已被百度收购这一事实渐渐被透露出来。当时，业内很多人猜测百度收购的点心的核心资产是什么，不少人认为是点心桌面。但是，安卓优化大师才是点心所有产品中最为百度看重的一项收购资产。

2013年3月，百度把应用中心改为百度手机助手，4月初宣布百度手机助手绑定的第一个App就是安卓优化大师3.0版本，这是安卓优化大师变身为百度手机卫士的前兆。

而当时张磊的身份也颇为复杂，他是点心的CEO，同时还是百度移动安全线的临时负责人，并兼任李彦宏在这条线上的顾问。

但李彦宏对他说："你不能不负责任地卖个产品给我们就完事了，你得负责整合。"张磊本人对这部分业务感情也很深，于是他在整合百度移动端产品（包括之后兼任整合91助手的副组长）的同时，负责百度的安全业务。他是为数不多的要求离开百度的高管中，李彦宏主动拥抱的一个人。

张磊的出现，让百度与腾讯的联盟不是仅停留在口头上，而是有了相应的机制和策略。

张磊觉得，怎么对付360，必须有一个核心目标，这个目标就是防止360骚扰用户。因此，要采用守住地盘的防御战，而非攻城略地的进攻战。张磊与其他两家沟通后一拍即合。

百度与腾讯成立了非常核心的小组，每个月都开会专门研究怎么遏制360。他们一起讨论出3条锦囊妙计。

锦囊妙计的第一条是捧杀周鸿祎，让他自我膨胀。张磊回忆说："周鸿祎是个'战神'，所谓'战神'，就是你跟他正面竞争是绝对打不死他的。你要捧着他，让他飘飘然，让他觉得自己无所不能。这样他就会把战线拉得很长，开始犯错误。"

如果张磊所言非虚，那么360从2012年开始做搜索对抗百度、做特供机对抗小米，都属于这类"觉得自己无所不能"、靡费了资源的事情。

锦囊妙计的第二条是腾讯放狠话，百度参与配合。

具体来说，就是通过非官方渠道释放腾讯"无限封杀360"的信息。张磊说:"这种狠话,百度说不出来,只能配合,而且配合得很好。这个策略放出去以后,只要参与了攻防战的 360 人员可以说是人人自危。这就导致 360 的人开始不愿意拼刺刀了,局势相对稳定了下来。"

锦囊妙计的第三条是结合 BAT 的优势进行降维打击,在 360 弱势的地方狠狠地敲打它,同时拒绝 360 进入巨头的生态。

对于腾讯方面来说,降维打击的领域是社交——在社交产品上封杀 360。百度则负责在搜索战线狙击 360,这是 360 非常重视的一条线,但 360 做到搜索引擎市场的 20% 就止步难前。

丁珂当时作为腾讯安全的核心人物,他的看法是,在 BAT 没有合力之前,以周鸿祎超强的战斗力,很容易攻城略地,如独力干翻腾讯的 QQ 医生。但 BAT 合力后,"就成了一个'欧盟',有极强的战略纵深。在这种情况下,360 就有点不够看了——它打不过来"。

百度和腾讯围绕安全的自我升级

建立同盟是阻击 360 的万里长征的第一步,更重要的则是百度和腾讯在安全领域的自我升级。

腾讯安全的掌门人名为丁珂。2003 年丁珂应老同事张志东的邀请加入腾讯,最早接触的是 QQ 账户的安全问题。在 3Q 大战前后,丁珂是手机管家的主要负责人,他由此接管了腾讯的安全业务。

丁珂认为,早期的安全业务在腾讯不太被重视,有很多原因,如用户对移动安全没有概念,安全线产品带来的收益也远远不及一些明星业务给腾讯带来的收益。但是这一切都在 3Q 大战后发生了改变。

斯诺登的棱镜门事件成为一个重要拐点。这件事直接推动国内几大企业抢夺安全人才,当时的著名黑客,包括冰刃的作者 PJF、狙剑的作者 SnipeSword、MalwareDefender 的作者 Sandworm、RealTimeDefender 的作者 DJ 都去了 360。腾讯则直接拥有了吴石主导的碁震安全研究团队(Keen Team),并组建了科恩实验室,还延揽了国内知名度极高的白帽黑客 TK——于旸，后来他成为腾讯玄武实验室的负责人。在此之后，腾讯安全线共建立起七大实验室。

在七大实验室的负责人中，名声最显赫是袁仁广，他的网名是 yuange1975，江湖人称袁哥。袁哥写了不少世界级水平的黑客技术文章，也创造了不少世界级的漏洞研究成果，特别是 Unicode 和二次解码漏洞、Windows 9X 共享密码校验漏洞等，曾被评为某年度全球最大的漏洞成果，有"中国第一代黑客""东半球最强白帽黑客"的美称。袁哥曾是 360 漏洞实验室主任，是 360 高层在许多重要场合反复提及的核心人物和企业招牌。袁仁广曾在社交媒体发帖，称已经提出离职，但 360 不给办手续，引起业内关注。最终，他加盟腾讯，成为湛泸实验室的负责人。

因为袁哥在 360 是非常核心的安全负责人，所以他的引入是最难操作的。丁珂表示，对袁哥的引入"是很敏感的，我们操作了很长时间。因为他确实在某些领域里有独到之处，所以我们求贤若渴，不管有多难。虽然要规避竞业条款等，但我们还是把他请来了"。

丁珂还对本书作者表示，随着移动互联网的普及，传统安全业务收缩得很快，基于单机的安防业务不再重要，产业互联网和 B 端业务转向才是王道。

"安全立本，产业立命"的不仅是腾讯，百度同样如此。推动百度完成这个跨越的是一个名为马杰的人，他出身瑞星，热爱美食，交游广阔。

马杰本人也是全球安全社区的幕后推手和重要贡献者之一，蓝莲花战队的赞助、XCTF 的举办、长亭的催生都和马杰颇有关系，这是另外一段故事，容后再叙。

2011 年，马杰创办安全宝，以 Saas 的方式面向企业网站提供云WAF 服务（Web 端提供防火墙服务的云模式）和 ADS 服务（基于云的 DDoS 防护），这在当时是两种很新颖的服务，现在已经成为云的标配业务。安全宝很快拿到创新工场的 A 轮融资。

2012 年 9 月，吴翰清从阿里转投安全宝，并开辟破壳的安全业务；同年 10 月，安全宝完成了 B 轮融资，由北极光领投，创新工场和 EDBI 跟投，融资规模大约为 1 亿元。这轮融资最大的特点是 BAT 每家都放了 2 个点的资金。

腾讯和百度共同投资安全公司，同期也不乏范例，比较有名的是 2012 年腾讯和百度共同投资了由赵伟创办的知道创宇，知道创宇之后一度成为估值最高的新晋安全公司。但 BAT 三家一起投资一家公司，在当时确实开了先河。

阿里入局，很大程度是因为吴翰清。阿里没有前端的安全产品，安全技术主要体现在前期保障交易安全、后期负责云计算的安全上，核心人物就是吴翰清。2014 年，破壳从安全宝分拆出来，阿里将吴翰清和破壳连人带业务买进去，对应地阿里放弃剩余在安全宝的权益。

然后百度与腾讯竞购安全宝的主体业务，最终百度和腾讯换股，百度请来马杰并买下安全宝，腾讯则增持了知道创宇。

这是一个复杂的交易，最终促成这次交易，很大程度上是因为腾讯安全业务最高长官丁珂的放手。丁珂向本书作者表示，当时他和张磊在"反 360 同盟"里的患难与共，是这件事情得以腾挪的前提。

出海，到一个没有 360 的天下去

猎豹和中国移动互联网的出海梦

2013 年春天，傅盛在"两会"现场找到雷军。雷军这时候还是猎豹的董事长，傅盛向他请示，能不能把公司在海外挣到的钱全部砸到海外的研发和运营投入上去，建立绝对的壁垒。傅盛认为，"猎豹可

能是国际化、移动化市场上的又一个 360。"雷军深以为然。

见完雷军，傅盛又去见马化腾，同样建议出海的事情。有所不同的是，傅盛重点讲了猎豹清理大师（Clean Master）的用户增长情况。马化腾第一反应是买量了，当傅盛给出没有买量、全是自然增长的回答时，马化腾长"哦"了一声，语气里能听出几分惊讶和赞赏。

傅盛没有喜形于色，但心头暗爽，他知道，他的出海策略赌对了。

2012 年 5 月，在谷歌 I/O 大会期间，傅盛把猎豹的 5 个副总裁都带到了硅谷。其中 4 个人是第一次去硅谷，傅盛本人也是第一次踏出国门。

这时候的猎豹没有什么钱，大家找了一个廉价的酒店住下，每天晚上去隔壁的小超市买便宜的红酒。傅盛在一次酒后提出，干脆咱们出海吧。这把另外 5 个人都惊到了。

何以解忧，唯有出海。为什么当时的猎豹如此"痛苦"？这就要先说一下傅盛当时的处境。

首先，在国内市场上，金山毒霸的品牌老化，虽然一度有腾讯的协助，可以嵌入腾讯电脑管家，但它在与 360 的正面战中始终占不到便宜。2013 年第四季度的数据显示，360 安全卫士的月活为 4.67 亿人，而金山毒霸的月活仅为 1.41 亿人。也就是说，金山和可牛还有背后支持的腾讯绑在一起，用了 3 年时间也没有实现对 360 的超越。

其次，傅盛在国内始终跳不出在狭窄市场里争斗的圈子，抛开 360 不说，单说最佳利益结合期已过，却还有安全业务的腾讯，就让缺乏安全感的傅盛更加不安。傅盛内心对腾讯的"模仿式创新"和 360 的围追堵截打法既熟悉、又纠结。或许是斗累了，他想干脆去一个没有这两家的地方自由飞翔。

再者，傅盛本人对移动互联网的理解日渐深刻，想法更加成熟了。

2012 年以后，傅盛发表了一系列较有见地的文章，逐渐强化了自己"思考者""布道大师"的知识产权（Intellectual Property，IP），不得不说这是一次重要的个人升级。

比如，在决定出海后的 2012 年 8 月，傅盛提出了"移动互联网金矿说"。他认为，移动互联网有 4 个核心特征：硬件发展速度超越摩尔定律；终端数量远超 PC 互联网；充分利用碎片化时间；不是 PC 互联网的延续，有自己的特质。

这几点就发布时间来看，确实是领先业界的观点。尤其是第四点，这是当时 BAT 和 360 诸多高层都没有明确提及的说法，但是傅盛提到了。

傅盛很现实地认为，在国内做移动互联网的机会不大，主要风口都由巨头把持。要出奇招，就要到市场边缘，要到没有 360 的地方去。

出海和边缘化市场策略，都是非常有预见性的想法。或者说，傅盛是一个缺乏安全感的人，他永远在当下的竞争中布日后的局。

傅盛的出海理论大体是有巨头做的不做，有文化属性的不做，只做工具类的产品。

傅盛的这个见解和他有一次在美国的所见有关。他发现，在美国，凡是有文化属性和社会属性的产品，在本土都很强，如好莱坞的电影、美剧、社交网络等。凡是纯功能性的，大到汽车、电子产品，小到日用品、衣服鞋帽，则是欧洲、日本和中国企业的天下。

但这还不够，傅盛干脆把 CTO 徐鸣和 CMO 刘新华送到硅谷做调研。送走两人的时候，他说得相当决绝——要是搞不定，就别回来了。

比较令人沮丧的是，没有人特别看好他们的出海想法。原因大致可以归结如下：中国技术企业几乎没有出海成功的先例，本地化的管理和用人都特别昂贵，国内市场还有空间……有人竟然说："你们在国内打不过 360，就逃到美国去，更不靠谱。"

但是，他们却在国外市场中看到了实际的机会——最好的工具软件，大多是由一些非常小的公司甚至是个人做的，做好了，就能获得很大的市场份额。

最后，猎豹定下了两个基调：第一，先做一个单点，打透；第二，立意要高，要给全世界带来最好的工具软件。傅盛所谓的单点，是绝对的单点，包括放弃 iOS 市场，不做预装，就靠工具软件自身的力量拓展市场。不过最终产品还是做了两个单点。

原因是当时团队统计了 Google Play 市场上所有的用户留言，发现"清理""杀毒""电池""系统"这 4 个词出现得最多，代表用户最普遍的需求。尤其是"清理"，其搜索量是"电池"的 4 倍、"反病毒"的 10 倍。

猎豹当时在中国已经做了电池医生。因为安卓手机的待机时长问题亟待解决，所以尽管用户对"清理"的需求更大，但傅盛最后还是决定把重点先放在电池医生上。但"清理"这个点的需求很明确，所以傅盛对自己的"单点"战略折中了一下，派了 3 个人做"清理"项目，名为猎豹清理大师。清理应用没有投钱推广，但上线第一天的下载量就达到了 1.5 万次，第二天的下载量为 1.2 万次。冲着这个数字，傅盛把团队扩大为 20 人。

其间最艰难的决定是停掉电池医生，当时猎豹内部普遍反对这一决定。因为在电池医生上的投入虽然不大，但是存量有几千万人，至少是一个中等偏上的项目，且和清理工具没有冲突，完全没有理由放弃。

傅盛的决策依据，一是清理工具在增量上比电池医生快得多；二是电池医生对用户的纵深需求解决不如清理工具透彻。傅盛认为："电池医生做得再好，也难把电池容量变成两倍。而把清理做好了，手机速度能提升两倍甚至更多，可进一步进入杀毒和安全领域。"

哪怕是做海外，傅盛也对 360 的后手百般思量。

让傅盛下定决心的原因是，第一，360 在海外市场同样没有品牌、号召力和用户积累，和猎豹站在同一条起跑线上；第二，海外是猎豹新的生命线，猎豹可以集中一切资源来拓展海外市场，但当时 360 分心太多，又想做手机，又要和百度 PK 搜索，还要做社交，"360 绝不可能在一个单点上投入这么多的兵力"。

做了倾尽全力的决定，傅盛就停掉了其他一切项目的新研发，包括电池医生。他把做清理工具的团队从 20 人追加到 100 人，再到 200 人，研发投入没有上限，把团队精锐从安逸的珠海带到更有压力的北京，把原本负责浏览器和手机安全的徐鸣和陈勇全部投入这条战线。

傅盛最后总结清理大师能拿下海外安卓市场的根本原因——安卓市场天生是一个以大多数个人和小组织为主要创作者的市场。他们的技术水平不一，存在各种 App 消耗资源和留存垃圾的问题。而清理大师是有组织的，一开始就以整个安卓市场为目标，花了无数力气去适配每一种机型，解决每一个可以找到的问题。所以这属于有组织地修补没有组织的补丁，天生就是降维打击。

程苓峰在那篇传播极广的《傅胜豹变》里这样记载："清理大师通过几百万个用户评论获得了大量问题。为重现一个 Bug，不惜把用户那台手机买回来。为理解国际用户，请了 40 多个'老外'，用各自的母语一一回复各国用户……这些苦活，美国公司不愿意做……做企业软件在美国很赚钱，而工具软件缺乏好的商业模式，他们认为不值得去做。这是中国人的机会。苦活、累活里包含大量的知识，并逐渐形成口碑……清理大师一年发布了 100 多个新版本，基本上每周两个，根据反馈快速迭代，在不断试错中找到生命力。Google Play 上清理大师有 900 万个用户参与评分，平均 4.7 分，超过绝大部分顶级 App，包括 Facebook、WhatsApp。"

2013 年 1 月，清理大师有 100 万人的月活，年底的月活达到了 8000 万人；2014 年 5 月，在猎豹上市前夕，清理大师的月活达到了 1.4 亿人。而且为了防备 360，清理大师产品没有中文版、没有宣传、淡化猎豹色彩，甚至有公关人员把清理大师宣传上了美国当地的一个电视台，都被傅盛骂。

有了清理大师这个锚点，猎豹相继推出 CM Security（猎豹安全大师）、CM Launcher（猎豹桌面）、CM Browser（猎豹浏览器）、CM Locker（猎豹锁频大师）等一系列产品，构筑起了强大的工具产品矩阵，在一年时间内实现了全球用户的大规模获取。上市前夕，猎豹的月活用户超过 2 亿人，有 4 款产品在 Google Play 的非游戏移动应用排名中进入前 50 名。

这中间比较有意思的一段故事是，傅盛在出海时有一个重要的借力——久邦数码。这家公司在国内的代表作是 3G 门户网——功能手机时代的 WAP 门户，之后发布了 3G 浏览器，一度风头极盛。但 UC 崛起后，久邦数码江河日下。它及时进行了战略调整，2010 年起凭借以 Go 桌面为代表的产品杀向国际市场，并以此在 2013 年 11 月 22 日于纳斯达克成功挂牌。久邦数码上市时的招股说明书里称，Go 桌面占据整个桌面市场六成以上的份额，下载量占整个 Google Play 下载量的 1%。

Go 桌面的成功吸引了诸多跟随者，其他公司也纷纷开始融资做 Launcher（安卓系统的桌面启动器）。

北邮毕业、一直留在学校圈子里做项目和培训的刘春河，在桌面这个机会出现后，彰显出了独到的眼光和强大的执行力。

2013 年 5 月，赤子城（刘春河的公司）面向海外用户正式推出第一款产品 Solo Launcher——一个第三方桌面应用，这也是当时为数不多的把应用通过桌面集成发布而推广的模式。

很快，刘春河得到了来自美国的邀请——由于 Solo Launcher 发布后获得 Google Play "全球最佳应用"奖项，刘春河被谷歌邀请去美国做分享和交流。2019 年 12 月 31 日，赤子城在香港上市；2020 年 4 月，赤子城发布公告称其投资了海外社交应用 MICO 并成为其第一大股东。

真正让整个 Launcher 市场从蓝海转向红海的，是一个名为李涛的人，他是从 3721 开始就和周鸿祎一起创业的互联网"老江湖"。2013 年，他是 360 主管国际业务的副总裁和负责人，Go 桌面是 360 卫士海外业务的上游流量合作伙伴。当久邦数码上市时，360 和猎豹的前身金山网络双双成为其基石投资人。

但相比 360 只是让 Go 桌面导流量，猎豹与 Go 桌面的合作更深入一些。傅盛说服 Go 桌面将其清理模块内置成猎豹 CM，这极大地提高了其海外战略的进程。2013 年年底，360 意识到猎豹在海外的工具布局尾大不掉，于是周鸿祎开始多管齐下，对其进行多重打击。

2014 年 2 月，360 发布了海外版 360 手机卫士。同年 7 月，LionMobi（狮之吼）发布首款工具类产品 Power Clean，后来又开发了一系列安全、杀毒和清理类应用。值得一提的是，狮之吼创始人鲁锦也是 PC 时代骨灰级应用鲁大师和 Windows 优化大师的创始人。而鲁大师的大股东就是 360。鲁大师于 2019 年年底在港股成功上市，是 360 系上市的第三家公司。算上奇安信和新花椒，360 移动系 10 年来有 5 家准上市公司，这也算是其"雄霸一方"的佐证。

360 不仅打群架，更发动了对猎豹在海外榜单上的正面阻击。战到最酣时，猎豹和 360 都不允许自家应用的榜单排名在主要国家被对方超过。一旦被超过，立刻不惜砸几十万美元只为反超。这让 Yeahmobi、Avazu 等老牌网盟及木瓜移动等出海广告代理公司被喂得很饱。

2011 年在西安成立的 Yeahmobi 与猎豹绑得很紧，创始人邹小武后来对媒体回忆说："我们服务猎豹，其实主要是为他们做用户获取、做规模化，给猎豹带去了几亿个用户。"

Avazu 则由石一创办。1987 年出生的石一曾就读于法兰克福大学计算机科学专业，个人站长出身，2009 年创建 Avazu，比较早地提出了基于 Ad Exchange（互联网广告交易平台）模式基础的线上媒介购买投放平台，也就是需求方平台（Demand Side Platform，DSP）的构想。2013 年也是 Avazu 全面转向移动互联网的一年，其移动业务很快就超过了 50%。

2013 年 3 月，除 Yeahmobi 和 Avazu 外的另一家网盟 Mobvista 成立，其也顺势赶上了工具出海的红利。Mobvista 的创办者段威于 2008 年浙江大学毕业后进入华为，2010 年进入 UC，只用不到 100 万元的市场预算就带领团队将 UC 浏览器的月活从 0 做到超过 5000 万人。这段工作经历让他看到了一个时代机遇：那就是从 2010 年起，全球互联网都在向移动互联网过渡。Mobvista 应运而生，致力于帮助中国头部公司国际化。

与前两家网盟公司相比，Mobvista 的一大特点是重视数据和算法，以及重视全球化，这其实也是 2013 年起创业的新一代公司的两大特征。

360 对猎豹的另一大杀招是断其上游。一个流传颇广的段子是这样说的，周鸿祎亲自出马，直接找到久邦数码的 3 位创始人邓裕强、张向东和常映明，说服久邦数码停止和猎豹合作。久邦数码最终同意。

然而，久邦数码和猎豹"割袍断义"后，却没有等来与 360 的深度合作，反而被挖走了不少人、套走了不少商业机密。不久后，李涛宣布辞职创业，到海外做类似 Go 桌面的 APUS。李涛曾是周鸿祎的妹夫，所以当时有人说 360 抽了久邦数码的班底，扶持出了 APUS。

李涛对这种说法断然否认，他向本书作者解释，他的单飞和周鸿祎并无关联。本书作者得知，李涛本可以再等半年再出来，当时还没有与周鸿祎分家的齐向东也劝他多待半年，把剩下的上千万美元的期权拿完再走。但李涛还是急着出来，而且还主动往 APUS 公司投放了几百万美元认股。

APUS 虽然也属于桌面应用，但李涛认为它不仅是桌面，APUS 主打的也不是美化，而是基于自主研发的智能用户系统软件（注意，不是操作系统，而是类似于"全家桶"的套件）及服务，为海外用户特别是"一带一路"沿线国家及新兴市场用户提供手机管理和互联网信息入口服务。

APUS 的做法其实很简单，它瞄准的国家多为发展中国家，移动互联网发展水平不高，本土 App 更是乏善可陈。APUS 就为这些本国原创应用不多的国家提供"全家桶"。另一头，APUS 拉着谷歌、Facebook 等，整合方方面面的合作伙伴的内容和服务，从这些巨头的广告联盟中获取利润。

2015 年开春，单飞半年的 APUS 先后实现了用户过亿和 1 亿美元的 B 轮融资。同年，猎豹以商业诋毁、不正当竞争等为由向美国南加州法院正式起诉 APUS。

让李涛尴尬的是，为了给 APUS 更多的空间，他主动去当时的"反360 同盟"拜过码头，"我跟 360 没关系了，你们这边不要联手打我们"。但张磊告诉本书作者："傅盛打死不相信这家公司跟 360 没关系，他就死打。"

其实，张磊在海外市场也占有一席之地。2013 年，还兼任百度移动安全总经理的张磊带着百度旗下的 DU Battery Saver、DU Speed Booster 两款软件出海。张磊一直坚持在海外市场耕耘，2015 年离开百度单飞后与其华为老同事徐家俊共同推出了 YeeCall（一块）这样有影响力的产品。

百度错失出海机会，一点资讯、今日头条聚焦推荐引擎

2013 年后，百度在国际化方面的步子迈得有些大——团购出海，以及在硅谷建人工智能研究院。这些之后都随风而去，真正让百度悔恨交加的，是它早期在短视频上的建设。

2013 年百度开始转向移动互联网的时候，曾经在海外对标 YouTube 做过 DU Tube。这是一个与西瓜视频很像的 App，在印度、埃及等地表现得相当出色。

时任 DU Tube 负责人的宋健告诉本书作者："我敢对标 YouTube，主要原因就是它那时个性化推荐比较弱。"

当时的 YouTube 也正在向移动化转型，宋健等人对其进行研究之后发现了一个问题：YouTube 还是以搜索为主，并没有开始重视信息流和个性化推荐。

宋健等人觉得自己是有机会的。他们看准了亚非拉的第三世界国家——那里的人群不知道搜索什么好，所以信息流和个性化推荐的短

视频产品非常有市场。

但是 DU Tube 做到 2015 年，就因为百度的国际化战略发生改变而停滞了。宋健便去问李彦宏，但是李彦宏似乎并不清楚原因。宋健离开后才得知，Du Tube 被归到内容搜索战略中，而张亚勤加入百度后将这个战略推翻了。

当张一鸣找到了宋健时，今日头条还没有开始做视频，宋健觉得自己很有机会，就欣然加入。后来，宋健成为今日头条视频业务的发起者，也是西瓜视频的创始人。

张一鸣之所以能与宋健结识，很大程度上是因为宋健也在用信息流和个性化推荐做产品，在 2013 年的中国，这样做的人屈指可数。

张一鸣告诉本书作者，豆瓣是中国最早用推荐引擎解决信息发现的公司。而在移动时代，除了字节跳动，一点资讯也是最早一批用推荐引擎解决更好的信息发现和分发的公司之一。

今天，一点资讯已经被淹没，对外也不怎么自称推荐引擎，而是宣称"兴趣引擎"，但这其实是一回事。两者走的都是基于推荐引擎做信息分发的路线。

一点资讯的创办与任旭阳大有关联。

任旭阳是一位资历颇深的老百度人，历任百度市场和商务拓展副总裁。他是一个奇人，曾根据盖洛普公司《现在，发现你的优势》一书中的一套测试题，给数百位和他有密切交往的人进行过职业发展分析，几乎言必有中，以至于在圈内被称为"科学算命"。毫无疑问，任旭阳是一个研究人、洞察人的高手。

2010 年，任旭阳在美国斯坦福大学攻读管理学硕士学位期间结识了搜索引擎与算法方面的顶尖专家郑朝晖博士。他意识到，这就是自己需要的人。也就是在这一年，郑朝晖结束了在硅谷的任职，回国担任雅虎北京研究院创始院长。这一次调任可以算得上是"羊入虎口"，从此，任旭阳便经常找郑朝晖谈论创办一点资讯的事情。按照任旭阳后来的说法，"这比当年追我太太还费劲，但是这一切都是值得的，一点资讯的成就离不开郑博士的全情投入"。经过 11 次力劝，郑朝晖终于被任旭阳说动，在 2012 年辞去雅虎中国的工作，出任一点资讯创始 CEO。

于 2013 年 7 月问世的一点资讯，在很长一段时间里给今日头条带来了直接冲击。

为了融资，一点资讯和今日头条几乎同时找到了凤凰新媒体。当时的凤凰新媒体正好需要一个伙伴，帮助其补齐在移动时代内容分发上的战略短板。张一鸣找的是凤凰战略投资负责人华巍，而任旭阳找的是时任凤凰新媒体总裁的李亚，各自得到两位对接人在凤凰新媒体内部的力推。

任旭阳与李亚很早之前就认识，当年任旭阳组建爱奇艺的时候，李亚不但在其 CEO 候选名单中，据说还是最后两三人之一，可以说两人交情匪浅。在凤凰新媒体中，李亚从 2006 年 6 月就开始担任 COO，之后一度兼任 CFO，无论是资历还是资源都远超刚从百度转身到凤凰新媒体的华巍。凤凰新媒体最后的决策也是选择一点资讯，放弃今日头条。

在一点资讯创办的早期，凤凰新媒体可以算得上是力挺。当时凤凰新媒体自身市值只有两三亿美元，前后却给了一点资讯近 4000 万美元的融资，这成为当时凤凰新媒体历史上最大的投资案。

比起今日头条，一点资讯早期其实有更强的技术开发团队，郑朝晖、李欣、陆荣清这 3 位创始人都有很强的技术背景。李欣和陆荣清是郑朝晖在雅虎中国共事多年的老同事，他们在信息分发方面都有着很深的积累。

虽然一点资讯推出的时间比今日头条晚，但早在 2012 年年初，郑朝晖就已经开始了产品打磨，比今日头条早了将近 1 年的时间。

但在产品方面，张一鸣和郑朝晖的认知正好相反，郑朝晖要打磨好了产品才发布，而张一鸣即使还没有做出今日头条这个产品，也要先用"搞笑囧图""早晚必看视频""潮流汽车"等一堆 App 先行抢占时间窗口，等今日头条上线后再导流，然后想方设法提升推荐引擎的能力。

今日头条在早期一共做了3代推荐引擎。

广为人知的标志性事件，莫过于张一鸣在2012年年底在锦绣家园6楼开的"推荐引擎大会"。当时今日头条刚刚上线没多久，张一鸣召集黄河、陈林和其他程序员一起讨论到底要不要启动个性化推荐引擎这件事。根据张一鸣在今日头条七周年内部分享时的回忆，当时在场的很多人都表示担心，他们认为今日头条没有做此事的基因和能力。

但是张一鸣没有退缩，他告诉大家："如果不解决个性化、智能化推荐的问题，我们的产品只是做些微创新，也许能拿到一些移动互联网的红利，但不可能取得根本性突破，不能真正地创造价值。"张一鸣也给出了解决办法："推荐我们不会，但可以学啊。"

张一鸣说到做到。因为担心影响今日头条推荐能力的进度，他带着周锦增上网自学，并且参照当时市面上最流行的亚马逊的推荐算法，编写了第一代推荐引擎。

不过，如果CEO一直自己动手，这样的公司恐怕活不长久。今日头条要想做好推荐引擎，最需要的是优质人才。

张一鸣对此有一个阐述：人们一般认为推荐引擎和搜索引擎的技术难度相差不大，这其实不太准确。他说，门户网站的实现难度最低，它们只需要显示用户点击的已有信息；搜索引擎的实现难度较高，需要根据用户检索的关键词，从已经索引的信息中找出各方面相关度、时效性较高的结果；推荐引擎的实现难度最大，它要根据用户以往的所有行为习惯来推断出用户最终需要什么。所以，难度是呈金字塔式上升的，推荐引擎位于金字塔的顶部。推荐引擎要做好，需要的不是较好的人才，而是最好的人才。

张一鸣费了很多工夫去寻找人才。

2013年年底，陈镯和曹欢欢先后加入今日头条。陈镯带来了高级特征和机器学习的改进，曹欢欢加强了今日头条在自然语言处理

（Natural Language Processing，NLP）方面的能力。

在此之前，中科大博士毕业的曹欢欢已经在数据算法领域工作了10年，先后在微软亚洲研究院和诺基亚北京研究院从事数据挖掘和机器学习的基础研究工作，是历史上第一个获得KDD（国际数据挖掘与知识发现大会）最佳应用论文奖的华人，甚至还开发了一点资讯早期版本的核心模块。

曹欢欢进入今日头条后，组建了今日头条数据建模团队，负责文本分析、用户画像、推荐召回、垂直推荐、兴趣探索、搜索等多项核心业务，后来成为今日头条首席算法架构师。

曹欢欢和陈韬的加入让字节跳动的推荐引擎进入第二代。但是，今日头条的推荐算法真正发展起来，应该要到第三代。

一位今日头条早期的研发员工告诉本书作者，对第三代推荐算法做出突出贡献的是后来第四范式联合创始人陈雨强。陈雨强于2014年加入今日头条，虽然任职只有一年左右的时间，但是他采用了大规模离散算法，在8个月内将推荐算法优化到第三代。这一代的优化让今日头条的各项数据指标增长了几十倍。

当然，最关键的人物是字节跳动的技术合伙人杨震原。

2014年春天刚过，百度网页技术部门原副总监杨震原加入今日头条，担任技术副总裁。这位和张一鸣年龄相仿的技术精英，从此以后成为今日头条推荐算法和技术团队的核心和领军人物。前文提到的陈雨强进行的技术升级也是在杨震原任职期间完成的。

另外，杨震原个人的影响力也发挥了重要作用。有猎头认为，"像杨震原这样级别很高的人进入今日头条，会吸引更多的人才流入。"黄河也认为，杨震原是今日头条的一个关键人物。他说："大量百度优秀人才加入，对整个推荐算法和系统的优化都是关键。"

百度搜索部原主任架构师朱文佳、百度美国深度学习实验室原少帅科学家李磊、百度贴吧原技术经理洪定坤等"百度人"，都先后进入今日头条，加入杨震原麾下。

本书作者咨询过今日头条、微软、腾讯推荐引擎方面的技术员工，他们普遍认为，今日头条的推荐引擎护城河肇始于 2013 年，其在 2013—2014 年的主要人才扩展模式是"拉新＋捡漏＋挖人"。而这条护城河的快速扩展则在 2015—2016 年，今日头条的创业明星企业的地位、优厚的薪酬和有吸引力的企业文化，尤其是中后期重金招聘来的大量顶尖技术人才，大大推进了推荐引擎的建设。

不过，今日头条要想继续深化推荐引擎，有两个问题必须面对。一是要投入足够多的资金在技术人才的招募和产品的研发上，但几乎所有 VC 都会问一个问题：怎么与门户及在信息分发上有先发优势的360、小米对抗？二是必须获取更多的用户数据优化冷启动问题。所谓冷启动问题，简单来说就是用户第一次打开今日头条客户端，在还没有任何用户行为的情况下，今日头条如何对其进行个性化推荐。这也是推荐系统的核心问题之一。

基于以上两点原因，2013 年，今日头条在被几十家 VC 拒绝后决定去敲新浪、凤凰、小米、360、搜狐这些传统巨头的门，洽谈合作，当然还有融资。

首先是新浪。在头条团队只有 50 人的时候，新浪就曾经派人来谈过投资。但是新浪当时觉得这只是个新闻客户端，而且在四大门户混战中它不可能做大，所以就没有投资。到了 2014 年 6 月，今日头条估值涨到了 5 亿美元，新浪微博基金才做了部分投资，两家开始协同合作，经历了短暂的蜜月期。但是到了 2015 年，微博中兴，同时意识到了今日头条的威胁，于是开始对其封堵，在今日头条 60 亿美元估值融资那一轮清空了股份，并且停掉了微博账号登录今日头条的功能。后来今日头条做几乎和微博功能一样的微头条，导致两家开打侵权官司，关系也彻底破裂。

其次是搜狐。当时张朝阳的重心都在搜狐新闻客户端上，没有看懂今日头条，但觉得今日头条能给搜狐带量，这让他很高兴。所以，最开始搜狐和今日头条更多进行的是业务合作，等张朝阳谈投资的时候，张一鸣"轻舟已过万重山"。

然后是凤凰。前文已经讲过，凤凰新媒体选择了一点资讯，放弃了今日头条。

再就是小米。当时雷军提出的条件是今日头条出让 20% 的股份，同时小米手机上今日头条日活收入的一半要归小米。在张一鸣看来，这种条件太过苛刻，如果同意，今日头条以后就变成给小米打工的了，所以就拒绝了。但张一鸣也没有和雷军撕破脸，他半卖半送了雷军一个点的股份。

接二连三的失利让今日头条的 B 轮融资异常艰难。在后来央视《对话》栏目中，张一鸣的早期投资人王琼回忆，当时张一鸣每次见完投资人后都会给她发短信，总结自己今天哪里发挥得不好，表示要回去再想想到底该怎么讲清楚。有一个月因为见的人太多，说的话也多，张一鸣甚至失声了。

最终，今日头条的 B 轮融资有两个主要的投资者。

一家是 360。今日头条成立后的第一位个人天使投资人是刘峻，他是从 360 出来的，原本管理 360 投资部。在 B 轮融资的时候，周鸿祎曾经提出按投前 5000 万美元的估值来投入 1500 万美元，另加现成的新闻牌照，占今日头条 25%～30% 股份的方案，但是张一鸣没有接受。后来经过协商调整，双方仍然达成了投资合作。今日头条从 360 "买"来了新闻牌照，360 成为占有今日头条 5% 左右股份的小股东。后来因为公司战略调整，360 很早就退出了字节跳动，这是后话，按下不表。

另一家就是著名的俄罗斯投资集团 DST。当时张一鸣已经在北京见过十几家美元基金，但是没有人愿意投资。这时候 SIG 的王琼找来了 DST 的 Yuri Milner（尤里·米尔纳）。在此之前，尤里·米尔纳在美国投资过与今日头条类似的产品 Prismatic，王琼意识到尤里·米尔纳可能对个性化推荐产品有更深的认知，于是将他介绍给了张一鸣。

尤里·米尔纳看过今日头条之后，发现 Prismatic 是通过扫描

Twitter 信息进行个性化推荐的，而当时的今日头条是通过微博登录后抓取微博信息冷启动进行推荐的。于是他判断，今日头条就是当时中国版的 Prismatic。张一鸣最终拿到了 DST 的投资。

今日头条做对的两件事和张利东的到来

今日头条在 2013 年 B 轮融资后做对了两件事，这决定了今日头条在图文信息分发这个战场上后来的胜局。

第一件事是找张利东来做信息流广告商业化。

今日头条公关前副总裁林楚方曾经告诉本书作者，今日头条有两个人不可替代，一个是张一鸣，另一个就是张利东。

张利东在 2013 年应张一鸣的邀请加入今日头条。刚来的时候，张一鸣就让他坐在自己对面。张一鸣对本书作者表示，自己之所以这样安排，是希望可以和张利东紧密交流。

在张利东加入后的将近半年时间里，他虽然是高管，手下却只有一个市场人员，但他仍然积极参与了很多事务，甚至连用户调研他也是主力之一。

黄河认为，张利东在商业化方面的贡献极大。他告诉本书作者："张利东来了以后，带来了最早一批重点客户（Key Account，KA）资源，那些汽车广告主来了。早期想让企业在今日头条上打广告，奢侈品或者大厂商不一定肯来，汽车品牌相对接受度高，这就是商业化的第一步。" 2013 年 9 月，在张利东的支持下，今日头条第一次尝试个性化推荐信息流广告。

当时的大背景是，业内人士普遍对移动互联网广告没有信心。因为他们觉得手机屏幕小，不适合放广告，尤其不适合展示品牌广告。

张利东却表示有信心，他们决定找一个广告主验证一下效果。不久后，张利东联系到国美电器北太平庄店。为了方便验证广告效果，他们还设计了验证闭环，即用户刷到广告→点击收藏文章→拿着文章到该店面买 200 元东西→送食用油。

这次实验的推荐半径从 3 千米变成 10 千米，再到后来覆盖大半个北京，最后来了 100 多人。广告主终于把礼品送了出去，验证了移动互联网定向闭环 LBS 广告的有效性。

个性化推荐信息流广告从此成为今日头条的撒手锏，它在管理方面更加精确，如今已经成为无数信息流路线应用的主流模式。从这个意义上说，和百度推动了竞价排名广告一样，今日头条能取得如今的地位，也是由于它做出了开创性贡献。

第二件事就是坚定不移地做预装。

移动互联网领域众多明星 App 用户增长速度令人咋舌，有些甚至一两年便坐拥上亿个用户。在"流量红利""用户洞察"等热门关键词之外，常被人忽视的是其背后的另一大加速力量——预装。在手机百度、微博，乃至手机 QQ 等明星应用急速增长的轨迹中，无不有着预装的烙印。

小小的预装环节曾是各方势力的博弈场，它一头连着手机厂商的营收，一头系着互联网巨头的兴衰，中间还有渠道方的复杂利益争斗。

2013 年前后，预装的竞争进入白热化阶段，众多互联网公司包下大量预装却无力付款，行业爆发"结算危机"。甚至连很多头部互联网大厂也一再逾期付款，只有今日头条在这时候是一股"清流"。

预装是今日头条早期看中的最大红利之一。本书作者拜访的预装商告诉我们，今日头条早期预装发力猛、投入大，而且对供应商讲信誉。

字节跳动前高管曾强告诉本书作者，他们那时候认为，今日头条和网易、新浪、搜狐、腾讯四大门户，在新闻客户端的战场上处于同一条起跑线。理由是，虽然老牌新闻网站有深厚的新闻底蕴，但是用户的阅读习惯从 PC 转移到手机，不仅是介质的变化，实际还隐藏着品牌的二次选择。

如果以当前的眼光来看，今日头条不无优势。一方面，今日头条的用户能几乎无偿地使用整个互联网上的内容；另一方面，今日头条以降维的方式和这些内容的生产者竞争。

所谓降维，就是除了推荐引擎的优势，一切都无所不用其极。所以，头条团队要做的是在介质上也占据优势，具体而言就是预装。

今日头条刚刚推出的时候，张一鸣每天的固定工作就是和曾强一起核对当天的预装和激活数据，同时要严格控制预算。

曾强说："我们当时看到的最大红利就是手机预装，而且预装极度便宜。"

黄河给本书作者算了一笔账。那时候，传统门户网站如搜狐、新浪等跟手机厂商合作，预装成本是1角甚至免费；今日头条一个预装激活的价钱是4角，比竞品给出的价钱更高。

今日头条作为一家创业公司，如果要继续投入，需要巨大的勇气。然而，今日头条在张一鸣的带领下投入得特别坚决。

与此同时，张利东把信息流广告做起来了。信息流广告获取收益与投入预装买量形成闭环，让今日头条可以持续投入、获取用户。

今日头条在预装上的大力度投入甚至引来了同行抱怨。他们认为张一鸣给出的价格，致使软件预装价格整体提升。这种价格从最初的几分、几角，变成后来的几元、十几元，但预装这个渠道至今还在。

很少有网民对今日头条的花钱推广有印象，主要原因是今日头条不张扬。事实上，除了2013年今日头条在推广上花钱不多，此后它的推广预算一直很高。2014年，今日头条在推广上花了2000多万元，但是效果明显——2013年年初，今日头条日活为150万人，2014年增长了将近450万人，留存也不错。

互联网金融的早期战事

重量级选手宜信

某论坛中，众多程序员讨论了一个问题："同时收到了宜信和今日头条的 Offer（录取通知），到底去哪家？"底下很多人留言，有人说今日头条名气大，应该去今日头条，有人说宜信对牛人来说是个更好的平台。但点赞最多的一条回答是"宜信有个博士叫项亮，他写过一本推荐系统的好书。如果真想做推荐，就应该去宜信。"但是回答的人不知道，这个叫项亮的人，后来也去了今日头条。

项亮算得上是科班出身的推荐算法顶尖人才。2006 年，他从中科大自动化系毕业，被保送到中科院自动化研究所研究机器学习和推荐系统，并在 2011 年获得博士学位。读博期间，他拿下 Netflix Prize（奈飞推荐系统算法竞赛）第二名，之后进入 Hulu 任职，一手打造了 Hulu 推荐系统，将推荐系统对 Hulu+（订阅服务）的流量贡献率提高到了 65% 以上。

在 2013 年 11 月之前，国内推荐算法人才密度最高的地方还要数 Hulu 北京研发中心。但 2013 年 11 月 8 日，在宜信创始人唐宁的力邀下，时任 Hulu 副总裁的张小沛离开 Hulu 加入了宜信，这一天也是宜信大数据创新中心成立的时间。自此，宜信大数据创新中心成为国内推荐引擎人才最密集之地。

张小沛，业内习惯称她为 Joyce Zhang，毕业于清华大学计算机科学与技术系，获得学士和硕士学位，曾任微软在线广告团队首席研发总监、Hulu 全球副总裁。她喜欢《生活大爆炸》的男主角 Sheldon（谢尔顿），充满极客精神，加入宜信对她来说是一次不小的挑战。

在加入宜信之前，张小沛做的是精准广告 + 内容推荐；加入宜信后，张小沛的职位是宜信 CTO 兼大数据创新中心总经理，主管技术开发、互联网营销、大数据驱动的风控反欺诈，以及移动互联网产品的战略和落地实施。任职期间，她最大的贡献就是帮助宜信搭建了大数据方向的基础战略，建成了宜信云金融架构。

在相当长一段时间里，张小沛就是宜信大数据中心的旗帜，大量技术人才因为她汇聚到宜信。宜信旗下不少大数据产品甚至以张小沛为原型命名。

时间回到2013年年底，当张小沛告诉郑华她要离开Hulu加入宜信，并希望他们跟着一起加入时，郑华对宜信和金融还一无所知。

郑华的说法是"基于多年共事经历，我无条件信任Joyce，我的科学家伙伴们也无条件信任Joyce和我，所以我们一起组成了大数据创新中心的队伍。"

2007年，郑华从清华大学毕业，获得了硕士学位。在毕业前的一年，他加入了一个叫作Mojiti.com的初创团队，这个团队后来在美国NBC（全国广播公司）和美国Fox（福克斯广播公司）的支持下成立了视频网站，即后来的Hulu。郑华在Hulu的领导就是张小沛，他主要的工作是利用大数据做推荐系统。

6年时间，郑华带出了一支小有名气的队伍，其中包括后来跟着他加入宜信的项亮、魏旋、郝强、郑赟等人。在宜信，郑华的工作是统管大数据处理平台、大数据实时授信平台、大数据驱动的反欺诈和风险管理引擎，以及商通贷等，其中，项亮帮着研究大数据系统，做出了"姨搜"（为宜信公司提供风控数据服务和模型服务）和反欺诈图谱，郑赟则研究大数据风控。

宜信大数据创新中心聚集的也不全是Hulu的科学家。除了谷文栋，豆瓣网原首席架构师洪强宁、原首席科学家王守崑也在2014年年初相继加入宜信。

华创资本和宜信有着千丝万缕的关系，它们的老板都是唐宁。先后任职美国华尔街DLJ投资银行、亚信战投部的唐宁，是中国互联网圈内的投资"老人"，也是中国最早的天使投资人之一。

2003年元旦，唐宁给了IT培训机构达内一笔天使融资，这次投资可以说在很大程度上推动了宜信的孵化。当时，唐宁发现很多学生根本交不起培训费用。因为在美国南方大学读经济学期间，唐宁走访过尤努斯创办的孟加拉国乡村银行并分析了小额信贷模式，所以他提出，可以让学生先上课，找到工作后再分期还学费。2006 年，华创资本和宜信宣告成立，达内是宜信第一个合作机构。

华创资本管理合伙人吴海燕记得，达内一期的学费是 16800 元，2006 年他们提出了"T-PET"（达内宠儿）计划，选择尖子生组成实验班，只要先交 3000 元就可以学习，其余费用后续分期还款。这一举措大大增加了当年达内的生源，使达内顺利地在全国开设了 20 多个分校。宜信也紧随其后服务学生，顺势建立了全国地推铁军，业务从"助学贷"逐步拓展到了城市信贷、农村信贷、车抵贷、房抵贷等。随着宜信步上正轨，唐宁也从华创资本脱身，全身心投入宜信的工作。

据《南方人物周刊》报道，早期招兵买马时，唐宁常常在咖啡馆里一坐一天，面试不同的人。那间小小的咖啡馆，是许多后来加入宜信的人与唐宁初次见面的地点。但是，更多的人或是因为地点偏僻找不到而干脆爽约，或是面对身穿 T 恤和短裤、脚蹬拖鞋的唐宁，觉得他说的要建立中国信用价值体系这件事根本不靠谱。

不过，正是这番"中国信用体系"狂想，深深折服了后来的宜人贷总裁方以涵。方以涵本科就读于中国科学技术大学少年班，后来取得哥伦比亚大学双硕士学位，还曾担任过 IAC 旗下 Ask.com 副总裁。在美国时，方以涵就想着创业，回国后接触了很多投资人。她为唐宁的魄力和梦想所倾倒，答应了唐宁的邀约。

方以涵的加入标志着宜信触网的开始。2011 年，方以涵带领二三十个人牵头创立宜信互联网部，进行宜人贷平台的搭建、研发。宜人贷网站和 App 分别于 2012 年和 2013 年上线。

P2P 网络借贷平台说复杂也复杂，说简单也简单，就是把钱借给愿意承受比银行更高额利息并有还款能力的用户，滚起雪球。除了资产来源，P2P 的核心就两点：一是风控，二是流量。宜人贷背靠宜信这样的老牌基金，资产来源不是问题，但得面对风控和流量问题。

宜信大数据中心的成立是为了解决风控问题，但从设立到有产出需要经历"十月怀胎"的过程，宜人贷就先找同盾解决风控问题。

2013年10月，蒋韬离开阿里，在杭州福地创业园创建了同盾。蒋韬于2009年回国加入阿里，担任安全部风控技术负责人，主导开发了集团风险控制和反欺诈基础平台，以及众多基础产品。蒋韬离开阿里，是因为他认为市面上缺少一个能够为中小企业提供专业服务的第三方公司。互联网金融领域是同盾率先切入的行业。2013年11月，同盾签下了第一个客户宜信，并拿到了华创的天使投资。2016年年初，同盾的消费金融、小贷公司、汽车金融、P2P等金融客户超过1500家，占据其半壁江山。直到今天，金融行业还是同盾非常重要的客户来源。

宜信没有自有流量，获客主要依赖线下地推人员，最多的时候宜信养了2.5万人。2013年宜人贷App推出后，也会做一些线上投放，但效果不好，直到51信用卡出现。

51信用卡和随手记，都是互联网金融的天启

51信用卡的创始人名为孙海涛，是一位连续创业者。他在2004年创办了国内第一个三维仿真城市地图——E都市，2007年创办二手房C2C平台房途网。后者在杭州颇有影响但没有赚到大钱。

据说由于连续创业，孙海涛一直是信用卡的重度用户，有一次使用十几张信用卡循环还款的悲惨"卡奴"经历。2012年，他从自己的需求出发，认为可以开发一个基于移动端的智能账本系统。于是，他找了4个工程师在杭州的一家小酒店里连夜进行开发。2012年5月，51信用卡管家App上线，主要功能包括管理信用卡、申请信用卡、信用卡还款等，还包括记录水电费、房贷等记账功能，极大地方便了信用卡持卡用户，特别是持有多张信用卡的用户。

这个软件最初没有定名，只是定义为"一键智能全账单管理

App",后来才正式命名为"51信用卡管家"。这么命名是因为孙海涛觉得,"信用卡"这3个字能让人想到银行,有信赖感。

由于能够给拥有多张信用卡的人提供很好的管理体验,51信用卡的用户不断增长。在这个基础上,单纯做账本就太没有想象力了。于是,孙海涛想了两个新的方向。

一个方向是信用卡办卡业务。孙海涛发现,有多张信用卡的用户和只有一张信用卡的用户不一样,前者对信贷消费更有欲望,愿意办更多的卡、分更多期,希望占尽银行的便宜、尽情消费;后者只是谨慎地每月还款。虽然前者觉得自己占了银行的便宜,但他们其实是银行,尤其是小银行喜欢的客户。

孙海涛告诉本书作者,招商银行这样的大银行对51信用卡的渠道并不太在意,但也不拒绝,每次用户办卡,给一笔手续费就两清。但小银行特别依赖51信用卡,愿意发行各种联名卡,持续给51信用卡分成,只要用户不断增加信贷消费就可以。这件事对于51信用卡来说是无风险且可以持续循环的。所以当这个业务做起来的时候,51信用卡后来的路基本就顺了。

而51信用卡的另一个试水是和宜信联手做了"瞬时贷"。这是它第一次尝试信贷业务。

2013年的51信用卡正处于"水逆"之年。当时,孙海涛想要融资,因为合伙人李俊与当时负责阿里小贷的胡晓明认识,他便接触了同在杭州的阿里,却没想到这个决定竟让自己九死一生。

曾任蚂蚁金服CEO的胡晓明,当时是阿里小贷的负责人,主导阿里对51信用卡的投资决策。双方原本已经就各项细节全部谈妥,就差签字打款这最后一步,但最后却不了了之。按照孙海涛的说法,更让他愤怒的是,阿里小贷挖了不少51信用卡的人,并上线了类似业务。

当时阿里的联合创始人之一、负责投资的谢世煌觉得有些抱歉,找到孙海涛说,要不由他出面向股东解释。孙海涛回复:"不用了,你给我发个短信把事情说清楚就行了。"

投资人爽约的案例,在中国互联网发展史上屡见不鲜。这一次爽约让孙海涛遭受了巨大的损失,此前51信用卡已经找天使投资人华映资本借了一笔上千万元的资金,原本以为阿里这笔投资"板上钉钉",到位后就能够按时还款给华映。但是随着投资的告吹,根据51信用卡和华映签订的协议,一旦不能按时还款,它就需要在公司估值打折的基础上,将欠华映的债转换成股份。

此次风波的另一个连锁效应是,新的投资人对51信用卡的质疑度变高,很多人望而却步。孙海涛说:"所有人都知道阿里要投,为什么最后又不投了,人们怀疑是不是公司有什么问题。"他后来屡次被投资人问起这事,只差把谢世煌发给他的短信展示给投资人看了。

后来纪源资本找上门,双方一拍即合。后来孙海涛自己做早期基金,也写过文章讲述自己的融资心得,其中一个经验是,凡是主动找上门的,成功率都高。

2014年下半年,经由新股东纪源资本的李宏玮推荐,孙海涛前往顺为资本办公室与雷军见面。当时有一堆创业公司创始人在雷军办公室前排队,像面试一样,一个接一个谈融资。孙海涛同雷军聊完,雷军当下拍板答应投资。据说,这是雷军为数不多的一个当面确定的投资案例。

51信用卡这轮融资除了小米,还引进了京东。京东本来要投随手记——它原本就投资了金蝶,投随手记是"亲上加亲",但随手记对外融资的意愿不坚决,京东于是弃随手记,进51信用卡。

在此期间,唐宁也想过投资51信用卡,但都未遂,每次估值,唐宁都嫌贵。融资没谈妥,双方合作倒是谈妥了。2014年年初,宜人贷与51信用卡上线了"瞬时贷"。51信用卡提供用户订单,不承担风险,并在每单贷款中抽取2%的佣金;宜人贷完成整个风控审核,并给出授信及提供资金。

51 信用卡的联合创始人之一是李俊，银行出身。他和孙海涛相识于孙海涛之前的一次创业，那时孙海涛做的是"租房宝"，需要接触各个银行的信用卡，从而认识了李俊。接触后两人挺投缘，孙海涛认为李俊是银行业中很懂互联网的人。

李俊告诉本书作者，自己后来之所以出走，是因为和孙海涛在P2P 业务上有重大的分歧。李俊认为孙海涛在 2015 年有些膨胀，觉得自己有数据、有风控工具，所以一心要做大 P2P。而李俊是传统银行出身，他认为除了银行，其他机构由于没有大的资金池，做P2P 是很危险的——银行有资金池，万一钱不够，还可以同业拆借。而一个 P2P 公司，如果发生期限错配，没有人搭救，瞬间就会"爆雷"。最终，李俊出走，还带走了孙海涛的同学。孙海涛苦苦哀求，才把同学劝回。这件事给孙海涛带来不小的打击，他去非洲度假十几天，看野生动物。

同期从沮丧中走出来的，还有孙海涛的老对手，随手记 CEO 谷风。

随手记的出发点和 51 信用卡有相似之处——先做个人财务管理，再切入信贷业务。只不过 51 信用卡针对信用卡管理，而随手记可以看作一个综合账本。

谷风是技术出身，1995 年就在财政局研发工资管理系统。2000 年，他跳槽至金蝶软件公司，从事企业级财务应用的开发。2010 年，他向金蝶集团创始人徐少春提出辞职，那一年是谷风在金蝶工作的第十年。

徐少春了解到谷风想做随手记的想法，主动提出做天使投资人，投资 1000 万元，占股 70%。这是徐少春的个人投资，但很多人还是把金蝶和随手记联系在一起。随手记上也有"金蝶 25 年财务沉淀"之类借光的话。

徐少春和谷风的合作一直很融洽，但在 B 轮融资上双方出现分歧。当时谷风看到 51 信用卡这样的对手已经加速发展，拿到了大的资本，而随手记在 2014 年虽然已经是拥有海量用户的记账软件，但没有货币化的收入。所以谷风主张加速融资，向金融公司转变。徐少春则在随手记往金融公司转型上有很多考量，所以在融资态度上不够开放。

后来，徐少春被谷风说服，直接结果是 B+ 轮融资得以进行。这轮融资由源码资本领投，复星昆仲资本和 A 股上市公司昆仑万维跟投。源码资本合伙人曹毅加入了随手记的董事会。

互联网金融整治风暴过后，随手记的定位开始回归技术公司。不得不说，徐少春和谷风的这个组合，虽然发展未必迅猛，但左右逢源、攻守兼备，能抗风险，也能面未来。

金融工具类掀起创业潮

京东在投资 51 信用卡的同时还投资了分期乐（也就是乐信的前身）。不过，京东投资分期乐不是对金融起意，而是因为分期乐的销售收入增长得很快。2014 年，分期乐加强了与京东的合作，在京东的分销体系内，分期乐增长得特别快，很快达到单月数亿元交易额的规模。加上分期乐的早期投资人李黎做记者时就与刘强东相熟，她直接向刘强东推荐了分期乐创始人肖文杰。刘强东在香港见过肖文杰，当场拍板了投资决策。

分期乐也诞生于 2013 年这个互联网金融的超级大年，这一年是肖文杰在腾讯的第五年，他从普通员工做到了用户过亿的财付通 2C 产品总监。财付通做的是支付，拥有全网的商户支付数据，而提高商家支付成功率是他们当时最核心的指标。肖文杰注意到，在两种情况下支付成功率很低——订单金额过大或用户比较年轻。两个标签一叠加，他就确定了创业方向——为年轻用户提供分期服务。

2013 年国庆节后，分期乐商城上线，展示了几十款手机商品。分期乐去广州大学做地推，第一天发了一些传单，就进来了两个订单。其中一笔订单是京东的三星 S4 手机。接到订单后，分期乐的工作人员就去京东采购。国庆期间，京东将这款手机的价格下调了600元，而由于担心风险，分期乐商城的每款手机价格还提高了200元。一升一降，就是800元的毛利，再加上20%多的分期服务费，相当于一台手机可以赚1000多元。肖文杰意识到，年轻人的消费需求真的是一座待挖掘的金矿，他们衡量买不买得起，已经不是看商品的价格，而是看每个月还多少钱。

分期乐一炮走红，并由此开创了一个品类。在创业初期，肖文杰天天为此发愁——用户需求太蓬勃，团队要么没钱买货，要么订单堆积太多审核不过来，最夸张的情况是订单等了一个多月还没有发货。2013年年底，仅广州一个城市，分期乐的销售额就达到两三百万元；第二年它陆续铺遍中国，销售额达到了6亿元；后来更是呈指数级增长，第三年达到50亿元，然后是300亿元、600亿元。

分期乐的业务没有什么门槛，只要有资金就能转起来，校园分期在2014年变成红海，分期乐也有了无数的对手。和分期乐对打最激烈的是当时还叫作"趣分期"的趣店，它成立于2014年3月，比分期乐要晚整整一年。

趣分期的创始人罗敏和肖文杰的人生履历并不相似，但他们颇有缘分。他们都是江西人，都生于1983年，同一时期在南昌上大学。但罗敏比肖文杰出来得早，大学就开始折腾，2008年拿了鲍岳桥几百万元的天使投资做SNS项目"记忆日"打了水漂，到后来加盟好乐买。

罗敏和肖文杰也是通过好乐买认识的。2009年罗敏在好乐买做市场和运营，肖文杰在财付通对接商家支付，腾讯是好乐买的大股东，所以两人不仅认识，而且一起共事过，也相互赏识。有说法称，肖文杰曾邀请罗敏加入分期乐，但没两个月罗敏就出来第三次创业，做了趣分期。

这两人虽然有很多相同点，但性格完全不同，导致企业风格也有很大差异。肖文杰性格稳重，而罗敏喜欢打德州扑克，风格大开大合，十分彪悍，在商场上也是又快又狠。研发仅 7 天，趣分期商城就上线了。罗敏开着宝马汽车，带着 10 万份传单在北京某高校散发。

罗敏在好乐买担任市场副总裁时负责过校园代理渠道，所以趣分期招聘了大量的学生以兼职、实习或全职的形式加入地推。有个段子是，罗敏于 2014 年 7 月回到母校江西师范大学招聘，不管什么岗，每个来应聘的人都会被问会不会发传单、能不能接受出差。

罗敏的融资风格也是如此，两周内他就凑到了来自李想、吴世春、陈华、鲍岳桥、李树斌等人的数百万元投资。其中，李树斌是罗敏在好乐买的领导，鲍岳桥是罗敏创业项目"记忆日"的天使投资人，吴世春和陈华是罗敏的德州扑克牌友，而李想是罗敏的老友。

说起来，这笔融资还占据了地利。刚开始罗敏的办公地在北京 UHN 国际村，唱吧 CEO 陈华和梅花创投创始人吴世春的办公点距离这儿都不过 10 分钟步行的路程。前者在太阳宫凯德 Mall 附近的大厦，后者在三元桥凤凰汇。后来罗敏搬到中关村互联网金融中心，隔壁凑巧又是他们的 A 轮投资人源码资本。

而肖文杰则承袭了在腾讯做金融时的一贯谨慎。分期乐先在广州做地推，肖文杰在广州亲自跑了 6 个月，制订了一套地推的体系化运营计划——单点验证再复制。分期乐去的第二个城市是肖文杰的老家南昌。2014 年，肖文杰在春节期间物色了人选，节后开始在南昌做地推，3 个月后他又派了同样配置的团队到其他 4 个城市——重庆、武汉、北京、上海跑了 3 个月。又过了 3 个月，算上广州，分期乐在全国 5 个城市同时扩张了 5 个城市业务，总共涉及大约 25 个城市，基本涵盖了全国版图。

直到 2015 年上半年，肖文杰还经常待在地推前线。南方地区春夏两季雨水充沛，肖文杰天天开着车，车子后备厢装满了手机，迎着春风和细雨，满城市跑着帮送货。

2015 年 3 月，京东参与分期乐的投资宣布后，最紧张的是蚂蚁金服。如果京东系投资公司拿下校园贷市场，那么蚂蚁金服后续势必会很被动，所以即使"占坑"，它也要先有一个。5个月后，趣分期宣布获得蚂蚁金服领投的2亿美元融资。

在战略资本的驱动下，罗敏和肖文杰上演前所未有的对决。一个背靠京东，一个背靠蚂蚁金服，罗敏做到180个城市，肖文杰就要做到260个城市，罗敏马上又决定要做到300个城市。不过，两个人的风格完全不同，罗敏求快，想在全国校园占领先机；肖文杰求可控，想通过稳扎稳打赢得终局。两家公司为抢占地盘，不仅在校园内上演撕对方传单的大戏，还不惜通过挖人搅乱对方的团队。

除了分期乐和趣分期，校园贷还有一家头部公司——爱学贷。

爱学贷的创始人钱志龙是阿里的"老人"，毕业于浙大，2000年加入阿里，是中国供应商、支付宝、阿里妈妈等内部创业项目的早期筹建者。关于他的加入，有彭蕾7个电话请其加盟的段子。

2011年开春，钱志龙辞去支付宝消费者事业部总经理的职务开始创业。他的第一个项目是与白鸦、韦杰一起创办导购网站"逛"。有一个说法是，钱志龙拉开了阿里人离职创业的序幕。

2013年眼见互联网金融风起云涌，钱志龙关掉之前的公司，成立爱学贷（后先后更名为爱又米、爱财科技集团）。这是一家主攻3C产品的校园分期付款商城。因为入局早、需求旺盛，它在5年内完成4轮融资，融资总额达5.7亿元，与分期乐、趣分期并称行业三巨头。

爱学贷的阿里色彩浓厚，不止核心高管出自阿里，天使投资人阵容也很豪华，有康盛的戴志康、阿米巴资本的李治国，还有阿里十八罗汉之一的吴泳铭。但在校园分期军备竞赛中的找资金环节，它既没抱上阿里的大腿，也没沾到腾讯，子弹不足，被另外两家甩到身后。

余额宝与微信支付并起

现象级产品余额宝

2013年2月25日，支付宝团队在杭州西溪宾馆举行年度战略会，主要讨论新一年的工作目标。一般来说这种会议马云是不参加的，这导致当他在现场出现时，所有人都感到惊讶。

据由曦所著《蚂蚁金服》一书记载，马云在现场讲了小微金服（蚂蚁金服的前身）的初心是打造更加开放透明的金融体系，也让大家不要老想着支付业务。在讲话快结束时，马云话锋一转，说了一句令人惊诧的话："你们尽管去做，我们做的事情是为了客户利益，如果要坐牢，我去。"

2013年6月13日，余额宝正式上线发布。上线第四天，余额宝诞生的新闻便登上了央视《新闻联播》，很多从业者和VC都将余额宝的上线视为金融科技崛起的标志性事件。

余额宝，在阿里内部被称为"二号计划"，其中的重要参与者倪行军，是写下支付宝第一行代码的人。他在接受极客公园的访谈时称，"二号计划"是当时支付宝面临的两大难题的"会师"。

可能很少有人知道，余额宝的设计初衷并不是一个理财产品，而是一个充值工具，它的出现，其实是为了提高用户使用当时尚不成熟的移动支付时的成功率。

倪行军回忆说："2009年，天猫开始推出'双11'购物节。从支付宝的角度来说，一直到2012年，我们在此期间都比较狼狈。虽然支付宝的快捷支付功能在平常还算好用，但在特定场合，如'双11'限时抢单支付时，对支付系统容量的需求之大，远远超过银行可以提供的支付能力。而当时移动支付必须通过银行转账，这就给团队在各种各样的限时促销场景下保障成功率造成了巨大的困难。"

显然，支付宝不能要求银行升级支付系统，银行也不会为单一企业的特定活动进行升级。于是就出现了一个怪现象：每到"双11"之类的购物节前夕，支付宝就会发动"充值送红包"活动。也就是用户充值达到一定数量，会获得红包，但金额很小，用处不大，所以这种充值往往被业内指责为圈钱。其实倪行军心里有数，这其实是通过红包促使用户把资金提前储蓄到支付宝的池子里，以降低关键时刻从银行环节跳转的需求，最终是为了加速快捷支付的流畅度和成功率。这就是支付宝早期实际能力的真实写照。倪行军说，快捷支付的链路太长，缩短这个链路，才能经得起秒杀时的峰值的考验。

但是，长期让用户把资金放在支付宝的池子里，又不给用户利息，是违背用户利益的，也必然得不到广泛支持。

另一方面，蚂蚁金服一直想做普惠金融。它的团队发现一个问题：财富越少的人，对财富的流动性要求越高；流动性越高，资产的投资收益率就会越低。具体来说，对于需要大量流动资金的人来说，虽然存活期比较合适，但拿到的利息很低。这就造成一个矛盾，即钱越少的人得到的理财收益率越低。如果有一个办法可以做到两者兼顾，那么就能笼络庞大的用户群体。

于是余额宝提出了另一个设计理念：既要给用户收益，又要解决定期、活期的矛盾，最好是既能解决用户资金使用灵活性的问题，又能带来较高且确定性的收益。最终，如果能够让用户同时享受定期的收益和活期的流动性，余额宝就完全不用担心资金的流入问题了。

当时尚没有一种货币基金能做到同时支持这样几点：一是可以1元起步购买基金——当时的主流理财产品是5万元起步；二是即时赎回——当时一般的基金赎回需要3~4天；三是把用户在余额宝存钱和用余额宝消费支付这两个场景打通。

当时很多友商也非常紧迫地推出了与余额宝类似的产品，但余额宝跑赢友商的核心原因是，一般的理财App只能理财，但支付宝可以帮助余额宝直接切入支付场景。

为了找到一个能支持这种想法的合作伙伴，倪行军和同事选择了业内排名在 50 名左右的一家基金公司，也就是后来大名鼎鼎的天弘基金。但当倪行军带着架构师去做技术评估的时候，发现天弘基金的系统能力远远低于余额宝的预期。

于是支付宝火速进驻天弘基金，对天弘基金整体的技术架构进行升级。其中起到关键作用的，是阿里云的参与。

"因为我们要面对的是一个高流动性的产品，而且波动性很强，很难有规律，所以用常规技术支撑的话，会特别麻烦。我们采用云技术，把天弘基金所有的技术上云。云比较有弹性，在大规模使用的时候能接得住，规模小的时候成本又不是问题。"倪行军说，"其实这不仅是容量的问题，而且是要让系统需求变得相对可预测。我们的优势是，淘宝用户的消费规律，以及消费频率的波峰、波谷，我们都掌握了。所以我们可以快速利用这个数据，搭建基于数据的预测管理平台，做到比较合理的资金分配，应付流动性和资产增值之间的矛盾问题。所以这件事是要用数据思想和云计算思想才能托起来的。"

余额宝的横空出世，被认为开启了国人互联网理财元年。同时，余额宝也成为普惠金融的典型代表。上线一年后，它不仅让无数从来没接触过理财的人萌生了理财意识，还激活了金融行业的技术创新，并推动了市场利率化的进程。2013 年，余额宝吸纳资金 179 亿元，成为今后数年里唯一过百亿的货币基金。

微信支付的诞生

对于整个行业来说，这一年还有一件事比余额宝更有深远影响，那就是微信支付的诞生。

2013 年 3 月的一天，微信创始团队成员叶娃接到了张小龙分配的任务——微信要开始做支付功能，他就是产品负责人。

叶娃曾说，支付底层、红包转账、覆盖线上电商和线下百货，这些问题在他做微信支付的早期，统统不在考虑范围内。

那时候，微信的快速发展带来了大量需要跟商业结合的场景。比如，当时微信发布了朋友圈和公众号平台，有些作者会希望部分文章只有会员可以阅读，这就牵涉付费功能；再如，微信的付费表情包越来越多，付费结算需要更简单的方式。

其中还有一个至关重要的场景。2012 年前后手机游戏迅速兴起，微信内部计划做移动游戏平台。要想让游戏玩家最大限度地充值付费购买道具，微信就必须实现最为方便快捷的付费功能。

从缘起背景来看，越来越多的商业场景已经或者即将出现在微信上，微信支付几乎是一个被场景倒逼出来的功能。

叶娃要做的就是赋予微信支付的能力，让用户可以在微信上轻松地购买表情包、游戏里的钻石道具，并为一些高质量文章付费。

经过了 2000—2013 年这 13 年的发展，除了支付宝，国内的电子支付产品已经有很多。叶娃挨个研究了一遍，然后设计了一个极其复杂的方案。

当叶娃把这个方案提交上去时，包括张小龙在内的众位团队成员都不满意。进行沟通时，有同事建议叶娃干脆去掉那些复杂的部分，直接把银行卡绑在微信上，当需要支付的时候，就从银行卡转账，把钱付给商家。

这个提议让叶娃豁然开朗。他依照这个思路对产品进行了简化，然后又汇报给张小龙，得到的评价是"你们终于做出了不一样的东西"。

时间到了 2013 年 5 月，叶娃等人终于将第一版流程跑通，然后邀请张小龙前来观看。

当天的经历给叶娃留下了极深的印象。他先将银行卡绑定微信，然后用微信扫描二维码，微信上弹出支付界面，再输入支付密码和短信验证码，完成支付。

张小龙看完演示后回头问同行的一位美籍员工："你们国家有这么酷的支付方式吗？"这位员工摇头表示从来没有过。

这次支付演示流程极为简捷，在场的人都感到震惊。然而张小龙觉得还不够完美,他对叶娃提出了两个堪称苛刻的条件:第一,快捷支付的短信验证码必须去掉;第二,现在的密码太复杂,必须改成 6 位数字密码。

在目前看来,这两个功能似乎是理所应当的,但在 2013 年之前,从来没有一款电子支付产品敢这么做,因为这背后要承担巨大的风控压力。当时包括支付宝在内,各家产品支付流程大抵相同,都是用户先登录页面,再进入第三方银行支付工具,然后输入一个复杂的"字母 + 数字"密码,最后还要通过短信验证才能付款。

叶娃和同事商量之后正打算拒绝这个需求,没想到张小龙先说话了:"如果这个需求实现不了,那么你以后再也不要找我讨论简化支付流程的事情了。"言下之意,这个需求已经到了和微信支付功能"共存亡"的地步。

张小龙的"死命令"就像鞭子一样赶着团队前进。

2013 年 5 月 10 日,叶娃等人和风控团队克服重重困难,终于做出了第一版只需 6 位数字密码、不用短信验证的微信支付产品,同时还做了不少细节体验优化,极致贴近 ATM 机。比如,他们改良了输入方式,将原来的字母键盘改成了 ATM 机式纯数字键盘。

这一天,当叶娃将产品发给张小龙体验时,张小龙发给叶娃的回复让他很多年后都还记得——"不错!"

在以往的微信团队内部沟通中,张小龙的回复向来极为简洁,一般都是"好""OK"之类的,这次却极少见地在"不错"的称赞后用了感叹号。这给整个支付团队带去了极大鼓励。

2013 年 8 月 5 日,微信发布了 5.0 版,这个版本第一次加入了微信支付功能。只需 6 位数字密码就可以进行支付的功能一经推出,立刻受到用户的热烈欢迎,甚至有业界评论称,微信支付是当年年度最佳产品设计。

微信创始员工、前支付宝资深产品经理陆树燊告诉本书作者,微信的 6 位数字密码支付功能带来的震撼是革命性的。

相比其他复杂的电子支付模式，这种便捷的支付方式更加适应手机端的需求。甚至可以说，像瓦特改良蒸汽机引发工业革命一样，微信对支付的改良也引发了移动互联网商业生态的革命。之后网约车平台、手机票务、共享单车、电商带货的蓬勃发展，无不是建立在移动支付这项基础设施之上的。

微信支付的优质口碑给支付团队带来了巨大的成就感，叶娃那段时间最大的乐趣就是每天晚上下班回家翻看微博上用户们不停夸赞微信支付流程多么简捷、体验多么完美。用他的原话说，就是"暗爽到内伤"。尤其是当时大家会拿微信支付作为"别人家的孩子"与支付宝对比，直到支付宝后来也改成了 6 位数字密码支付的方式。

BAT 的"买买买"宣告了流量时代的结束，数据挖掘和推荐引擎技术成为显学，让流量到场景开始有了新的火炮，互联网金融和新闻客户端成为最直接的赛道，微信支付的崛起让整个移动互联网的交易链条缩短，大大激活了用户的消费欲望和各种商业场景创新。

从流量到场景，从数据到推荐，移动互联网不再是 PC 互联网的衍生，而是真正成为一个独立且茁壮的产业蓬勃生长起来。

2014 / 从 BAT 鏖战到 "A" "T" 争霸

引子

2014 年这一年，因为微信红包，中国互联网的"春晚战事"自此成了"传统"。

2014 年这一年，发生了整个中国互联网产业自诞生以来最多、最密集的商战，遍布手机打车、在线电影票、校园外卖、校园分期等领域。这些商战的关键点都是支付，都指向"A""T"争霸。

2014 年这一年，是携程将 OTA 市场的四国大战变成三国争霸，再到楚汉相争的纵横之年。

2014 年这一年，是团购从千团大战进入双峰对决之年，也是大众点评在腾讯的支持下的逆转之年。

2014 年这一年，一直高歌猛进的微信发布了反响平平的 6.0 版本。

这一年，最红火的产品叫作美拍，但秒拍、快手和 Musical.ly 也争奇斗艳。中国的短视频产业诞生于 2013 年，独立行走于 2014 年。

2014 年这一年，是社交狂舞的一年。陌生人社交、兴趣社区、匿名社交、校园社交轮番登场。社交火爆的背后，是新的用户群体——"95 后"的粉墨登场。

2014 年这一年，是"90 后"创业者集体登上历史舞台的一年。

2014 年这一年，是字节跳动渐入佳境的一年，也是搜狐见顶回落的一年。

2014 年这一年，是中国互联网企业上市的超级大年。这意味我们一直研究的新技术、新供给、新服务、新媒介等因素已经在企业实操层面完成了整合和落地。它们共同形成新的基础设施和用户土壤，并且产生了相当大规模的成果。这些成果已经足以铺就企业的上市融资之路。

从企业的业务拓展来看，这一年也非常精彩。在阿里和京东之外，还有陌陌、猎豹、途牛、乐逗，如果加上 2013 年年底的 58 和去哪儿、汽车之家等，在电商、社交、工具、在线旅游、游戏、分类信息、垂直搜索、垂直门户等几乎每个互联网的业务门类都有代表亮相。这是 PC 互联网时代的最终谢幕，也是移动互联网大浪从开启到登上高潮前的最后一步台阶。

就 2010—2015 年这个创新周期来说，2014 年是"起承转合"中的"转"。

滴滴、微信联手，红包"偷袭珍珠港"

微信红包奇袭支付宝

2014 年的春节和中国互联网，因为一个产品变换了颜色，搅乱了江湖，呈现出商机。这个产品就是微信红包。

2014年1月28日（农历腊月二十六）下午4点，"新年红包"的图标第一次出现在微信"我的银行卡"界面中。在随后的4个小时里，它逐渐从中国主要大城市蔓延到二、三、四线城市，直至全国，迅速成为2014年春节乃至之后数年春节里最成功、最火爆的互联网产品。

当时财付通公司基础产品中心的产品总监，后来成为乐信集团桔子理财CEO的弓晨是微信红包的重要参与者之一。弓晨在接受《博客天下》的记者韩紫蝉、徐菲的采访时称，微信红包的创意来自腾讯每年的新年利是红包。按照腾讯的传统，农历新年后上班的第一天，马化腾及公司其他高层都要亲自给员工派发利是红包。员工内部把这个传统叫作"刷总办[1]红包"。

在这一天，在深圳腾讯总部工作的员工几乎都会暂时放下手中的工作，排队前往位于腾讯大厦39层的马化腾办公室领取红包。几千人的队伍从39层一直排到1层，在大厦外的广场上曲折蜿蜒。而在员工之间，也会有下级向上级、未婚同事向已婚同事讨要红包的传统。

财付通公司成立后，每年向全体员工发红包的任务就落在了这个团队的头上。为员工设计电子红包，他们已经做了五六年。2013年年初，腾讯公司行政部通过微信向员工发了每人200元的微信红包。虽然这只是财付通的一个简单链接，但这是微信与财付通打通的一个开端。

延续现实世界的传统，弓晨和她的团队成员想到了可以在虚拟世界中搭建一个向朋友"讨红包"的系统，让红包在微信好友之间传播。在技术上，"讨红包"功能类似于微信支付已有的AA收款功能，实现起来难度不大。

1　腾讯总办是由腾讯最高领导组成的决策小组。

但这个创意却被时任财付通副总经理的吴毅推翻了。吴毅担心，被"讨红包"的用户很有可能感到尴尬——面对突然出现的讨要红包者，给还是不给，给多还是给少，都让人难以拿捏，如果不是特别熟的朋友，还有可能带来误会。"讨红包"的项目也就此搁置了。

但春节这么好的拉新机会，不利用可惜了。于是，来自财付通和微信广研两支团队的成员又坐下来一起讨论。

与会者不约而同想到的思路就是，利用微信群的优势进行裂变。他们最初的创意是，用户分享 10 元红包到群里，这 10 元可以拆成100 份，每人领 1 角。在这个群里如果红包没有被领完，就可以转到其他群继续领。

这时候，微信支付的产品经理叶娃想到自己在 QQ 邮箱团队时的过年经历。当时他们会把不同金额的钱包在红包里，放在桌上，团队成员每人拿一个。拆开以后，钱少的人不会嫌弃钱少，只会觉得运气不好，而钱多的人就会觉得自己运气很好，甚至发文炫耀。

叶娃认为，微信红包也可以采取同样的策略。这个建议得到了包括时任 CTO 的张志东在内的高层的认同，于是众人开始在腾讯团队内部进行测试。在测试过程中，微信红包还自然而然地发展出很多玩法。比如，谁抽到的金额最多，就要再发一个红包。这形成了很好的裂变效果。

在产品的具体实施上，产品团队从微信群的掷骰子游戏中获得了灵感。

微信中有一项随机掷骰子的功能。在微信群中，多个好友一起掷骰子是一种简单又刺激的玩法。弓晨认为，如果把骰子换成红包，应该也能激起大家参与游戏的兴趣。和同事讨论后，弓晨定下了这个"抢"随机红包的设计任务。

由于任务紧、时间急，在这次微信红包的开发过程中，测试方式就是同事之间互相发红包。每当产品有改进时，他们便会邀请团队负责人或公司更高级别的领导到研发团队的微信群里"发红包"，以测试产品功能，同时把货真价实的人民币收进自己的账户。

为了做测试，弓晨在微信上拉了一个 150 多人的群。这是最先接触微信红包功能的一群人，其中包括财付通员工、微信广研团队员工、一些银行的技术人员，以及腾讯总办的成员。在这个群里，大家的任务就是玩发红包和抢红包的游戏，发现问题并提出改进意见。

起初，大家还只是测试性地互相发红包，渐渐地，测试成了真正的狂欢。群成员会以"某某万福金安"的祝福语"炸"出群里的高层人员，"逼"他们出来发红包。当这句话被群成员整齐划一地重复几十遍时，一般被点名的人就会乖乖发红包。几乎每天晚上，这个群都能抢红包抢到凌晨 3 点。

在测试过程中，腾讯总裁刘炽平甚至在自己的限额玩完之后私信叶娃，让他帮自己调高额度。叶娃看到连这么高端和专业的人都玩得非常开心，更是对产品信心十足。

在正式向公众开放前，微信红包早已在一部分参与测试的用户间传开了。2014 年 1 月 24 日，弓晨发现，在本应该只有几百个测试红包的时刻，用户们发出了上万个红包。这让微信红包团队意识到，"抢红包"功能的传播速度远远超出了他们的想象。

有统计数据显示，在 2014 年除夕到正月初八这 9 天时间里，有 800 多万名中国人共领取了 4000 万个红包，遍布全国 34 个省（自治区、直辖市），每个红包平均包含 10 元。据此推算，总价值超 4 亿元人民币的红包在人们的手机中不断被发出和领取。除夕夜参与红包活动的人最多，约有 482 万人，流量最高峰出现在零点前后，平均每分钟有 2.5 万个红包被拆开。

微信红包到底有多成功，也许来自对手的表扬更能直观说明。

"几乎一夜之间，各界都认为支付宝体系会被微信红包全面超越。"

说这话的不是别人，正是时任阿里董事局主席的马云。2014 年 1 月 29 日这天，他在自己的来往账号上做出沉痛的反省，并称赞腾讯此次"偷袭珍珠港"计划和执行得完美。

照着这个逻辑，马云就像罗斯福动员全美一样动员整个阿里——不仅是阿里的高管和员工，还有阿里投资的整个生态体系下的各个公司，开展与微信支付的作战。

腾讯与滴滴联盟

不过，就在马云在做内部做动员的同时，围绕着支付这盘大棋，滴滴打车和微信向快的打车和支付宝发起了一场长达 5 个月的战争。这场从 2014 年 1 月开始的滴滴、快的大战，既是两家企业的生死之战，又是当时微信支付和支付宝之间第一场也是最重要的一场"代理人战争"。

关于是谁开的第一枪，公说公有理，婆说婆有理。一种观点认为是快的打车和支付宝组合先出的手，理由是 2013 年 12 月底，支付宝开始全面支持支付打车费，首选在北京 5000 辆出租车上进行推广。同时，支付宝还宣布与快的打车深度合作，乘客可以直接用快的打车内置的支付宝或扫描二维码支付打车费。当月北京市民使用支付宝打车，就有机会获得单笔最高 200 元的免单额度或 5 元现金返还。

但快的打车的 A 轮投资人、经纬创投合伙人徐传陞有不同的看法。他认为："在快的打车身上，阿里第一年发挥的作用不是很明显。当时阿里本身没有所谓的高频次的用户端口，而且在支付领域已经领先，竞争需求没有那么迫切。"

滴滴打车首任产品经理罗文也在腾讯产品家沙龙上表示，支付宝于 2013 年年底开始推广线下场景的支付二维码，确实让滴滴打车上下大为恐慌。因为线下支付是一个比打车支付更高频的场景，如果任由支付宝统治线下支付场景，则微信和滴滴打车会陷入全局被动的局面。

滴滴打车很快找到了反击之道，在产品上把这个流程做得更简单。不需要用户绑卡，也不需要设置登录密码和提现密码，只需要知道用户的银行账户，校验一下名字即可（但是会限额 500 元以控制风险）。一夜之间，滴滴打车让 20 万名司机都拥有了这样的收款能力。这就造成了 3 个月后用户打车时，如果对司机说要用现金支付，司机可能会说："你居然不会用微信支付？"

但这样做带来了一次雪崩式的事件：为了避免支付造成的账期问题使得司机无法即时提款，滴滴打车设置了一个中间账户，里面预存了一些钱。在正常运营的情况下，滴滴打车从来没有想过这笔钱会被迅速提完。但之后的事实是，滴滴打车与快的打车的补贴大战迅速爆发，比之前多几十倍的司机加入，并一起提现。

这本来并不是问题，但一个无名且"非常实在"的滴滴打车产品经理造成了一次意想不到的"神助攻"——他直接在客户端上提示"滴滴打车余额不足"。

其实这个提示想表达的是，用于应付提现的中间账户余额不足。但这种不准确的表达让司机认为，整个滴滴公司的余额不足——滴滴资金链断了。于是，一场挤兑发生了。

程维形容，"那一刻真正感到了死亡的威胁"。其实当时滴滴打车只不过有 1000 万元左右人民币的现金缺口，但由于大额融资都是美元，转到国内再换成人民币的周期很长，滴滴打车确实暂时拿不出现金放进中间账户了。

当晚，程维打了 20 多个电话，一点点地凑钱，真的凑足了 1000 万元。"余额不足"消失了。

虚惊一场，却几乎成了一场劫难。

2014 年 1 月，滴滴打车为了推广"车费提现"这个服务找到腾讯，希望腾讯能给予一定的补助。

需要补充的一个插曲是，在一个瓢泼大雨之夜，时任腾讯投资并购部总经理的彭志坚从上海虹桥机场出来打不到车，最终用滴滴打车解决，彭志坚由此推动了滴滴打车的 B 轮融资。在这一轮融资中，腾讯不仅是领投方，马化腾还亲自出面与程维、王刚洽谈。

回来讲微信支付。微信支付与腾讯一拍即合，腾讯还提议，不应该只给司机补贴，还要给乘客补贴。2014 年 1 月 10 日，滴滴打车官宣：用滴滴打车并用微信支付的乘客，每一笔车费减免 10 元，且额外补贴 10 元给司机。这样做的好处是让司机和乘客相互促进，形成口碑。此举迅速引爆滴滴打车的热度，效果好得出奇。按照官方的说法，滴滴打车与快的打车的整个市场份额占比迅速从 1∶1 变成 2∶1，完全超预期。当然，花费也超预期，不是几千万元，而是过亿元。

快的打车的反应也不慢。2014 年 1 月 21 日，快的打车跟进，官宣每位通过支付宝使用快的打车的司机和乘客均可以获得返还 10 元。

这是滴滴打车和快的打车"支付之战"的正式开场，但双方均未想到这场补贴之战所消耗的资金如此巨大和残酷程度如此之深。

徐传陞认为："打车补贴这场仗是滴滴打车和腾讯挑起来的，本质上是要挑战支付。对于腾讯来说，要鼓励用户积极使用这个应用，最简单粗暴的方式就是补贴。补贴促进了滴滴打车的爆发式增长，在很短时间内，阿里就意识到滴滴打车已经成为微信支付的核心移动应用。之后就和快的打车开始有了更多的配合，也给了很多资源辅助，包括支付宝的帮助。"他总结说，微信支付与滴滴打车的捆绑，最终激发了阿里的斗志和积极性。

2 月 10 日，滴滴打车第二轮营销补贴从每单 10 元降到 5 元，快的打车则表示维持原有的 10 元每单。滴滴打车的临时刹车给了快的打车赶超的机会。

2 月 16 日，程维以电话会议的形式召开临时董事会。在董事会上，他说："两周以后，快的打车的数据可能会超越我们。"

王刚回忆："这是我们第一次听到滴滴打车将被对方超越。此时我在国外休假，听到这消息，所有的董事都惊呆了。"

滴滴打车此刻再次面临一个重大的抉择：是否马上跟进补贴金额。事实上，并非所有投资人都乐见这种情况——投资人刚投资，钱就被"烧"完了。

滴滴打车内部产生了重大分歧。当时,内部正在开发"红包"产品,程维对此寄予厚望,后来的事实证明,这确实是一个撒手锏。所以程维的另一个选择是在一个月之后再推出新型的红包补贴。

但在董事会上,王刚和朱啸虎共同提出:"如果等一个月后再反击,(快的打车与滴滴打车的)市场份额可能已经变成 7∶3,等于拱手将主动权让予对方。滴滴打车有可能在市场上消失。"

这个反向推演,源自当时滴滴打车对自家发起补贴的推演。具体的推演过程是,滴滴打车发起第一波儿亿元补贴后,如果快的打车一个月后才反应过来,滴滴打车与快的打车的市场数据对比将达到 7∶3 甚至 8∶2。

滴滴打车董事会第一次发生重大战略分歧,但这时候化解僵局的是财大气粗的腾讯。腾讯提出,如果滴滴打车继续跟进,不论是明天、下周还是下个月,腾讯将一直分担 50% 的补贴。此前推出"车费提现",更多是为了推广微信支付,而这次承诺则意味着腾讯将分担滴滴打车的运营补贴,而非仅限于推广微信支付。后来据推算,腾讯的补贴达 10 亿元以上。

对于下微信支付这盘大棋的腾讯来说,如果通过安卓市场等常规渠道,当时获取一个微信用户的成本为 2 元上下,获取 1 亿个用户需要投入 2 亿元。但以这种方式获得的 1 亿个用户,最后的留存率不到 1000 万人,也就是说,获取一个微信用户的真实成本要高于 20 元。而且这些用户会不会使用微信支付,还存在一个转换率的问题。所以,获取一个微信支付的用户,成本可能达上百元。而通过打车软件获取用户则不同,只要用户使用了,基本上就会留下来。这样计算,补贴十几元获取一个留存度超高的微信支付用户,对于腾讯来说极为划算,补贴 10 多亿元,对它来说是小钱。

2014 年 2 月 17 日,滴滴打车宣布与微信支付第三轮营销开始,对乘客、司机的奖励从之前的 5 元重回 10 元。滴滴打车称,总投入将高达 10 亿元。

对此，快的打车和支付宝立即在当天下午回应，宣布："快的打车的奖励永远比同行多 1 元。"2 月 18 日 0 点起，乘客只要使用快的打车并用支付宝付款，每单立减 11 元。

徐传陞回忆说："开始，滴滴打车的补贴比我们多，我们跟上了，后来滴滴打车加码了，大家你 1 元我 1 元地阶梯式爬升，最后几乎到了每隔几个小时就要调整补贴的节奏，每天花钱的量挺吓人的。听说2014 年春节那段时间，很多大婶出门买菜，打车都不用花钱了。我们投资的钱，本以为可以用一年，结果 4 个月不到就花掉了。"

面对快的打车的迅速跟进，王刚回忆说，在补贴不断提高的情况下，马化腾以多年运营游戏的经验出了另一个主意：每天随机补贴10 000 单，从 12 元到 20 元不等。程维采纳了这个方案。

支付宝和快的打车则马上喊出最低补贴 13 元的方案。此外，快的打车每天设置 10 001 个随机免单机会，还是比滴滴打车多出 1 个。

价格战越打越凶，愈演愈烈。最多的时候，双方一天就能"烧掉"几千万元的补贴。

在补贴战期间，双方均承受了极大压力。由于补贴金额随机，交互上需要更多的资源投入，滴滴打车的技术团队为了解决宕机问题，曾经 5 天 5 夜不下楼。有的人隐形眼镜半融化粘在眼球上，只好去医院处置；有的人出现了地震的幻觉，一惊一乍地跑出大楼，反而让办公室的气氛轻松了一点……这不是小说，都是滴滴打车的官方记载。

2014 年 2 月底，马云在来往（阿里早期开发的一款社交 App）上写了文章，说打车软件让家人打不到车。滴滴打车立即把握机会，做出了积极回应，补贴大战暂时告一段落。

其实这只是消停了一小会儿。2014 年 3 月和 4 月，滴滴打车和快的打车继续推行各自的补贴，只是幅度没有上扬。

直到 2014 年 5 月 16 日，双方基本上都到了"弹尽粮绝"的地步，才不得不偃旗息鼓，修身养性。据统计，双方都花费 10 亿元以上，这还不算腾讯和阿里的补贴。

这场开创中国互联网"烧钱"纪录的商战，提升了全民对移动支付和手机打车的认知，表面上皆大欢喜，但就结果来看，最大的赢家是滴滴打车。要知道，在 2013 年年底快的打车并购上海大黄蜂之前，不论是产品成熟度还是市场份额表现，快的打车都压住滴滴打车一头。但在这场商战之后，滴滴打车不仅在市场份额上追了上来，更重要的是，其整个技术产品团队得到了很好的锻炼和提高。这一年之后的滴滴打车红包、滴米计划，以及顺风车，都是滴滴打车技术产品能力渐入佳境的一种表现，也为它之后能与 Uber（优步）短兵相接打下基础。

　　滴滴打车还就此收获了它的二号人物。2014 年 6 月的一个晚上，在北京上地的一家小餐馆里，时任高盛亚洲区董事总经理的柳青和滴滴打车创始人程维一起用餐。这次是柳青第三次代表高盛想要投资滴滴打车，却依然失败了。席间，柳青佯装愠怒地说了一句玩笑话："不让我投，我就给你打工吧！"让她意外的是，程维对这句玩笑话接招了，并开始和她认真讨论此事。

　　反观快的打车，其并没有在这场"烧钱"大战中取得什么便宜。

　　曾深度参与当时事件的快的打车内部人士对本书作者说了这样一段话："看上去腾讯和阿里在打车大战中平分秋色，其实快的打车有苦说不出。因为腾讯的风格是给钱也给支持，还特别主动，马化腾经常拉着刘炽平一起给滴滴打车打电话，加油打气；相反，阿里对快的打车的态度可以说是客客气气、冷冷淡淡，该给钱给钱，多一份力也不愿意出，阿里方面认为这是纯粹的财务投资。我们看不到支付宝的产品经理来主动和快的打车研究产品形态如何进化，只感到找阿里要资源时他们的冷淡、官僚和乏力。最后，快的打车不是输在自己的能力上，而是弱在支付宝的态度上。"

本地生活的升维战争

闪惠成为美团和大众点评之间的变量

有意思的是，类似的桥段不仅发生在滴滴打车和快的打车之间，还发生在大众点评与美团之间。同样是一方被另一方强压一头，同样是被压制的一方与正嗷嗷待哺又斗志旺盛的微信支付捆在一起，同样是创造性地孕育出一个新的用户场景，同样是上演逆转好戏，同样是不断融资、不断开战，同样是最终走向合并。

2014年2月19日，在滴滴打车和快的打车打得正酣的时候，腾讯与大众点评宣布达成战略合作。双方的战略表达是，"共同打造中国最大的O2O生态圈"。这个合作的内容是，腾讯按投后20亿美元的估值，向大众点评投资4亿美元，并获得大众点评20%的股权，腾讯也成为除张涛外的大众点评第一大外部股东。

有意思的是，江湖上流传过美团与大众点评在2013年下半年曾谋求合并的故事。

2013年下半年大众点评对外融资，美团的王兴得知后，发了一条信息给张涛，问：要不咱俩合并？张涛迅速回了信息：那比例呢？王兴回：6∶4咋样？张涛说：好啊。

按理说王兴和张涛的意见高度统一，这合并不就好谈了？但这个合并的谈判并没有进行下去，原因是"6∶4"这句话出了乌龙，双方都认为自己是"6"，而对方是"4"。张涛站在当下，按照两家公司上一轮的估值得出，大众点评应该是"6"，而美团是"4"；王兴则着眼于未来，认为美团的成长速度快于大众点评，下一轮估值也比大众点评高，所以应该是美团"6"、大众点评"4"。这也是为什么双方一开始兴趣很浓，但一到具体谈业务主导的时候就发现谈不下去了，因为谁都以为自己才是主导。

在腾讯决定投资大众点评之前，大众点评也积极认真地找百度谈过。百度和大众点评一直"郎有情，妾有意"，两者本是一对天作之合，但因为价钱谈不拢，所以一直没有成交。当然还有一点，就是百度觉得自己和大众点评的业务耦合度极高，别人撬不走，所以一直没有下决心。但等到 2013 年下半年百度决意进军 O2O 领域的时候，才突然发现腾讯也在竞争，百度的心态一下子就失衡了。这个时候又出现了一个"第四者"——人人网。

人人网本来想把人人游戏卖给百度，但百度却看上了它的团购业务糯米网。沈博阳带队的糯米网虽然在团购赛道上算不上数一数二的，但也一直没脱离前四的位置。糯米网的另一个加分项是可以全部卖给百度，而非百度控股。但即便全卖，总额也比腾讯给大众点评的投资额要低。百度犹豫来犹豫去，最后还是贪便宜弃了大众点评，收了糯米。这应该是一个价值至少 10 亿美元的错误决定。

2014 年 10 月，大众点评的闪惠功能在深圳欢乐海岸正式上线，很快就成为风靡一时的付费形式。因为腾讯是大众点评的投资方，所以大众点评的 Logo 登上了微信钱包的九宫格，上面还出现了一个带有"优惠"字样的符号。

闪惠开发的主持者是郑志昊。他于 2006 年加入腾讯，担任过腾讯副总裁，主持过 QQ 空间等业务，是腾讯对决 51.com、大战人人网的主力战将，他与王兴的相识相交也源于这段经历。

2014 年，微信崛起，QQ 空间出身的郑志昊希望得到更多的挑战，因此他选择告别腾讯，出任大众点评的总裁。

2014 年春节，郑志昊与王兴两人吃了一顿饭，从中午吃到晚上，王兴不停地游说郑志昊加盟，但郑志昊此时已经决定去大众点评了。

当郑志昊去了大众点评一段时间，了解了一些竞争局势和战况以后，曾一度觉得"两腿发凉，很久缓不过来"。虽然在一线城市，美团和大众点评棋逢对手，但看了全局数据才知道，大众点评的日活、团购业务量等，都只有美团的 1/4 甚至 1/5。

作为互联网老兵的郑志昊，一步步稳打稳扎，施行了从组织人才引进，到产品重新梳理，从后端系统优化，到包括闪惠在内的业务创新等一系列措施……当大众点评与美团合并时，大众点评的日活已被推到了美团的 1/2，团购总额在收入中约占六成，各项指标都翻了几番。这样的竞争态势、战场格局变化，给大众点评争取了更加平等的合并机会。

说回闪惠。这个产品简而言之，可以实现快捷支付，优惠由商家自行设定，能使商家从沉淀的数据中获得二次私域流量。

从表面上看，这似乎只是一个优化过的支付工具，但对于行业来说，是胶着已久后的变革。此时的市场变成了闪惠和团购的模式之争。有的业内人士不认为闪惠是可以颠覆团购的产品，美团跟随大众点评的步伐，很快推出了类似产品"买单"。

新媒体商业街探案的发起人"黑焰十字"非常深刻地分析了闪惠的价值所在，他的见解超越了绝大多数评论者。他是这么说的：

第一，闪惠大幅提高了同一张订单的线上流水。众多人气型商户与团购网站的日常合作方式以代金券销售为主，而这些商户往往会和大众点评合作闪惠。比如，餐厅提供一张 90 元抵 100 元的代金券，同时也会提供满 100 元减 10 元的闪惠。假定消费者买单 250 元，以前会支付 2 张代金券和 50 元的现金，消费者支出 230 元，给大众点评贡献的流水是 180 元。而通过闪惠买单 250 元，消费者则直接在线上支付 230 元，订单没有变化，但大众点评多出了 50 元的流水。

第二，闪惠将广告活动转变成交易收入。在团购大行其道之后，大众点评的一些广告业务被很多人忽视了。闪惠的账期更短，带给商家的营销自由度也增加了不少，这些商家自然会倾向于更容易被曝光的闪惠。原本最多贡献点广告收入的商家，一下子就为大众点评贡献了完整流水。

第三，闪惠挖了美团"保底独家"的墙脚。美团对一些重点商家采取的是"保底独家"策略：为了确保优质商家的竞争力，给商家降低费率并承诺保底销售额，条件是签署团购的独家合作协议。那么签了"保底独家"的商户是否还可以和大众点评签约闪惠？这是可以的。

因为闪惠就是消费买单，而团购是一种约定俗成的预购消费形式，独家协议里极有可能不包含闪惠。这样一来造成的结果是，大众点评不但绕开了美团的合约拓展了商户，还会有部分被美团引流来的用户在消费完成后通过大众点评付费。

闪惠的出现让王兴夜不能寐。他认为，闪惠的本质完美地实现了用支付推团购的目的，是对美团的降维攻击。闪惠拥有来自微信的助力，是支付工具和场景的组合。王兴想要反击，但反击需要借助支付工具。当时主要的支付工具还是支付宝和微信，美团这样的公司还没有做支付的能力。

为了应对闪惠，美团第一时间就去找阿里求援，希望能借助支付宝的力量对抗腾讯和大众点评。但支付宝很干脆地拒绝了美团的请求，不愿意帮助它做类似闪惠的产品。而且支付宝还要求美团不能接入微信支付，王兴对此极为抵触。在他看来，阿里固然拿出了针对合作伙伴的最优费率，但是腾讯给出的数字也非常有吸引力。因此从商业的角度，王兴没有理由只选择支付宝。

为了对抗闪惠，美团推出了优惠买单，但还是干不掉对方。

闪惠给大众点评带来的影响是深远的，说其"单骑救主"固然有些夸张，但说它带来了强势反击，一点也不为过。闪惠是 2014 年暑期测试、11 月正式推出的，2015 年 6 月的数据显示，大众点评的增速飙升到了 300%，而美团只有 150%，这说明大众点评成功地在腾讯的加持下打了一波儿反击战。

据品途商业评论统计，大众点评在天津、武汉、深圳等具有代表性的城市翻盘；在全国前十大城市中，大众点评已经在其中 8 座占据了最大市场份额；在苏州、杭州、宁波、南京、天津等重点城市，大众点评继续保持市场第一。

从郑志昊的角度来看，闪惠及其他一系列的努力，把大众点评的整体数据提升到了美团 60%～70% 的水准。这一切为一个更平等的合并打下了良好的基础。

微影时代、格瓦拉和猫眼

围绕微信支付和微信生态的另一个故事，是由影院在线选座衍生的。这段故事的终局也与郑志昊有关。不过一开始，这件事和郑志昊的关系不大，而是和一位叫作林宁的福建人有关。

林宁于 1995 年从中国传媒大学毕业，因为读的是导演系，他毕业之后回到了家乡的福建电视台工作。两年后，不甘寂寞的他决定奔赴北京，之后多次创业，先后成立过紫禁之巅、热度传媒等多家公司，直到 2010 年开始做 F 团，才真正进入互联网圈。

如前所述，2012 年 F 团被腾讯收购后，与高朋网、QQ 团合并为新高朋，林宁出任新公司的 CEO。但这次联合并没有让林宁的团购事业更加强大，王兴带领的美团逐渐统一了团购江湖，林宁只好在腾讯内部寻找新的赛道。恰好这时候迎来了"微票"时代。

对于团购行业的从业者来说，电影购票这件事太小了。要知道，中国电影总票房突破 300 亿元，是 2019 年才发生的事。市场天花板不高，还有各种分成，因此美团等公司都把电影票当作导流的形式之一。但对于林宁来说，这张小小的电影票背后大有玄机，关键点在于微信。

要想拿到微信入口，林宁必须说服两个至关重要的人。

首先是张小龙。众所周知，只要是跟微信有关的事情，如果张小龙不同意，即使说服腾讯内部其他再多的人也不管用。林宁便和张小龙深谈，他选择了一个让张小龙最动心的突破口——微信支付。

2014 年年初，微信支付虽然借微信红包开了个好头，借滴滴打车与快的打车之战又加了把火，但要想增加更多的市场份额，就必须开拓更多的支付场景。

林宁从团购的经验出发，和张小龙讨论了电商方面的问题。他给张小龙分析了什么东西在微信上售卖最合适：第一，微信要做标类产品——规格化的产品才符合平台调性；第二，微信要做跟文化相关的东西，最好既是产品，又是内容——比如，在朋友圈发一张电影票，就是没有违和感的。

说到这里，林宁基本上已经亮出了自己的底牌。

林宁又分析了客户投诉率。电商的客户投诉率大概是3%，团购的客户投诉率接近5%，但是电影票的客户投诉率低于1%。用户买电影票，买完一拿就走，流程非常简单，所以客户投诉率很低。

张小龙认同了林宁的看法，表示如果林宁能签下500家影院，就愿意把微信入口给他。这件事基本上就算定下来了。事实上，微影时代后来签下2000多家影院，远远超出张小龙的预期。

另一位要说服的重要人物就是马化腾。

按照林宁对本书作者的说法，做微影时代的时候，他没有拿腾讯的钱，但拿到了比钱更重要的资源——微信入口。

2014年"五一"假期，林宁给马化腾、刘炽平写了一封分拆微影时代的邮件。这封邮件的主要内容是，腾讯把微信入口给微影时代，并占微影时代25%的股份，以前腾讯电影票方向的8000万元负债也由微影时代接了下来。

几天后，林宁收到了马化腾的一句回复，"行吧，你拿去吧"。之所以几天后才回复，是因为刘炽平表示还要想一想，他们当时在考虑是否把这个入口整合给大众点评。

最终，林宁如愿以偿地得到了这个入口，这也是腾讯第一次把微信入口当作资源给外部的人。这样做的背后还有一个原因：在那个时间点，腾讯本身也正在思考微信的对外合作策略。

微影时代有了微信入口以后，想的第一件事就是覆盖全国电影院。但是那时美团猫眼电影和格瓦拉都已经做得很大了，扩张需要大量资金。

林宁与当时的中国文化产业投资基金执行董事唐肖明相识十几年，早在创办F团的时候就得到过他的支持，创办微影时代之前更是与其进行了深入探讨。他们共同的朋友高群耀当时已经从默多克的新闻集团离职，与贝森资本创立了贝森娱乐传媒集团，并且出任董事长兼 CEO。在唐肖明与高群耀的帮助下，微影时代在 2014 年获得了数百万美元的 A 轮投资。

因为对团购经历进行了复盘，林宁在之后几轮融资时都有意识地进行了资源整合，逐渐搭建起一个堪称豪华的投资者阵容。除了腾讯，林宁还陆续引入了拥有大量线下场景的万达、影业上市公司华谊兄弟和耀莱、泛娱乐公司天神娱乐和乐逗游戏等。

有了弹药以后，林宁的做法是票补一直贴。他深知，电影票业务的本质就是垂直电商，而中国人做电商最简单的方式就是补贴，只要有价格洼地，流量就会过来。

林宁告诉本书作者："做电商，本质上就是把地挖低一点，让客流流向自己，这样才能活下来。"通常来说，做电商搞低价以后，供应链肯定会出现一大堆问题。但是票务的供应链是现成的标品，微影时代就少了这层麻烦。

这种打法非常粗暴，但也非常有效。微影时代很快就开始狂揽市场份额，当年就把份额做到了票务市场的 30%。

受微影时代的崛起冲击最大的，不是当时占据在线票务市场第一名的猫眼，而是这个市场的开创者和曾经的第一名格瓦拉。作为在线票务的先驱，刘勇的格瓦拉最先摸索出"在线选座"功能，正是这个功能，为互联网电影票打开了市场。

格瓦拉最开始只是刘勇的个人业务作品，他那时候还在一家导航公司做产品经理，每天下班后兼职捣鼓这个产品。刘勇一开始给格瓦拉设定的功能和电影票的关系也不大，由于他的本职工作是做导航，每天接触大量的地图数据，所以当时他给产品设计的功能主要是搜索一些跟本地生活有关的信息。

就这样独自做了一年多的时间，到了 2008 年年末，刘勇才辞职和 4 个小伙伴一起全职做这个网站。2009 年，刘勇拿到盛大资本的 200 万元天使投资，开始转型。刘勇发现，格瓦拉如果只提供信息服务，是没办法将用户留住的，必须再做一些功能才行。很多用户建议他们做点活动。格瓦拉开始做影院活动时是线下现场收钱的，为做线上收费接入了支付宝；做了收费活动后，用户希望能选座位，活动能选座位后用户又希望能将买票选座位常态化。

刘勇说："我也不知道怎么就'漂'到了电商这条路上，好像是用户一步步引导我们走到在线选座上的。"

尽管是没有计划的事情，但是格瓦拉在从本地服务向在线票务转型的过程中做得非常出色。刘勇是一个对用户体验极其敏感的顶级产品经理，在看到一些用户提出的需求后，他很快就定下了必须做"线上选座"功能的决策。

这一年正好赶上詹姆斯·卡梅隆的 3D IMAX 大片《阿凡达》上映，按照刘勇的说法，"这是一二十年里难得一遇的好机会"。

刘勇等人预判这部片子必然大火，于是早早包下了当时上海唯一一家 IMAX 影院 1/4 的座位，然后将这些座位放到格瓦拉上卖，让用户感受到了"在线选座"带来的巨大便利。格瓦拉在上海一战成名。

转型在线票务的格瓦拉从 2009 年的零收入，到 2010 年实现了 1500 万元销售额，这让刘勇和他的团队异常欣喜。

刘勇接下去的计划是以上海为根据地，向全国铺开业务。但是这时候，他们遇到了巨大的困难——全国的票务系统太过分散，而且害怕利益受损不愿意向其开放。刘勇只好一点一点往前推进，开始了漫长的谈判之路。

即使将其在上海的市场占有率提高到了 40%，在全国市场上，格瓦拉也一直被团购"压着打"。当时美团的电影票普遍比格瓦拉便宜 5～10 元，在消费水平并不高的 2010 年前后，这个差价是有优势的。

但是，刘勇非常清楚这种价格优势不可能长久。他要做的就是坚持下去，并且尽一切可能打磨好产品。

当时的格瓦拉不但有"在线选座"功能，还有配套的线下自助取票机，它是行业中首家完成服务全闭环体验的，这也成了电影院行业的标准，甚至连很多周边服务都做得很好。电影院在哪里、商场在哪里、怎么上厕所、哪里可以买饮料和零食，诸多信息都标注得清清楚楚，这些都是仅卖票的团购网站所不具备的。

刘勇告诉本书作者："团购绝不可能是票务的未来。"

认识到这一点的不止格瓦拉，还有美团。美团的解决办法是做一个"猫眼"。

2012 年 1 月 20 日，猫眼的前身"美团网电影"上线 0.9 版本。之所以是 0.9 版本，据说是因为团队自己也觉得那还不是一个完整的产品。

在此之前，王兴为美团规划了 T 型战略。所谓 T 型战略，就是依托横向团购主业务，发展纵向细分垂直领域业务，而美团选中的第一个垂直领域，就是电影票。原因是，随着国民收入的增长，电影消费人群日益庞大，消费频次也不断增高。

徐梧成为 T 型战略的先锋大将。2012 年开年，徐梧在室友"搜狗输入法之父"马占凯的撮合下，在北京大屯路的金泉港和王兴、王慧文吃了一顿饭，之后受邀加入美团。王兴选择他做猫眼的重要原因就是，之前他在百度做广告管家时，已经有了独立操盘产品的经验。

徐梧搭建起了猫眼最初的团队。他从美团内部得到了两位转岗过来的产品经理，以及两名从技术部过来支持的工程师。猫眼有了些成绩后，他又从网拍网挖来了销售总监。

电影项目刚开始的时候，美团内部争议很大，大家主要提出 3 个方面的问题。一是单独做 App 的必要性——放在美团不就行了吗？二是选座的需求——大家团购电影票，进电影院随便坐、随便看，不是更方便吗？三是后期投入成本——出票机的庞大投入，划算吗？更何况，与大规模院线谈判相当艰巨，如果谈不下院线，做再多其他事情也没意义。

美团的高管们争议不断，情况陷入僵局。这时，徐梧提出"搁置争议"，先做完第一季度，再继续研究。

就这样一边研究，一边做，徐梧带着几个人的团队跑得非常艰难，仅和院线的人谈判，徐梧就花了大半年时间。2012 年 8 月，徐梧本来快和联合院线签约了，却在签约前一天接到了对方的电话，对方表示上海电影集团要上市重组，合同不签了。

徐梧想起当时的场景，心情仍然难以平复。他苦笑着告诉本书作者："你知道吗？就差一天，后面再做得有多难。"而且因为内部争议，徐梧得到的资源也很有限，在当时美团的晚间高管会上，为了争取资源，徐梧直接问："到底做不做？什么资源都没有啊。"对此王兴也不置可否，不断反问有没有想清楚。当时千团大战正酣，美团的珍稀资源不仅是钱，还有 CEO 王兴的时间。

徐梧对本书作者说："很多人说王兴是产品经理，这其实是个误解。兴哥从来不是产品经理，他是真正的企业家。他对战略的把握很准，对事情的看法非常清楚。"尽管被"嫌弃"，徐梧还是一再找王兴讨论和寻求支持。

到了 2012 年 10 月，经过大半年的谈判和摸索，徐梧终于想清楚了猫眼的策略。他提出了 3 个核心问题：第一，坚决做在线选座；第二，坚决铺设出票机；第三，也是最重要的一点，"美团电影"一定要改名。

在徐梧的谈判过程中，他发现很多用户看到"美团电影"这个名字，就会想到团购电影票，而且有很多家电影院以不上"美团电影"为荣，大体是觉得电影是文化艺术，团购档次不高。因此，产品必须改名，重新打造品牌调性。后来发生的事也证明了改名的必要性，徐梧去跟北京 UME 影城签约时，影院负责人再三强调，只签猫眼，不签美团。

在美团电影改名的时候，王兴向徐梧推荐了《定位》这本书。徐梧看后总结了取名的 3 个要点：第一，好读，即不要平翘舌、前后鼻音，南北方人都能读；第二，好记，不要生僻少见词汇；第三，独特，不要跟其他高频词有歧义。在这 3 条规则的指引下，"猫眼"这个名字被挑选出来。

2012 年 11 月，"美团电影"改名为"猫眼电影"，App 图标从"电影"两字变成了大眼猫形象，颜色也从绿变红。2013年1月，猫眼电影推出在线选座功能。

美团的巨大流量发挥了重要作用，猫眼的用户数飞速增长。2012年，中国电影市场进入爆发式增长阶段，之后5年的复合增长率为30%，成为世界排名第二的票房市场。2012年全国电影票房总收入约为170亿元，2019年全国电影票房总收入为642.66亿元。

在移动互联网新技术和"90后"新消费人群的崛起浪潮中，徐梧带领猫眼趁势而上，一路横扫，直到遇到微影时代。

作为先行者的格瓦拉，在猫眼与微影时代的夹击下，处境异常艰难。

刘勇告诉本书作者，当时自己既没有流量，又没有资金，拥有的资源跟另外两方根本不在一个量级上。刚开始，格瓦拉团队内部还商量要不就干脆做一个类似时光网的"小而美"的公司，但是后来刘勇发现，这个市场只有"资本＋流量"这一条路，根本没有"小而美"的生存空间。

2015年，微影时代和格瓦拉联合发行了《心迷宫》，林宁和刘勇开始接触。不久之后，两家公司名义上宣布合并，实际上是微影时代收购了格瓦拉，刘勇离开票务领域，开始重新创业。

后来，猫眼和微影时代也走到了一起，郑志昊负责新的猫眼微影公司。几年的时间，猫眼成为打通文娱产业链上下游的头部互联网服务平台，其票务业务从单一的电影行业扩张到了演出、电竞、展览等现场娱乐领域，始终处于头部地位。同时，随着业务的拓展，猫眼成为文娱行业最大的数据服务平台，以及中国最大的电影发行宣传公司之一，也正在成为电影、电视剧、网络大电影等内容出品的主力军，主控发行了《你好，李焕英》《羞羞的铁拳》《飞驰人生》等作品。林宁则单飞做了娱跃文化，孵化出了《长安十二时辰》这样的爆款产品。

美团、饿了么、百度鏖战外卖

王慧文拜访张旭豪

2014 年，美团外卖与饿了么在校园里展开厮杀。

2013 年 7 月的一天，美团创新事业部的张逸群去对外经济贸易大学旁边的一家餐馆推广"美团先富电话盒"的时候，突然听到店里不停地响起一个声音——"你的外卖订单来了"。

这是什么？张逸群很好奇地问了餐厅老板，才知道这是一个叫作"饿了么"的外卖系统。因为能带来订单，商家每年愿意为这个系统支付 9000 多元的年费。

美团创新事业部就是美团为了寻求新的业务增长点而设立的部门，这是王兴的主意。这个部门已经折腾了半年，策划了十几个项目，没有一个成功。看到这个外卖系统，张逸群忽然意识到，这个能让商家主动掏钱的外卖系统可能是一个突破点。他回去之后跟自己的老板、美团联合创始人王慧文讨论了这个想法。

王慧文一听，觉得有戏，于是召集创新事业部的骨干们一起讨论，当时创新事业部尝试了很多项目都失败了，同时商用 Wi-Fi 这个项目也在讨论中，因此，并不是所有人都支持进军外卖领域。

团队里最坚定要搞外卖的人是李文卓，同时擅长结构化分析市场的罗凡也从整个市场规模层面表达了支持的意见。

在王慧文看来，当时专门负责美团外卖调研的张兼斌是美团外卖项目立项的关键人物，张兼斌不仅是美团立项信息调研的主力，还是美团外卖第一个产品经理，最开始真正落地的、非常"糙"的版本便是张兼斌做的。

在内部讨论和市场调研的同时，王慧文决定去拜访当时的外卖同行。当时市场上有许多家外卖品牌，规模最大的是到家美食会，这是北京当时存在感最强的外卖平台，它面向白领并且搞配送。此外，还有绿淘网、零号线、360生活半径等多家外卖平台公司。

这个时候饿了么也已经初露峥嵘，虽然到家美食会的规模比饿了么的规模大，但是饿了么比到家美食会运营得更"轻"，成长得更快。2014年年初，饿了么已经开辟了8个城市的业务，如果不出意外，2014年年底将会扩展到20个城市。

饿了么创始人张旭豪是一个"85后"。2009年4月，还在上海交通大学读研究生的张旭豪联合同学康嘉、汪渊、叶峰和曹文学，一起在校园内创立了饿了么。当时智能手机还不普及，外卖的模式是这样的：外卖平台向用户提供印有周边餐馆菜单的小册子，用户根据小册子上的信息给平台打电话订餐，平台再发消息给餐厅传递订单，并从订单中抽成。张旭豪他们最开始也是这么干的，印了很多小册子，在上海交大逐间进宿舍发，还买了十几辆电动车，几个人亲自送外卖。那个冬天特别冷，为了送餐，张旭豪脚上长了好多冻疮。

好在张旭豪等人善于创新，将中心式的外卖模式改造成了平台式的，用户可以直接在网站上点餐，餐馆可以直接在电脑上接单，只要事先购买并安装饿了么的SaaS系统就行。凭借着这套名为Napos的SaaS系统，饿了么打败了不少对手。

随后，饿了么也经历了不少起伏，它在拿到朱啸虎的A轮融资之前险些难以为继，与经纬创投的合作也差点告吹——主要是因为当时经纬创投在比较美餐和饿了么。

美餐由赵骁创办，九合创投及真格基金投了天使轮。它的模式模仿了美国的Grubhub，给餐厅带流量，每单抽成10%～20%。当时经纬创投的丛真问张旭豪为何不采取抽成模式，张旭豪答："第一，移动支付没有发展起来，你说给餐厅带了100单，餐厅老板说只有60单，差的这40单怎么算？每个月对单都要对死。等移动支付发展起来再说。第二，抽成的方式不容易形成口碑，如果带的量小，餐厅老板不会给你传播，如果带的量大，餐厅老板会觉得分太多的钱出去，不划算，也不会主动传播。这个时候是红利期，量会很大，应该用卖 SaaS 的方式先跑马圈地。"丛真深以为然，随即说服了张颖弃美餐，投饿了么。

2013 年，饿了么开始慢慢步入正轨，在大学校园市场上罕逢对手，正筹划着走出大学校园，试水白领市场。

这个时候，王慧文给张旭豪打了一通电话，说要约他见一面。接到一通这么主动的电话，张旭豪爽快地答应了。

这个时候饿了么正在进行 C 轮融资，张旭豪想融一笔钱大干一场。他跟很多投资人聊过，但投资人普遍担心白领对外卖没有刚需、需求频次低，再加上初期的白领推广数据并不是特别好，因此融资的进展相当缓慢。张旭豪内心认定王慧文是来投资的，于是在见面时把不少核心商业逻辑和盘托出。张旭豪向本书作者表示，他当时觉得王慧文问的都不像一个投资人应该问的问题。

多个信源透露的一个细节是，当时，王慧文很是认真地问张旭豪卖不卖公司，张旭豪说不卖后，王慧文又问他是否接受投资，张旭豪说接受，报价五千万美元估值，融资一千万美元。王慧文没有当场答应，回来以后和王兴商量了一下，觉得投资是一个错误的决定，于是没有了下文。

这次见面没有带给张旭豪想要的结果，但坚定了王慧文杀进外卖领域的决心。2013 年 12 月，美团外卖在内部立项，沈鹏担任 1 号员工兼业务负责人，在 1 个月内招了 10 个城市的经理候选人。2014 年 1 月，王慧文组织了外卖启动会，当时称为"抢滩会"，就是要抢在饿了么前面上岸的意思。

在"抢滩会"现场，王慧文问沈鹏："我给你定一个 30 万单的目标，能不能完成？"沈鹏没说话，他把所有的城市经理聚在一起，问他们每个人准备给自己定多少目标。10 个人各自说了一个数字，合计 40 万单。

沈鹏告诉王慧文，我们不要 30 万，我们要做到 40 万单。王慧文被现场这种干劲激发——他本人就是一个非常有激情的人，对着全场说道，只要年底能完成 40 万单一天，哪怕就一天，他就个人拿出来 40 万股美团期权，发给现场的兄弟们，另外赠送每人一枚戒指。现场顿时沸腾起来。

美团外卖就这样开张了。刚开始做的几个月，美团外卖延续了团购时期"狂拜访、狂签单"的地推模式，餐馆签了不少，但订单量却上不去。外卖和团购不一样，这是一个 C 端驱动的市场，早期打开市场并不需要以"狂拜访、狂签单"的方式来提高供给，供给太多、用户太少的话，对每个商户的积极性也有损害。外卖市场的第一步是在一个商圈里签下一批用户喜欢又能稳定配送的商户。由于这些商户最受欢迎，消费者很快就会聚拢过来，需求上升后，就能带来更多的供给端商户。这样，一个外卖系统就初步成型了。

显然，外卖和团购的逻辑有差别，美团外卖要找些有经验的人来带队。于是，沈鹏着手去挖饿了么的大区经理。

沈鹏和张旭豪抢人

听起来很简单，但对于没做过外卖的人来说，挖人这个点子可不是那么容易想得到的，于是就有了区域经理给张旭豪打电话说要离职、张旭豪和沈鹏在酒店争夺 3 个经理的故事。

某天下午，张旭豪突然接到华东大区经理的电话，电话中对方提出要离职，而且杭州、宁波两地的城市经理紧接着一起离职。张旭豪一听就知道这里面肯定有问题，他稳住电话对面的人，表示要当面聊。随后，张旭豪和康嘉立刻开了三四个小时的车从上海赶到杭州，在一家酒店里见到了这 3 个经理。原来，沈鹏正在这儿挖墙脚，而且已经跟这 3 个经理谈好了条件。

张旭豪一来，就把沈鹏之前谈好的事情搅黄了。几个人重回谈判桌。酒店里面并排 4 间房，张旭豪和沈鹏在两头，3 个经理在中间，来来回回和两边的老板聊，折腾了 20 多个小时。后来沈鹏终于忍不住了，现在加钱不能解决问题，要采取点特殊行动，让这3个人"有一种被重视、被尊重的感觉"才行。他果断给王慧文打了个电话，希望能给这几个人在劳动合同里加上期权。王慧文在千里之外告诉他：你加吧，有问题算我的。

沈鹏的同事郭南洋把几位经理带到屋里，几个人边聊天边喝酒。这合同一拿出来果然有效，这3个人顺顺利利签了约。

"偷人"只是前戏，两个月后，双方就在正面战场上撞上了。

2014年5月末，汲取了饿了么经验的美团外卖，开了一次内部总结会，根据前期经验得出的结论是，只要领先对手一个月先进入一个商圈，那么对手就很难在这个商圈中赶上先来者。如果对手要抢夺市场，付出的成本至少是先来者的5倍。饿了么此前由于资源和资金限制，只选择在有2万名以上高校学生的城市开站，因此美团有大量可以进攻的空余阵地。王慧文宣布，要在年底之前开拓200个城市的业务。

而且，美团明显在扩张和管理上更有经验，王兴早在做团购业务时就试验过。王慧文沿袭了之前的经验，定下了一个代号为"章鱼"的作战计划，意思就是由总部散开无数触角，像章鱼一样在优质商圈全面铺开。2015年6月，美团集中招募了1500名市场地推员工，在7月和8月租了北京吉利大学的大礼堂和两层宿舍楼，分6批培训新员工，将业务流程标准化。整个过程井然有序，忙而不乱。

美团外卖在2014年要开200城的这个消息令张旭豪感到震惊。当时，饿了么的日订单量刚过10万单，还是一家只有数百名员工的小公司。如果饿了么不跟进的话，美团外卖很快就会统一市场，饿了么从此就只能偏居一隅，甚至在美团外卖的进攻下彻底消失；如果饿了么跟进，战线将在半年内从12座城市蔓延到200座城市，组织的变化幅度太大，稍有不慎，管理体系甚至可能会就此崩溃。

幸运的是，饿了么在这一年4月拿到了美团的老对手——大众点评领投的8000万美元投资。向来不惧战斗的张旭豪选择了跟进，于是在 7 月，饿了么设定了与美团相同的年终目标——一年 200 城。

在半年的时间里，饿了么团队的规模要从 200 人增长到 6000 人，这是对管理体系的极大考验。当时饿了么的招聘速度太快，人力部门的工作效率都跟不上。以前招聘一个人进公司要进行邮件审批，后来连邮件都来不及发了。于是，饿了么紧急采购了一套管理系统来提升效率。

王莆中带百度外卖出场

王慧文和沈鹏到处挖人期间，也挖过有餐饮和 IT 双重经历背景的王莆中，但王莆中去了百度。

王莆中堪称中国外卖江湖的超级变量。2015 年之后，正是他从百度外卖加入美团外卖，才帮着王慧文打赢了外卖战争。

2014 年开春，刚刚加入百度 LBS 事业部的产品经理王莆中看到了移动场景下外卖服务的无限潜能。

王莆中当时负责了百度外卖、餐厅预订、酒店预订、景点门票、电影票、打车等几个方向，统称 Place。当时最好的业务是打车（接入的滴滴、快的、大黄蜂），2014 年年初打车市场还在猛搞补贴，但是百度按兵不动，导致错失机会。此时，王莆中准备另起炉灶，他看上了外卖市场。当时外卖市场中规模较大的有饿了么、美团、到家美食会等，王莆中觉得它们的模式都不合适，更好的模式是一个"混合模式"，也就是低端餐厅自己配送，中高端餐厅由平台提供配送，这也就是百度外卖一开始启动时的打法。

2014 年 5 月，王莆中找了职级更高的巩振兵，牵头成立了创新业务发展部，百度外卖就此成立。

上线第一天，王莆中在北京上地发传单，首单减 10 元，在推广现场引发了一个小高潮。他意识到，白领市场蕴含着比校园市场更大的机会。当时全国只有 2000 多万名大学生，白领数量数倍于大学生，而且消费能力更强，未来潜力无限。

但是存在的问题也不少。白领市场是一个分散度高、客单价高、订单不够规律的市场。校园里的学生每天三餐都可能订外卖，而办公室的白领一般只在中午订，而且一周只订 5 天。饿了么此前在进入白领市场的时候，遭受过不少挫折。

百度外卖经过分析，认为白领用户对价格的敏感度低，但对服务的要求高，可以通过提供高品质外卖吸引他们。为了打造服务品质，在饿了么和美团还大量依靠餐厅配送的时候，百度外卖在物流配送方面走平台路线，建立了专门的配送队伍，开发人工智能派单系统以节省配送时间。当某个区域有新的订单产生时，系统会结合百度地图显示的骑士分布，就近安排骑士配送外卖。这一时期，美团和饿了么都还在采用人工派单系统，效率远不如百度外卖。因此，百度外卖很快就在白领市场站稳了脚跟。由于百度外卖是由平台提供配送服务的，所以叫作专送，后来，专送成为行业开拓白领市场的标配。

对于美团和饿了么来说，在 2014 年自建配送团队养骑手这件事情并不现实。钱是最大的问题。在上海交通大学创业之初，张旭豪团队就曾尝试过自建配送团队，但最终由于没有物流数据、人力、资金，以及独立接单系统的支持，尝试宣告失败。饿了么在蜂鸟诞生（2015年 8 月）前，只能依靠合作餐厅自建配送和第三方配送平台解决问题。直到 2015 年 1 月和 8 月两笔共计 9.8 亿美元的融资到账后，饿了么才终于组建了自己的即时配队伍——蜂鸟，迈出了两年前就该迈出的脚步。这其实也是张旭豪向王慧文和盘托出饿了么不少机密的原因——基本上没有人认可同城配送的价值，得不到承认的张旭豪只能见人就兜售自己的认知和理念。

达达诞生

彼时，同城即时配送的概念早已存在数年，其中以点我达的前身——由赵剑锋于 2009 年在杭州创办的点我吧最具代表性。该团队也一度成为阿里于 2013 年上线淘点点时期的外包即时配合作伙伴。但这种重装骑兵模式的自建配送体系完全落伍了。自 2014 年起，受共享经济概念的影响，加上 4G 网络时代基建升级，即时配送的打法中突然出现了"众包物流"[1]的轻骑兵模式——配送员并非由平台直接雇用，而是订单通过派单平台根据 LBS 来定向推送给附近注册的配送员，配送员再接单的"滴滴打车模式"。

有趣的是，当时饿了么的投资人、红杉资本创始合伙人沈南鹏在尝试联系快递"滴滴打车模式"的典范——四川的人人快递时，竟然遭到了对方拒绝。基于上述背景，且在他看好该赛道的情况下，最终他选择了内部孵化：红杉资本上海办公室的合伙人郭山汕找到了当时还在安居客、毕业于同济大学和美国麻省理工学院的物流工程学专家，也是他的同学蒯佳祺，达达就此诞生。

顺便说一下，红杉资本找到蒯佳祺前，蒯佳祺正准备再次创业，其最心仪的方向是美股交易类 App，他的兴趣爱好是炒美股，准备做一个类似于老虎证券的产品。但当红杉资本找到他后，他认为比起炒美股，物流是自己的本行，两相比较下，就有了达达。

在为达达寻找运力的过程中，蒯佳祺发现保安、保姆、保洁这"三保人群"是不错的人力资源池。这些人都有电动车，而且作息是排班制的，素质又都很高，有能力且有意愿做临时工，所以这些人和众包业务有很高的匹配度。蒯佳祺立刻吸纳了大量的"三保人群"进入达达的众包系统。

蒯佳祺向本书作者回忆，2014 年 7 月，第一次与张旭豪谈合作的时候，饿了么的日订单量刚过 10 万单，美团则刚刚接近这个数字。达达的 Demo 就是在饿了么的平台上跑的。

---

1 众包模式是把过去由企业员工执行的工作任务，以自由自愿、网络分发的形式外包给非特定的外部群体的模式。

到了这一年的冬天，美团和饿了么都做到了每天 100 万单，达达也从外卖的飞速发展中受益，承揽了饿了么 80% 以上的订单，成长为当时最大的即时物流配送公司。

刘强东接手腾讯电商

今夜酒店特价卖了

2013 年，一路高歌猛进的今夜酒店特价的业务有点做不下去了。这个业务模式非常依赖酒店夜间尾货，但是对于酒店来说，这是对其正常价格体系的挑战。如果供货给今夜酒店特价，等于自己给自己制造了对手。因此，今夜酒店特价的供应端越来越难做，合作的酒店方也越来越少。

其创始人邓天卓和任鑫一合计，决意将公司卖掉。

需要补充说明的一个事实是，邓天卓卖今夜酒店特价虽非临时起意，但也存在了一定的机缘。邓天卓决意出售今夜酒店特价和一个人有关，这个人就是梁建章。按照邓天卓对本书作者的描述，2013 年 3 月，正当邓天卓感到彷徨的时候，梁建章找他一起吃饭，两人聊到半夜饭店关门，前后聊了 7 个小时。

邓天卓说了一句分销好，梁建章就能把分销方方面面的细节和逻辑全都推演一遍，一点空隙都不留。邓天卓对梁建章肃然起敬，"这种人真的不想与他为敌"。这顿饭的最后，两人不约而同地表示携程有买下今夜酒店特价的意向。

邓天卓当然不可能只找一家。为了卖个更好的价钱，邓天卓找了之前就表达过对今夜酒店特价有兴趣的 Booking（缤客）。缤客一直想进军中国，一直在寻找并购标的，其总部在纽约，邓天卓得飞到纽约去开会。

那时候，邓天卓还在用易信——这是网易与中国电信联合开发的、和微信有点类似的即时通信软件。邓天卓在纽约和缤客相关人员聊完后，国内时间是凌晨，邓天卓翻了翻易信的朋友圈，翻到了刘强东的一个动态：他正在洗衣服。邓天卓想，在国内大半夜的怎么可能洗衣服啊，就问刘强东："你是不是在美国？"刘强东回复："是啊，我在纽约。"邓天卓就说明天约个饭吧。刘强东说："我已经跟徐小平约饭了，要是想认识就一起来吧。"

第二天，3个人见了面。刘强东听了邓天卓来纽约的缘由，就对他说，京东现在已经做得很大了，可以向外投资，问邓天卓要不要投资。邓天卓说，缤客已给了 Offer（报价）。这时的刘强东还没听说过缤客，邓天卓就告诉他，缤客的市值是携程的 10 倍。刘强东被这个数字惊到了，徐小平也在一旁帮腔，于是刘强东越听越觉得邓天卓他们做得太牛了。

刘强东看今夜酒店特价也就卖几千万美元，于是提出京东加钱买了。一方面，京东需要建设人才梯队，想把邓天卓拉进来；另一方面，正好借机建立一个投资和并购的流程。邓天卓一看京东出价不低，刘强东给的空间也够，再加上其对刘强东的信任，最后就将公司卖给了京东。

突袭失败，腾讯决定把电商交给京东

在经过长达两年的混沌、凌乱和无序后，腾讯电商终于理清思路，重新上路。

2011 年 10 月，腾讯推出定位为超级电子商务平台的 QQ 网购。2012 年 5 月，腾讯进行了新的组织结构调整，将电商业务从事业部体系里拆分出来，成立单独的子公司 ECC。

这个新的子公司由腾讯总裁刘炽平担任董事长，腾讯QQ第一任产品经理、6号员工吴宵光担任总经理。如此豪华的配置，说明腾讯对新业务的期许较高。

ECC的第一个大动作是收购易迅（占股80%，留20%给易迅团队），随后把QQ网购和QQ商城合并，并启动 wanggou.com 的独立域名。ECC的整个策略和打法也随即清晰、明确，形成"以易迅网（2012年被腾讯全资收购）为核心的自营"与"以QQ网购为核心的开放平台"的双轮驱动结构，而拍拍网则作为长尾模式的C2C长期存在。

用启承资本创始合伙人、京东第一个外部投资人、今日资本前投资总监常斌的话来说，2008—2012年是B2C的黄金期，2012年正是市场竞争的重要转折点。从这个角度上说，腾讯电商赶上了末班车。

但腾讯电商还是起步得太晚了。其在用户运营上不如淘宝，在货物的管控和物流服务上不如京东。虽然号称有100亿元的投入，但这些钱并没有直接划到子公司账上，而是专款专用，也就是预算制，在使用效率上大打折扣。团队也是拼凑起来的。当时腾讯的电商团队分为3股力量，一拨儿是顾思斌带领的从QQ会员过来的团队。顾思斌是腾讯自己培养的子弟兵，从校园毕业后，他的导师就是吴宵光，在腾讯工作期间，顾思斌先后推出过QQ群和QQ秀等"国民产品"，以及QQ会员这个超级收入单元，是腾讯当时当之无愧的希望之星。另一拨儿是易迅的团队。还有一拨儿则是从各个电商网站网罗而来的电商从业者。这三拨儿人因为背景、出身不同，对腾讯电商的想法也不一样。对此，从篱笆出来、曾担任腾讯电商VP的罗联栩对本书作者描述合并之初的状态："表面上看，我们都是由于各种各样的原因被吸收到了一个集体里面去。但是，由于我们是一个'团伙'而非团队，没有共同的信仰，所以我们并没有创业公司的人拼命。"

腾讯电商当时唯一的优势，就是可以从QQ获取几乎免费的流量。但QQ的用户相对低龄，且多数用户用QQ娱乐、聊天，并没有直接的购物需求。拿现在流行的话来说，就是没有线上购物的"场"，所以转化率低得可怜。

珂兰钻石前高管、鲸仓科技创始人李林子向本书作者回忆，当年腾讯拍着胸脯说要给珂兰导多少流量，于是珂兰对应地配了足够多的货，但最终效果很差，赔了不少。等来年珂兰多了个心眼没有配那么多货，又不够卖。与淘宝有阿里妈妈体系、有直通车这些产品、有诸多的社区导购和返利网站相比，腾讯当时对电商类流量的管控实在是乏善可陈。

但沧海横流方显英雄本色，ECC 有吴宵光。吴宵光深知，要赶上阿里和京东，路途迢迢，但他"明知山有虎，偏向虎山行"。

吴宵光的第一招是做强易迅。吴宵光从腾讯挑出了 50 多位精兵强将空降上海，与易迅团队一起工作，帮易迅在技术层面进行补强。这是易迅的弱项，易迅求之不得。

同时，吴宵光还带来腾讯的财务、行政、HR（人力资源）体系，特别是互联网第一女 HR 刘琳的加入，为易迅助力不少。人才储备同样是易迅的弱项。

刘琳后来加入美团，成为王兴中后期持续打胜仗的得力干将。吴宵光不仅带着刘琳帮易迅挖人，也费了很多工夫与卜广齐等易迅高管融合。每次卜广齐来深圳，吴宵光都会请卜广齐吃饭，讲述腾讯早期的发展历史。卜广齐印象最深的是，每次遇到难以解决的问题时，吴宵光都会主动举马化腾的例子，讨论该怎么分解，马化腾又会怎么做。卜广齐问吴宵光怎么这么信任马化腾，吴宵光告诉他，自己在网上认识的第一个网友和第一份工作的老板都是马化腾，自己对世界的认识和想象，都来自马化腾的言传身教。

吴宵光的身先士卒很快将易迅变成一支能打仗的团队，下一步则是搞清楚如何进发。

吴宵光的第二招是复制易迅模式到全国。易迅应该是当时中国本土电商里最重视物流配送的。比如，它首创了"一日三送，晚间配送"

的精准配送服务，以及"闪电送"服务，领先行业很多年。但这套体系更多蜗居上海。因为上海的经济体量足够，且有很好的流通氛围，能支撑起卜广齐设计的这套配送体系。其他城市要是这么做，一开始要赔很多钱，而且得赔很多年。

吴宵光入场后，开始扩展易迅的这套物流体系，先在华东地区，后又在腾讯本部所在的华南地区进行复制。2013年，易迅的仓储中心从6个扩到16个，并杀入北京。

第三招则是与京东、天猫针对3C品类打价格战。2012年起，易迅开始主打全网比价策略，提出了"贵就赔""慢就赔""假就赔"的服务口号。很明显，"贵就赔"主要是针对京东，"慢就赔""假就赔"则针对淘宝。易迅内部也喊出了"打猫狗"计划，"猫"是天猫，"狗"是京东。

价格战一直是市场增长的利器，易迅2012年和2013年的收入持续翻番。2013年，易迅自营电商GMV接近150亿元，相当于同年京东自营GMV的1/4；2012年还只是其1/10。两者的相对距离在拉近。卜广齐对本书作者说，按照当时的成长速度，再给他两年，最多3年的时间，易迅应该就能赶上京东自营。当时腾讯电商的内部测算是，到2016年如果能做到2000亿元，那么将实现对京东自营业务的反超。赶上京东后，腾讯再开放自己的物流、IT等能力，形成开放平台体系。这样就能实施下一步，与天猫一战。

但理想很丰满，现实很骨感。易迅主动挑起的价格战虽然让京东不得不跟进，但对京东整体收入和利润的影响并没有达到预期。

这在很大程度上要感谢京东2010年年底的一步妙棋——POP平台。POP平台是给京东带来收入增长的另一双翅膀。同时，物流和以往口碑形成的惯性也让京东自营业务在这一年里有50%的稳定增长，因此2013年，京东的收入比2012年依旧有接近100%的增长，这让京东很有底气地在2014年1月向美国资本市场提交了自己的上市申请。

2014 年也是阿里准备上市的一年。为了防止京东上市对阿里的分流，阿里让投行二选一，此举在二级市场轰动一时，也不可避免地被腾讯投资部门的相关人等获悉。

腾讯最开始的选择是坐山观虎斗，一个例证是 2013 年腾讯电商亏损达 8 亿元（不算仓储的固定投入），2014 年腾讯电商做计划时继续按照亏损 8 亿元做，但上交后被告知，不用考虑亏损，上不封顶，能做多大就做多大。

就在此时，出现了一个重要的中间人——高瓴资本的张磊。他曾主导向京东投资 3 亿美元，同时他还是腾讯的股东。对于双方来说，张磊都是自己人。张磊的出现，让腾讯开始用新的视角去看待自己的电商业务。譬如，2013 年，虽然新易迅发展的速度可喜，但从整体差距来说，其与京东的距离并没有拉近。之前 GMV 的差距是 360 亿元，2013 年 GMV 的差距是 450 亿元。而且这是在京东微利，新易迅亏了 8 亿元的前提下。

这也是刘炽平突然意识到这 8 个月的突袭战其实没有打赢，并突然有了"与京东的仗没法打"的认知逆转的根本原因。

高瓴资本是中国商业消费领域投资的头牌基金，张磊本人更是这个领域的专家，百丽的控盘和再出发是张磊的经典案例。作为商业消费领域的超级专家，张磊也一眼看到腾讯电商当时在库存处理上的尴尬及在物流领域投入方面的纠结。张磊这些看上去轻描淡写，但直击事物本质的提点，让腾讯总办认识到京东的价值和已经建立起的壁垒。他的斡旋，让新易迅和京东之间产生了以战促和的可能。

也许有人会问，既然新易迅如此这般，为何京东还要求和呢？

首先，京东得抢在阿里前上市。在战当当、打苏宁后，京东原定的上市时间是 2012 年，但资本市场对京东 B2C 不待见，POP 平台的业务也没有足够的时间展开，当然也因为京东没找对 CFO。于是它不得不重新融资，搁置上市。

2013 年，为了上市，京东提出休养一年，刘强东也跑到美国全心操办上市事宜。京东可以继续讲一个亏损求规模的故事，但总要让华尔街的资本市场看到它未来赚钱的可能。可如果继续与新易迅竞争下去，那么势必会拖延京东开始盈利的时间。更重要的是，即便和新易迅的战争打赢了，后面还有天猫。在双重挑战下，看好京东的投资人会更少。

其次，如前所述，自 2012 年起，整个互联网的流量已经开始有了结构性的变化，移动端流量的占比越来越大，而腾讯掌握了一个超级大的流量杀器——微信。京东此时对如何利用微信流量缺乏底层逻辑的认知，它的自我人设还是一个全社会零售基础建设商。

由于这两点原因，特别是第一点"敌人的敌人就是朋友"，京东和腾讯走到了一起。因此 2013 年年底刘强东一回国，腾讯便决定要把电商交给京东了。

2014 年 3 月，腾讯在港交所发布公告称，公司将收购 351 678 637 股京东普通股，占京东上市前在外流通普通股的 15%。据此公告，腾讯成为京东第三大股东。事实上，在这次交易中，腾讯付出的现金并不多，主要以股份和资本注入。

毫无疑问，这是一笔好生意。除了让京东加入腾讯的开放生态，可强有力地阻击阿里，也减少了腾讯原有电商业务和京东之间因竞争产生的耗损。当然，卜广齐、顾思斌等诸多冲杀在一线的腾讯电商的"老人"都为此感到遗憾。特别是壮志未酬的吴宵光，相关人员都小心翼翼地让他成为最后一个知道这件事的人。

京东错失关键风口，海淘电商开始起势

京东吃掉易迅后，在 3C 品类上的优势愈发明显，又因有了腾讯的流量加持，京东上市变得一马平川。京东上市后本应该收购唯品会——当时也正值整个资本市场看不懂唯品会，其价值被严重低估的时候，但刘强东觉得唯品会有些贵，没有下定决心。到了 2017 年年底，

京东才联合腾讯总共投资 8.63 亿美元，占了唯品会 10% 的股份。而这笔钱在当年能把整个唯品会买下来。

这不是问题的全部。在 3C 业务中站稳脚跟的同时，京东拓展服装等女性用户需求方面的能力被阿里越落越远。

反观阿里，其在 2015 年 8 月与苏宁做了一个复杂的交易，但这个交易让阿里补齐了 3C 和家电领域的供应链，掌握了其中的技术诀窍，也缩短了自己与京东核心品类的差距。

这样的一进一出，让京东与天猫的距离从"望其项背"到"望尘莫及"。

在新零售和跨境电商这两个战场上，京东也接连失利。在新零售领域本来是京东领先，在仓储方面，没有比京东交更多学费的公司了。但许多京东的人才都流向了对手，或者加入了生鲜电商这个门类的创业大军。

在跨境电商领域，由于最开始的核心品类是奶粉、尿布等，所以天猫率先于 2014 年 2 月做起天猫国际。京东在先上市 4 个月，且把跨境电商作为战略方向之一的前提下，跨越 3 个财年，也就是 2015 年 4 月才杀入跨境电商领域，也确实太迟钝了一些。

当时，京东在跨境电商领域甚至连前三名都排不上，网易考拉和洋码头都比它有存在感。

2014 年 7 月，中国海关总署出台了《关于跨境贸易电子商务进出境货物、物品有关监管事宜的公告》和《关于增列海关监管方式代码的公告》。这两份被称为"56 号文"和"57 号文"的文件，从政策层面承认了跨境电子商务，认可了业内通行的保税进口模式。它们的出台就像一声发令枪响，所有跨境电商赛道上的玩家开始铆足了劲儿向前狂奔。

做网易考拉的想法就在这时候浮现在了丁磊的脑海里。当时，网易正处在移动互联网转型的焦虑期，丁磊认为跨境电商是一个不错的路子。2014 年 8 月，他找来后来网易考拉的 CEO 张蕾，和她交流自己的想法。随后一周，张蕾开始在全国各地到处飞，到各个保税区做调研，每有新发现便第一时间汇报给丁磊。两人得出结论：这是一场闪电战，要快，要抢窗口期。

网易考拉立项后做的第一件事就是抢仓。因为张蕾在调研中发现，保税仓面积有限，是稀缺资源。拥有国内最多的保税仓资源，成了网易考拉后来重要的竞争优势。

洋码头则靠自建物流和买手体系赢得了在跨境电商江湖中比京东全球购更靠前的地位。洋码头的创始人曾碧波也是中国电商行业的老江湖，大学期间就参与了中国 C2C 鼻祖易趣网的创业。和机锋网的谈毅一样，他也是在 2007 年前后在美国加州读 MBA 期间，开始围绕移动互联网领域"倒腾"事情。不同的是，曾碧波是帮人代购苹果手机。这个经历让曾碧波很重视买手团队的建立，他后来推出的海外扫货神器也与他对买手有超强的理解和认知有关。

2009 年，曾碧波回国，开始摸索创立洋码头，并在 2010 年拿到天使湾创投的 500 万元天使轮投资。虽然只有 500 万元，曾碧波却下定决心要独立做跨境物流。2010 年年初到当年 9 月，他花了半年多的时间设计流程，琢磨怎么让物流体系高效、弹性、敏捷。如今，贝海物流已经成为洋码头的核心武器，使得它在物流时效上"独步江湖"。这本应该是京东的强项，但保税仓里只能对接特定的物流，所以在这个单点上，京东原本的最强点相当于被废弃了。

其实，京东本有机会通过收购洋码头弥补自己在跨境电商上的劣势，形成先发优势。但由于收购时京东坚持要在估值上打 7 折，所以它与洋码头擦肩而过。曾碧波随后拿到了 1 亿美元的投资。

有意思的是，经纬创投的创始合伙人邵亦波与曾碧波是老同事。他也一直在关注洋码头，但动作略慢，于是经纬创投投了从天猫出来的谢文斌创办的蜜淘。不过，除了谢文斌华丽的背景，不论是在物流、货源方面，还是在买手方面，蜜淘都无长板。谢文斌本人又特别笃信

GMV 增长论，热衷于打价格战，虽然这带来了 GMV 的增长，但广告和大促终究只是补药，自营电商的核心能力是供应链及爆款的选品能力。海外品牌多是品牌直营，代理商有限，一个上千人的小圈子掌握着主要的海淘品牌。这些代理商会从资金实力、辐射面、利益耦合等方面遴选海淘平台。蜜淘在价格和优先权方面毫无优势，因此成为头部跨境电商里最早倒下的一家。

在跨境电商中，靠社区起步、福利社发家的小红书也曾经写下过华丽的一笔，但后来又回归了社区。这同样是一段精彩的故事。

狂热的社交创新

猎豹和陌陌先后上市，兴趣社交出现风口

2014 年是上市的超级大年。这一年，猎豹和陌陌先后上市。

猎豹上市掀起了工具出海的大浪，这个故事我们已在前文讲述过。这里重点讲述因为陌陌而引发的社交领域的诸多故事。

2014 年，紧追陌陌的友加"翻车"了。10 月，因策划并参与推动不良导向事件，友加被勒令下架。大半年后，友加重新上架，但元气大伤，再也无法回到陌陌挑战者这个位置上。

2014 年 11 月，另一个陌陌的直接竞争对手、由 YY 前高管焦一创办的微聚，在广州推出大型活动，大张旗鼓地宣布自己转型兴趣社交。但在政策高压和市场已成定局等多重因素的挤压下，微聚悄然退出了陌生人社交这个赛道，而对面的周聪伟敏感地找到娃娃机这个新的红利市场。

在陌生人社交之路越走越窄之时，兴趣社交在 2014 年大行其道。移动端的兴趣交友产品纷纷出现，如主打美食社交的美食美刻和饭本、

主打吃喝玩乐和行程分享的小坐，都在短时间内聚集起一批志同道合的用户。

2014 年出现了一款很特别的产品——打着"无聊社交"旗号的 Same。说它特别，是因为这是一款没有关注好友、没有 LBS、没有性别筛选、没有内容运营、无法导入通讯录的社交产品。在 Same 上看到的内容无非就是"我在呼吸""我在吃饭"，而你能做的也不过是点个赞而已。就是这样一款怪异的产品，却默默挪到了社交榜前 30 名的位置。

2014 年还有一个与 Same 一样定位为不聊正事的社交 App——Blink（快看），由施凯文创办。施凯文外表俊朗，有"IT 圈的金城武"之称，在 Blink 之前，音乐搜索产品 Jing.FM 为其赢得了广泛的声誉。Blink 也是 2014 年的明星社交产品之一，不仅真格基金、创新工场、经纬创投、红杉资本悉数入场，就连很少碰社交的腾讯也是 Blink 的 A 轮股东。Blink 上线 50 天就估值 1 亿美元，但之后 Blink 趋于平淡，施凯文后来设计的鬼畜输入法也了无声息。

兴趣社交大多以图片社交为载体。比如，P1 的移动版、给照片贴标签的 nice、给图片加语音的啪啪、将阅后即焚用在交友上的咔嚓等，图片兴趣社交产品一时间多如牛毛。

可惜的是，图片兴趣社交的模式在国内似乎有些水土不服。P1、nice 等产品最后都把社交做成了社区，用户规模和活跃度一直没有突破，不如堆糖、花瓣活得滋润。而啪啪、咔嚓这类产品，在内容把控上也逐渐变了味，重新走上了陌陌的老路，甚至犹有过之。

更火爆的匿名社交

2014 年，比兴趣社交更加火爆的社交方式是匿名社交。

"这个应用太猛了！秘密～朋友圈的匿名爆料！"

2014 年 4 月，一条链接刷爆了微信朋友圈。彼时，熟人匿名社交在美国已成燎原之势，随着 Secret 这款 App 登顶社交榜，这火势终于蔓延到了中国，而在硅谷大红大紫的 Secret 也终于有了自己的像素级模仿者。

Secret 的联合创始人 David Byttow（大卫·比托）曾是谷歌的员工，借他之手，Secret 在一周时间里传遍了硅谷，而曾在亚马逊负责搜索商品推荐引擎技术的林承仁自然注意到了这款产品。

林承仁是中国香港人，毕业于加利福尼亚大学圣迭戈分校，在亚马逊连实习加正式工作 4 年后，与亚马逊同事倪叔林回到深圳创办无觅。两人凭借在推荐算法方面的积累，做出了两个重要产品：一个是能够根据用户兴趣推荐资讯的无觅网，另一个就是具有个性化推荐功能的无觅插件。无觅插件本身非常好，但他们没有想到的是，当时国内互联网上流氓插件横行，因此各家杀毒软件都屏蔽了插件，很长时间用户端都没有起量。

之后，他们又做出了针对网站方进行个性化推荐的功能。具体来说，如果网站选择嵌入他们的无觅插件，就可以根据用户兴趣向用户推荐资讯。

但是，当时林承仁是第一次创业，他不懂市场，不懂营销，也不懂 BD，这给他推广自己的产品带来了很大的困难。

在回忆这段经历的时候，林承仁告诉本书作者："我做不到一家一家地找老板谈，我没有这样做的思路，也没有这个能力。"那段时间，林承仁一直在想到底怎样才能让更多人装上自己的插件。

虽然不懂那些传统的推广套路，但是无觅团队非常懂技术，他们找到了自己的办法。林承仁等人写了一个程序，抓取所有网站的联系方式，然后用技术手段给他们群发了一封邮件，大致意思是邀请对方免费试用自己的产品。

结果就是，不管对方是确实想用还是出于好奇试用，只要使用了这款插件，网站右下角就会带上无觅插件的链接，其他人看到便可以点击并自行安装。如此循环往复，形成滚动传播。

这个方案执行之后，无觅插件每天自然增长 300 家网站，而且像雪球一样越滚越大，最高峰时期全国有几十万家网站都安装了无觅插件，覆盖了近 2 亿个用户（这几乎是那个时期的所有网民）。

林承仁的无觅插件虽然拥有众多用户，但它是免费的。开始时虽然林承仁也尝试推出过无觅阅读、广告平台、竞价系统等产品，但效果都不是很好，无觅始终没有找到好的盈利方式。到了 2013 年下半年，随着智能手机普及，PC 端用户逐渐向移动端转移，移动互联网已是大势所趋，他不得不开始考虑转型，但又放不下之前的积累，所以有些纠结。

正当林承仁陷入纠结的时候，一件事情让他不得不做出改变。

2013 年除夕这天，林承仁接到了无觅域名被有关部门封杀的通知，用户再也不能使用之前的那些产品了。

万家灯火的除夕之夜，却是林承仁的至暗时刻。团队士气也因为这件事受到严重打击，他不能再继续迟疑，必须立刻做出决断。

2014 年不仅是无觅告别历史的一年，另一个社会化插件多说也逐步淡出江湖。同为技术天才的沈振宇把精力放到图虫社区上，图虫后来卖给了字节跳动，而沈振宇后来做了一个与盲盒有关的社区项目。

回来讲林承仁。关掉无觅后，林承仁看到 Secret 只用了短短两个月，估值就超过了 4000 万美元，他觉得机会来了。

2014 年 3 月 25 日，由无觅团队开发的秘密 App 正式上线，它不仅复制了 Secret 的功能，也成功复制了 Secret 的走势——一周内传遍了中国互联网圈，日活迅速冲到 100 万人，顿成当年的现象级产品。

在旁人看来，这个只用了两周就做出来的 App 能火起来，可能只是一个偶然事件，而在林承仁看来，却是意料之中的事。亚马逊的技术背景、推荐引擎的圈层交流、多年的创业积累，这些让林承仁对增长这件事已经驾轻就熟。

当时自媒体南七道撰文称"'无秘'修炼成精"。这背后有一个原因——林承仁就是中国互联网界少有的超级增长黑客。

秘密虽然是一个两周开发出来的产品，但很少有人知道，在开发秘密的同时，林承仁等人还做了另外两个产品，并且这两个产品比秘密发布得更早。其中一个就是朋友印象。

朋友印象的逻辑非常简单，大致就是匿名点评朋友。这是一个非常小的应用，你的主页不止由你自己书写，朋友也可以在上面写你的故事并点评。这并不是一个可以做得长久的App，但通过匿名互动、彼此点评，确实能在短时间内带来非常好的裂变效果。

现实情况正如他们计划的那样，秘密推出之后，朋友印象为它灌入了众多早期流量。

林承仁的原话是"在秘密正式上线之前，它就已经火了。"原因在于，在上线服务于大众的App之前，他们就先上线了企业版。也正是由于这个原因，秘密的火爆从创投圈开始，然后才蔓延到媒体圈、科技圈，最后蔓延到娱乐圈等其他圈层。真正流行起来之后，用户才开始关心自己朋友圈中发生的事情。

用过秘密的人可能还记得，早期秘密的外观和界面都与微信很相似，很多用户以为这个App就是微信团队做的。在很多人还没有反应过来的时候，无觅已经完成了自己的冷启动。

秘密的登录方式也引发了争议，用户甚至可以用别人的手机号码登录，完全不需要验证码进行验证。有人以为这是秘密的漏洞，事实上这也是林承仁的精心设计。

林承仁之所以做出这样的决策，主要有两个原因。首先，秘密的内容是由登录手机的通讯录决定的，也就是说，即使用别人的手机号码登录，秘密显示的也只是用户手机通讯录对应的内容；其次，那个时期的验证码还不太稳定，某大厂App的验证码机制就曾经失效过，他们这样设计，是希望尽可能降低用户的使用门槛。

对于真正的增长黑客来说，他们最擅长的就是抓住产品的本质去做增长。

林承仁非常清楚，匿名熟人社交的关键点就是用户的熟人关系链，而拥有熟人关系链最多的 App，莫过于微信。

当时还没有人做微信裂变，秘密爆发得太快，微信还没有反应过来。微信的限制手段也比较简单，主要就是限制访问频率之类。林承仁团队通过一系列技术手段，如不断更换域名，规避了这些限制，获取了大量微信关系链。尽管后来微信设置了严苛的条件，秘密还是通过匿名短信等手段持续获取了很多关系链。这一点对秘密的火爆起到了关键作用。

腾讯内部甚至讨论过要不要收购秘密，但是因为担心秘密给微信带来负面生态，最后放弃了这件事。

其兴也速，其衰也速。

2014 年 7 月，秘密刚刚获得 2500 万美元的 B 轮融资，估值达到 1 亿美元，却在一个月后跌到了 App Store 排行榜 1500 名开外。

这一切也许早有征兆。熟人匿名社交说到底就是释放了两点需求：偶发性的窥探欲和不用负责的攻击欲。不难想明白，这两点都是难以持续的需求。而说到持续的社交需求，交友这个词又进入了大家的视野。

于是在 2014 年下半年，匿名社交的玩家集体来了一个急转弯，从匿名社交转向交友，出现了抱抱、微密、小声、耳语、BiBi、叽密等产品。此外还有类似几度这样的匿名人脉交友产品，基于通讯录匿名匹配，撮合二度甚至三度人脉。无秘 3.0 版本（秘密后改名为无秘）也进行了大幅改版，推出了"附近的人"功能。

但匿名社交进入交友领域后似乎失去了原来的爆发力，在以陌陌为首的阵营里举步维艰。匿名机制让大量涉黄信息死灰复燃，一时间，匿名社交产品阵脚大乱。

林承仁对本书作者反思，秘密还有一个败招是没有和美国的 Secret 合并。

尽管林承仁并没有推出英文版的秘密，但是它还是在美国 App Store 排行榜上逼近了其原型产品 Secret。Secret 的创始人大卫·比托找到林承仁，表示希望收购秘密，但林承仁拒绝了这个提议，理由是自己的用户规模比对方大很多，为什么要合并。

由于谈判未果，在之后的日子里，大卫·比托一方面安排 Secret 进军中国市场，与秘密正面对垒，分流用户；另一方面向 App Store 投诉秘密，同时通过法律手段起诉侵权，逼得林承仁只好将产品名从"秘密"改成了"无秘"。与此同时，无秘还面临着政策压力，App 上开始出现匿名的谣言、广告、涉黄内容和政治敏感信息，这些给无秘带来了致命的打击。到了 2015 年下半年，林承仁心焦力竭，无秘无疾而终。后来，林承仁在尝试了一段时间互联网金融后，做起了 AI 教育。

脉脉为何独存

匿名社交领域当然也有受益者，如脉脉。脉脉也是职场社交中为数不多的幸存者。

与陌陌同期的幸会、在这儿，都曾尝试开垦移动职场社交这片荒地，但都铩羽而归。有人说，在中国这样的熟人社会中，职场社交是一条死路，也有人认为只是时机尚未成熟，还有人认为中国职场社交出生太晚。但全球职场社交的鼻祖 LinkedIn 出现得比 Facebook 还早，当时人们还在基于邮箱进行职场社交，这给了它起步的窗口期。

说回脉脉。清华计算机系 1998 级毕业生林凡是个技术天才，大学期间他就是搜狗搜索引擎的核心作者之一。毕业后，林凡加入搜狗，担任技术总监，后应雷军的邀请加入了雷军和蔡文胜都参与天使轮、由人人网高管王秀娟创办的大街网。2013 年 10 月，林凡创办了脉脉。

正如我们在 2013 年这一章中写到的，2013 年前后创业的这批企业家，多是技术出身，有工程师文化，极其重视数据挖掘和推荐引擎这样的新技术武器，也重视社会化媒体。今日头条如此，快手如此，脉脉也如此。

与快手早早脱离新浪微博自建社区、今日头条与新浪微博死死绑在一起充分挖掘其红利不同，脉脉走了一条中间道路。准确地说，这并不是脉脉主动选择的，而是不得已而为之。

脉脉最开始也和今日头条一样，充分利用新浪微博开放平台的规则和 API 做数据抓取和机器学习。但随着它在 2014 年年中拿到 IDG 资本的 B 轮融资而没有选择新浪微博，它与新浪微博投资的微招聘开始在社交媒体上争吵。微招聘的创始人曾祎安也是圈内"老人"，是人人网除陈一舟和刘健外的第三号人物和 CTO，排名甚至在王秀娟和张启科之前。最终，新浪微博停掉了脉脉的查询接口，并与脉脉打起了官司。

祸福相倚，此举让脉脉无法享受新浪微博的这波儿红利（2014 年下半年，新浪微博的这波儿红利是行业，尤其是社交行业从业者的福音），但也逼着脉脉开始运营起自己的社区。其中有大量用户是无秘等社交应用培养起来的。

脉脉的林凡告诉本书作者，脉脉在处理匿名和社区的问题上，走的是慢节奏的路线。

一方面，脉脉建立完整的隐私保护体系，很早就做了准备；另一方面，它引导用户填写真实信息，以增强信息的有效性和用户黏性。但脉脉采取了缓慢教育的方式，2013 年年底上线时只有 10% 的用户愿意填写自己的公开身份和资料。2014 年，这个数据达到了 20% 以上。脉脉花了几年的时间教育市场，到 2018 年，这个数据已经提到 70%。

林凡回忆说："如果那个（早期创业）时候，我们没有足够重视这件事，今天突然再让用户做（信息填充），一定有很多坑要踩。"

林凡深知脉脉的吐槽特色，但他认为形成社区的核心元素，就是这些看似负面的吐槽里的信息增量。他说："它（吐槽）可能会让我对这个公司的认知和了解变得更加具体，跃然纸上。群众的眼睛是雪亮的，是能看出不足之处的。就像淘宝的评价体系一样，一眼看上去全是好评，但是大家有能力判断哪些好评是真的，哪些好评比较勉强。

人都是有判断能力的。我们要坚持做有价值增量的东西，所以，我当时给社区定了一个非常重要的点，那就是真实。"

当然，在匿名和必要的开放之间，林凡还有精巧的过渡设计。他说："如果确实是企业隐私，我们提供公司圈的功能，让这个话题讨论仅限该公司员工内部可见，HR 或公司高管可以实名回应澄清。这就像一个'半透膜'，既让具备行业参考价值的信息流动，同时让企业有一定的隐私控制。"

脉脉当时面临的另一个问题是，主要话题的 UGC 都在互联网圈里，很难出圈打透其他群体。

脉脉的做法是先在互联网大公司人群里形成活跃效应，如对 BAT 都要做到这一点；然后从 BAT 辐射到全互联网职场，再从互联网渗透到金融、地产、传媒这些市场经济比较活跃的行业，让他们都形成使用认知；最后实现全行业覆盖。

突破互联网壁垒的过程很艰难，但脉脉最终还是成功了。

林凡认为，突破这个壁垒，取决于脉脉做了一件非常重要的事，就是建设专业生产内容（Professional Generated Content，PGC）体系。因为中国人是没办法凭空社交的，"场"很重要。

林凡在美国待过。美国人特别喜欢派对，周末，一群陌生人会坐在一起聊天社交。中国人却不行，90% 的中国人都会觉得尴尬。脉脉当时想到的方法是以文会友，就是做内容。所以一开始它就做了 UGC 体系，但是仅靠这个无法突破互联网圈。脉脉当时突破行业壁垒最重要的事情就是引入 PGC 体系，带动 UGC。PGC 本身不会带来社交，但是 PGC 的 UGC 如果带出了二次 UGC，就会产生社交场景和氛围。

在数据增长比较缓慢的日子里，有两件事给了林凡很大的支持。

第一件事是，看到持续的用户反馈。林凡会关注一些具体的人的反馈，从中得到很多启示。他关注互联网大公司从业人员的反馈，也关注成都、重庆地区用户的反馈；反馈还显示，那些生活在三四线城市的人也开始用脉脉解决问题。

林凡甚至曾经在脉脉上收到过一个 1000 元的大红包，发红包的人是一个地铁广告销售。之所以给他发这么多钱，是因为他过去一年 1000 多万元的业绩都是利用脉脉上的资源获得的。他的方法是，通过脉脉观察公司动向。如果一个公司在融资、扩招或搬到了更大的新办公室，则说明它发展得很好，可能会有相应的广告需求。他就可以趁机与对方取得联系，达成业务。

第二件事是，脉脉之前对 LinkedIn 模式研究得比较透，觉得这是一个慢模型。所有涉及信任的东西都是慢模型，涉及即时反馈和刺激的东西都是快模型。拿林凡的话来说，脉脉只需要坚持做一件事——真的在提升人们彼此连接的效率。虽然有时候大家不一定能很快感知，但是因为脉脉一直在坚持做效率提升，所以大家最终一定会感受到这个平台的价值，脉脉也就一定能穿透行业。

校园社交与"羊城三杰"

2014 年还有一波儿社交小浪是校园社交掀起的。随着秋季学期的开始，一款基于 LBS 的匿名 BBS 应用迅速席卷了美国 1300 多所高校，并以接近 4 亿美元的估值拿下了红杉资本领投的 6200 万美元。它就是 Yik Yak。

Yik Yak 的故事传入中国后，给匿名社交领域的创业者打了一剂强心针。与此同时，另一条许久无人问津的赛道突然被摆上了台面——校园社交。

校园社交的火爆成就了一个名为超级课程表的 App 和他的创始人余佳文。1990 年出生在潮汕的余佳文，在 2011 年下半年就开始研发超级课程表，但直到 2014 年红杉资本和阿里先后投资，才让其为众人接受。这是一个非常校园化的应用，以课程表共享为切入点，与高校教务系统对接，"一键自动录入课程表到手机"是超级课程表最基础的应用。超级课程表的进阶功能是，点击"课程表"中的空闲时间段，可以搜索到同一时间段校内的全部课程，包括公选课和各个学院的专业课程，号称"是想蹭课成为一名学霸，还是想蹭课偶遇帅哥美女，就凭自己的良心了"。

为超级课程表带来真正增量的是社交。虽然软件内置许多实用功能——查看课表、记录课堂笔记、成绩查询等，还配置了不少服务型功能——社团活动、二手交易、失物招领等，但其最核心的功能是可以向同班同学发送私信，帮助同学认识同一节课任意教室范围内的其他同学，方便大学生之间即时、便捷的联系交流。后来这发展为其真正的核心功能"下课聊"。为了解决商业变现，超级课程表之后把诸如打车、同城服务、游戏中心等都聚集其中。

礼物说的创始人是温城辉，他和余佳文的相似之处颇多，同为"90后"（温城辉出生于1993年），同样早在高中时就赚到了第一桶金，同样就读于广州的大学，同样在大学时代开始创业，同样是连续创业者，同样是清瘦的面容上架着一副学生气很浓的框架眼镜。

礼物说的切入点是"礼物攻略"，搜罗时下潮流的礼物和送礼物的方法，为用户呈现热门的礼物推荐，意在帮助用户给恋人、家人、朋友或同事制造生日、节日和纪念日惊喜。

礼物说的整体风格精致悦目，看上去完全没有创业项目的粗陋感，强调内容质量与温暖调性，同时运用了信息流可订阅的方式。在线下运营中，礼物说采取"众包＋大学生创业"模式，将店铺交给学校附近的大学生运营。温城辉认为："大学生会更了解自己的朋友想要什么，在选品上也会更有针对性，能成为连接消费者和平台的重要纽带。不需要赢过淘宝，只需要赢过这条街，定位非常明确。"

与余佳文、温城辉并称广州"90后创业三杰"的，还有温城辉的同校同学陈安妮。

1992年年底出生的陈安妮是快看漫画的创始人。这个汕头女生有一头顺直的长发和一双明亮的大眼睛，笑容甜美，颜值颇高。她的人生可以说是自己一笔一笔画出来的。陈安妮早年热爱美术，但由于家境平平，放弃了走艺考道路。大二那年，漫画家杨笑汝的讲座让陈安妮开始了对漫画的追求。她向同学借了500多元，买了一个数字绘画板，开始画手绘漫画，后来以"伟大的安妮"为名，在微博连载作品。

2014年12月13日，陈安妮创作《对不起，我只过1%的生活》，微博转发近45万次，阅读量达到2亿次，评论近10万条，点赞37万个。同时，因快看漫画App上线，她引起了舆论巨大的关注，从此开启开挂式的人生。

快看漫画似乎是陈安妮的人生投射。原创、生活化、青春是不变的主题，而且在商业上，陈安妮操作快看漫画时也左右逢源。由于具有极强的原创能力，快看漫画的变现和融资能力都超强。且不说线上数据，仅每年发行印刷单行本的码洋就高达数千万元。它同时入驻多个电子阅读平台，打捞各种碎片流量。在每年国庆节期间的广州漫展上，快看漫画签售会常常能吸引超过1万人参与。2019年8月，快看漫画获得腾讯1.25亿美元的投资，累计融资额近25亿元人民币。巨大商业成功背后，正是漫画产业和IP崛起的信号。

余佳文曾经因为一句"明年发一个亿给员工"而被周鸿祎怒怼，由此留下其张狂的公众认知。但如果单论张狂程度，1992年出生的尹桑可以力压余佳文。尹桑在南京上学，后赴美国读高中，在美国读大二时辍学回国，开始创办一个名为一起唱的项目。

尹桑的张狂语录包括"人就是应该20岁去创业，你看比尔·盖茨，20岁创业了，扎克伯格，20岁创业了，我，20岁创业了。这背后是有人类的某种规律的。30岁还创什么业？搞笑。"还有，"你在腾讯、在阿里、在华为干10年，那不叫创业，叫下海。你在高中时代开个网店，那叫创业。"

一起唱团队具体做的是一款为KTV设置的硬件智能解决方案，于2012年上线，可以实现附近KTV搜索、比价、预订等功能。在社交方面，一起唱试图用算法评估用户之间的"音乐匹配度"，同时在点歌系统中，用户可以通过游戏等方式加强互动。

从这些功能的描述来看，这个应用更像在堆砌风口关键词——交友、SNS、O2O、深度交互……然而这一切并未成为现实，一起唱成为上述"90后"创业项目中唯一一个早早宣布失败的项目。

2014年，还有一位"90后"年轻创业者一夜爆红——脸萌的作者郭列。

2011年自华中科技大学毕业后，郭列从湖北来到深圳。在腾讯待了一年后，他决定创业。几经思考后，他于2013年6月决定瞄准2亿之众的"90后"，开发脸萌App，帮助用户制作属于自己的卡通头像。

一夜之间，脸萌就火了。3个月内，脸萌用户突破5000万人，海外用户超过1000万人，在中国、英国、西班牙等17个国家的App Store中位列总排行榜第一名；在美国、加拿大、德国等62个国家获得娱乐榜第一名。

然而，接踵而至的媒体采访让郭列应接不暇。"不想把公司办成旅游景点，如果真的为我们好，请不要打扰我们工作。我们是创业者，职责是埋头做产品。"一夜爆红后，郭列曾在朋友圈这样写道。他希望用产品说话。

不过，从2014年7月开始，一夜爆红的脸萌火速降温，越来越多的用户选择了卸载。在朋友圈中，用脸萌头像的人也越来越少。与脸萌类似的爆款还有杨柳的足记、任晓倩的魔漫等。不同的是，郭列在2016年年初又推出了Faceu（激萌）。这款开始涉足短视频的App因推出"全面吐彩虹"玩法而一举登榜并霸榜3周。

神奇的是，2018年上半年，郭列在字节跳动的职务作品轻颜相机和剪映（郭列于2017年加入字节跳动）又一次登榜。4年内3次登顶的经历可谓前无古人。在年轻人社交领域，郭列真奇才也。

短视频的狂风暴雨

绝望的微视，美拍、Musical.ly 和秒拍的增长

2014 年社交的兴起还在于，之前无往不胜的微信在这一年并没有给人眼前一亮的更新。

2014 年国庆前，微信发布了 6.0 版本。其中，卡包产品为本地消费服务提供了更多的入口，更大的亮点是可以上传 6 秒的短视频。不过在经历了国庆长假的热闹后，微信 6.0 的短视频功能并没有像之前的语音、附近的人、群聊、朋友圈、公众号、支付这些功能产品一样流行起来。这其实是 2013 年兴起的那一波儿短视频应用同样面对的问题——创作门槛太高导致供给跟不上，无法形成正循环。

这一年最红的产品是美拍。美拍继承了美图秀秀的打法，一上来就把注意力放在"拍得好看"这件事上，通过 MV 模板和美颜滤镜迅速开辟市场，在年轻女性人群中收获众多拥趸，连续 24 天成为 App Store 免费榜第一名，短短 9 个月就获得 1 亿个用户，比微信突破 1 亿个用户的用时还短。

美拍当时的产品理念是颠覆性的，第一个傻眼的是腾讯旗下的微视。

中国互联网从来就有"西学东渐"的传统，2012 年在美国大火的短视频应用 Vine 让很多国内互联网人看到了机会。在这种大背景下，时任腾讯微博事业部总经理的高自光和当时的技术负责人邢宏宇对标 Vine 开始做微视。2013 年 9 月底，微视 App 上线。

从功能来看，该应用主推 8 秒短视频，不仅可以用 QQ、QQ 邮箱或微信登录，而且可以将短视频分享到微信对话、微信朋友圈和腾讯微博，相当于腾讯最大的流量池任其获取。

从内部支持来看，微视刚刚上线就组建了版权合作、平台运营、产品技术、客厅业务 4 个部门，甚至微视产品运营团队也被升级为微

视产品部。马化腾自己本人在平台上开号，并且发布了 4 条视频。经过腾讯的大力扶持，微视甚至在 2013 年 12 月短暂超过微信，在 App Store 免费排行榜上位列第一名。

在具体运营上，微视沿用微博时期的"明星策略"，邀请有专业背景的明星入场，希望通过明星"大 V"带动普通人使用。2014 年春节，一条明星穿着汉服、拿着福字向全国人民拜年的微视广告在各个电视频道上流传，当年春节，微视日活超过 4500 万人。从除夕到大年初一，数百万人通过微视发布拜年短视频，总播放量超过一亿次，这是微视唯一的高光时刻。

但是对于普通人来说，微视的使用门槛还是过高了。没有滤镜、没有模板、没有好玩的表情包，那时候的手机摄像头拍出来的人真的不太好看，普通人无法参与，更多是专业人士参与的 PGC。

美拍的出现让微视一众人等感慨，原来还可以这么玩。但这已经不重要了，微视三巨头这个时候已经各奔东西，高自光去了小米，黄洁莉去了滴滴打车，邢宏宇最初留守，但最后还是去了 58 同城。几乎在邢宏宇离开的同时，微视无疾而终。

美拍的出现不仅让微视绝望，也让 Musical.ly 走向海外。

Musical.ly 的第一版其实是在 2014 年与美拍同期发布的，阳陆育、朱骏团队的 1.0 版本趋向于在 Vine 和 Instagram 这类强调画面效果的短视频 App 的基础上，添加拍摄过程的镜头效果，但这个创意思路与美拍完全重合。而且由于创业公司本身的技术问题，以及美图秀秀强大品牌力下的流量优势，Musical.ly 几无胜机。看到美拍在后续 3 个月横扫的现实情况，阳陆育意识到团队必须重找出路，推翻之前的设想。

阳陆育和朱骏最开始创业是在 2012 年，他们做了一个用短视频互教互学的社区。当时为了让教育视频好玩，他们做了很多特效道具，这就是 Musical.ly 的起步。

阳陆育告诉本书作者："美拍找到了音乐视频的精髓！"在他看来，

全世界做音乐视频最成功的就是中国台湾地区的人们。台湾人经历了音乐产业高速发展的 30 年，对 MV 的镜头语言、剪辑逻辑和视频包装非常在行。美拍团队充分吸收了台湾 MV 制作的精华，并以此制作出十几个模板，极大地降低了创作门槛。

在这种背景下，为短视频提供背景音乐成为 Musical.ly 团队的核心概念，并被正式提出。随后，团队测试性地耗费 1 万美元向国外音乐公司购买了数十首纯音乐背景音乐并上线新版本。这个版本在国内的反响并不大，但是让阳陆育意外的是，他们收到了一大堆美国人的来信。这些英文邮件里写的全都是产品需求，他们争相告诉阳陆育应该怎样做产品。

阳陆育和朱骏觉得，这是美国市场需要自己的信号，于是索性屏蔽了中国市场，专注深耕出海。在产品打磨和运营方面，阳陆育非常相信用户，他按照他们的建议，将 Musical.ly 的单个视频长度从 10 秒延长到 15 秒；同时他也不断按照用户的建议更新曲库，保证紧随流行金曲的潮流；甚至用户想要快拍、慢拍、抖动这些特效，阳陆育也通通满足。

Musical.ly 开始了音乐版权采买和海外运作。有意思的是，在此之前从未有人提出过采购 30 秒音乐的版权作为商业用途的概念，因为海外在线音乐商店的试听部分当时是可以免费下载的，它本身就是不收钱的，且这些短音乐无法对正常数字音乐的销售产生影响，所以买版权其实没有花多少钱。同时，Musical.ly 主动上门，让出一部分股权给三大唱片公司，采取类似于 YouTube 音乐业务的经营模式，与唱片公司共享利润。

2015 年夏天，Musical.ly 借助"有毒"（指有魔性、有魅力）的特效和话题"dontjudgechallenge"一举吸引了大批美国青少年用户，登顶美国 App Store 总榜。

投资人蜂拥而至，其中以 SIG 的龚挺最为积极。这段故事也颇有戏剧性：阳陆育提出希望融资 500 万美元，他跟龚挺聊了 30 分钟，龚挺就表示可以签约。但阳陆育看对方答应得如此爽快，觉得自己吃亏了，于是表示要回去想想。

第二天，阳陆育见到龚挺表示要 1000 万美元。龚挺回答，怎么才一天就给自己涨了一倍的价？这也太夸张了。阳陆育便问对方还要不要，龚挺的回答是还要。阳陆育一听又觉得自己要少了，于是表示还要回去想想。

第三天，阳陆育给龚挺打电话说要再涨一点，这次要 1500 万美元。龚挺责问对方怎么能这样坑自己，两天时间给自己涨了 2 倍。但是谈到要不要的问题，龚挺仍然表示要。

这次阳陆育没有办法，只好答应了下来，但他知道，自己还是要低了。

讲回美拍带来的冲击。

美拍不仅让微视傻眼，让 Musical.ly 转向，也让秒拍的韩坤又羡慕又嫉妒。对于美拍的巨大魔力，韩坤对本书作者说："真的没有办法，连一起工作的同事和家里人都在用。"

韩坤除了艳羡，一时想不到更好的办法，只好像素级向美拍致敬，集中全公司的力量进行封闭开发，五六十个同事连续 5 个月跟在美拍后面学习滤镜和模板。结果每次都是自己刚做出来，对方又出了新的玩法，干什么都慢人一步，永远做不完。

这让韩坤回过神来——一定不能被局限在对方的战场上，必须回到自己的战场上来。

当时国外盛行冰桶挑战慈善捐款的活动，韩坤就想在国内把这个活动也搞起来，于是决定找 122 位明星，在 72 小时内一起在秒拍上发布冰水浇身的视频。这并不是一件容易的事。

冰桶挑战的规则是，参与者在网络上发布冰水浇身的视频，然后就可以邀请其他人一起参与活动，被邀请的人要么在 24 小时内参与挑战，要么为渐冻人患者捐 100 美元。韩坤他们当时最担心的是，很多明星有偶像包袱，他们可能更愿意捐钱而不是当众冰水湿身。

让韩坤没有想到的是，这件事最后竟然是从互联网圈突破的。2014年8月，一加手机创始人刘作虎率先完成冰桶挑战，同时点名周鸿祎、罗永浩、刘江峰等科技圈人士。8月8日，雷军也接受挑战，完成冰水浇身。在此之后，国内科技圈大佬、各种知名人士纷纷接受挑战，影视圈有近2000位大小明星参与活动。这一时期，秒拍每天的下载量都超过100万次。

韩坤告诉本书作者："当时秒拍的人都疯了，大概国内市场上所有的服务器都被我们收来了。"

冰桶挑战赛给秒拍带来的热度虽然是一时的，但是在此之后，大量的明星内容和头部内容都沉淀在秒拍上。秒拍的用户规模很快就涨到新的量级，并将其他应用甩开一定的距离。

也就是在这时，美拍迎来了自己的瓶颈——内容同质化严重。美拍虽然能够将人像拍得好看，但是滤镜和模板的数量是有限的，用户拍了一段时间就会觉得缺乏创意，收看内容的人看到所有的视频都差不多，也会觉得厌烦。

到了2015年，秒拍凭借活动的沉淀增长了小半年后，增速开始下降。韩坤按天计算着下降的趋势，他心里非常清楚，这样的红利并不能长久，必须让UGC走上一个新的阶段。

当时秒拍有一个创新部门，每月都会推出新产品，希望以此促进增长。这个部门的负责人雷涛是韩坤在搜狐工作时的同事。当时，他在网上看到了德国的一款应用Dubsmash，这是一款根据声音对口型的App。他觉得非常有意思，于是赶紧跟团队商量。为了抢占时间窗口，秒拍抽调一名产品经理和两名工程师用两天时间做出了这个产品的中文版，它就是后来的小咖秀。

这里要补充一点：为什么秒拍的这个创新部门一个月就可以做出一款新产品，做小咖秀也只用了两天时间？这要归功于韩坤在创业开始的前两年推出的Vitamio多媒体开发框架。秒拍也好，小咖秀也好，之前的拍客也好，其核心代码都是一样的，它们都是基于 Vitamio 做出的产品。

小咖秀的出现在一定程度上解决了创意问题。无论是赵本山的小品、《甄嬛传》的对话，还是郭德纲的相声，只要有一段音频，就可以激发大量的用户进行创作，为秒拍带来大量内容。

关于小咖秀火爆的原因，还有一个韩坤蹭流量的段子。当时湖南卫视知名综艺节目《快乐大本营》录制了一个对口型的环节，有一个参与录制的用户发短信问秒拍的人，节目录制用的是不是小咖秀。韩坤深知，《快乐大本营》的年轻受众人群与小咖秀产品用户人群极其贴合，这是一个非常好的传播机会。为此，秒拍还邀请了当时参与录制的明星嘉宾用小咖秀录制视频，彻底坐实这件事。果然，《快乐大本营》接连四期带上了小咖秀，小咖秀也迎来了爆发式增长，每天新增近 200 万个用户。

运气站在快手这边

2014 年不仅是美拍、Musical.ly 和秒拍用户量增长的一年，也是快手用户量快速增长的一年。

快手最初只是程一笑做的个人软件。2011 年，程一笑创建 GIF 快手时，这个软件的主要功能是制作动图。在拿到晨兴资本的张斐给的 200 万元天使投资后，程一笑找来 2009 年他在大连惠普时期的同事——当时在华为的杨远熙，以及他在东北大学的舍友——2011 年他在人人网工作时的同事银鑫，再加一个设计，组成了最早的东北四人组。

在很多投资人看来，程一笑是一个不善表达的人。快手产品经理叶恒告诉本书作者，他面试的时候 HR 曾提醒他沟通的时候注意，但从后来的经历来看，其实不然。快手开产品会议时，程一笑经常是说话最多的那个——他需要合适的环境和正确的人。比如，程一笑遇到宿华的时候，就可以畅聊无阻。

2013 年夏，宿华找张斐商量创业方向。讨论来讨论去，宿华觉得短视频社区是一个方向。张斐心头大喜，决定将程一笑这个产品奇才与宿华这个技术高手撮合在一起。

2000 年，宿华以高出一本线 100 多分的成绩考入清华大学软件学院，之后 10 年都在清华大学读书。2010 年宿华在清华大学读博期间，试图创业做网络视频广告，失败后加入谷歌中国，跟着张栋负责搜索和系统架构。一年后谷歌退出中国内地市场，宿华进入百度凤巢系统担任架构师，继续跟着张栋一起工作。很快，他又离职创业与张栋一起做起了移动搜索，还拒绝了一次阿里的收购，但这次创业仍然成绩不佳。

张斐在自己住的北京金隅喜来登酒店安排了宿华和程一笑的会面。程一笑之前就听说过此人，心里甚至认为宿华在中国程序员中可以排进前十名，双方一见如故。之后张斐组局，程一笑东北四人组与宿华的湖南八人团队一番畅饮，最终确定合并。

合并方式是晨兴资本（占股 20%）和程一笑团队（占股 80%）各自拿出一半股权给宿华团队。在新的快手团队中，宿华团队占 50% 股份，宿华担任 CEO，负责战略技术方面的事务，程一笑则负责他所擅长的客户端业务。

程一笑作为产品早期的创造者，奠定了普惠的产品基调，宿华则在降低视频分发门槛方面起到了关键作用。

宿华加入快手后"All in"短视频社区，先精简界面，摆脱浓浓的"山寨"风，让 App 更简约易用；再去掉杂乱的工具键，让快手的短视频功能更加纯粹。这些措施施行的第一周，快手日活一路下降 90%，让程一笑等人着实担心了一阵。

与此同时，宿华引入自己最擅长的人工智能算法，重构快手内容分发平台。

根据后来杨远熙的回忆，快手最初的算法是将 3 天内点赞最多的视频放在上面，结果导致最上面的视频总是由那几个发布者发布的。

于是团队加入了更多的随机流量，让更多普通人的作品也能得到曝光。具体来说，他们的算法是实行流量的普惠分发。快手会将头部内容的流量限制在30%以内，而给后面的长尾内容70%以上的流量，并且引入经济学中基尼系数的概念，试图平衡不同内容之间的（流量）"贫富差距"。

换一种比较简单的说法：即使再一般的内容，算法也会给几百万的推荐展现量，以激励非专业创作者持续创作。

张斐说，快手界面首页三栏多年来基本没改过。这三栏分别是"关注""发现"（之前称为热门）和"同城"。其中"同城"一栏明显体现了这一算法特点。身在乡镇的年轻用户制作的视频再粗糙简陋，也会被及时推送给乡里乡亲。以至于在众多乡镇和县城中，快手被当作微信朋友圈使用。相较于文字，快手的短视频创作门槛更低，对受教育程度不高的人更加友好。

在内容层面，快手早期和抖音非常相似。与抖音"推荐"类似的"发现"栏目，主要展示的也都是帅哥靓女、精美才艺和搞笑视频。

运气适时地站在快手这边。在宿华带着团队完成快手从技术到商业逻辑的底层重构后，一个契机出现了。2014年前后，因为YY移动端产品跟不上，YY主播大量向快手迁移，在带入内容和大批粉丝的同时，也带入了草根文化和东北气息。

比较典型的案例是某主播在注册快手当日上传了一段7秒的视频，粉丝数迅速达到百万量级，成为最能变现的顶尖主播之一。

在快手攒粉然后到YY变现，这种模式让YY平台上的其他主播看到了机会。2015年2月，一篇名为《YY主播快手粉丝数排行榜》的帖子在YY论坛受到热烈关注，文中直言："今后发展趋势必然在移动端，主播们赶紧利用起来吧"。当时快手上受关注最多的用户，基本上用户名前缀都带着YY直播间号。这一时期，YY与快手处于双赢局面，YY主播为快手提供内容，快手为YY带去新增流量，YY官方也不加以阻拦。

2014 年 8 月，快手拿到了 DCM 投资的 B 轮 1500 万美元。有了钱，快手投入更多的服务器和技术资源，用户体验也得到了很大的提升。当然，这年下半年的 4G 网络全民普及也是快手增长的原因之一。也就是从这年 8 月到 12 月，快手日活从 50 万人暴涨到 1000 万人，快手由此进入上升通道。2015 年，中国出现大规模"农民工返乡潮"，以"小镇朋友圈"和"老铁关系链"为用户基本盘的快手进入爆发增长阶段。

不过在 2014 年夏天之前，虽然顶着中国最大独立第三方 Vine 的帽子，但快手在资本市场并不受待见。

有意思的是，字节跳动还曾想过把快手买下来。张一鸣在接受本书作者的采访时提到，在宿华与张栋创业的时候，张一鸣曾经多次邀请他们去今日头条做分享，因此双方保持着良好的交流关系。加入快手后，宿华也和张一鸣交流过推荐技术。2014 年年初，张一鸣找到宿华，表示希望收购快手。当时的快手还没有"推荐"和"总刷总有"功能，是张一鸣向宿华建议了这些功能。不过这次收购最终没有进行下去，一方面是因为宿华并不积极主动，另一方面是因为当时今日头条虽然拿到了 DST、红杉资本和新浪微博的 1 亿美元投资，但是过得并不太平。

今日头条的版权危机

2014 年 6 月，搜狐对今日头条提起版权诉讼，索赔 1100 万元。

也是在 2014 年 6 月，《广州日报》起诉今日头条侵权，《新京报》发表社论要求今日头条停止侵权，各地方媒体和新闻网站也纷纷要求今日头条停止侵权，并且赔偿损失。

一时之间，今日头条深陷一场版权危机中。

在和本书作者谈起有关版权危机的事时，张一鸣的说法是，当时不太景气的传统媒体和门户网站都把今日头条当作竞争对手。当今日头条估值达到 5 亿美元的时候，自然会刺激到一些人。但是，今日头条在 2014—2016 年这 3 年中没有版权败诉的官司，所有人都可以在诉讼记录中查证。张一鸣补充说："当然，有一些是和解的，但是我们在法律上是没有问题的。"

耐人寻味的是，字节跳动和搜狐之间曾经有过一段蜜月期。2013年上半年，今日头条找搜狐谈投资，但搜狐没有看上今日头条，只把它看成一个能给搜狐新闻客户端导量的合作伙伴。之后搜狗要并给360，搜狐的高级副总裁方刚找过张一鸣。在本书作者与现在在好未来做教育的方刚聊天时，方刚还回忆起张一鸣当年的不卑不亢和云淡风轻。

2013 年年底，搜狐新闻客户端复盘，认为原有的套路走到尽头了，得向今日头条学习怎么用推荐算法提高效率和吸引读者，也自然而然地提到收购字节跳动。

2014 年 1 月，在搜狐顶楼的办公室里，张一鸣见到了比他大 19 岁的张朝阳。这也是中国青年互联网人杰出代表与中国老一代互联网领袖的一次会面，从双方的目的来看，这注定是一次较量而非合作，也是双方互交底牌的一次交谈。

版权纠纷，不仅是媒体间竞争的体现，也是媒体行业生态恶化的先兆。但是，在 2014 年这个有关部门对中国移动互联网产业加强监管的一年，还是发生了轰动一时的快播事件。尽管目前关于快播事件的说法有各种版本，但不论是哪种版本都指向一点——得听指挥，得规范，得被管起来。

闲话少叙，回到今日头条的 2014 年。

今日头条的版权危机之所以能够解决，是因为张一鸣形成了良好的对话机制并让主管部门看到了诚意。在此之后，字节跳动也着手建立起自己与政府的对话机制。

一点资讯的短暂辉煌

2014 年，就在今日头条被版权和监管问题弄得手忙脚乱的时候，一点资讯却锦衣轻骑，一路向前。

前文提到，一点资讯虽然有凤凰新媒体做股东，但是凤凰新媒体在第一轮投资时只占有 10% 左右的股份。所以最开始出现版权纠纷和其他问题的时候，凤凰新媒体虽然帮忙，但总有这样那样的问题存在。于是几乎就在 2014 年今日头条饱受版权纠纷困扰的时候，凤凰新媒体又对一点资讯增资了一轮，成为一点资讯的大股东。凤凰网本身是老牌门户，也有国字号背景，更通晓哪些事情是在政策允许范围之内的，因此为一点资讯赢得了一个难得的快速发展期。

郑朝晖对本书作者回忆，一点资讯难得的快速增长期是 2014 年到 2015 年年初。当时今日头条的用户活跃数据略高于一点资讯，但一点资讯的增速快过今日头条，这给今日头条带来很大的压力。他总结，这波儿增长趋势有几个推动力，包括产品架构能力、小米等手机内置带来的生态流量，以及超有执行力的团队。

但好景不长。搜狐新闻客户端从 2014 年下半年开始撤离预装市场，但因为商业模式的问题，一点资讯还在跑通期，无暇吃这块本该属于自己计划中的蛋糕。反观今日头条，因为不需要和小米分钱，自己的广告模式也运作了起来，所以有更多的财力可以押注在预装上。同时，由于推荐技术的持续补强，今日头条之前在技术产品方面的努力也到了收获期。综合各种因素，尽管有更加不顺的外部环境，今日头条成长的速度还是比一点资讯快。

另一方面，今日头条在被管理的实践中茁壮成长，也建立起了自己与政府的对话机制和上层建筑。这些上层建筑反过来作用在一点资讯上，此消彼长间，一点资讯不得不又让凤凰新媒体增持了一轮。这轮过后，凤凰新媒体成为一点资讯的控股大股东。

这个时候，初创时既是天使投资人又是联合创始人的任旭阳占股过多的问题突显出来。直到任旭阳担任一点资讯的 CEO，公司出现了 3 个话事人，即 CEO、凤凰新媒体，以及郑朝晖等创业元老。

2016 年 10 月陈彤加入一点资讯，当时郑朝晖、李欣和陆荣清已经远走硅谷一年多了。2015 年年初，一点阅读对外宣布国际化，郑朝晖带一众人等创办海外版 News Break，这多少有些公关辞令的意味。

2015 年之后，在一点资讯身陷漩涡时，今日头条已经建成了推荐引擎的护城河，以及信息流广告结合预装的正向增长模型，从此一骑绝尘。至于没有买下快手的遗憾，则被抖音的横空出世给弥补了。毕竟这个世界不全是张一鸣的。

直播登场，游戏先行

早期的 A 站、B 站

2014 年 4 月，脱胎于 A 站"生放送"频道的斗鱼正式上线。

这里介绍一下 A 站。A 站全称是 AcFun 弹幕视频网，简称 A 站，成立于 2007 年 6 月，取意 Anime Comic Fun，是中国大陆第一家弹幕视频网站。

"弹幕"，指大量吐槽评论从屏幕飘过时的效果，看上去像飞行射击游戏里的子弹密集时形成的幕布效果，所以日本网民称之为弹幕。弹幕的日语发音为"danmaku"，弹幕系统是弹幕播放器的核心。

A 站首先将弹幕引入国内，并以视频为载体，逐步发展出基于原生内容二次创作的完整生态。其拥有高质量互动弹幕，是中国弹幕文化的发源地。A 站还拥有大量超黏性的用户群体，输出了"金坷垃""鬼畜全明星""我的滑板鞋""小苹果"等大量网络流行文化，也是中国二次元文化的发源地之一。

而陈少杰做的一件对其日后发展有决定性作用的事情，就是买下 A 站。2010 年，因为一段网友自制的关于灌篮高手全国大赛的视频，陈少杰关注到了 A 站，发现弹幕这种形式很有意思。不久后，他以 140 万元的价格从 A 站创始人手里买下 A 站。有一段时间，陈少杰每天下班后就是审核后台网友上传的视频，看心情决定是否通过，十分惬意。

　　到了 2013 年，IDG 资本的童晨来敲门。童晨是 IDG 资本最早关注"90 后"群体的投资人，他找到陈少杰表示想投资 A 站。

　　但陈少杰却没有接招。这很大原因在于 IDG 资本看中的是 A 站，而陈少杰的心思却转向了游戏直播。陈少杰此时在 A 站孵化了"生放送"——直播，借助 A 站的人气，短时间内就吸引了近 10 万个用户。他正在考虑是否要把游戏直播做得更大一些，因此建议童晨去找 B 站，它比 A 站做得更好。于是 2013 年下半年，B 站拿到了 IDG 资本数百万美元的 A 轮融资。

　　B 站拿到融资后，其天使投资人陈睿找到陈少杰，想将 A 站和 B 站合并，邀请他去北京详谈。彼时陈少杰心意已定，准备放下视频网站 A 站的业务去做游戏直播，于是欣然前往。

　　A 站、B 站合并的事很早之前就已经讨论过。两家本是同源，一开始 B 站是 A 站站友徐逸等人做的 A 站备份，他同另外 3 个人共同在业余时间维护 B 站，同时在 A 站兼职。在 B 站还没有接触到外部资本的 2010 年，陈少杰接手 A 站后也提出出资 200 万元给徐逸，合并 B 站。双方对这个价钱没有什么异议，但在谈判的最后阶段，陈少杰当时的助理说，以后要将新网站做成视频版的猫扑，做视频版的二次元网站没前途。这句话惹恼了徐逸，"看不起我们二次元，就不跟你们做生意。"徐逸说完甩手而去。

　　陈少杰在北京待了一个月，住在离金山总部不远的一家商务酒店，每天等陈睿下班后边"撸串"边详谈。合并的基本方案是 A 站并给 B 站，陈少杰只拿部分股份，自己去做游戏直播。按照陈少杰的说法，斗鱼这个名字也是那时候他与陈睿一起讨论定下来的。斗鱼本身是泰国的一种民间动物，"斗"也有PK的意思。

知道斗鱼这个项目后，IDG资本也想参与。陈睿拉着陈少杰去见童晨和时任IDG资本合伙人、现峰瑞资本创始人李丰，商量怎么合并，怎么投资斗鱼。是IDG资本单独投，还是用B站拿的融资来投。在此期间，陈少杰拿到了IDG资本200万美元的投资承诺。

IDG资本不是最早对陈少杰有投资意向的基金公司，由A8新媒体集团老板刘晓松和两位盛大投资部"老人"苏蔚、董占斌共同创办的青松基金，在此之前也有意投资斗鱼。苏蔚告诉本书作者，青松当时有位投资经理苏明明曾是边锋员工，与陈少杰关系不错，很早便得知了斗鱼这一项目，也在内部推荐过。苏蔚一直很看好斗鱼，现在也是其忠实用户，但青松当时定位在天使轮，所以给出的投资金额不多，至多几百万元，这个与陈少杰需要的至少千万元相差甚远。

2013年年底，陈少杰因孩子马上要出生，不得不从北京回到武汉，暂时放下合并的事。这个时候，曾任奥飞动漫副总裁的陈德荣直接跑到武汉找陈少杰想投资A站。他说奥飞动漫知道斗鱼后很感兴趣，两人在一间咖啡厅连续谈了3天，达成一致。最终的方案是奥飞动漫董事长蔡东青作为天使个人，同时投资A站和斗鱼。蔡东青先是出一笔钱拿到了A站控股权，后来又通过注资完全控制。2014年年初，斗鱼也获得了奥飞动漫2000万元的天使融资。

直播兴起，虎牙、斗鱼火热

比起青松，奥飞动漫投资的体量更大，且它比IDG资本更灵活。对于陈少杰来说，A站拿到了钱能发展，自己又能全力做斗鱼，两边都完美。有趣的是，陈德荣与苏明明后来均加入了斗鱼，苏明明后来成为斗鱼负责投资的副总裁。

2014 年 4 月，斗鱼直播正式上线，一下子就将游戏直播的热度炒了起来。

当时，签约俱乐部、电竞选手和解说，是最简单的流量来源。陈少杰出手极为阔绰，签约主播、冠名战队、投放广告，毫不手软。较出名的例子是，游戏《LOL》(英雄联盟)排位靠前的玩家如果在 ID 前加上"斗鱼 TV"字样，冲到王者的奖励 1 万元，达到前十的奖励 10 万元。这一招在平台推广初期性价比非常高，后来也被竞争对手效仿。

2014 年，斗鱼赞助 DK 和 IG 两家俱乐部参加 DOTA2 国际邀请赛 Ti4，据传花费为 400 万元左右；签约 LOL 主播小智(杨丰智)，花费更是达到了 1000 多万元。斗鱼还有一招，就是给部分主播发固定工资，主播只需要满足直播时间就行。这对收入低且不稳定的主播很有吸引力。

陈少杰告诉本书作者，斗鱼当时唯一的想法就是要快，快速融资、快速花钱，趁其他人还没明白过来的时候把市场做大。拿到天使轮 2000 万元后一个月，陈少杰便将这笔钱花得只剩 500 多万元，其中大部分用在了带宽扩充和主播签约上，剩下的钱只够发工资和维持公司基本运作。这种做法很冒险，但也很奏效，在短短几个月的时间里，斗鱼几乎成了游戏直播的代名词。

在这种情况下，抓紧融资是硬道理。2014 年 3~4 月，陈少杰平均每天约见 3 个投资人，最后锁定了红杉资本。红杉资本负责斗鱼的投资人是曹曦。

曹曦，生于 1985 年，毕业于北京大学。他的第一份工作在腾讯，后来他跟着吴奕敏等人去了金山。从金山出来，经师兄李国飞介绍，他加入同创伟业做投资。懂年轻用户的人不如他懂投资，懂投资的人不如他懂年轻用户典型画像，偏偏他还在产业里待过，又喜欢投"老司机"，于是曹曦几乎投中了过去 5 年里与年轻人有关的所有明星案子，很快成为红杉资本的合伙人。

曹曦得知斗鱼正在融资后，马上找到了陈少杰，敲定 A 轮投资1870 万美元。

为什么是红杉资本？可能是因为曹曦与陈少杰的性格有相似之处。在回应本书作者为何这么敢花钱这一问题时，陈少杰反问："不花掉难道等着下崽？"但即便是这么生猛的他，也得承认，当时曹曦投资接近 2000 万美元还是"很猛的"，因为斗鱼公司从注册到当时只有一个多月。

出任虎牙直播 CEO 的董荣杰为本书作者分析，YY 已经积累了大量用户（最高峰时，YY 所拥有的用户数是腾讯 QQ 的 1/10，用户平均时长是 QQ 的 1/5），所以游戏直播的用户范围一定涵盖在 YY 用户范围之内，游戏直播一开始主要还是服务于 YY 原有的用户。而 YY 没有注意到的是，游戏直播正在形成一个行业，它没有看到在 YY 之外还有很多的游戏直播增量用户。

从游戏资讯、攻略、工具、社区到游戏视频，经过多玩、17173等游戏媒体的宣传，用户已经对游戏形成了认知。经纬创投 VP 庄明浩也认为，随着社会对游戏的认可度和游戏的普及度越来越高，会慢慢出现"云玩家"。他们可能不打游戏，或者曾经打过但现在不打了，但对游戏有一定的认知和理解，愿意观看和付费。就像传统体育一样，很多观众不会打篮球、网球，但会观看。

斗鱼获取的正是这部分云玩家，所以此时虽然 YY 的游戏直播仍旧领先，但增长曲线是平缓向上的，而斗鱼的增长曲线却是直冲云霄。斗鱼的异军突起吸引了诸多跟进者，第一个就是陈少杰的老东家边锋旗下的战旗。

战旗入场直播的时间不比斗鱼晚多少。它于 2014 年 1 月宣布成立，5 月正式上线。战旗与斗鱼算是师出同门，它是边锋旗下的游戏直播平台，而陈少杰也曾在边锋任职，还做过直播平台酷秀与飞火。

战旗同样来势凶猛。购买 OGN（OnGameNet）冠军联赛的直播版权，给它带来了第一批流量。它也赞助了当年 Ti4 决赛的冠

亚军战队 Newbee 与 VG，后来签约了有 LOL"王牌上单"称号的
PDD、电竞传奇人物"人皇"SKY（李晓峰）、《魔兽世界》亡灵选
手"鬼王"TED（曾卓）、SKY 的弟弟《星际争霸》选手 LOVECD（李
俊峰）等人，让他们入驻直播。

在内容上，战旗引进了当时新成立的电竞节目制作方 ImbaTV。
2014 年 7 月，ImbaTV 获得了创新工场与红杉资本的 600 万美元的
投资。它由原上海游戏风云的团队创立，而游戏风云是当时国内唯
二可以播放游戏内容的电视频道之一。在 ImbaTV 团队中，Esports
海涛（周凌翔）与 BBC（张宏圣）是有名气的游戏电竞主持人和主播，
妖魔（张哲晞）和 117（沈伟荣）则分别担任过游戏风云的 COO 和
赛事总监。海涛的一句名言"不图不挂，素质游戏"，是很多人玩过
《DOTA》的证明。

2014 年 8 月，火猫 TV 正式成立。火猫是 MarsTV 旗下的直播平台，
MarsTV 则是耀宇文化旗下的电竞赛事运营和内容制作品牌。

当时火猫 TV 有一句非官方的宣传语，叫作"火烧旗，猫吃鱼"。
与斗鱼、战旗有所区别的是，火猫一开始就绑定了游戏厂商完美世界。
完美世界是《DOTA2》在国内的代理，与 MarsTV 在游戏赛事和转播
上做整合。

对于战旗挖斗鱼的主播这件事，陈少杰不是很担心，因为在这个
市场中，斗鱼是先发者。火猫带着赛事而来，陈少杰也不是很担心，
因为《DOTA2》虽然是一个好游戏，但整个市场占有率有限。但龙珠
直播的入局，让陈少杰多少有些担心。

2014 年下半年，陆续有消息传出，腾讯将与软银共同投资 PLU，
并由陈琦栋操盘，做电竞内容与游戏直播。PLU 是国内第一批电竞比
赛直播媒体，2006 年开始涉足电竞赛事的运营，也是国内电竞第一批
非官方的赛事组织者之一。PLU 从 2011 年起就一直与腾讯互娱合作
电竞比赛、承办腾讯电竞运动会等。国内第一个 LOL 职业联赛，就
是 2013 年 PLU 与腾讯游戏合办的。

后来，腾讯果然投资了陈琦栋做龙珠直播，斗鱼也曾无限接近与龙珠直播的合并，但最后因在如何与斗鱼老股东奥飞动漫共存的问题上没有形成统一意见而作罢。两者合并未成，演变为一出相互挖人的大戏。

龙珠直播入场后，游戏直播的第一浪也基本到顶。之所以说是基本到顶，是因为真正到顶要等到王思聪的加入。王思聪是整个直播故事的重要人物之一，他主控的熊猫直播加速了游戏直播的赶顶，他参与的 17 直播掀起了手机娱乐直播的大浪……

2015 / 合并大年

引子

2015 年是中国移动互联网的上半场与下半场的交接之年。

在前文中，我们看到了新技术、新媒介、新供给、新消费和新的组织结构形式正在不断涌现。当这些条件具备之时，就是行业格局大变动之日。

所以，2015 年是超级合并年：滴滴打车和快的打车合并——打则惊天动地，合则恩爱到底；美团和大众点评合并，进而影响到外卖、电影票等赛道的格局变化；携程和去哪儿合并，体现了梁建章高人一筹的财技和庄辰超不屈不挠的战斗意志；58 同城和赶集网合并，意味着分类信息赛道的形态将出现升维，也为日后激烈的二手车电商大战埋下伏笔……

在这一年，新车电商试水失败，影响到了造车新势力的崛起。

乐视和暴风影音的东奔西突，则显示了这个市场上从来不缺乏机会主义者的想象空间。

这一年更有趣的一个特征是，很多人认为大整合意味着许多领域的局面已定。比如，大多数人认为电商的未来取决于京东和阿里的对决，但在下一个 5 年中，拼多多的快速崛起令人难以想象。其实，这说来也符合"五新"原则，即拼多多在移动互联网的基础架构上二次定义了"新供给"，并且，它巧妙地利用了"新媒介"。这不是说"五新"能够解释一切，但至少说明了创新驱动永远是有价值的。

每件事都是独立的大事，每件事之间都交织在一起，天然暗合……

它宣告了一个叫"互联网下半场"的时代即将登上历史舞台。

滴滴、快的合并与优步大战

滴滴与快的：打则惊天动地，合则恩爱到底

2015 年 2 月 14 日情人节这一天，滴滴打车的员工收到了一封来自程维的内部邮件，里面有两句话颇为动人："打则惊天动地，合则恩爱到底。"

这封内部邮件宣布，滴滴打车和快的打车合并，合并后的公司成为国内最大的移动出行平台。

读到这封内部邮件后，心情最复杂的是一位名为周航的人。他是国内第一个提供在线专车服务的企业易到的创始人。

从某种意义上说，专车市场是出行企业用互联网平台改造传统出租车行业之外的第一个增量市场。

在专车市场的运营环节中，车源供给主要由有资质的汽车租赁公

司来完成,司机租用汽车租赁公司的车辆。这虽然对于实施属地管理、规则千差万别的出租车市场来说,有某种合规性的隐患,但风险总体来说大大低于后期没有任何门槛的私家车大举进军的快车市场。

易到创始人周航在接受本书作者的采访时表示,早期的专车市场是他"按自己的消费习惯"来打造的。周航默认,专车的使用者不缺钱、对价格不敏感,追求的是绝对可靠的服务和招之即来的方便,"就是从北京到西藏,也为你服务,产生多少成本另说"。

应该说,周航很好地定义了专车市场的差异化特征。但他事后的反思则是,专车和快车的本质并没有太大区别,易到过于坚持格调,忽视了滴滴打车和快的打车的成长。

周航最后悔的是,在易到还独步专车市场的时候,自己没有及时拿VC的钱。他对本书作者说:"我们找对了市场,验证了模式,形成了闭环,一时间甚至成为资本市场的宠儿。我印象最深的就是(2014年)C轮的时候,市场上找我们的钱至少有3亿美元,但我们挑挑拣拣才拿了1亿美元,那不是一般的'挑挑拣拣'。而在几个月后,对手创下了私募史上最大的单笔融资金额7亿美元。这时候我们这1亿美元就完全不够用了,再去拿也拿不到了。钱都跟着滴滴打车和快的打车走了。可以说从那一刻起,易到就没有机会了。"

周航也想让易到参战,可是参战一天就花掉1000多万元,他当时就傻眼了。

2015年年初,程维来找周航,释放出合并的意思。周航说:"我当时非常愿意。但实际上,程维只是拿跟易到谈合并当个幌子,给快的打车施压。没几天它俩一合并,对于我们来说,基本上市场格局就已定了。不管是后来优步来了也好,神州入局也好,易到都毫无办法。"

如果按周航所说,是融资能力让易到陷入败局,那么打败易到的其实是一个叫柳青的女子。2014年4月,滴滴打车和快的打车补贴战结束后,柳青毛遂自荐加入滴滴打车,担任总裁和执行董事。

关于柳青的加入,另一种说法是柳青其实是王刚和程维主动请过来的。滴滴打车和快的打车的合并一直在以各种方式尝试推进，柳青最早就是被王刚拉来帮着见阿里高层、谈合并的，但第一次谈判失败了。谈判虽然失败了，但王刚和程维觉得请柳青来帮忙融资挺好的，所以就主动邀请柳青加入。

柳青在滴滴打车的献礼之作是，在2014年12月，帮助滴滴打车完成了F轮7亿美元的融资。这是中国互联网史上最大的融资案例之一，也创下了当时的纪录。

而在滴滴打车宣布要融资7亿美元的前夜，快的打车也在同年12月31日获得了阿里、老虎基金和软银的6亿美元注资，在现金储备上毫不示弱。

经徐传陞建议，快的打车的吕传伟直接找到软银，花了两周时间跟对方交流。软银很快决定投资，而它之所以这么爽快，阿里在其中起到了重要的推动作用，因为阿里在一开始就明确表示跟投。另一个踊跃跟投的是老虎基金。

李治国后来对本书作者回忆，老虎基金在找上快的打车后一周就把钱打过来了。

有意思的是，滴滴打车在D轮拿到DST的1亿美元之后，DST创始人尤里·米尔纳曾经来到滴滴打车，说了3句话："第一，优步要灭了你们；第二，如果要活命，只有一个办法，和快的打车合并；第三，合并后我可以再给你们10亿美元。"

这背后，其实是DST和老虎基金两大机构的"神配合"。DST决定投资滴滴打车后，立刻知会了老虎基金，并告诉后者，自己不但要投资滴滴打车，还将促成滴滴打车和快的打车的合并。这种"通气"无异于给老虎基金送钱。也就是说，老虎基金认为滴滴打车和快的打车的合并一定会成功，而且这种成功会大幅度拉升合并后新公司的估值，这是其主动参与进来的原因。

在滴滴打车和快的打车的巨量资本到位后，资本的意志开始行动，力促合并成了首选。

仅仅在快的打车宣布融资 6 亿元后不到 10 天，合并的谈判便开始启动。2015 年 1 月 21 日，双方在深圳进入了实质性的谈判阶段。其中，华兴资本的包凡是明面上的中间人，他之前担任过滴滴打车的财务顾问。

滴滴打车和快的打车其实在 2013 年就谈过合并。早在 2013 年年中竞标另一家打车软件公司大黄蜂之时，王刚和程维曾主动接触阿里和快的打车，表达了合并的意愿。双方随后启动了谈判，但因为合并比例和管理分工等问题有分歧而搁置。

双方的第二次接触是在 2014 年。滴滴打车获得腾讯和中信的 B 轮融资后，李治国找了一个机会请吕传伟和王刚一起喝茶。这次的成果是，此后当双方发生分歧的时候，两个 CEO 可以直接拿起电话交流了。

最后一次谈判为什么选在深圳？和国际上交战国谈判总要找个中立地点一样，快的打车的总部在杭州，滴滴打车的总部在北京，所以这次谈判的地点就挑了深圳。其实严格说来，腾讯的总部也在深圳，这不能算公平，这也是为何当时曾提出将成都作为备选的谈判地。

这场会议没有在任何高调的地方，也没有在任何关联方的机构内进行。这样做其实也是为了保密。经纬创投找了一个服务公寓，参加谈判的共有 6 人——程维、柳青、吕传伟、徐传陞、包凡和他的合伙人。6 个人窝在一个房间里，从早上 8 点到晚上 9 点，谈了 13 个小时。

有趣的是，快的打车的人很怕柳青。因为柳青在高盛待过，有很丰富的资本运作经验，有气场，有谈判经验，很"难缠"。快的打车管理团队的人都是做技术和产品的，嘴巴普遍比较"笨"，没有经历过这样的场合，他们缺了柳青这样一个左右逢源、亦刚亦柔的人。所以快的打车的股东怕管理团队吃亏，就把徐传陞推了上去。

徐传陞对本书作者说："为什么最终走在一起？最简单的解释是 2015 年 1 月 21 日那天，两个 CEO 都认为在过去一年半里，从不打不相识到两家企业共同协作，比分开做更好。"

最后，双方准备了一页纸，提了9条共识，其中包括怎么处理阿里和腾讯的关系。主要是以合并后新公司的核心利益为考量，不偏袒任何一方股东。

2015年1月27日，双方的管理团队在北京进行第二次会议。除了参加第一次谈判的6个人，还有双方的律师、审计和财务，大概十六七个人。双方律师开始起草框架协议，前后一共用了21天时间，正式签字是在2月11日。2月14情人节，两家公司宣布"在一起"。

这就是所谓"打则惊天动地，合则恩爱到底"。

合并之后，合并必有的仪轨一应俱全，如联席CEO这种必须走的过场。

7人董事会的架构也得以保全。管理团队3个人（程维、吕传伟和柳青）；财务投资人双方各派了1个代表——快的打车推举徐传陞，滴滴打车推举王刚；阿里和腾讯各一票——一个是阿里的彭蕾，一个是腾讯的彭志坚，构成7人董事会。

优步强势入华，PK滴滴、快的

前文提到，滴滴打车和快的打车合并，原因其实只有一个，就是优步要进入中国市场了。

优步在2013年也找过滴滴打车，表示要投资，要40%的股份。滴滴打车那时虽然小，但程维有雄心和底气，于是拒绝了优步。

被滴滴打车拒绝后，优步决定自己进入中国。2014年3月12日，它在上海召开官方发布会，宣布正式进入中国大陆市场，确定中文名为"优步"，并与支付宝合作。

与滴滴打车和快的打车都以撬动出租车市场作为开始所不同的是，优步最初起步时考虑到合规性，采取的是按天付费、从上海市的租赁公司连人带车"整租"运力的方式。让司机在路上"趴活"接单，即使没有单子，也要在App里随时待命。

优步中国团队 8 号员工谈婧曾在自己的公众号里回忆起 2014 年优步在中国的起步："那是一个乍暖还寒的初春,在上海静安区一个小小的创业园区的二楼,一间不到 20 平方米的办公室里。简陋的两张大白桌子,一个简单的宜家黑色柜子,凌乱的桌面上摆着 3 台苹果电脑。一切的一切,都无法让你联想到这个之后以'格调高'而蜚声全国的品牌。"

整租的日子没有持续太久,优步发现这种方式亏损太大,提出变更租赁方式。走到这一步,对于汽车租赁公司来说就需要接受一种新的业务形态了,从整租变为零散租赁,从收入确定变成收入不确定。一开始的时候,汽车租赁公司确实可能亏本,但是等到后来优步规模变大、模式跑通的时候,是非常赚钱的。

谈婧最开始谈了几个大型国有汽车租赁公司。但她随即发现,国企对这些无动于衷,于是她把重点放在那些中小规模的民企上。

当时有个叫老陈的江苏人,经营着一家小型汽车租赁公司,在上海排不上号,业务也不多。他找上门来,成为与优步最早合作的汽车租赁公司之一。通过优步这个新型的、互联网化的生意来源,他迅速盈利。巅峰时期,老陈公司的司机占优步上海整个供应量的 90%。

和寻找合作方起步点越低越好相对应的是,在寻找客户时,优步的原则是起点越高越好。

在上海这个十里洋场,最不缺的就是两类人——外国人和时尚界人士。优步的车好,比出租车档次高,于是它就想方设法和时尚界合作,它第一个赞助的活动就是上海时装周。就这样,优步从上海的派对、酒吧和夜店里,找到了自己的起步用户。从上海这个拥有丰富国内潮流文化的地方起步,自带华丽的国际出行巨头光环,加上早期团队"洋人 + 秀场"式的出色营销,即便是 App 的界面也远远比滴滴打车和快的打车的简洁大气,这是优步的优势。

而且,优步的营销团队充满激情和想象力。某次上海暴雨后,优步立刻把界面上显示汽车的图标都换成船,号称推出了"优步打船"

业务，这当然是个玩笑。它还做起了跑腿外卖的工作，如展开一键呼叫冰激凌车到公司楼下、情人节订购玫瑰花等活动。在春节，优步还在中国做起了即叫即到的舞狮表演活动。

这种大胆、新奇的营销方式，让人感觉使用优步更时尚、更"国际"，甚至"Uber"的正确读音也成了社交媒体上的热门话题。都市白领群体中成功地建立了某种鄙视链，这使得优步在高线城市得以对滴滴打车进行降维打击。

优步在国际市场的打法比较一致，就是采用"精英小分队"策略，也称"铁三角"。"铁三角"中通常有 3 个"兵种"：城市经理，负责整体城市业务策略的制定；市场经理，负责市场营销和获得用户；运营经理，主要负责招揽司机。这种设计对应的是优步典型的发展策略：以城市为运营单位，司机和乘客同等重要。

滴滴打车进入一个城市时，往往需要调动几十或上百人的团队进驻，每个城市统一调度；而优步的做法更具国际范，它就把系统和技术做好，至于运营和市场，则放权给当地团队去做，同时共享信息，形成内部竞争。这进一步加剧了优步员工对滴滴打车员工的"鄙视"。

不过由于 2014 年优步更多推广 Uber BLACK（专车业务），其 2014 年在中国开展业务的城市也有限，所以它和滴滴打车之间其实没有太多的直接竞争。

相反，由于 Uber BLACK 直接对标的是专车业务，所以神州专车成了那时主要打击优步的公司。神州专车出手就放出了一组名为"Beat U"的海报，从画面和主题可以明显看出这组海报是由神州专车一手策划的，明星和行业精英站台，以犀利言辞抨击"黑专车"，明确点出"黑专车"知道我的手机和住址，他们窥视我和我的家人，他们可能伤害我……

"Beat U"中"U"在这里可以指 You（你），但更直接的解释是 Uber。

对于 2015 年的滴滴打车来说，柳青加入和优步入华是两个巨大的变量，这促使滴滴打车倒逼自己更加互联网化、科技化，深刻地理解共享经济，开发一套足以抗衡优步的数字平台，推出更加个性化的产品。

优步的快车——人民优步上线，点燃了滴滴打车和优步之间的战火。

经过了 2014 年一整年对中国市场的熟悉之后，优步决定在中国大范围推广人民优步。整个 2015 年春节，优步在上海的员工几乎都没有回家。

人民优步上线后狂打低价战，最疯狂的时候价格只有出租车的一半，一个月就达到了 100 万单。要知道，同期滴滴打车最巅峰的时候才每个月 500 万单，但那是全系列产品加在一起的。优步在中国的一个产品一个月就做到了 100 万单，相关企业的团队都吓坏了——不跟进肯定就完了。

话虽如此，面对人民优步的攻势，滴滴打车虽然准备好了对应的快车产品，却迟迟不敢推出。

一位滴滴打车的前高管对本书作者说："当时我们一直想做快车，但不敢做，不想当坏人！因为比出租车价格低的产品会冲击出租车行业。但是优步就是敲锣打鼓地进来了。"

2015 年 4 月 15 日和 5 月 6 日，快的打车和滴滴打车先后在 App 上推出"一号快车"和"滴滴快车"出行服务。滴滴快车上线 9 天后，就宣布在北京、天津、杭州、广州、深圳、成都、武汉、重庆、南京、长沙、大连和西安 12 个城市推出"全民免费坐快车"活动。此后一个月内，所有乘客每周一都可以免费乘坐滴滴快车。为此，滴滴投入了 10 亿元。

滴滴启动顺风车，共享经济真的来了

跟进快车业务后，滴滴打车和快的打车的单量迅速起飞，但随之

而来的加价问题也让它头大不已。

在出租车时代，加价就已经存在。但这个加价权主要是由乘客掌握的，如加几元来增加叫车的成功率。

但是快车实施加价以后，用户体验就变得非常差。因为平台会直接告诉用户，现在要打车需要花费乘以几倍的费用，否则就打不到车。最开始的时候，这种加价可以达到几倍甚至十几倍，一时间网上骂声一片。

滴滴打车的高层试图辩解，说这是用供需关系来调节供给的唯一方法，但滴滴打车内部对此也有争论。一位滴滴打车的前高管告诉本书作者："其实从调节手段来说，涨一倍就可以实现有效调剂，涨两倍更是百分百可以实现，涨十几倍对于滴滴打车来说其实并无意义。因为这部分钱大部分落不到滴滴打车的口袋里，而是给了司机，滴滴打车却挨了骂。"产生这样的问题，原因有二：一方面，滴滴打车因为技术投入不足，平台算法不够优越；另一方面，根本原因是供需不平衡。

于是滴滴打车的高层去请教经济学家周其仁。周其仁告诉对方，解决加价问题很简单，主要是要撬动弹性运力。

无论是专车还是快车，本质上都是刚性运力。刚性运力需要占用传统交通运输企业很高的成本，而且还有一个问题，就是交通运输行业天然存在波峰和波谷。

简单来说，城市居民一天的出行高峰时段只有两个，就是上班和下班时间。对于部分大城市来说，可能还有一波儿夜生活的小波峰。这些时段叫车的人非常集中，对平台运力的压力非常大。一旦刚性运力不足，叫车需求就无法得到满足，如果得不到满足的人多了，平台就会承受很大的压力——动用价格杠杆骂声一片，不动用更是骂声一片。

但是，运输企业如果按照波峰的需求配置刚性运力，则必然亏损，因为波谷的时间远远长于波峰。而波峰和波谷是每天都出现的，这就导致滴滴打车每天都要被骂、被挑战。

这其实指向一个答案——顺风车。

要成为"弹性运力"，必须具备几个先决条件：第一，有人、有车；第二，愿意在上下班高峰期开车；第三，不能和本质已经是职业司机的专车或部分快车司机重合。

综合以上因素，唯一符合这些条件的，只有数量庞大的自驾车上班族，即以城市中青年白领为主的群体。这个群体的基数大得惊人，每天出行量接近一亿次。只要撬动10%，就有1000万辆车可以提供服务，即使只撬动1%，也有100万辆可以提供服务。

2015年6月1日，滴滴打车正式推出拼车服务"滴滴顺风车"，这也是滴滴打车和快的打车合并后推出的首个新产品。

滴滴顺风车定位于城市"共享出行"，利用大数据算法和先进的匹配技术，一对一连接每一位愿意结伴同行的车主和乘客。车主可通过产品选项，预设好路线；乘客亦可在App中输入自己上下车的地点。顺风车产品将会根据双方的路线自行匹配车主和乘客，由于车主是用自己的私家车上下班顺路接人，对价格不那么敏感，而对共乘体验更为敏感。因此，顺风车和其他产品本质的不同在于，车主可以挑选乘客。

这个模式是滴滴打车推出的真正有共享色彩的模式，但并非由滴滴打车首创。在滴滴顺风车出现之前，51用车、天天用车都是类似的逻辑。

滴滴顺风车刚上线的时候提供了高额补贴，这本是营销导向的滴滴打车最擅长的。网络媒体的一篇报道是这样说的："滴滴给予的车主补贴高得有点令人眼热。滴滴方面的补贴计划是，对入驻滴滴顺风车的车主，给予新注册用户50元补贴，完成首单后再送100元，如果推荐其他人还可以再获得20元。根据常理推断，滴滴还会给予首次乘坐顺风车的乘客近乎'免费'的吸引。与滴滴顺风车的高额车主补贴相比，其他拼车公司的补贴有点小巫见大巫了。"

滴滴顺风车上线后数据好得让人惊掉下巴：一个月吸引了100万

名车主，上线后迅速破 1 万单，3 个月就拥有了 550 万多名车主，成功撬动了私家车市场 5% 的人群。

滴滴打车的第一任顺风车掌门人是黄洁莉，她是一个非常干练的职业经理人。她此前曾在雅虎、腾讯等企业工作过，善于打硬仗，是腾讯微博死扛新浪微博的核心操盘人物之一。

程维找到黄洁莉，让她负责顺风车业务。黄洁莉觉得此前自己主要做用户产品，做业务要承担的压力太大，有点畏难和怯场，于是就拒绝说："做业务太累了，不想干。"程维很严肃地告诉她："这不是你愿不愿意干的问题，是组织要求你必须干的问题。"

黄洁莉在接手顺风车业务之前，并没有想到顺风车会造成那么大的社会影响。她说："当时大家对顺风车项目没有多么大的期望，因为真的很怀疑私家车主是否会为了十几元或几十元分享自己的车。所以在 6 月正式上线之前，顺风车提前一个月启动了车主招募，其实就是在软件里加一个标签、放一个 H5 页面，想先判断一下车主的积极性。刚开始放的补贴是新注册车主奖励 50 元现金，结果发现日新增车主特别多，大大超出想象。然后我们试着把补贴都撤掉，自然新增却几乎没有下降。就这样，一个月竟然招募了 100 万名新注册的私家车主，各种证照齐全，而且和快车司机重叠度很低。这才给了团队做下去的信心。"

但这个群体有一个先天的特点，就是经济收入较高。几元或十几元一单的补贴，对于高频拉活的快车司机来说是有吸引力的收入，对于顺风车主来说则不然。他们每天上下班路线固定，不会为了补贴改变行程的时间和路线。

与此同时，优步在这年夏天给出了针锋相对的高额补贴。当时其对司机的补贴力度极大，有司机表示，只要一个人民优步司机在一星期内完成 80 单，优步就额外奖励 7000 元。"那个时候做 80 单就跟玩一样，等于那个月光额外的奖励就能拿 2.8 万元。"一位人民优步司机说。

对手的强力补贴和顺风车产品先天缺陷的双重挤压，导致到了这年 8 月，滴滴顺风车的单量怎么也上不去，到了瓶颈期。这让黄洁莉如坐针毡，也心生退意。

黄洁莉向本书作者回忆说，她找到柳青，说自己可能不是很适合滴滴顺风车这个产品。但柳青鼓励她："不要说我适合做这个，不适合做那个。人不能够给自己设限，自我设限会让我们失去成长的可能性。我们每承担一种责任，就要在那个领域里快速成长。"

黄洁莉最终的求解方法是引入社交元素。

为了增强社交因素的拉动力，滴滴顺风车在产品维度方面不断优化，加入司机乘客互评且可见等新功能。黄洁莉在接受媒体采访时称："这些印象标签不仅能让车主和乘客互相了解，更有助于滴滴顺风车进行精准匹配。"此举一下子提升了滴滴顺风车的活跃度，日单数很快突破瓶颈。

与此同时，优步的高额补贴引来了"羊毛党"。他们利用系统 Bug，通过各种左手给右手下单的虚假交易大肆骗取补贴，而优步的核心业务平台远在美国，对这些"薅羊毛"的技术性封杀明显不足，这也是一切"一个系统吃全球"的美式全球化战略的弊端所在。"羊毛党"的泛滥让优步在中国的服务水平下降许多。

同时，对于乘客来说，滴滴顺风车的乘坐体验似乎更好。其中一个因素是车好。滴滴打车官方的宣称是"顺风车大部分车主的车价在 23 万元以上，平均车价为 23 万元，我还没看中位数呢，中位数更高！每个月才接单 8 次，怎么可能是快车司机呢？顺风车的车费只有快车的 60%，车主跟快车司机的重合度只有 8%。"

滴滴打车除了强调社会资源优化，还特别强调，作为一个提倡绿色出行方式的公益性平台，滴滴顺风车对车主和乘客不收取任何费用，乘客所付车费均归车主所有。这个做法后来改为从交易中抽成，比例大概是 10%，使滴滴打车得到了每年近 10 亿元的收入，但也由此彻底绑定了责任。

滴滴顺风车的初衷只是尝试一把，但到后期，滴滴顺风车逐渐承担起补充刚性运力的压力，而且成为整个滴滴体系内除了代驾唯二盈利的业务。内部人士告诉本书作者，当时滴滴打车只有两个业务盈利，代驾业务年盈利约为1亿元，滴滴顺风车虽然不收取双方费用，但可以给快车业务导流，所以算起来年盈利达到8亿元。

滴滴顺风车与人民优步这一战，堪称滴滴与优步中国血战的"天王山"。

在本书作者看来，一开始真正对滴滴打车造成压力的，不仅是优步的全球资源和远远高于滴滴打车的估值；真正形成代差的，是双方对数字经济的理解，以及平台的数据化能力。

这也是谈婧等认为的优步最有价值的地方：提出颠覆性的设想，创造出一个新的大宗商品市场，用算法代替用户习以为常的线下行为，发挥一个利用率较低的资产的额外价值，进而形成一套非常复杂的、涉及大量运算的系统，并衍生出"动态定价"等周边产品。

对于滴滴打车来说，早期它只不过是一个出租车网约平台，后期即使增加了数据维度，也无非是调度能力的提升，无论是产品的标准化还是对大数据的运营，以及对"共享经济"的理解，都还停留在很初步的程度。

而经过滴滴顺风车与人民优步这一战，滴滴打车不再进行地推和补贴这样的运营驱动，而是开始进入产品和技术支撑的数据驱动。这让滴滴与优步的血战不再是简单的"烧钱"大战，而开始成为有技术含量的比拼。

当然，滴滴打车与优步的这场商战还有诸多故事，如滴滴、快的与Lyft（来福车）结盟将战火烧到优步的后院。滴滴打车借顺风车一战发生的自我跃迁，是程维横下一条心与优步决战的信心所在。当然，柳青、朱景士等团队超强的募资能力也让程维能有源源不断的弹药。

携程与去哪儿的先战后和

梁建章 vs 庄辰超，两代神童之间的竞合

2015 年是中国移动互联网创新周期的完结之年，也是百度在本地生活领域的虎头蛇尾从而使 BAT 三巨头并立开始变成 "A" "T" 两方称霸的关键一年。

2015 年，在出行领域，百度表现得极其活跃。它连续出手 51 用车和天天用车，还投资了优步中国。但很遗憾，2016 年 8 月，优步中国最终被滴滴出行（原身为滴滴打车）合并，百度除了持有滴滴出行个位数的股份，在出行市场上并没有太多的存在感。

相对而言，在 OTA 市场上，2015 年百度的作用举足轻重。在携程的持续追求下，百度最终选择与去哪儿分手，改与携程牵手，让整个 OTA 市场尘埃落定。

携程和去哪儿的竞合，其实是梁建章和庄辰超这两个神童之间的竞合。

担任过去哪儿 CEO、既是庄辰超的亲密战友又和梁建章做过敌人及同事的谌振宇，对两人的风格进行了对比："梁建章是一个非常聪明的人，思维很清晰。他很会抓重点，下了决心就会大刀阔斧地干，确定下来的方案就要求下面的人坚决地执行，尽管很多时候没有那么强的协同能力。而去哪儿的战斗力很强，这与庄辰超内部强调民主、推崇扁平化的管理风格有关。庄辰超喜欢用邮件进行管理，他的作息也和常人不同，睡眠很高效，半夜就起来了。所以，不少去哪儿的高管都有 CC（庄辰超的英文名）不睡觉的错觉。"

2013 年 3 月，也就是梁建章回归携程的第二个月，他就找庄辰超吃了顿饭。

这是中国在线旅游江湖最有影响力的两个人的第一次见面。两人各带了一位同事，寒暄几句后就落座吃饭。梁建章和庄辰超都是上海

人，都就读于上海最好的中学，都是天才少年，都能讲一口流利的上海话。两个人聊得很开心，一开口聊的都是家长里短、奇闻轶事，然后往大了聊聊行业，往小了聊聊朋友，就是不谈工作上的事。吃完了两个人握手，说是合作愉快，然后就分开了。跟两位老板一起来的同事还在想，这都哪儿跟哪儿啊，到底谈的什么合作呀？

回去之后，双方就要把合作落实，签合约，携程的酒店将在去哪儿上线。

之前两家虽然打得厉害，但那是在机票领域，这次合作的是酒店。如前所言，到了2013年，机票领域的战争虽然还没有结束，但大局已定，去哪儿和携程的重心都在酒店业务上。

2013年3月，去哪儿开始推广酒店全面解决方案系统（Total Solution System，TTS），让客户可以直接在去哪儿预订酒店，并完成填写个人预订信息、付款交易等全过程，随后由去哪儿向相应OTA提供交易记录和金额。这就意味着各大OTA，包括艺龙、同程等，既要向去哪儿支付广告费用，又要被截流用户数据，同时去哪儿的广告点击费用还要上涨。

携程作为行业老大，有一个选择是不与去哪儿合作。但它架不住艺龙、同程这些酒店行业老二老三合作，这样如果后续艺龙和同程要降价，携程跟或不跟都是两难。所以携程的挑战在于，除非阻止艺龙、同程与去哪儿的合作，不然还不如和去哪儿合作。既然这样，携程为什么不直接主动与去哪儿合作呢？

去哪儿其实是不希望与携程合作的，但它对携程梁建章的主动上门也不反对。

这是两位数学天才经过一番周密的计算才有的默契。不过，这消息被同程的CEO吴志祥很适时地获悉了。携程的酒店间夜数[1]的库存、

1　间夜数也称间夜量，是酒店在某个时间段内，房间出租率的计算单位。间夜量＝入住房间数×入住天数。

价格和品牌都对市场同行具有碾压级的优势。一旦携程上线，艺龙、同程等的处境就艰难了。

吴志祥自然火急火燎地去找梁建章和艺龙的崔广福商谈，说要结成一个小范围的联盟，几家联合起来不给去哪儿供货。一夜之间，去哪儿上这三家的酒店全都下线了。

庄辰超又急又气，就是从这件事起，去哪儿下定决心要做直营业务，从美团找来原来阿里铁军成员张强做地推。

为了解决当务之急，庄辰超先找到吴志祥，谈了一个条件：只要同程恢复供应，去哪儿就给他一个特殊的价格优惠。吴志祥很快就答应了。这招致艺龙的强烈不满，艺龙找上携程，希望两家合力开展一次大促销，给同程和去哪儿一个教训。

吴志祥当然知道这件事情自己做得不厚道，可能要背负骂名，但是同程要生存，而且在商言商，这也是没办法的事。

就这样，去哪儿虽然和同程合作，但艺龙和携程并没有与去哪儿合作。所以在在线酒店方面，去哪儿的供应并不足，而对于携程来说，能引发艺龙与去哪儿对抗，也算意外之得。更重要的是，此举让携程赢得了喘息之机，梁建章有时间对携程实施"手术"，赢回全局。

谌振宇带去哪儿领先移动业务，携程急追

梁建章开出的第一个药方是"All in 无线"（移动互联网）。

重仓无线，这正是去哪儿过去数年紧逼携程的大杀招。

谌振宇是去哪儿在无线业务上的"关键先生"，他是 2010 年加入去哪儿的。在此之前，他曾经是百度前 40 名员工之一。2005 年，百度在市场占有率上已经基本完全压制谷歌，国内再无对手，谌振宇感到"一眼可以看到 10 年后的生活，十分无趣"，于是他离开百度，和徐易容创办了抓虾。这是一次不太成功的创业，2009 年年底，谌振宇离开抓虾，主动找到庄辰超，表示想在去哪儿做点事，重点方向是无线。

庄辰超欣然接受，而且给了谌振宇相当大的独立权限，因此整个无线业务在去哪儿内部基本是半独立的状态。

谌振宇觉得，当时自己加盟去哪儿就是看中了移动互联网业务可能发展起来，同时看好旅游行业。但他觉得从头开始搭团队太浪费时间，而和庄辰超谈了后，后者答应给他很大的自主空间，所以他就立刻决定到去哪儿，带着几个工程师从头开始搭建移动端框架。

2010年的携程，在PC端机票业务上的增速已经低于去哪儿。但谌振宇认为，如果没有移动端的加入，去哪儿在机票业务上赶超携程仍会是一件困难的事情。

谌振宇的到来进一步加速了这个过程，他的一个重要措施就是推广无线客户端。在携程乃至整个业界对App推广都没有什么认知的时候，去哪儿已经在各大分发市场上大量地投入资源，这使得其客户端在普及速度上大大压倒了其他对手。

谌振宇还设法解决了去哪儿的支付短板。在没有微信和支付宝的日子里，移动代收费的抽成高达30%，这是去哪儿无法接受的。于是谌振宇想到了银联，而去哪儿带来的海量业务正好是银联所需要的，双方一拍即合。

另一个重要的推动力是，用户一致认定携程的机票价格总是比去哪儿高。因此，对价格敏感的群体在寻找廉价机票时总是优先到去哪儿上搜索。

造成这种情况是因为携程和去哪儿的价格形成机制不同。携程是一家在线旅游网站，而去哪儿是一个在线旅游平台，两者的定位不同。

2011年年底，去哪儿机票月搜索量就超过了携程，2012年借助无线的发力，这种优势更加明显。到了2013年，机票这场战争其实已经结束了。去哪儿信心十足地杀向在线酒店这个携程的大本营。

解铃还须系铃人，既然去哪儿靠无线业务把携程压制得厉害，那么携程在无线上"All in"也是理所应当。

梁建章回归的前半年，一直在为公司引进人才。比如，从美国硅谷请来曾在微软、易趣等公司任职的技术高手叶亚明出任携程技术副总裁，统领整体技术；同时，将原技术副总裁、老臣江浩调至无线事业部，负责决定命运的移动战略。

携程的无线业务一直较弱，一度出现过机票、酒店等 5 个不同的业务出现 5 个 App，且彼此之间还不能兼容互通的现象。梁建章做的第一件事是把 5 个业务集中在一个 App 上，这让携程至少有一个功能完善的 App 去积攒数量仍呈井喷式增长的移动互联网用户。其他在线业务也逐渐被整合进移动端。携程开始大力投入资金进行客户端推广，在机场发卡的日子一去不复返。

在业务上，携程同样推行无线优先。比如，分销业务是艺龙的撒手锏之一，当时携程已经做到了艺龙 1/2 的体量，但梁建章觉得这没有价值，马上就叫停了。当时负责这块业务的孙波不理解：这部分业绩也不差，凭什么不让做？梁建章挥挥手跟他说，你不用管，好好做无线就行了。

在"All in 无线"之外，梁建章还改革了激励机制，各个业务独立核算；并推动内部孵化机制，同时加速提拔、培养新人。原先大部分被压制的、没有什么晋升空间的年轻人，每年都有了明确的工作目标，达成了就能升职加薪。所有人的干劲就这么被激发出来了，目前携程高管团队里包括 CMO 孙波在内的三四个人，都是从那个时候开始崭露头角的。

以前携程有一个外号叫作"养老院"，但梁建章把他的带头作用发挥到了极致。《文旅界》有报道记载，他改变了以前每天 9 点半之后上班的习惯，清晨 6 点就从浦东的家里出发，赶往位于虹桥的携程总部，七八点就召集会议，工作强度甚至超过了最初创业之时。这篇报道还写道，梁建章特地在总部 4 楼的研发部门增设了一间透明玻璃外墙的办公室，每周不定时地在此办公两三天。他说："从这里往上 2 层、往下 3 层都比较方便，因为我需要满公司跑。"老板亲自督阵，全员不敢有丝毫懈怠，"很多项目都是老板亲自在抓，随时都盯着、压着"。

梁建章对业务的拷问很深入，他有时会在沟通的过程中现场计算出最终的走向模型，要是高管回答不上来，他就会露出质疑的神情。很多以前没有讨论过的问题、和旅游行业有点相关的事情，都会被梁建章即兴拿过来讨论一番。这时候数学天才的优势就发挥出来了，他能在脑子里计算很多事情，当场报出结果，很多人跟不上他的节奏。

携程 CMO 孙波向本书作者感慨，梁建章的脑子成天都在转，他要做什么事，只要想清楚了，就让下面的人立即执行，但如果这件事不对，他也会马上喊停。有一次，孙波手下有人向梁建章汇报会员体系方面的工作。那个人很紧张，孙波说别紧张，要珍惜跟老板硬碰硬的机会，要是没有做好准备，搞不好这就是你们最后一次汇报的机会了。讲完之后梁建章不满意，那人哭丧着脸找孙波："我不知道你那句话原来是认真的。"孙波哭笑不得，说："我也不知道我那句话竟然是认真的。"

在梁建章的带领下，整个携程的作风焕然一新。公司有目标，团队有斗志，爆发出来的战斗力是惊人的。在做预装和抢推广位的时候，携程的考核比去哪儿更严格，对财务效率和增长模型的前期论证更多，资金效率也就更高。就这样，一点一点地，携程在无线上的劣势被补了回来。

携程强势整合行业，庄辰超向商务部投诉"垄断"

在无线高歌之时，梁建章并行施展第二招，打起了价格战。

在投入成本相当的情况下，携程由于品牌优势和执行优势等，注定了转化率要比艺龙、同程等更高，所以艺龙很快掉量，同程的增长也遇到问题。

因此到了 2014 年年初，尽管携程开始亏损，但股价反而回升。投资者开始认同"好业务但亏损，就是这个业务成长最快的时候"的理念，并开始大肆买进。

梁建章发挥财技的时刻到来了。

一个需要交代的背景是，到 2013 年下半年，随着百度系的去哪儿在美国上市，"A"和"T"都开始对在线旅游行业下注。阿里先后投资了穷游和在路上，而腾讯则追加 5 亿元人民币给同程。而在之前的 2011 年，腾讯已经是艺龙和同程的股东，这让艺龙和同程更加一家亲。

2014 年 4 月 17 日，同为携程打压对象的艺龙和同程走到一起，对外宣布要签约合作。艺龙独家负责为同程提供中国大陆的前台现付酒店和团购酒店的库存，同程独家负责为艺龙提供景点门票库存。但不到一个月，这场被外界誉为"艺起同行"的合作突然终止，同程向艺龙支付 3000 万元违约金。

就在艺龙和同程宣布合作的当天晚上，吴志祥收到一位携程高管的短信，说梁建章想来苏州跟他谈谈。吴志祥回，谈谈就谈谈吧。

因为携程的人是开车从上海过来的，要找一个距离高速出口近的酒店，同程的工作人员就定了苏州维景国际大酒店。巧合的是，同程与艺龙谈判的时候，选的也是苏州维景国际大酒店。

此前梁建章和吴志祥只在公开活动上见过一面，两个人并不熟悉。同程的规模虽然比携程小，但是有一个优势——5 个创始人很团结，这次也是 5 个人一起谈判。梁建章先开了口："你们 5 个人一直在一起？"吴志祥回复："是。"然后双方就沉默了。

气氛尴尬了好几分钟，梁建章直接把此行的目的说了出来："咱们距离这么近，如果继续拼下去会很惨。合作就会双赢。"这话说得没错，同程也不想与携程打，携程在苏州设立的办公室就在同程对面，对着挖人。但是想打破同程与艺龙的合作，吴志祥也要提条件：把携程的门票业务给同程。梁建章要求参股，吴志祥表示了独立发展的想法，这并不冲突，两个人达成一致。携程给同程 2.2 亿美元，占 30% 的股份，成为创始团队外的外部第一大股东，同程的估值为近 7 亿美元，较一年前腾讯投资时的估值翻了将近一番，梁建章志在必得。

2014 年，也是于敦德和严海峰共同创办的途牛准备在美国上市的时候。

途牛是一家老资格的旅游网站，由于敦德和他的大学同学严海锋于 2006 年创立，经历过漫长的 PC 时代和移动互联网时代的进化。

严海锋向本书作者总结过，途牛的前世今生大概用两个阶段就可以形容，第一阶段是 2006 年创业的时候，把中国传统的线下跟团旅游这种非标准化产品通过互联网的方式标准化，放到互联网上卖；第二个阶段是赶上了中国出境旅游的真正高速发展阶段，特点是中国旅游人群的分布由一线城市逐步扩展了到二、三、四、五线城市。

途牛上市前后，严海锋判断中国的旅游业已经进入了第三个阶段，这是由于整个产业链结构和中国人均 GDP（国内生产总值）产生了变化。所以，途牛该做两件事：第一，扩品类，从传统的团队游向机票酒店等领域扩张；第二，加大线下布局和服务能力。在和本书作者的交流中，严海峰也一再讨论中国的人均 GDP 达到 1 万美元后，市场环境可能发生的量变和质变。

说回携程投资途牛。在本书作者看来，这是一件水到渠成的事情。按泛旅游行业的划分，携程和途牛同采取把线下的非标品搬到互联网上当标品卖的"大卖场"模式，而去哪儿则采取媒体化的比价模式，另一个存在感较弱的是"淘系"的市集模式。当时，在梁建章看来，"机票＋酒店"模式的成长空间已经很小，携程应该一边强化移动能力抗击去哪儿，一边迅速打开卖场流的更大格局。在这种情况下，携程的扩品类和途牛的扩品类，就成了一个时点下典型的相向而行和互相满足。携程有途牛不可企及的高势能，途牛则有携程"觊觎"的在团游产品和衍生品（如保险）上最多的选择和最细分的产品，两者极为互补。

因此，2014 年和 2015 年，携程共向途牛投资 5000 万美元，并持有后者近 4% 的股权。

控同程、投途牛，让携程把酒店业务的后花园——休闲旅游市场业务安定了下来。从此以后，在线旅游的主要战场就是酒店业务了。携程、艺龙和去哪儿形成了"三国杀"局面。

综合各方数据，到了 2014 年年底，三家竞争企业第四季度的酒店客房间夜数，分别是携程 1800 万间、艺龙 900 多万间和去哪儿近 900 万间。去哪儿在不到两年的时间里，通过张强团队的地推，将客房数量追了上来。当然，去哪儿的酒店多为四五线城市的低端酒店，但即便如此也是很惊人的。在这种情势下，谁先吃下艺龙，成为携程和去哪儿之间竞合的一个关键点。

2015 年 5 月 22 日，携程联手铂涛收购 Expedia（当时全球最大的在线旅游公司）所持有的艺龙控股权。携程的公告称，公司耗资 4 亿美元收购了艺龙 37.6% 的股份，加上铂涛出资，携程成为艺龙的实际控制人。这个收购价在艺龙前一个交易日的价格基础上溢价了 50%，也高于 Expedia 之前期待的报价，携程势在必得。

很快，去哪儿酒店业务的 CEO 者希博通过"内部信"对外发声：这个交易数月之前就放在去哪儿的桌面上，但去哪儿内部认定资金更应该用来扩充去哪儿团队、扩大去哪儿的基础设施和给予团队激励。者希博还讽刺地说，整合一家上市公司需要 3～6 个月，而按照去哪儿自身的势能，3～6 个月有可能增长出一个艺龙的市场规模。

这种表达自说自话，显然里面有股浓浓的酸味。

随后，去哪儿向商务部反垄断局举报携程收购艺龙涉嫌违反《中华人民共和国反垄断法》（简称《反垄断法》）及相关法规。去哪儿认为，携程对艺龙拥有绝对控制的股权和投票权，合并份额超一半达到申报标准，但未按规定向商务部申报，涉嫌垄断。

梁建章早有准备，立即发表了回应：携程战略投资艺龙后，仅为艺龙众多股东之一，是其少数股东。中国旅行市场规模巨大，携程和艺龙两家加起来占整个国内旅游市场的份额不到 5%，不足以对整个市场产生影响。另外，梁建章表示，对去哪儿多项并购行为涉嫌未申报一事，将向有关部门提出正式反举报。

应该说，携程设计的架构很巧妙。它早就料到去哪儿会将《反垄断法》作为武器。这体现在，携程在艺龙的持股低于50%，也就是梁建章自称的"少数股东"，董事会席位也少于50%，没有突破《反垄断法》对经营者集中的判定。

从表面上看，当时只有37.6%股份的携程并没有取得对艺龙的控制权。但事实上，梁建章的做法是，在交易完成后，艺龙的CEO崔广福不再担任董事职位，而改由吴亦泓、孙茂华、王胜利、郑南雁、王力群等5人担任艺龙网董事。这5人中，代表携程的有2人，加上代表铂涛的郑南雁（郑南雁曾是携程VP，其私有化7天及成立铂涛时，梁建章也助力良多）这一铁杆盟友，携程在没有违反《反垄断法》的情况下，实际已经牢牢控盘艺龙。

携程宣布收购艺龙堪称处处用心，不仅对股权比例和董事会席位精心设置，时间上也特地选择了5月。

这是因为每年5月百度会发布全年财报，这时是百度内部员工卖股票的时间窗口。配合着百度财报持续披露的市场增长，百度内部员工也会出售自己手里持有的百度股票。至少在2015年之前，每年5月都是百度内部员工最开心、士气最高涨的时候。

而百度股价要保持增长，业绩的增长很重要。2015年5月，去哪儿与百度的合作自然被放大。在百度投资去哪儿的时候，双方签过一个"知心计划"，核心条款是去哪儿每年要买一个金额巨大的百度流量包。这个计划也并不是没有期限的，它为期4年，从2011年6月到2015年5月。按理说，计划到期后续签即可，但此一时彼一时，2011年去哪儿求着百度给流量，"知心计划"没有什么问题，但到了2015年，百度的流量特别是纯从搜索引擎过来的流量对去哪儿的吸引力已经不大。去哪儿如果再和百度续签，多少有些不划算。加上庄辰超在百度内部非常强势，完全没有"子公司"的自觉，所以当时百度的销售部门也觉得，让庄辰超续签这个流量包是有难度的，毕竟大家是独立核算的公司。

携程收购艺龙，对去哪儿造成了压力，也影响到了百度的心态，这与其最终收购去哪儿关系重大。

梁建章棋高一着，拿下去哪儿

2015 年 5 月，携程在其收购艺龙已成定局时，向去哪儿开出了一个收购要约。

梁建章思路清晰，目标也很明确——要收购去哪儿，希望庄辰超和团队自动同意几无可能，必须面对百度和去哪儿的关系。所以一番操作下来，去哪儿就面对一个必须做艰难决定的局面，要么去哪儿吃下一个性价比极低的百度推广业务的大合同，要么与百度翻脸。但不论做哪种选择，都会给携程可乘之机。

庄辰超也是人杰，面对梁建章的步步紧逼，用一招"拖刀计"反败为胜。

庄辰超主动向百度提出，大合同照样签，流量包照样买，只是要把一些 PC 流量换成 LBS 等更有价值的流量。此举一石二鸟，百度大喜过望，同时去哪儿也拿到了很多优质资源，两家之间的紧张关系得到极大缓和，携程不得不无功而返。

但梁建章并不善罢甘休，他继续围绕百度进行各种方式的示好。

首先，团结百度内部的"既得利益派"，也就是握有百度搜索收入的部门。这个部门的特点是只认真金白银的收益。由于这个部门的表现与百度股价息息相关，所以在百度内部能量极大，很多高管也奈何不得它。于是，梁建章示好百度的第一招，就是大量采购百度的关键字广告。

梁建章拿银子开路，只是第一步。

其次，携程与百度一线产品运营团队打成一片。孙波回忆说："百度其实对携程也有需求，特别是百度具体的产品线负责人比挣钱部门的负责人要有话语权。他要用携程的数据，要用旅游行业的一些接口来展现产品，会看配合度和数据的丰富度、可靠性。他们要求什么，携程就做什么。"

孙波回忆说，有段时间，包括自己在内的诸多携程干部甚至整天待在百度楼下的咖啡厅，和这个部门的领导喝完咖啡，再迎接另一波儿领导。在当时，对携程有价值的如阿拉丁、LBS、百度糯米上的一些位置甚至手机百度上的一些资源，携程都能拿到。

孙波说："除了一些排他性的业务，百度也有一些绕得过去的地方（可以和携程合作的地方）。百度的产品经理会觉得，'携程对我的整体是有提升的，我也（有理由对上面）扛得过去'。所以，百度有话语权的技术和产品部门，（渐渐）觉得携程的东西更好，对携程的工作支持力度更大，而且还认为（携程）对百度没有什么保留，所以大概有两三条线倒戈了。"

在携程积极进攻时，去哪儿这边也开始产生内部松动。

庄辰超在百度内部的人缘并不好。庄辰超是一个非常有主见而且强势的人，对百度的一些高管缺乏足够的恭敬，不具备这些人心目中"子公司负责人"应该有的态度。而且庄辰超懂技术、很挑剔，对百度提供的资源"挑三拣四"，这就让他在百度内部的人缘很差。李彦宏身边有很多对其持负面意见的人，久而久之，李彦宏对庄辰超的态度开始有了变化。

当时，支持庄辰超的产品端代表是王梦秋，总办代表则是何海文。她们都属于女强人，很有主见。她们认同庄辰超的逻辑，因此也协助去哪儿压制过不少百度产品部门"倒戈"，但压制的效果往往是当面认错，事后反弹。其实客观来讲，王梦秋和何海文都因为性格问题最终"失宠"于百度，她们和庄辰超的共性和小圈子，可能不是最后百度翻脸的原因，但肯定是原因之一，百度内部站在庄辰超这边的人真的不多。

2015 年 10 月，尽管庄辰超反复抗争，但携程与百度还是达成了交易。携程以股票交换的方式投资去哪儿，拥有去哪儿约 45% 的投票权，取代百度成为去哪儿最大的股东。与此同时，百度将通过此次交易成为携程最大的股东，并与之在多个领域展开旅行相关产品的全面合作。

梁建章一统在线旅游江湖的梦想终于实现了。

外卖终局

百度 O2O 退却的三大原因

在本书作者看来，在吃下去哪儿这件事上，梁建章的谋略只占50%，另外 50% 则与"新美大"引发的百度在 O2O 战略上的"且战且退"有关。

百度全力进军 O2O 起于 2013 年下半年，标志性动作是 10 月投资控股了糯米，6 个月后全资收购糯米，将其改名为百度糯米，同时配套升级了产品技术系统。2014 年春天，百度糯米正式入局，由曾良担任总经理。

百度以团购进军 O2O，符合汤和松所论述的"巨杉理论"，也与新上任的百度首席战略官、中金 TMT 前首席分析师金宇提出的人和服务连接的新战略思想相符。另一个大背景则是，当时阿里广告收入超过百度，率先破千亿元，这让李彦宏开始思考百度从流量增长到GMV 增长的跨越，以及怎么样更好地服务中小商家。

百度的想法是，用流量加持，先通过团购这个产品服务，更好地连接中小商家，等占据足够多市场份额后直接向商家收费。流程短、见效快，既不冲击原有的竞价排名广告，又能让百度重夺互联网广告头牌的地位，还能回击那些百度在移动互联网时代落伍的质疑声，一举多得。

百度此时粮草充足，2014年团购大战虽然进入下半场，但这个生意决定了补贴永远不过时，百度又有流量优势，舍得花钱的百度糯米很快站稳脚跟，一跃成为除美团和大众点评外的第三名。按照百度自己官宣的结果，其曾经占有超过20%的市场份额。

但计划赶不上变化，2015年也是百度糯米见顶回落的一年。究其原因，有三。

第一个原因是地推。糯米之前的地推团队有6000人，加上百度能调动的代理商团队4000人，百度糯米号称有万人地面部队。但整个糯米的管理团队并没有保留，也没有建立起一套完整的管理体系，所以人数虽然看起来众多，但管理混乱，战斗力与经过阿里铁军体系锤炼过的美团和大众点评相比，相差不止一个量级。

第二个原因是补贴。大规模的补贴带来的往往不是激增的订单，而是滋生的腐败。比如，不法商家联合内部工作人员在百度糯米上设置一个虚拟餐馆，每个月刷10万元的流量，百度就会返1万元。如果监管不到位，那么里外勾结的人就会把这笔钱瓜分掉。

第三个原因是支付。何海文是快钱的创始人之一，她当然知道支付的重要性，李明远也在大大小小的场合讲过支付对百度的重要性。但要做支付需要各业务部门集中数据，这对于已经形成大大小小山头的百度来说，堪称天方夜谭。因为没有自己的支付工具，所以不论是面对商家还是面对用户，百度团购业务的效率都要打折。

说到底，团购此时开始从纯粹靠补贴进入拼运营的阶段，而运营从来不是百度的强项。这让百度糯米不得不陷入低水平的"烧钱"大战中，花几倍的钱，也无法缩短与对手的差距。

美团与阿里裂痕渐深，王兴和李彦宏开谈

美团是一个善于用钱换取高效率的企业。但也正因如此，团购、外卖和在线票务多线开战的美团也遇到一个问题，那就是钱总是不够

花，得不断地融资。

但要融资，作为老股东的阿里态度很重要。

让王兴被动的是，2015 年 6 月，阿里重启此前关闭的团购网站口碑网，将淘点点转型为口碑外卖，同时在支付宝及手机淘宝的首页为口碑外卖提供入口。阿里集团和蚂蚁金融服务集团宣布联合出资60 亿元打造新口碑网，口碑外卖负责人正是通卡创始人、腾讯微生活原副总经理、当年清华创业大赛明星创业公司易得方舟的创始人鲁军。鲁军自己开过餐馆，做过通卡电子会员卡业务，还在腾讯负责过O2O。3 个月内，在补贴和流量的支持下，他将口碑外卖的订单量做到了 100 万单。

眼见阿里无法依靠，美团必须寻找新的战略合作伙伴。

腾讯这边，因为已经投资了大众点评，所以要和腾讯结盟，只有华山一条路，那就是和大众点评合并。

而大众点评这边，张涛本来不太想合并。王兴原来的想法是，在阿里的加持下，美团和大众点评谈的时候能更主动，但阿里的表态让王兴的心凉了半截。按照美团前华东地区负责人殷志华的说法，王兴在美团和大众点评合并谈判前请教了刚刚完成 58 同城和赶集网合并的姚劲波。姚劲波的忠告是，先别开口，谁先开口谁输。

这个时候，百度出现了。

2015 年 9 月 22 日，在北京大学附近的北京直隶会馆，李彦宏和王兴见了一面。与会者还有百度 O2O 业务的倡导者、首席战略官金宇，以及美团外卖的最高统帅王慧文。经过一下午的沟通，双方达成一个初步的合作方案：百度外卖与美团外卖以 3∶7 的比例换股，爱奇艺与猫眼电影以 7∶3 的比例换股。同时，百度投资美团，至于百度糯米和美团，则各自发展。

这是一个让双方都相对满意的方案。对于美团来说，猫眼给爱奇艺后，美团能轻装上阵，爱奇艺也补上了电影这块版图。在此时，百度外卖特别是在白领市场上，还处于业界领先地位。按照当时的情形，百度外卖如果合并给美团外卖，那么外卖这个市场的战争其实就率先结束了。王慧文也显示出极度的兴奋。

2015 年，美团外卖是以百度外卖某些部分为师的。同年 4 月，王莆中在王慧文的多次邀请下加入美团，成为美团外卖在白领市场上攻城拔寨的大将。

王莆中撤离百度外卖后，百度外卖的战略重心开始偏移，逐步走上与餐饮相关的生态化路线。百度外卖在巩振兵的领导下相继推出中央厨房、生鲜配送、电商平台等项目，分散了其在外卖上的注意力。

2015 年 10 月，百度外卖在北京的专送订单数远远超过美团和饿了么，号称有每月 10 万单的规模。此时，美团外卖在北京的专送外卖数只有每月 2 万单左右。王慧文将百度外卖视为最重要的竞争对手，喊出动员令：如果在北京被百度外卖碾压，那么在全国都可能被碾压，所以要在北京与百度外卖一决高下。

百度外卖最先提出优质供给的概念，率先拿下很多标志性的中高端餐厅。相反，2015 年下半年，美团外卖运营团队发现，因为缺乏更好的餐厅，在北京，美团上有 622 家"黄焖鸡米饭"。虽然，这些"黄焖鸡米饭"餐馆产生的交易额超过了麦当劳、肯德基、必胜客和真功夫的交易额总和，但美团外卖在 SKU 结构上的低端化，是其不得不面对的问题。

为此，美团运营部门发起了寻找优质餐厅的行动。他们从大众点评、美团甚至饿了么等所有餐饮平台中，找出评价高、客单价在 35元以上的餐厅，列在一张表上，派发给前线地推。地推人员按图索骥，一个一个地谈合作。后来这张表被饿了么拿到，饿了么也跟着做了一遍。

因此，对于王慧文来说，不用打一场恶战就能全盘接收百度外卖的业务，自然是他梦寐以求的事情。

即便百度和美团达成了合作，但在本地生活的主战场上，美团似乎还需要与大众点评进行旷日持久的战争。

美团与大众点评合并

如前所述，在有了闪惠加持后，大众点评开始逐步收复失地。而2015年上半年，同出阿里B2B铁军的吕广渝加入大众点评，补上了大众点评之前在地推上的短板。再加上腾讯的财力支持，大众点评开始逐步缩短与美团的差距。

所以对于王兴来说，美团与百度糯米合并只是次优解，最优解还是美团与大众点评合并。这样的话，团购战场能迅速结束战斗，然后美团在外卖战场上将对饿了么的优势放大，转成胜势即可。如此，美团在整个本地生活领域便可一统江山。

很快，美团和百度糯米合并的消息传到了张涛的耳朵里，让之前一直稳坐钓鱼台的张涛非常紧张。如果美团从合并中受益，大众点评就要再度陷入苦战。这样的话，大众点评还不如直接与美团合并。

支持王兴和张涛坐下来商谈的，除了双方共同的投资人红杉资本创始合伙人沈南鹏，还有腾讯原副总裁、当时在大众点评担任总裁的郑志昊，以及曾担任腾讯产业共赢基金执行董事的、王兴的妻子的同学陈少晖。

陈少晖当时已经在推动美团的新一轮融资，请了包括高盛在内的许多知名风险投资财务顾问（Financial Advisor，FA）机构，但是价格一直不太理想。原因也很简单，当时美团多线作战，每条线上都强敌环伺，无法形成垄断优势，自然无法拥有定价权。所有的问题都指向一点，那就是美团和大众点评合并。

2015年10月初，国庆假期中的一天，王兴、陈少晖、张涛、叶树蕻（大众点评CFO）、包凡5个人飞到香港，开启了一次极为简短而又卓有成效的谈判。在谈判之前，他们先定下一个期限，在这个期限内，就双方估值比例及新公司管理结构达成一致意见。如果时间到了谈判仍没完成，那么此次谈判作废。

美团此前的估值要比大众点评高一些，但张涛在谈判中坚持双方

5∶5 的换股比例和合并后新公司的主导权两个条件中，大众点评一定要占一个。王兴选择了第一个，双方迅速达成一致意见。后来张涛曾表示，对这个结果有点后悔，因为合并后发现，大众点评账上还有几千万美元，而美团的现金已经相当少了。

国庆假期接下来的几天，这几个人一刻也没停下来。王兴和张涛挨个说服双方投资人，陈少晖、叶树蕻、包凡准备好所有材料，并赶在 10 月 7 日——长假的最后一天向外界释放了这个消息，希望能尽量降低影响。

世上没有不透风的墙。在美团和大众点评谈判期间，金宇给张涛打了一个电话，表达李彦宏希望阻止二者合并的意愿，并提出由百度收购大众点评，让张涛负责百度 O2O 的提议。张涛对此不置可否，只是一再表示百度缺乏诚意。

美团和大众点评的合并是目前中国互联网历史上最重要的并购案，不仅是因为其合并金额巨大，也不仅是因为其在 BAT 三家之间腾挪，还因为这个合并案造成多个赛道波澜起伏。

前文提到，正是因为推动百度糯米与美团的合并未果，美团反而与大众点评合并。百度开始弃去哪儿，牵手携程。猫眼所在的在线票务，以及外卖和同城配送赛道，都因为美团与大众点评的合并而在未来数年里再起波澜。

饿了么的张旭豪对美团和大众点评合并一事最直观的感受，是随之而来的流量遽减。此前，大众点评首页上的外卖栏目是饿了么重要的流量入口之一。现在这个入口的承接方换成了美团外卖。一增一减之下，饿了么在流量端的竞争劣势变得更加突出。

不久之后，张旭豪接到投资人的电话。对方在电话里提出想要撮合两家外卖合并的意图，即美团外卖独立出来合给饿了么，一劳永逸地解决外卖大战的问题。张旭豪喜出望外。

但这个提案遭到了王慧文的坚决反对。王慧文对本书作者的解释是，不全是因为情感上接受不了，还有一部分原因是美团外卖能打得赢。

几乎是同时，阿里打折出售了美团的股份。因为这发生在美团和大众点评合并后融资的当口，所以王兴说："阿里本可以赢得更多尊敬的"。

所幸的是，腾讯表现出力挺的姿态，最终合并后的美团与大众点评在2016年年初敲定了一轮30亿美元（对应百度提出的200亿元人民币）的融资，估值也接近180亿美元。这为美团最终打赢本地生活这场战争备足了弹药。

同城配送走向大一统

2015年也是同城配送风起云涌，最终走向大一统的一年。

如前所述，美团外卖在白领市场上能赶上百度外卖的一个关键点是供给端的改善。

优质供给也需要优质配送。许多评价较好的餐厅不愿意像那些专门依靠外卖的餐厅那样建立专属的配送团队，也不愿意用第三方配送团队，怕影响顾客对餐厅的观感。

校园配送是点对点的配送，但是办公室的点餐时间是不一致的，而且用户分布相对分散，对配送提出了相当高的要求。对应的，百度外卖采用前端全职配送员、后端通过大数据智能调度节省时间和路线的配送方式，这两点让它在白领市场上赢得口碑。

在建立同城配送团队上，饿了么是另一个先行者。2013年下半年，饿了么对外融资时，讲的就是同城即时配送的故事，但当时这一点不为资本市场所认可。直到饿了么于2015年1月和8月先后融资近10亿美元，才如愿以偿地进入同城配送领域。

2015年6月，饿了么的蜂鸟配送系统正式上线，并于2015年8月升级为开放配送平台，吸引第三方物流商入驻。当蜂鸟这个"亲儿子"诞生后，饿了么此前与达达所保持的深度合作关系就开始飞速降温，让达达不得不面对一个残酷的现实：曾经饿了么订单几乎占据自己 80% 的业务状态即将成为过去式。

蒯佳祺选择了自己做派乐趣。2015 年下半年，达达从 DST 和红杉资本手上融资 3 亿美元，推出自有外卖平台派乐趣。每个达达送餐员在送外卖的时候都会在餐盒上塞一张宣传页。利用这种无敌的触达能力，加上达达给出的高额补贴，派乐趣在 38 天内订单量就破了百万单。

派乐趣一上线，王慧文就来敲门。达达与美团其实也颇有渊源，在达达成立 3 个月的时候，蒯佳祺想从送花这些服务过渡到送外卖，主动去见过王兴一面，两人相谈甚欢但蒯佳祺选择了同城的饿了么进行合作。

王慧文这次来找蒯佳祺，恰逢美团与大众点评合并，美团势头正盛，王慧文也雄心万丈。两人约了顿饭，席间双方交换起对物流配送的看法，很多时候都是王慧文在说，蒯佳祺乐呵呵地听着。饭后，蒯佳祺把单买了。

王慧文坦言，此时美团的配送系统已上线多时。

美团外卖做配送是王莆中的建议，这甚至是王莆中离开百度外卖加入美团外卖的先决条件之一。

但写一套智能化的派单系统需要时间，于是 2015 年 4 月，美团外卖的自建配送团队最先是人工派单，然后改用骑手抢单。抢单容易出现配送员作弊和跳单现象，直到 2015 年 12 月美团自动派单系统上线，这个问题才被解决。

有了自动派单系统，做众包也是顺理成章的事情。

所以，王慧文与蒯佳祺的见面更多是上马众包前的一次摸底，王慧文逻辑很简单，如果买达达划算，就买，如果太贵，就自己干。这也是两人谈完后，美团就迅速上马美团外卖众包平台的原因所在。

此举让蒯佳祺很是震惊，也加速了他与其他家的融资谈判。

王慧文之后又来找过蒯佳祺，还是一如既往的豪横，又是蒯佳祺请客买单，不置可否。

蒯佳祺心知肚明，随着美团外卖在外卖市场上占据越来越大的份额，以及其自建配送队伍，以外卖为主业的达达众包军团要么是卖给美团或者美团的对手，要么是牵手能带来外卖新配送业务的巨头。

有130万名外卖"小哥"待命的达达，在2015年年底被美团、阿里、百度、京东轮流关照。彼时蒯佳祺在上海张杨路八佰伴的办公室里，一时大咖云集。

其中和达达走得较近的是阿里和京东，阿里出价7亿美元占40%股份，京东则出价2亿美元加上京东到家的业务，估值为40%~50%股份，都是投前10亿美元。

最终，蒯佳祺选择牵手京东，京东到家也并入达达。

2015年4月，刘强东寄希望再造一个京东O2O项目，于是京东到家上线——而早在8个月前的2014年8月京东高层半年总结会上，刘强东就已经明确指出了未来三大利益增长点：跨境电商、生鲜电商和O2O。但最后，这三个方向并没按预计的路线行进，却孕育了京东到家。

面对这个烫手山芋，刘强东当时钦点的第一任负责人，便是以物流建设规划见长的、时任京东物流设计师的侯毅。2015年1月，侯毅挂冠而去，转投阿里，创办了盒马鲜生。之后，京东到家连续换了邓天卓、王立军两任负责人，但都没有取得预期成绩。

京东到家成为CEO黑洞的原因是，其当时没有核心业务，开局就是空壳子。最开始，福州的京东到家业务靠的是沃尔玛和山姆会员商店，但沃尔玛后来收购了京东的竞争对手1号店，自己做了电商，而京东投资永辉之后也缺乏掌控力，永辉自己独立做了电商，最后的阵地中只剩下京东便利店。但只靠京东便利店是无法支撑起一个同城即时配送网络的。

在这种背景下，京东到家和达达有了互相需要的交集——达达缺失的基础订单开始从外卖逐渐转向京东到家，京东到家在物流配送端的亏损则随着达达的出现而开始减缓。

事后蒯佳祺在接受本书作者的采访时承认，彼时接受京东投资的核心原因便是刘强东亲口许诺会保证达达的独立发展，维持管理团队的控制权，保留其将来独立上市的计划，并且开放更多京东的流量入口和订单资源。而加入美团、阿里或百度的结果，可能就是成为点我达[1]的翻版。

新达达成立后，京东与沃尔玛1号店的大型并购案在两个月内发生。由于并购案后，京东、沃尔玛、达达三家间存在股权关系，达达很快开发了沃尔玛这个在京东到家时代几乎不可能开发到的大客户。

而恰好是达达团队，疏通了沃尔玛自收购1号店前就止步不前的中国电商化道路，使其在后续的两年内对达达连续送出三笔合计超过10亿美元的战略投资。2020年6月，达达在美国上市，沃尔玛和京东一起成为达达的基石投资人。

58同城与赶集网合并，催生二手车电商

倔强的杨浩涌是怎么被姚劲波说服的

2015年春天的一个周三，北京刮起沙尘暴，黄土漫天。赶集网市场部的白如冰和陈艳艳在微信上收到CEO杨浩涌的一条消息，要他们紧急赶往五洲皇冠假日酒店参加一个会议。

这个会议讨论的是58同城和赶集网合并的终局，两人因为是市场部人员，要赶紧准备对外发布消息。

会议结束后，他们和杨浩涌一起走出酒店。陈艳艳回忆说，一直

1　点我达成立于2015年6月，系即时物流模式的开创者。

沉默的杨浩涌突然嘟囔了一句话："合并其实也挺好的，这样赶集好车网就有钱了。"

陈艳艳回忆说，当时听到杨浩涌单独惦记赶集好车网，觉得很不理解，本想问一句，但这时候杨浩涌已经在漫天的黄沙中走远了。连续多日谈判的辛劳，让他不高大的身影在风沙中显得有些佝偻。陈艳艳和白如冰的鼻子都酸酸的，陈艳艳最终还哭了。

对于杨浩涌和赶集网的员工来说，这次合并不是他们最想要的。陈艳艳说："我们一直在战斗，心气很高。我们没想到，会是合并的终局。"

接受与58同城合并这个结果，杨浩涌用了一年半的时间。2013年11月1日，刚在美国纳斯达克敲完钟的姚劲波回北京，一路都在琢磨赶集网的事情。所以他下了飞机，杨浩涌的手机上就立刻收到了这样一条短信："浩涌，人生苦短，咱们聊聊。"

收到老对手短信的杨浩涌并不是太开心。赶集网原本打算早于58同城在纳斯达克上市，但是他哥哥杨浩然的离婚案引起的股权纠纷拖延了这个进程，杨浩涌只得眼睁睁看着58同城领先了一个身段。

赶集网和58同城在2005年先后脚成立。2006年，赶集网曾经因为流量和融资问题卖身给谷歌，后来杨浩涌发现赶集网在谷歌内部的发展太受限制，特别是不能发期权寻找优秀人才，因此，在蓝驰创投陈维广的支持下，赶集网又独立出来了。

杨浩涌不能发期权导致人才流失的这个遗憾，有一半是陈小华造成的。陈小华是中国第一批搜索引擎优化（Search Engine Optimization，SEO）操盘手之一，也有人称他是SEO第一人。2007年，杨浩涌在厦门蔡文胜的站长大会上见到陈小华，当场问了他两个问题：一是怎么有流量，二是怎么挣钱。陈小华现场给杨浩涌讲了一遍后，杨浩涌就决定拜其为副帅。

但是姚劲波此人较为"霸蛮"，陈小华都已经入职赶集网了，姚劲波还是跑到赶集网楼下等陈小华，生生用热情及个位数的股份把陈小华拉到了58同城。所以在某种程度上，这和赶集网当时不能发期权颇有关系，这也成为杨浩涌后来在瓜子建了很大的期权池的前因。

陈小华是一个流量增长黑客，在他入职赶集网之前，赶集网只有每天几万次的流量，而58同城每天有20万次的流量。半年后，赶集网的流量变成了每天40万次。而陈小华去了58同城后，8个月的时间，58同城的流量从每天20万次涨到了每天100万次。

陈小华的"叛变"让杨浩涌跟姚劲波从尚能维持表面的礼貌到彻底闹翻。

2009年前后，58同城和赶集网都开始商业化。2010年年底，杨浩涌在投资人今日资本合伙人徐新的建议下，在电视上进行了一次突袭。姚劲波看到电视上姚晨骑着小毛驴的广告疯狂刷屏，才反应过来这是赶集网的进攻，于是很快找了在社交媒体上比"微博女王"姚晨转化率更高的杨幂，制作了"一个神奇的网站"广告，在电视媒体和其他线下媒体上疯狂投放。

广告大战打响后，杨浩涌才发现，广告只是一方面。广告是行云布雨，UV对应着涨得很猛，但关键是下面的"庄稼地"要接得住。赶集网代理商的素质、规模都有限，他们对漫天花雨般的流量接不住、用不好，大部分的流量被浪费，无法转换成收入。

2012年后，从3721时代就闯荡中国互联网营销圈的行业老兵宋波、郭冬离开浪淘金加入58同城，并接住了谷歌退出中国内地市场及百度收缩后的一批渠道资源。58同城得以继续扩大对赶集网的领先优势，让58同城的收入业绩得以跨越式发展，并于2013年11月底在美国上市。这之后才发生了姚劲波在回国的飞机上给杨浩涌发短信的事情。

在杨浩涌看来，2013年是流年不利的一年，对手抢先上市更让赶集网陷入低潮。所以他在接到姚劲波短信的时候，不但没有放弃，反而开始了翻盘的尝试。

杨浩涌的回马枪是也做直销，挽回赶集网在销售上的弱势。直销地推需要极强的渠道管理人才，杨浩涌在徐新的建议下，三下杭州请到了曾任阿里 B2B 事业群渠道部总经理的陈国环出山。2014 年年初，陈国环上任赶集网 COO，一上马就调整了赶集网销售晋升系统和激励方式，盘活了整个直销体系。半年时间内，赶集网业绩大涨。2014 年 8 月，赶集网拿到了 2 亿美元融资，杨浩涌欣慰地看到，瓜子此时的估值甚至超过了 58 同城的市值。

杨浩涌没有想到的是，姚劲波并不只是在游说自己上下功夫，还摆出了"钳形攻势"。一个侧翼是，姚劲波赶着去见赶集网的投资人。半年时间内，他从北京到上海，从上海到香港，见遍了这些投资人，从资本层面把杨浩涌逼上谈判桌。而另一个侧翼是以战止战，58 同城 2014 年第四季度广告费达到 2480 万美元，而 2013 年同期只有 660 万美元。

赶集网到了 2015 年 3 月的时候，销售额已经达到了 58 同城 2014 年 12 月的水平。但是杨浩涌逐渐冷静下来，发现双方的消耗战打得太厉害了。他开始思考一个问题——这样无休止地打下去，会不会赢了现在，输了未来？

在 58 同城和赶集网僵持战的后期，双方其实都意识到一个问题，那就是单纯的 C2C 平台有两大问题：第一是介入交易太浅，除了信息中介费无钱可赚；第二是服务性不足。以二手车业务为例，车辆定价、车况勘验、金融服务、车后服务这些对促进成交至关重要的基础功能，当时这两家一概没有。这些服务都是单纯的 C2C 平台不能提供的，更没有实现模块化、产品化。

当两个人的心态有了共振的时候，事情的进展就顺利多了。2015 年 3 月的一天，杨浩涌终于回复了姚劲波，两人在北京开始真正坐下来商谈。

2015 年 4 月，在北京的酒店内，赶集网的七八名投资人和杨浩涌，与姚劲波和 58 同城当时的 CFO 周浩两个人的对阵开始了。这是一场马拉松式的合并谈判。姚劲波不仅要跟杨浩涌谈，还要跟所有股东全都一对一谈。这些人有的要钱，有的要名，多方利益纠缠不清。这场车轮战持续了 20 个小时，投资人们可以轮流下场休息，但杨浩涌不能，姚劲波也不能。因为太疲惫，双方甚至一度因为谈判的僵局产生"不谈了，继续打"的想法。

最难的地方是换股比例。赶集网这时候的销售额和流量还比不上 58 同城，但是增速很快，因此双方一开始提出的价钱差距很大。后来经过一点一点地打磨，终于从 7 : 3 慢慢磨到 5 : 5。对于双方来说，这都是不能再退的底线。好在腾讯提供了 4 亿美元左右的现金，赶集网的一些投资人愿意放弃股权套现离场，最终才促成了协议。

杨浩涌入场，二手车电商"三国杀"

与所有的合并一样，虽然顶着联席 CEO 的头衔，但谁都知道，杨浩涌单飞只是时间问题。

杨浩涌在赶集网发展后期，已经开始有意识地把部分有潜力的模块分拆，希望将其打造成独立发展的企业。这些业务有好车、斗米、好租等。对于这些细分领域的分类信息服务，杨浩涌的认知是一定要切入交易环节。只有切入交易环节，才能提升用户体验、提升公司的收入空间、打开天花板。

官方记载，瓜子二手车直卖网从 58 同城分离出来单干的时间是 2015 年 9 月 27 日。2015 年 9 月 6 日，赶集好车网更名为瓜子二手车直卖网，网址也变为 guazi.com，这个域名是杨浩涌在赶集网时代就储存下的。9 月 15 日，杨浩涌以 58 同城赶集网集团联席 CEO 的身份对外宣布，集团的重点创新项目赶集好车网正式更名为"瓜子二手车直卖网"。

当时同步发布的消息是，为配合此次新品牌上线，瓜子二手车直卖网已投入超过 2 亿元用于市场推广，年底目标是占领二手车 C2C 线上 80% 的份额。

但姚劲波并不愿意拿出这 2 亿元，逼着杨浩涌自己出去找钱。大多数投资人表示，投钱的前提条件是杨浩涌自己出来创业，而且投资人也希望杨浩涌自掏腰包投资，以证明这个项目的潜力。最后的结果是，杨浩涌自己投资了 1 亿美元。

为什么在 3 个业务里选择赶集好车网？杨浩涌的同事回忆，当时杨浩涌的分析是，房屋中介有市场，但增量空间有限；招聘本身是最好的耦合型业务，但门槛实在是太高了，很难做到位；而二手车则既有空间，又没有太高的门槛。当然，最后这个"门槛不太高"的印象被证伪，因为二手车市场的坑实在是太多了。

杨浩涌做二手车，在开始创业时就选定了一个明确的竞争对手——人人车。这和他的思维方式很吻合，他和周鸿祎有些相似，都属于战斗型人格，都需要有的放矢，都需要磨刀石。

在杨浩涌还在琢磨赶集好车网的时候，2014 年 4 月，曾任百度产品总监、58 同城副总裁、微软亚洲工程院副院长的李健带着红点投资的 A 轮 500 万美元创立人人车。此时距离优信的二手车业务正式转向 C 端还有近 8 个月的时间，距离瓜子二手车直卖网发布还有 1 年多的时间。人人车是真正意义上的行业先行者。

李健说："当时看二手车行业特别好。没有任何品牌，也没有什么二手车交易平台定位的公司，没有大资本的驻留，行业超级分散。这都是未来发展的好基础。在这个领域内做 C2C，有天然的好机会。"

正是因为人人车发现并呈现了二手车电商的价值，才有了这么多大资本的涌入、大平台的诞生和行业大集中的出现。

人人车的模式对二手车电商有很强的开创价值。在 C2C 的基本模式下，围绕"决策"和"交易"两个核心环节，人人车率先实现了全面的服务产品化。

所以李健对本书作者说："我们是原创者，而且是全世界范围内的原创者。我们没有参考任何一家公司，而是重新定义了整个 C2C 二手车服务的流程并使之产品化。"

现在看来，人人车能够在一段较短的时间里打开 C2C 的局面，是因为做对了两件事。

第一件事，明确了收费标准。在最开始的时候，人人车交易一辆车，要向购车者收 3000 元，但这是在网站上明示的，明码实价。

第二件事，优化了用户的体验，重点构建了二手车交易的两个环节。

第一个环节是比较规范的 200 多项售前检验。现在这种检验模式也已为所有提供二手车交易的平台所沿用和升级。第二个环节是人人车率先提出了二手车电商要有售后服务的概念，实现了"1 年质保，14 天可退"，极大地增加了消费者的消费信心和安全感。

从这几个角度来看，相对于当时还停留在非常混乱的分类信息时代的二手车行业，人人车的做法的确是一股清流。它促进了价格透明、车源增多，最重要的是让二手车交易开始有效率。

比瓜子还要抢先一步的是另一个重量级玩家优信。优信的创始人戴琨出身易车，此后切入二手车 B2B 交易"优信拍"。在时任老虎基金董事总经理谭海南的支持下，优信在 2014 年 9 月拿到老虎基金的 2 亿美元投资。戴琨除了继续做强 B2B，终于在当年年底做了一件他梦想已久的事情——启动 C 端业务。

戴琨之所以要启动 C 端业务，有两个决定性的因素。

第一个因素是，B2B 的收入单一，而且利润不丰厚。戴琨最开始启动 B 端业务的时候，大概每笔交易可以得到 1% 的佣金，但与车易拍开始竞争后，连这 1% 都无法维持。

更为关键的是，对于平台来说，B2B 业务能产生的收益点只有佣金一途，交易完即结束。而 C 端的业务涉及金融、售后服务、维修等环节，可以源源不断地产生收益。

另一个因素是，戴琨认为 B2C 模式是一种真的业务革命。他认为，真电商必须从优化供应链开始，而瓜子和人人车甚至算不上真正意义上的电商平台，只能称为交易平台。因为所谓电商，必须具备线上引流和供应链改造两个特点。就 B2C 模式来说，优信实现了对供应链的改造和 SKU 的类标准化，并改变了交易链条，使得车商直接卖车给消费者，缩短了中间的流通环节。而 C2C 只是实现了车主对车主的信息匹配，车主之间仍需要反复博弈，所以它并不算真的电商。

杀进二手车市场的杨浩涌，目的非常明确，那就是通过强大的融资能力"烧"出认知，"烧"死对手。

他的认知很简单：二手车行业很庞大，很原始，没有巨头，未来空间很大。这个理由和李健、戴琨看好二手车市场的理由基本是一致的。它非常适合杨浩涌广告轰炸、大兵团突进的闪击战式风格。

本书作者和杨浩涌有过一次精彩的对话。在这次对话里，杨浩涌告诉本书作者，创业领域有两句话是完全信不得的：第一句，市场很大，我们都可以在里面活得很好；第二句，不要管别人怎么做，做好自己就可以了。

杨浩涌说，这两句话恐怕是创业领域最大的谎言。前者是用来骗投资人的，后者是用来骗媒体的。事实上，他本人笃信的原则是，不管这个市场未来的预期有多大，分享市场份额的只可能有三家，而且绝对不可能平分天下。唯一的结果就是 7 : 2 : 1，强者恒强，弱者为求生而苦苦挣扎。

从中我们或许可以理解杨浩涌看待竞争的底层逻辑是什么，进而理解他一次次发动耗资巨大的营销大战、把竞争对手赶尽杀绝的市场宣言是为了什么，也能理解他为什么用一种令人惊骇的速度不断地融资，并且投入市场的血战之中……

但是，杨浩涌并非好勇斗狠的武夫，他在一开始就给瓜子的营销战设定了很高的立意——充分体现差异。为此，他不惜花费数千万重金请中国定位营销领域的王牌企业特劳特公司为瓜子设计了"没有中间商赚差价，卖家多卖钱，买家少花钱"这句广告语，并投放在以分众传媒为主的电梯媒体上。当时，这被认为是新经济企业进行品牌引爆的标配。

这句话多年后还被国内某权威调查机构评选为最深入用户心智的广告语。

杨浩涌自己的评价是"(这句话)明显让我们跟对手产生了差异。心智,不是一个虚的东西,它是可以量化的。在我们的调研中,在没有提示的情况下,提起二手车,10个人中有6个人说我会去瓜子看看。这是一条非常宽的护城河,也是一笔很大的、很难被替代的财富。"

由于有了广告语立意上的优势,假定投入等量资金,瓜子的对手其实已经相当的被动。更何况瓜子是"三强"中融资能力最强、进攻性也最强的。

资料显示,人人车于2016年9月宣布完成D轮融资1.5亿美元;随后,瓜子宣布A轮融资总额超2.5亿美元;优信在2014年9月获得2.6亿美元B轮融资;2015年3月,优信又获得由百度领投的1.7亿美元融资……这些钱基本上全砸进了营销大战。

从媒体形态看,多方形成了以电梯媒体为核心战场,兼及综艺,覆盖户外,几乎无所不至的营销方式。

在代言人方面,瓜子在推出相当于"王炸"的广告语后,绑定孙红雷做形象代言,人人车则聘请黄渤。优信为了形成压制,重金请了莱昂纳多·迪卡普里奥,但由于太过急于推向市场,在广告语和人物形象上打磨得颇为粗糙,所以在很长一段时间内不得不付出更多的钱来弥补效果的不足。

关于这场战争到底"烧"了多少钱,有多个统计口径,从几十亿元到上百亿元不等。

但是这场营销大战产生了3个公认的后果。第一,"烧"出了市场对二手车电商的认知,最大的受益者是瓜子;第二,对于人人车和优信来说,这场营销战过度透支了它们的融资能力,使它们或过早失去了控制权,或不得不放弃很多业务方向的探索;第三,让瓜子过早地以为终局已经到来。

这听起来似乎让人觉得,瓜子已经是赢家。

杨浩涌此刻也是这么认为的。在找 FA 的过程中，经纬创投创始合伙人张颖把泰合资本的管理合伙人郭如意介绍给了他。郭如意当时心中的疑问是，二手车交易是低频生意，品牌广告能一直打吗？一直打的话，能盈利吗？

杨浩涌的回答却在郭如意意料之外。杨浩涌说，如果你按一个月几千台的交易量来计算，那自然是撑不住的。但如果一个月的交易量到了 3 万～4 万台，那就足以摊薄品牌广告的成本。而品牌广告的投放是有天花板的。我们可以一直打品牌广告来建立用户认知并获客。

郭如意承认，首先，他没有想到杨浩涌一上来就用"终局思路"的大交易量来计算摊薄成本；第二，没有想到杨浩涌心里藏着这么大的计划和格局。

但是，杨浩涌期待的"终局模式"迟迟没有到来。最好的证明是，尽管瓜子曾经多次宣布自己某个时段、某些日期内的局部销量，但从来没有公开过完整的全年销量。

李斌、李想和他们的出行江湖

李斌和李想为什么做不成新车电商

2015 年 2 月 19 日，李斌拿起家业务易车，和京东、腾讯做了一个交易。

易车获得京东及腾讯以现金和独家资源的形式提供的共计约 13 亿美元的投资，京东一跃成为易车的大股东。与此同时，易车旗下的汽车金融互联网平台易鑫资本，将获得京东与腾讯共计 2.5 亿美元的现金投资，京东和腾讯也同样成为易鑫的大股东。

李斌成功地说服了马化腾和刘强东达成这次交易，理由是"电动汽车时代将改变燃油车时代的'主机厂—4S店'绑定模式，汽车电商将大有作为"。

对于在电商领域一直处于追赶地位的腾讯和京东来说，能够提前布局一个万亿级市场，非常有诱惑力。

事实上，李斌自己很清楚，这句话的重点在于"电动汽车时代"这6个字。因为从严格意义上来说，汽车电商，准确地说是燃油车的新车电商，直到今天依然不是一个完整的真命题。

何为燃油车的新车电商？它要符合几个条件。本书作者访问了大量汽车互联网业内人士，他们有以下共识：第一，车源由主机厂（汽车制造商）直接提供；第二，覆盖和4S店在售车型相同的主流车型、畅销车款，而不是做成次主流和降价款的特卖会；第三，在线完成交易，并且可以开具增值税发票，消费者持发票与汽车合格证、车辆购置税及交强险手续等，能办理牌照；第四，线上支付，并由汽车电商（而不是4S店）独立完成线下交付，此后还要持续提供优质的售前、金融、售后服务。

最难达到的其实是第一个和第二个条件。在2019年中国汽车行业出现连续28年增长后的第一次衰退之前，汽车销售一直是一个稳赚不赔的生意。因此汽车行业形成了非常紧密的"主机厂—4S店"二元结构，双方在资本、利益、人脉上都深度绑定，互相制衡。

而认为自己无所不能的互联网人，一直在试图突破这个二元结构，各种尝试络绎不绝。

2013年的"双11"，李想把做一个购车节的想法交给了时任汽车之家市场副总裁的马刚。当时他们的想法是，购车节只是一个契机，真正的动机是顺势推出汽车电商业务"车商城"。

因此，马刚觉得不能只搞一次促销活动，得建立一个真正的像天猫或者京东那样的电商平台，但汽车之家没有这样的电商基因。为此，他不得不在很短的时间内搭建一个涵盖数千个车型的"准电商平台"，因此"受尽折磨"。而在听说汽车之家有做购车节的想法后，易车和搜狐汽车也迅速拿出了类似方案，在当年"双11"推出了购车节。

汽车之家、易车等推出购车节的行为本身是成功的。活动非常热闹，一次卖出了1万多辆汽车。但这类活动本质上并不是汽车电商，只是帮4S店收订金而已，真正的成交和交付环节仍然牢牢掌握在线下销售手里。

很多人把汽车电商做不起来归因于当时的汽车专卖制度并没有废除，即按照这个制度，汽车网站无法在真正意义上从主机厂购买到新车车源。因此，所有参加购车节的车源和优惠，看似属于在线交易平台，实则都是品牌商牵头、4S店实施的，网站只是其中的一个信息传递环节，或者说扮演了一个工具的角色，无法切入低买高卖的真实商业逻辑之中。

闻伟和林明军绕道做新车电商

许多的商业精英仍然想方设法绕道前行。

2018年带领团车网登陆纳斯达克的闻伟，是团车网的创始人，他打造了国内第一个汽车团购平台。

闻伟抓住的一个痛点是，汽车虽然是一个标品，但同款车在不同4S店的价格不一样；在同一家4S店遇到不同的销售人员，价格也会不一样；不同的人去同一家4S店，因为议价能力不同，价格和优惠还会不一样。

闻伟抓住了购车人希望拿到最佳折扣而不是交智商税的心态，用两个阶段来完成汽车电商化：第一个阶段是带消费者组团到店购车，因为能给4S店带去大量客流而能拿到折扣价；第二个阶段是组织有意愿的4S店拿出车源，在城市高频举行小规模精品特卖会或车展。

这种方法很受欢迎。举个例子，某年"双11"期间，从10月20日至11月11日，团车网和天猫合作总计组织78场城市车展，参展人数超150万人，近百个汽车品牌、超3500家经销商参展，总共销售车辆 9.6 万台（相当于 100 家 4S 店 1 年的销售量）。

闻伟认为，团车网比汽车之家和易车的电商实践又前进了一步，因此可以称为"新车电商 1.5"时代。他说："汽车之家和易车解决了选车痛点，而我们解决了购车痛点。我们是在用户购车行为实施的阶段发挥作用的，所以我们离交易更近一些。但是，这个工作会更重，因为在线下，所以我们才持续了 10 年。"

但闻伟也不否认，车源不在自己手里，团车网并不是完整意义上的汽车电商。所以团车网在上市时的定义是"汽车新零售第一股"，而不是"汽车电商第一股"。

那么，是谁实现了汽车电商的闭环？这个人是林明军。他经营的是一种比较特殊的门类——平行进口车。

浙江人林明军曾经做过 10 年媒体人，曾任腾讯网产经中心总监。2009 年 9 月起，他开始创业，先后创办过汽车大众点评网和 SUV 汽车网。其中汽车大众点评网成为新三板第一家互联网上市公司，后来卖给百度，最后花落 58 同城，成为今天的 58 同城汽车。

2013 年年底，还在做 SUV 汽车网的林明军遇到了他后来的合伙人。这位朋友当时在青岛港工作，对汽车进口贸易的状况非常敏感。他告诉林明军，自 2015 年起，平行进口车将完全合法化。而林明军的 SUV 汽车网覆盖了平行进口车的多数车型，这是一个好机会，林明军应该抓住时机切入电商。

2015 年年初，海淘车网开始正式运营，一向做"轻"业务的林明军这次玩得很"重"。他首创了港口直销、自建整车物流体系、全国体验中心配套汽车售后及专卖联盟体系的服务模式。

所谓的港口直销，就是为了节省汽车流通的中间环节，直接把车发给消费者。海淘车的车价基本是 50 万元起步的，100 万元以上的也不少见，这个价位足以支撑全国直销的模式。物流也是林明军自建的，这进一步降低了配送成本。为了消除消费者对海淘车的顾虑，海淘车网还与中国人保签订了战略合作协议，为海淘车网购车用户提供平行进口车质量三包服务。

另一个很难解决的问题是线下交付和售后网络。林明军的做法非常务实——自建线下店是不现实的，因此他筛选了全国多家规模较大的二级经销商作为合作伙伴，建起了 128 个体验中心和 300 多个维修网点，有些经销商的规模甚至和 4S 店一样大。这些经销商负责展厅、交付、售后维修等环节。

林明军说，很多 4S 店虽然不敢让他的展车摆进去，却愿意接售后服务的活儿。他感觉 4S 店的生存越来越艰难，和自己的"勾搭"也越来越多，因此他认为"迟早有一天，4S 店这种封闭的、农业时代的销售方式会被打破。海淘车是一个窗口，未来的新能源车会带来更大的冲击"。

曾在新蛋和易迅与刘强东两度交手的卜广齐，也认定汽车电商领域大有可为。他出资 2500 万美元，创办了新车电商平台要买车，像卖 3C 产品一样卖汽车。他很自然地想用自己熟悉的 3C 模式改变汽车电商，从各地代理商提货，利用异地价格差撕开口子，线上低价购车，线下交车。

价格战从来都是商战利器，但汽车领域有其特殊性——价格空间小，对消费者形成不了吸引力；价格空间大，容易被主机厂强制要求下架（主机厂会直接通知供货的 4S 店断供）。汽车主机厂对经销商的市场控制远远强于 3C 厂家。正如上汽通用前经理人、车商通联合创始人季林林解释的："这背后有汽车行业的特殊性，每一台车都会到当地车管所上牌，通过车牌号很容易查出哪里窜货。"

那么主机厂自己做新车电商，是不是能彻底解决货源问题呢？上汽集团就这么干过。

曾任上汽车享网营销副总的浦明辉对本书作者说，当时，上汽集团给了车享网很大的支持，但在实践中发现不少问题。首先是车辆的定价问题很难解决，高于 4S 店则无人问津，低于 4S 店又会受到线下渠道的反弹；更重要的是，传统汽车集团内部势力错综复杂，很难有自发的力量愿意支持新生的业务，多数人更愿意维持原有渠道；最后也是最重要的是，汽车电商并没有帮助汽车打开新的增量市场，所以根本无法验证自己的模式的优越性。

因此，浦明辉说："汽车电商真的好比围城，外面的人想进来拿车，里面的人想冲出去卖车，4S 店就好比那堵墙。而结果往往是，出去的人或者进来的人，都发现外面（里面）并不比原来的世界更好。"

造车新势力出发：蔚来、理想、威马和奇点

回到本节的开头。李斌在把汽车电商业务卖给腾讯和京东时，郑重地加了一个定语"电动汽车时代"。是的，这个投资过 30 多个汽车产业上下游企业、被称为"出行教父"的人认定，只有自己造车，而且是造对 4S 店依赖程度很低的新能源汽车（新能源汽车结构远比燃油车简单，不需要太复杂的维修网点，线下环节主要用于展示和交付），才能彻底跳出传统的二元结构，打造一个新天地。

2015 年 6 月，蔚来汽车获得 1 亿美元的 A 轮投资，投资方有高瓴资本、腾讯、京东、易车网和顺为资本等。每家投放 1500 万美元，剩余资金则由李斌兜圆。

贝塔斯曼的龙宇和愉悦资本的刘二海没有出现在此次 A 轮投资里，而是出现在之后的轮次。龙宇和刘二海先后投资过易车，在李斌系的很多公司中，如摩拜和易鑫，都能见到两人的身影。这三个人号称"铁三角"。

李斌这样设计，更多是为了突出 A 轮创始股东的个人色彩，配合蔚来汽车早期的品牌打造。

高瓴资本的张磊是最支持蔚来汽车的机构投资人。他和刘强东、马化腾一样，也是易车的股东，除了参与蔚来汽车 A 轮融资，在 C 轮和 C+ 轮中，高瓴资本也继续跟投。截至蔚来汽车 IPO 时，高瓴资本持股比例已达 7.5%，成为蔚来汽车第三大股东。

李斌还拉来了雷军。雷军和顺为资本、小米科技等"雷军系"对出行有极大的热情，参与投资的汽车及出行领域项目超过 20 个。除了新能源汽车的蔚来汽车和小鹏汽车，它们还先后投资过凌云两轮电动汽车、云造科技的智能自行车、速珂电动车、自动驾驶公司 Momenta 和智能驾驶公司智行者等。

超跑开路几乎成了一种固定的玩法——后来乐视也这么玩。2016年，蔚来汽车首批概念型超跑 EP9 交付，首批仅量产了 6 台，售价为 148 万美元/台，裸车价约是法拉利 458 Speciale 的 2 倍。6 台车的拥有者是蔚来汽车 A 轮 6 位明星投资人：李斌、李想、刘强东、雷军、马化腾和张磊。据说给刘强东的车上写着刘强东和章泽天两人的名字，也有人晒出车内显示屏上对章泽天的欢迎页面。

在李斌诸多的豪华股东中，有一个非常重要的、不得不提的人，那就是李想。这两人"白首相知犹按剑"，既是相知极深的同行，也是针锋相对的对手。李斌的易车于 2010 年上市，但李想的汽车之家于 2013 年上市后很快后来居上，成为百亿美元公司。

"打"不过李想，李斌最大的梦想是"收"了李想。他先是想在汽车之家上市前想买下它，但没谈拢。2014 年国庆，李斌又约李想见面，表明了自己造车的想法，希望李想可以加入，一起做中国的特斯拉。

当时李想仍在汽车之家，李斌也是易车的董事长，两人已经是多年的对手，彼此清楚各自的优势。但两人都没有打过工，只当过老板，共同创业的话，谁来主导呢？李想婉拒了李斌。最后李斌问起李想的投资意向，后者应允投资蔚来汽车 1500 万美元，成为其创始股东之一。

现在，在北京崔各庄的车和家研发中心，进门就能看到停在院子里的一辆蓝色蔚来 ES8，这是李想的代步工具之一。从这个角度说，李想作为股东，很尽职地为蔚来汽车打广告。当本书作者问起他对蔚来汽车 ES8 的看法时，李想回答得巧妙又实诚："我认为这辆车至少在人机界面上进步了很多。就是智能手机对功能手机的那种进步。"

其实以李斌的视角来看，拉住李想甚至把他请进蔚来汽车，是一件无比重要的事。两人相同的经历告诉李斌，李想心头一定也燃烧着一股熊熊的造车之火。

黄明明是最早知道李想第三次创业要做车和家（现更名为理想汽车）的投资人。2015 年年初，两人在望京 SOHO 的咖啡厅聊天，李想谈起汽车之家的成败，并告诉黄明明一个惊人的消息：自己将从汽车之家退出。

两人是好朋友，汽车之家的 CEO 秦致在加入汽车之家之前，曾经在蔡文胜的 265.com 有过一段担任 COO 的工作经历。而介绍秦致加入 265.com 的，正是其北京四中的同学、蔡文胜当年的创业伙伴黄明明。车和家创业初期，李想把黄明明当半个 CFO 用。黄明明还跟着自己的叔伯长辈买了一些汽车之家的老股。

黄明明听说李想要退出，感到十分惊讶。2015 年汽车之家全年营收近 50 亿元，把持着行业 90% 以上的利润。

李想说："我可能在有生之年再造一个丰田，还有什么事比这个更刺激？"他随即表示，如果融不到钱，自己会先从账户里拿出 1 亿美元投入新项目。

当然，最终李想只出资了 6000 万美元，剩下的 4000 万美元由黄明明刚成立的明势资本包办。除了明势资本，黄明明也找了秦致、樊铮等"老汽车之家人"，让他们参与了一部分。此外，黄明明还找了华兴资本的"财神"包凡这个最能帮中国创业者找钱的人，让包凡也放了钱进来。

所以，车和家的第一股资本力量，是秦致、黄明明、樊铮等"汽车之家"系。

2015 年 6 月 30 日，李想离开汽车之家。7 月 1 日，车和家正式成立。

说来也奇怪，李想这么熟悉汽车行业的人，最开始想造的反而不是标准意义上的汽车，而是两人版的低速电动车 SEV，你可以把它理解为具有 Smart 品质的老年代步车。之所以从这个奇怪的角度切入，完全源自李想的用户思维。他认为市场上的新能源车项目够多了，但足够好、适合大城市、好停车、可以换电还可以完美匹配分时租赁模式（汽车版的共享单车）的低速电动车项目反而没有。

李想是一个绝对用户思维的人，所以他造电动车，首先考虑的就是换电模式。他认为用户会发生里程焦虑，认为充电的体验太差，认为中国的充电桩发展太慢。所以即使是这么一辆小车，他也最先从换电入手。也就是说，这类车的主要续航能力不是靠充电，而是依靠去类似加油站的地方换一个新电池实现的。后来，SEV 成了中国最好的低速可换电电动车。但李想漏算了一件事——中国低速电动车的补贴政策迟迟没有出台，这使得 SEV 从成本上不被市场接受。李想当机立断，中断了这个项目，把换电技术托付给一家做物流园区内低速无人驾驶货车的企业，重新打造基于增程器模式的大型 SUV。

李想依然认为，里程焦虑是所有新能源车的原罪。因此，他一上来选择的就是增程器模式，简单地说，就是混合动力。车上有一个汽油机（但因为不直接驱动车辆，所以不能称为引擎，只能叫作增程器）负责给电池供电，这种模式类似潜艇的动力系统。从理论上说，使用增程器模式的汽车只要能加油就能走，兼之李想认为中国人消费热情最高的车型就是 SUV，所以这辆车被定义为大型 SUV，和蔚来汽车的 ES8 有一点类似。

经纬创投合伙人、85 后投资人王华东，是理想汽车 B 轮 30 亿元人民币融资的领投者，此次融资的明星投资者还有首钢基金旗下的新能源基金。

王兴则在其 C 轮融资中投入了近 3 亿美元。早在投理想汽车之前，美团就已经入局出行领域。从无人车配送到自动驾驶网约车，以及与法雷奥、英伟达、意柯那达成战略合作（它们将分别为美团的无人配送车辆提供关键零部件、技术支持和设计服务），体现出王兴对未来出行领域的深远思考。也因如此，王兴对李想和其背后的车和家产生了浓厚兴趣。通过为期半个月的密集接触，王兴给出评价："李想是一位很好的、令人敬佩的创业者，关注用户、客户和团队。"同时，他做出了投资的决定。

源码资本创始合伙人曹毅则认为，李想式的创业者是理想的创业者，SEV 的叫停只是小波澜而已。所以，曹毅从 A 轮跟进到 C 轮，而明势资本也在 C 轮补进了一波儿。

此外，字节跳动也参与了车和家的投资，而车和家在很早就和滴滴有了深度合作协议。

抽离出来看，张一鸣、王兴、程维，以及曹毅、王华东、黄明明这一批新锐创业者和投资人已成气候。他们有着自己的圈子，对同龄人的业务有更亲近的视角、观察和投入。这也进而说明，"80 后"的创业者和投资人已经和 BAT 在不同的圈层里谋划未来了。

如果说李斌的蔚来汽车有浓厚的腾讯系背景的话，那车和家则颇有 TMD "小三杰"聚义会盟的味道。其他的造车新势力则各自有各自的资本背景。

威马有很浓厚的百度色彩。其 B 轮融资由百度集团领投，百度资本跟投，而 B 轮后，在威马汽车品牌发布暨新车亮相会上，时任百度集团总裁兼首席运营官的陆奇亲自出场，并表示："我们看中威马团队管理层的能力，高度认可威马的产品理念，百度阿波罗计划（百度发布的自动驾驶计划，包括开放平台及企业版解决方案）会开放给威马。"

从某种意义上来说，选择威马是为了让阿波罗计划有一个切实的落点，而威马也的确一路跟随。从此后的阿波罗 2.0 计划到建立联合自动驾驶实验室，威马成为百度钉在自动驾驶领域的一根钉子。

对于威马来说，其优势主要是造车而非智能。百度提供了非常好的人工智能技术背书，如搭载阿波罗 2.0 的无人驾驶汽车当时已完成在美国加州开放道路上公开试乘，并完成了弯道掉头、红绿灯识别等基础"驾照考试"。可以说，两者相得益彰。

因此，当威马汽车进行 30 亿元的 C 轮融资时，百度再次领投，太行产业基金、线性资本等参与投资。

最后说一下奇点。奇点的创始人之一是沈海寅，但无论是在金山软件还是在 360，沈海寅从来不是一个高调的人物。但是 5 年 8 轮融资 170 亿元，说明奇点是一支有机会进入新造车头部赛道的队伍。

奇点汽车成立于 2014 年，原名智车优行，从历时 1 个多月的名称征集活动中产生了正式名称——奇点汽车。奇点汽车有 3 位联合创始人：沈海寅、黄浴、沈星。除沈海寅外，黄浴为美籍华人，是全球计算机视觉、人工智能与智能自动驾驶领域的知名科学家，在加入奇点汽车前曾任百度美国研发中心自动驾驶资深软件架构师，是百度驻美人工智能与自动驾驶研发的核心人物，而沈星来自传统车企奇瑞。

奇点汽车在概念上有点接近理想汽车，两者都是主打一步到位的大型 SUV。但是，奇点发明了一个很响亮的概念，叫作"全场景养成型 MPV"即 Multi-Purpose Vehicles，中文释译为多用途汽车，这很"互联网"。除了智能概念，奇点强调的另一个价值是安全。除了传统的主动、被动安全，它还别出心裁地加入"网络安全"概念，宣称将通过 24 小时监控、在线快速升级（Over the Air，OTA）等方式应对网络攻击，采用了整车电子电气架构技术及多维度纵深网络防护体系，以及军事级实时操作系统，与安卓基础打造的中控系统分开，确保驾乘者在出行过程中安全……这一系列说辞，显然带有深深的 360 烙印。奇点汽车的 A 轮也是由 360 和东方网力共同领投的。

小鹏汽车则相对多元化一些，除了阿里的支持，更多是靠创始人何小鹏和他的朋友圈。

何小鹏是一位顶级产品经理

2017 年 8 月，何小鹏正式宣布自己担任小鹏汽车的董事长兼 CEO，很快，小鹏 G3 发布。

何小鹏在 G3 发布会上力推自动泊车这一点，这也是何小鹏顶级产品经理水平的展现。

何小鹏认为，谈到自动驾驶，首先要说自动泊车。这是小鹏汽车在过去几年下了巨大功夫的一项创新，从感知定位到规划控制，都是自主研发。何小鹏也自信地表示，小鹏汽车的自动泊车几乎超过了自己用过的所有带同类功能的汽车。而坊间讨论起小鹏汽车，自动泊车也成为其最大的亮点。

何小鹏正式入主小鹏汽车后，也以顶级产品经理的方式推动和管理着小鹏汽车的升级换代。小鹏汽车各个业务部门需要各种不同的人才，也需要培养多个层级的产品经理。

作为顶级产品经理，何小鹏当然必须面对汽车业与互联网行业的诸多不同。比如，在互联网公司，提一个建议后，一个人对着电脑改代码就可以，但一个造车企业要经历的复杂流程远非其之前所能想象的。

从 UC 创业到小鹏汽车创业，何小鹏变化最大的一点是什么？何小鹏自己的回答是"赌性更重了"。有一方面的原因是年岁渐长，感到时不我待，要抓住时机把想干的事情干成、干好。时间上的紧迫性催生了赌性，而在这两个字的行为体现上，张一鸣对他产生了最直接的刺激。

2013 年，何小鹏和刚刚开始创办今日头条的张一鸣有过一次交流，聊完之后他在心里连连感慨，张一鸣"赌性"太大了。何小鹏看到，信息分发的市场竞争激烈，做不大容易平庸，甚至做小了可能就得回家，而一旦做大，就容易踩到灰线上。所以这条创业路看似康庄大道，旁边可能就是万丈深渊。而张一鸣的强大不仅在于其极强的技术能力和商业化能力，还有他的激进。在何小鹏看来，张一鸣是在前人没有走过的路上生生踩出了一条路，虽然创业大多是要走前人没有走过的路，但这条路能不能走对、能不能走好，考验太大了。

何小鹏身处中国最豪华的顶级产品经理圈子，小鹏汽车在只有 PPT 的阶段就得到了傅盛、李学凌、姚劲波、吴宵光等一众人的投资。吴宵光、傅盛和李学凌都可以位列中国 Top 10 的顶级产品经理行列。

何小鹏与公认的另一位 Top 10 级别的顶级产品经理、快播的王欣也有诸多交往，他曾帮忙照顾王欣的家人。2019 年 7 月，小鹏 G3 遇到用户维权问题——这也可能是这一年让何小鹏十分头疼的事情之一，车主们在群里怒骂，横幅拉到了小鹏汽车门店和公司的门口。事情发生后，王欣站了出来，在微博发声力挺。

正所谓英雄惜英雄，顶级 PM 惜顶级 PM。

与众不同的乐视造车

2015 年，在所有的造车新势力中，最风光、最吸引眼球的是乐视。

2015 年 1 月 4 日，乐视创始人兼 CEO 贾跃亭发布了一封题为《不畏浮云遮望眼，只缘心在最颠覆》的新年内部邮件。很多人以为他是把"巅峰"写成了"颠覆"，其实不然。

在这封邮件中，贾跃亭预测乐视生态 2015 年全年总收入将达到 230 亿元，也透露了乐视电视将再销售 300 万～400 万台。但更令人兴奋的是，这封邮件用了将近 1/2 的篇幅讲述乐视的造车计划。邮件发出之后，乐视早盘逆市涨停，收盘涨 9.12%。

在造车这个问题上，贾跃亭的态度很"诚恳"。他在邮件中写道："乐视造车也可能会失败。2013 年，针对是否造汽车，乐视高管发起过一次投票。结果大部分高管都表示坚决反对，因为难度极高、风险极大，甚至有可能会拖垮整个乐视。我当时说，即使乐视造车会万劫不复，但只要能点燃更多人的梦想，我们也会义无反顾。"

贾跃亭甚至很坦率地说："即使乐视（造车）不成功，乐视生态整合的模式也会成功，而'乐视造车'必然会带动更多同行加入互联网电动汽车产业中，大大缩短互联网电动汽车产业的发展时间，就如我们引领并改变了电视行业一样。"

在具体怎么造车这个问题上，贾跃亭还是使用了一贯的"颠覆"式修辞。他说："我认为，从现在去定义未来，是不可能做出颠覆性产品、成为一个伟大公司的。我主张的是从未来定义未来，再从未来定义现在。超级汽车战略正是从未来定义未来的汽车、从未来定义我们制造汽车的模式。我相信，超级汽车亮相之时，汽车会被重新定义，就像我们重新定义电视一样。"

有意思的是，在之后的公众表达里，贾跃亭把乐视七大业务都讲述成造车的一部分，再把七大体系延伸到各种场景，描绘了一种"未来智能生活全部归乐视"的蓝图：乐视电视将成为未来汽车的显示系统，乐视手机将成为未来汽车的大脑，乐视 UI 系统（EUI）将成为未来汽车的神经中枢，乐视影视、体育、音乐、车联网将成为未来汽车的娱乐服务系统，乐视云平台将成为未来汽车的人工智能和自动驾驶平台，易到和零派乐享将成为未来汽车共享的平台。看似不相关的产业，在贾跃亭的眼里都是未来汽车价值迁移后必不可少的组成部分。

多领域的布局需要大量资金，而融资需要概念，所以就有了"生态化反"这个词。

有关"生态化反"，知乎高票答案的解释是，所谓"化反"，在现代汉语词典里根本查不到。根据原文，说者想表达的是一个看似新颖实则晦涩生硬的概念——生态化学聚变反应。

因此我们可以推测，"生态化反"实际是用来描述"生态"内部与外部之间强有力的协同效应，并作为贾跃亭的商业构想进行推广。作为一个财税专科学校的毕业生，能想到一个这么生僻的词，也确实难为贾跃亭了。这种生造并反复炒作的概念，似乎难逃故作高深之嫌，但让人觉得颇为神秘莫测。

当然，在造车这件事上，贾跃亭也并非纯炒概念。在人员配置上，乐视汽车几乎聚齐了汽车江湖的各路英豪。2015 年 1 月，曾任英菲尼迪中国区总经理的吕征宇担任乐视超级汽车副总裁；4 月，曾任一汽大众生产总监的石则方负责生产制造业务；同月，广汽丰田前副总裁高景深担任乐视超级汽车副总裁；9 月，上汽集团前副总裁丁磊担任乐视超级汽车联合创始人、全球副董事长。

同时，再辅以一连串的和地方政府合作、和车厂合作、概念车亮相……通过不断高频、小信息量地释放信息，贾跃亭把"PPT造车"变成了"微博造车"。一边不断用造车讲故事，推高股价，一边不断套现，声称把这些钱无息借给造车，借此形成循环。

神奇的A股和疯狂的"贾跃亭"们

刘姝威没有拦住贾跃亭，但A股做到了

也不是没有人质疑过贾跃亭，曾经成功质疑蓝田股份的刘姝威教授就是质疑者之一。2015年6月17日，刘姝威公开发表文章炮轰乐视，质疑贾跃亭3天减持套现约25亿元无息借给乐视，并认为乐视的"烧钱"模式难以维持。

随后的6月23日和6月28日，刘姝威再次发文质疑乐视的财务状况和贾跃亭先套现后借款的行为。

遗憾的是，"烧钱"和"讲故事"对于互联网行业来说已经司空见惯，所以刘姝威的这两个观点不但没有激起共鸣，反而引发不少嘲讽。乐视网甚至在2015年6月30日回应："刘教授对乐视的创新和努力视而不见，用传统、古老、落后的研究方法对互联网企业进行分析和估值，已落后时代，犯了刻舟求剑的错误。"

事实上，刘姝威教授的"贾跃亭将25亿元无息借给乐视，属于将高风险的乐视股权资产转换为低风险的乐视债权资产"的观点，已经捏住了全局的"盖子"，只要一把提起，就可以洞彻全局。但这个观点偏偏没有得到重视。

如果说，学者的良心是拒止贾跃亭的一条底线，这一次，刘教授误中副车。

其实真相已经不远了。

如果说一个刘姝威教授挡住不贾跃亭，那2015年下半年整个A股从牛市转为熊市，则成为乐视系崩盘的起点。

2015年是中国股民毕生难忘的一年。这一年里，沪指最高冲到了5178点，最低也下探到了2850点，中间更是出现过千股跌停、千股停牌、千股涨停等股市奇观。从年初到3月，无疑是股市全年最为火热的时段，新股民"跑步入场"，这恰好是乐视官宣造车的时段。

而2015年的下跌在中国股市之前的历史上也是没有出现过的。是什么促使A股有如此惊世骇俗的转变呢？业内人士不约而同地想到两个字——杠杆。数据显示，2015年内两融（融资和融券）余额最高一度飙升至2.27万亿元，场外配资客户资产规模合计近5000亿元。在股市直线上涨的情况下，杠杆给投资者带来的是正反馈，但遇到调整，跌幅被杠杆作用成倍放大后，正反馈马上转化为负反馈。

设置高杠杆，目的自然是想多挣钱，但是这必然导致风险被放大。因此，当这些高杠杆积累到一定程度而市场出现信心波动以后，这些杠杆就开始爆仓。随后，金融市场掀起了一场反复监管的疾风，政府高官、股市大鳄相继被揪出。

贾跃亭原本的计划是通过不断地讲故事和"生态化反"，从A股融来源源不断的资金，再通过造车落袋为安。但他的速度赶不上资本市场变脸的速度，眼看大局已经注定稀烂，他不如早早出走。

冯鑫照猫画虎陷困境

在贾跃亭的剧里，观众可谓清醒者众，但还有人执迷不悟。最"悲剧"的是一个叫冯鑫的山西人，他照猫画虎，最终身陷囹圄。

似乎是历史的暗合，罗振宇在2015年年底的跨年演讲里是将贾跃亭和冯鑫并称的。他说："乐视是第一家囤积版权的视频网站，第一个拥有自制剧的公司，第一个进入电影行业的互联网公司。在中国现代的汽车行业中，贾跃亭和乐视也是第一个提出超级汽车的互联网公司。也不知乐视是为干事忙着圈钱，钱不够干事了又回来圈，还是为圈钱假装干事，事不够圈钱了，又找件事干？我想说的是，暴风影音和乐视都是新物种，不能用传统的是非观念来看待。"

如果说乐视是 2015 年超级大牛市的领衔主角，那么暴风影音则是这出大戏的谢幕者。

2015 年 3 月在 A 股上市时，暴风影音的市值在短短两个月内被炒得暴涨 46 倍，最高时达到 408 亿元。让人印象深刻的是，其上市后 40 天内竟然有 36 天涨停板。一夜之间，暴风影音出了 10 个亿万富翁、31 个千万富翁和 66 个百万富翁，冯鑫本人身价百亿。

据《完美的不真实：冯鑫以及＜坏血＞的故事》一文作者侯继勇称，冯鑫当时曾经对他说："乐视怎么干，我就怎么干。"

冯鑫对贾跃亭的借鉴，甚至可以用模仿来形容。

乐视做电视，暴风影音也做电视。冯鑫从创维请来了有"互联网电视第一人"之称的刘耀平挂帅暴风影音，与乐视、小米打起擂台。

贾跃亭放言造车圈钱，冯鑫则围绕虚拟现实（Virtual Reality，VR）造梦。

冯鑫对智能硬件一直有执念。除了电视，他一直想主导某一个智能硬件品类。冯鑫首选是做智能投影仪，结果在项目调研期，他遇到了 Oculus 的 VR 产品，觉得这才是下一代互联网硬件。正在此时，传来 Facebook 以 20 亿美元的天价收购 Oculus 的消息。冯鑫立刻坚定信心投身 VR 事业，并在 2014 年 9 月推出了第一代产品——暴风魔镜。

推出第一代产品之后，冯鑫带着团队加紧迭代，暴风魔镜基本上保持着每 3 个月迭代一次的频率。但前三代暴风魔镜的 VR 体验极其糟糕，完全达不到网络上宣传的效果。直到现在，百度贴吧的 VR 板块上还能找到大量用户对其口诛笔伐的内容。

时间到了 2015 年年初，暴风影音进入上市冲刺期。冯鑫发现自己百事缠身，根本没有办法对暴风魔镜投入更多精力，于是决定为其找一位 CEO。他看中了天天动听的创始人黄晓杰。

黄晓杰也是行业"老人"，2007 年年底他与王智罡、赵然共同创办的天天动听，也是中国移动互联网第一个国民级产品。2013 年年中将公司卖给阿里后，黄晓杰有一个为期两年的锁定期。2015 年年初正值黄晓杰与阿里锁定期的尾声，黄晓杰甚至已经在上海买好了大房子准备长期定居。就在此时，冯鑫向他抛出了一个问题，你想做的应该不只是 10 亿美元级别的公司吧？黄晓杰本来就看好 VR 业务，于是迅速被冯鑫说动，并于 2015 年 9 月来到北京，加入暴风魔镜担任 CEO。

黄晓杰加入之后，首先做的就是在冯鑫不知情的情况下停止销售暴风魔镜 3，因为当时各个网络社区和论坛中充斥着对产品的恶评。

这件事被冯鑫知道后，他不但没有生气，反而非常欣赏黄晓杰这种"如入无人之境"的创业状态，在此之后他将 VR 业务彻底交给了黄晓杰。

乐视做生态，暴风影音也同样做生态。乐视不断拆分子业务融资，暴风影音如法炮制。不同的是，贾跃亭在 2015 年后开始不断抵押公司股份，以造车的名义抽身，而冯鑫则以上市公司回购的名义为子业务担保，同时以自己的股份做抵押。

冯鑫自己发表的复盘文《三年大考，暴风雨中的暴风》显示，2016 年，暴风魔镜在进行 B 轮融资时接受了中信资本带有债券性质的条款。条款要求暴风魔镜在 2020 年年底前上市或被并购，否则由冯鑫本人承担资金保本和回购的责任。

结果 VR 热潮退去之后，暴风魔镜还是没有克服时代的局限，产品仍存在诸多问题，暴风科技反而要为其不断输血。中信资本也没有等到 2020 年，在投资后第二年即要求撤资 8000 万元。冯鑫还掉 5000 万元后，仍然剩下 4000 万元债务（利息 1000 万元），只好将所有个人股票押掉。再后来的故事，则是冯鑫看着乐视豪赌乐视体育，自己也做起暴风体育并深陷收购案，最终遭受牢狱之灾。

周鸿祎与 A 股的爱恨纠葛

除了冯鑫，另一个在 2015 年与贾跃亭、与 A 股发生诸多纠葛的江湖大佬，当数周鸿祎。

2015 年 6 月 17 日，在和齐向东、姚珏反复商量、争辩之后，周鸿祎向 360 董事会发起提案，要求以每股 77 美元的价格收购其尚未持有的由 360 发行的所有普通股。半年之后，周鸿祎牵头多家机构投资者组成买方财团与公司达成私有化协议，最终以 93 亿美元收购全部 360 股份。2016 年 7 月，360 宣布私有化成功，正式退出美股。

360 为什么要回归 A 股？周鸿祎在自传里给出了两条原因。

一是从 2011 年开始，中概股在美国股市遭遇了一系列造假丑闻和机构做空。中国位居前列的科技公司在海外市场上被严重低估，资本有意愿将这些资产带回 A 股上市。这个可以被看作外因。

二是很多国内互联网公司的高股价让人眼热，它们在 A 股市场上受到高估值追捧。这个可以被视作内因。

这里的互联网公司，当指乐视、暴风影音。

周鸿祎与冯鑫是在雅虎中国工作时的老同事，更是 PC 客户端时代就相互竞合的同行；贾跃亭与周鸿祎在 2015 年更是因为手机业务直接竞争起来。

2014 年下半年，周鸿祎广发英雄令，要去南方做手机。

和 360 特供机不同的是，这一次周鸿祎希望自己能掌控供应链。但这并非一朝一夕能完成的事情，所以投资控股一家之前有积累的手机厂商，变成一个必然的选择。

魅族曾经是周鸿祎的第一选择。据《中国企业家》报道，2014 年春节前的一天，魅族爆发了成立以来的最大危机。魅族原副总裁、UI 设计总监马麟带着一部分总监和高级经理跳槽加盟乐视，一时间仅 UI 部门就有 10 位以上骨干离职。"一个星期左右，软件部门的人就走光了。"当时魅族的 CEO 黄章被接连不断的坏消息震惊，他说："天都变了。"当时不仅马麟要走，魅族总裁兼联合创始人白永祥也准备加盟乐视。最后黄章不得不妥协，答应拿出 20% 的股票分给高管和员工，同时魅族开始开放对外融资。

当时有意向投资魅族的主要是京东、腾讯、阿里，以及 360。魅族本想在刘强东和黄章会面后，由刘强东说服腾讯一起投资，但是因为时间、地点没有达成一致，刘强东和黄章的会面一直没有落实。

不过，周鸿祎对投资魅族的事很上心，他于 2014 年年底亲自前往珠海魅族总部与黄章洽谈。二人谈得很投机，几近谈成，但被阿里截和了。与 360 相比，阿里一不要求控股，二在价格上也没有还价，三是王坚亲临给足了面子。只是阿里投资魅族，更多是为了阿里云 OS，而魅族拿阿里的钱，更多是为了将自己做大做强，后来双方闹得略不愉快，也和这场横刀夺爱不无关系。

魅族被阿里抢走后，更加老牌的酷派成为周鸿祎的绝佳选择。酷派的加分项是创始人郭德英想退出，这为周鸿祎入主扫平了障碍。不过当时周鸿祎已经决意启动私有化，回归 A 股，而酷派作价近 20 亿美元，周鸿祎买不起。而且，就算买了，他还得再掏一笔钱投入手机业务，这同样不是一笔小数目。

周鸿祎想了一个办法花小钱办大事。360 与酷派成立合资公司奇酷，酷派出技术和手机供应链的行业经验，占股 55%；360 出资 4.095 亿美元，占股 45%，并由 360 掌控合资公司奇酷的发展。

贾跃亭也同样有做手机的念头。随着小米的崛起，贾跃亭一直催着乐视网 CEO 梁军找人。2014 年年底，梁军找来自己在联想时的上级冯幸，这是乐视手机走上正轨的开始。

贾跃亭与酷派的谈判比 360 晚，但比起 360，乐视财大气粗。这边 360 与酷派的合资公司刚成立，贾跃亭就官宣入股酷派，成为酷派的第二大股东。这让周鸿祎很恼火，但他也不是什么善茬，以退为进，要求酷派以两倍价格回购合资公司的股份。郭德英自然不干，只好让 360 增持奇酷股份到 75%，同时继续支持奇酷系列手机的研发生产。

酷派上演"一女嫁两夫"的闹剧。

贾跃亭请来荣耀前总裁刘江峰担任酷派总裁。此人堪称中国国产手机的超级变量,荣耀能起盘,与他关系巨大。他也是锤子手机的天使投资人,曾意图联手李一男等华为旧将收购锤子手机,但功败垂成。

2015 年也是中国国产手机的变局之年。这一年,华为和 OV 借4G 强势崛起,特别是在徐直军的力挺下,华为投入 20 亿美金补贴渠道的做法让其一下子异军突起。与此同时,小米在 2014 年年底拒绝了孙正义 50 亿美元的投资,第二年又陷入高通芯片翻车等诸多麻烦中,这些最终改写了以小米为首的互联网手机占据大部分市场份额的现状。奇酷的大神手机和乐视手机最终在这场升级换代之争中淡出江湖。

关于回归 A 股,周鸿祎还给出了一个颇具爱国主义色彩的回答:这是日益严峻的互联网安全局势决定的,360 作为国内最大的网络安全公司,必须与国家利益保持一致。而且在他决定私有化之前,国家监管部门领导也找他谈话,希望 360 回归承担构建网络安全核心技术能力的责任。

借回归 A 股之际,360 还完成了奇安信的分拆,奇安信将主要负责政企方向的安全业务。360 二号人物齐向东减持原有的 80% 股份,置换了奇安信的股权,与团队成为奇安信的实际控制人。2019 年春节后,360 将所持奇安信股份悉数卖掉,同时宣布自己进军安全业务,继续讲述 360 为国为民做安全业务的使命与梦想。

电商领域的新势力

微店、有赞和微盟间微妙的故事

2015 年,电商领域同样发生了资本驱动合并的故事。这个故事最开始的主角是微店和有赞。

微店的前身是口袋购物，它也是淘宝客导购大军中的一员。2011年王珂创立口袋购物之前曾经调查过多个淘宝商家，他最终发现，高效地匹配买家和卖家是一个痛点。王珂觉得这个机会存在于移动互联网领域，他要做一个能从数据层面撮合双方的产品。为了找CTO，王珂坐在百度大厦对面的咖啡馆里，拿着百度技术人员名单一个一个地打电话邀请，终于找到了当时百度"凤巢"技术的负责人马飞。王珂先和马飞谈，从下午谈到晚上九点多。王珂告诉马飞自己得赶晚班飞机回杭州，他请来自己的天使投资人雷军继续和马飞谈。雷军和马飞接着聊到凌晨三四点，马飞熬不住了，再加上高薪股权的诱惑，终于答应了。

马飞带人帮助王珂搭建起了口袋购物。这款产品能够挖掘淘宝数据，根据用户的收藏、点击、浏览等行为分析用户需求，然后把这些数据打包成服务卖回给商家，实现智能导购。口袋购物是最早采用千人千面技术的公司之一。

2013年9月之后，淘宝禁止用淘宝账号登录导购网站，口袋购物也被迫转型。危急关头，王珂专门成立了一个"海豹突击队"，他来提想法，突击队做产品，于是有了微店。

微店这个想法是怎么来的呢？王珂在手机上装了一个流量监控软件，发现微信流量占了手机流量的一半，再观察到有不少人直接在微信上卖东西，王珂发现，在微信上做电商系统是一个机会。这个想法在周三下午提出来，周六夜里"海豹突击队"就上线了微店第一个版本。王珂没有做宣传，而是把产品发给了一个朋友，想看看它是否受欢迎。朋友试用了一周，问他能不能给他弟弟用，又过了一周，问能不能给他的朋友用。到这儿，王珂觉得靠谱了。

在口袋购物开发的这个微信电商平台微店中，用户只需通过手机号、身份证号、银行卡号等信息验证，即可注册店铺。这大大降低了小商家在微信上开店的门槛，又顺应了微信熟人之间买货卖货的场景，很快发展起来。2013年年底，仅靠自发传播，微店内就已经入驻了1000多家店铺，月成交额达到2000万元。

微店一炮而红，增长极快。王珂又想了一个障眼法，叫作淘宝一键搬家，帮助淘宝用户用极简单的方式搬家到微店，据说一晚上搬了400多万个商家。其实微店之前就把淘宝的商家都扒了下来，现在只是让商家认领而已。

微信自己也在2014年5月30日推出了一个名为"微信小店"的项目，虽然页面体验流畅，但是功能太过简陋，因此昙花一现，所以马化腾决定向外投资。王珂跟刘炽平吃了顿饭，刘炽平提出要投资，王珂想了两分钟，果断同意。据说王珂给刘炽平讲的是把街边各种小店都通过微店接入微信的蓝图，美团至今还在实现这个蓝图的路上。

微店C轮融资3.5亿美元，腾讯领投1.45亿美元，还占不到微店股份的10个点，可见微店确实红火。2014年一年内，微店进行了3轮融资。

搬来了淘宝数百万个中小卖家之后，王珂做了一个微店买家版，这就有点像淘宝的模式了。当买家版App的日活接近100万人时，王珂却突然把这个项目终止了，因为当时卖家版App的日活已经达到了上千万人。王珂觉得一个日活未达百万人的东西还经常有人投诉假货，得不偿失，就随便找了一个团队维护着。

但是微店始终没做起来。有一个原因就是微店不肯在一个方向上沉下心来做积累，这与创始人王珂要做一个千亿级别公司的心气有关。他想自己做支付工具，被马化腾拦了下来，后来选择跟微信合作；他在微店上线了外卖，当时做到日活接近百万人，是同期美团外卖的10倍，沈鹏都被吓到了，后来却被王珂自己喊停了，因为外卖在他看来够不上千亿级别的目标；他还做了一个日活达到几十万人的拼团功能，但他感觉前景达不到预期，也停了。

小步快跑，快速试错，这在起步期当然没错，但并非超级平台的缔造者应有的招法。微店在2014、2015年这两年里不断地转换方向，结果却每况愈下。这个雷军曾经称为"中国市场上最成功的创业项目"在 2015 年后就已经远离了历史的聚光灯。

微店还有一个受到广泛质疑的地方，那就是刻意做大 GMV。一些站长时代遗留下来的小招数，初期很容易制造成长迅速的假象，但久而久之就带坏了风气，最终负面影响深远。

微店最关键的认知失误是，微信是去中心化的，所以无法给商家做流量分发。商家流量都是私域流量，不在微店掌握之中。微信虽然为微店打通了拍拍，但也没给微店增加多少吸引力。

在微信上做电商次平台的还有有赞，有赞的白鸦早就认识到微信是去中心化的。有赞的前身是由白鸦创立的"逛"，这是一个类似于美丽说、蘑菇街的淘宝导购平台。白鸦之前在支付宝负责过一段时间的社交电商项目，对淘宝商家的需求了解较深。"逛"发展得一般，到 2012 年年中白鸦就考虑转型了。彼时李治国投资了一个在微信做站长的项目，想找白鸦当 CEO，但白鸦没同意。因为他觉得微信是去中心化的生态，做不了这种事。

但这个主意给了白鸦一点启发，他将注意力转向在微信上给淘宝商家做 CRM。这不是一个大项目，所以白鸦计划找十几个开发人员和 3~5 个客户服务人员，先做 CRM 客户管理，再做一个营销工具，这样就能搞定。他的目标是一年服务 1500~2000 个人，有几百万元的收入和一两百万元的利润。在白鸦的规划下，一个叫作"口袋通"的产品很快被做了起来。

2013 年 6 月，白鸦在广州见到了微信的决策参与者。会面中白鸦预测阿里会封杀微信，因为阿里无法容忍微信成为电商流量的上游，而淘宝变成购物的终点站。微信的决策参与者表示年底开会讨论一下。结果当年 11 月 17 日，还没等开会，淘宝链接无法在微信中打开的消息就传了出来。

白鸦判断，微信上的电商模式走到了一个转折点。当天白鸦在北京出差，听到这个消息之后就找到好朋友 Keso（洪波），两人一边喝酒一边讨论微信生态的电商玩法，从晚上10点一直聊到凌晨5点半，喝光了Keso家里所有的酒。白鸦说，这是一步大棋，淘宝做的是商业街，但是基于微信能做的是购物中心。

白鸦迅速拿到融资，并将口袋通改名为有赞。

2015年9月，有赞在业务加速扩张期先后做了C端入口和分销业务，但之前已经谈好的一笔投资突然没了下文，导致其资金差点中断。

融资受挫给了白鸦巨大的打击，那是他创业以来最灰暗的一段时光。有天晚上白鸦喝了酒回家，家人没听到门铃响，碰巧他又没带钥匙，手机又没电，只好回公司睡觉。第二天早上他刚打开手机就接到电话，妻子在另一头哭，以为他想不开轻生了。

就在有赞面临困境之时，在共同的投资人经纬的撮合下，王珂找到白鸦，提出要将微店和有赞合并。"滴滴和快的合并了，美团和大众点评也要合并了。微店和有赞合并后，就可以做中国第四大电商了，冲一把就能到第三。"王珂的提议十分打动人心。

白鸦不想合并，但当场没有明确表示反对，只是礼貌地表示要回去征求股东的意见。而白鸦回去问了有赞CTO崔玉松和妻子的意见后，拒绝了这个提议。

最后，白鸦自己领投、老股东们各自跟投，又追加了2000万美元，才让有赞活了下去。这次濒临绝境让白鸦得出一个结论：2B业务不应该"烧钱"，应该慢慢往前走，并且一开始就可以收费。

但大部分股东都劝他别在这个时候收费，因为有赞前几年增长太快了，突然收费，业务增长必然会慢下来，团队士气会受到打击。

白鸦想了3个星期，还是决定尽早戳破繁荣的假象。2015年10月，有赞开了一次战略会。白鸦对着台下的有赞人说："兄弟们，我们没钱了，我们快挂了。"会上，他宣布了两个决定：第一，全公司做服务，给每个人发一台手机，确保商家随时能找到有赞；第二，全面商业化，开始收费。

口袋通最初就是帮助有微信公众号的淘宝商家管理粉丝的工具，

现在有赞开展 SaaS 业务，将微信公众号作为一块巨大的市场蛋糕。白鸦提出微信平台上的"三浪叠加"效应：首先，基于社交生态，通过微信聊天和朋友圈等吸引第一批用户，然后通过微信公众号，沉淀为私域流量；其次，开展营销和互动，促进用户产生微信聊天和朋友圈分享行为，带来新用户；最后，循环累积。围绕"三浪叠加"效应展开的有赞业务迅速发展壮大，再加上内容电商迅猛爆发，有赞在这一年获得了事半功倍的成果。2016 年，有赞平台 GMV 突破 130 亿元，在开设电商平台的公众号中，有 70% 使用了有赞。

当有赞 2015 年年底宣布对商家收费的时候，微盟也在考虑是否重新杀回这个市场。

和微店、有赞不同的是，微盟的创始人孙涛勇并没有做电商或导购的经验。他在百度工作过一段时间，对淘宝商家的生意了解不多，但对如何发展代理商做渠道有着自己的认知。

微盟成立于 2013 年 4 月。此前，孙涛勇在一家传统医药企业做新媒体负责人，判断出这个新风口后，他从亲朋好友处借了 50 万元开始创业。最开始，微盟走的是公众号定制化开发的路线，后来提供标准化产品。因为赶上了微信营销的风口，2013 年年底微盟就有了千万级别的营收，为了扩大规模，它开始寻求融资。

孙涛勇还找了一个谷歌广告出身的合伙人，发展建立了一套代理商销售体系。这套系统坚持扁平化管理，不设总代理，一个城市最多不超过 3 家代理商，发展了将近 2000 家代理商。这些代理商迅速将微盟的产品铺满全国，资本也迅速跟上，2014 年 7 月到 2015 年年底的一年半时间里，微盟连续融资 3 次，总金额达到 6.8 亿元。

萌店是孙涛勇在 2015 年下半年开发的新业务。2015 年，有商家问孙涛勇，聚划算里面有团购，微盟能不能在微信上做一个拼团软件，通过微信的裂变来获得流量。于是，微盟做了一个叫作拼单的营销工具，效果很好，再加上 SaaS 整体发展慢，不受关注，孙涛勇就动了心思想把萌店做成一个 2C 的平台产品。

当时在微信上拼团很火，微店和有赞有这类业务，拼多多也已经出现了。萌店总体上比拼多多落后了几个月，但胜在有钱且对微信生态更熟悉，所以虽然后发，但也发展得不错。不过拼多多的运气似乎比萌店好，微信早期有个规则：用户在微信里支付，支付完成后就会自动关注商家公众号。借助这个规则，拼多多设计了抽奖拼团，用户在页面上看到价值1元的车厘子降到了1分，点进去支付之后才发现这1分只是用来抽奖的钱。

这件事争议很大，但是用户如果没有抽中奖品，那么这1分是会退回去的，所以用户没有损失，只有拼多多通过这个过程赚了公众号粉丝。在这几个月的时间里，拼多多一共积累了约6000万名粉丝。后来微信采取一刀切的政策，将这个活动取消了。而此时萌店只吸收了不到1000万名粉丝。为了弥补这个差距，微盟只能花钱买广告、买流量，融资的费用砸进去一大半。拼多多还采用了让商家二选一的手段打击萌店，在激烈的竞争中，萌店的势头就不太好了。"烧钱"厉害是一方面，另一方面是有赞开始收费后，也在争夺萌店的利基市场。孙涛勇考虑后决定放弃萌店业务，把重心重新放回2B的主战场。

孙涛勇在接受本书作者的采访时，对此段经历复盘的结论是，做2C业务真的需要一种必死的决心，要不断地融资"烧钱"。这并非他所长，创业者的精力是有限的，还是应该聚焦于自己的长处。

所以2016年后，微盟和有赞各自经历了一番波折，又站在了同一条起跑线上。有赞是产品驱动的公司，而微盟的营销能力更强。有赞推出"牵手计划"，发展代理商并且搭建全国渠道网络。2017年4月，有赞宣布将多年积累的产品和技术能力向外界全面开放，通过有赞云帮助开发者提高效率。微盟则找到了一个比SaaS服务更好的增长曲线，即代理微信2016年重点推出的朋友圈广告业务，从微信采购流量，利用自己的客户资源分销出去。有赞于2018年4月在香港借壳上市，微盟于2019年1月在港交所挂牌。在数千家微信商家服务商中，这两家成为最后的胜利者，但是二者业务的基本盘都在于为微店卖家提供服务，免不了相互针对和打口水战。

导购站全面转向电商

微店和有赞借淘宝封杀开始做第三方平台，而一众导购网站则借此开始自立门户做 B2C 平台。其中较有名的有两家——徐易容的美丽说和陈琪的蘑菇街。而楚楚街堪称除这两家外从导购平台进化成自有电商平台的第三人。

2014 年，楚楚街创始人吕晋杰无意中发现，通过腾讯广点通为自己的 App 完成用户装机下载的成本还不到 5 角。他抓住这波儿流量红利期，拉来了 3000 万个新用户。这部分广点通用户大多是来自三四线城市或二三线城市区县的青年，即后来被称为"小镇青年"的那群人，还有年轻的在校大学生。这正是精准的下沉市场。

楚楚街也是中国移动互联网公司中在综艺节目上狂打广告获客的先行者之一。2014 年年底，它成为中国最早涉足综艺节目广告投放的互联网 App，第一轮投放 1800 万元，在 2015 年第一季度完成了超过 500 万个新用户的增长；第二季度则带来了超过 1000 万个新用户的增长。此时楚楚街安装量超过 2 亿次，日活也成功击败陈欧的聚美优品，成为仅次于淘宝、天猫、京东和唯品会的中国第五大电商平台。

早期规则不成熟，在互联网应用的广告投放过程中，排他协议有诸多不完善的漏洞。于是楚楚街在此阶段刻意将湖南卫视、江苏卫视、浙江卫视的排他协议指向全部互联网平台，而非今天的单一行业——也就是说，只要三大卫视中出现了楚楚街的广告，那么包括 BAT 在内的任何互联网公司的广告，在相同时段都必须消失。

此外，楚楚街故意买下三大卫视中收视率排名第二三四位的所有综艺节目广告，并参与排名第一节目的竞标，让对手只能以天价购买排名第一的节目广告。

当时的行业领导者美丽说为了压制楚楚街的广告攻势，在 2015 年 7 月以 3.38 亿元的天价冠名"跑男"。这种打肿脸充胖子的"烧钱"行为对于一家正在同时与两个对手进行恶战的创业公司来说是极度不理智的，其结果便是美丽说的"弹药"在 2015 年下半年就被提前耗尽。

而楚楚街则完成了 C 轮融资——软银中国领衔，新天域、钟鼎等老股东悉数跟投。其在估值突破 10 亿美元的同时，也倒逼着美丽说和蘑菇街两家同业公司在 2015 年年底加速了合并。

年少成名的吕晋杰的志向不仅是超越美丽说和蘑菇街这些同业，还希望楚楚街能成为下一个阿里。按照自媒体"朱思码记"的报道，在新股东软银的帮助下，天猫商城原先的管理人才开始不断进入楚楚街，如天猫商城大快消事业部前高管"钢竹"成为其 COO。楚楚街还蚂蚁 Z 空间大楼隔壁的西溪新座设置了一个办公室作为桥头堡，紧盯着从阿里离职的人，甚至摸清了阿里员工 3 月 31 日发年终奖、5 月 1 日拿到钱的规律——所有这些策略全是冲着阿里去的。

但吕晋杰和徐易容一样，虽然连续吃到流量红利，但一直都没有解决其用户池子的电商忠诚度这一世纪难题。

2015 年年中，还处于高速增长期的楚楚街运营团队发现了一个现象：后台数据显示，每周在全网进行综艺节目广告投放后，除了带来日活和 GMV 暴涨，围绕楚楚街的搜索流量也呈指数级暴涨。这其实是电商平台新增用户和现有货品体系不匹配、导致流量分发出现问题的危险信号，最恶劣的结果可能就是高投入、高增长、低留存。

美丽说、蘑菇街及楚楚街获取的基本上是 20 岁左右的女性用户，楚楚街领先一步的做法是把这个用户群体下沉到三线城市。但是被打折和"九块九"包邮吸引过来的这批用户，并非天猫的主力用户群体——不论是美丽说还是楚楚街都犯了一个战略性的错误，就是将自己定位成"小天猫"。相对来说，美丽说比楚楚街更为被动，因为其基本盘来自 2010 年的新浪微博，到了 2015 年，这批用户已经长大成为天猫的主力消费群体，自然流失，而用户池子又没有新的补充。

美丽说电商业务负责人王浩同样出自天猫，系天猫前身淘宝商城的第一任产品经理。在他看来，"淘系"特有的造节起势能力是阿里系席卷新用户又与老用户不冲突的关键所在，这其实是其他家不具备的。

楚楚街的问题和美丽说大同小异：一方面像素级模仿天猫，一方面又先天不适合成为天猫。于是它在左右摇摆中将大量的人力、物力、财力消耗殆尽，最终无可奈何地衰落下去。